# Collected Papers
## of Chongqing Hongyan Revolutionary History Museum

## 重庆红岩革命历史博物馆
# 论文集

重庆红岩革命历史博物馆 / 编

重庆出版集团 重庆出版社

## 图书在版编目(CIP)数据

重庆红岩革命历史博物馆论文集/ 重庆红岩革命历史博物馆编. —重庆：重庆出版社，2013.2
ISBN 978-7-229-06330-6

Ⅰ.①重… Ⅱ.①重… Ⅲ.①革命传统教育—中国—文集 Ⅳ.①D642-53

中国版本图书馆CIP数据核字(2013)第037856号

### 重庆红岩革命历史博物馆论文集
CHONGQING HONGYAN GEMING LISHI BOWUGUAN LUNWEN JI
重庆红岩革命历史博物馆　编

出 版 人：罗小卫
责任编辑：郭　宜　夏　添
责任校对：何建云
封面设计：刘　洋
版式设计：重庆出版集团艺术设计公司·刘　尚

重庆出版集团　出版
重庆出版社

重庆长江二路205号　邮政编码：400016　http://www.cqph.com
重庆出版集团艺术设计有限公司制版
自贡兴华印务有限公司印刷
重庆出版集团图书发行有限公司发行
E-MAIL:fxchu@cqph.com　邮购电话：023-68809452
全国新华书店经销

开本：890mm×1240mm　1/16　印张：17　字数：340千
2013年4月第1版　2013年4月第1次印刷
ISBN 978-7-229-06330-6
定价：38.00元

如有印装质量问题，请向本集团图书发行有限公司调换：023-68706683

**版权所有　侵权必究**

## 编委会名单

编委：厉 华  周万炯  李 葭  龚月华   王 进

# 研究开发——历史博物馆的核心竞争力
## ——代《重庆红岩革命历史博物馆论文集》序

厉 华

红岩,原是重庆一地名,如今更是重庆显著的文化品牌和城市坐标。有人说,红岩是一座巨大的矿山,矿藏丰富,取之不尽,用之不竭。红岩作为精神是一种意识形态,红岩作为文化则是历史,以精神内涵为主要存在形式,其最大的特点就是可以多次开发和重复利用。重庆红岩革命历史博物馆注重红岩文化的多元化研究和开发。2009年,博物馆提出"量化管理、研究开发、人才培养"思路,把研究开发明确为工作重点。2010年以来,博物馆又紧紧围绕"体制创新提品质、研究开发三贴近、红色旅游抓特色、量化管理增效益"目标扎实推进,在学术和理论研究领域结出了累累硕果,进一步为红岩文化的发展夯实了基础,为红岩文化发挥现实作用迈出了更大的一步,拓展了更为广阔的领域。

馆藏文物是博物馆含金量的重要标志。近年来,重庆红岩革命历史博物馆拓宽视野,从中国内陆城市和地区展开,直至香港、台湾,甚而远涉重洋到美国、加拿大等西方国家,着力于全方位文物资料征集,工作进入了一个全新的领域。仅2011年到美国征集的文献就有中文资料608件,1228页;英文资料147件,3339页;中英文资料17件,201页;照片资料794幅;实物资料204套,772件。目前,红岩革命历史博物馆馆藏文物总量为98739件,其中一级文物25件,二级文物44件,三级文物661件,一般文物98009件,极大地丰富了馆藏,奠定了红岩文化长足发展的坚实基础。

"钻进来,走出去。"这是红岩文化研究的指导思想和根本途径,更是永葆红岩文化生机与活力的根本保证。多年以来,以厉华为代表的研发团队以文物史料为基础,锲而不舍,孜孜不倦从事文物基础性研究、应用型研究以及文化现象和学术理论研究,有力地推动了红岩文化不断向更深、更宽、更高领域发展。

还原于历史的真实。博物馆是城市的记忆,更是人类发展的历史再现。研究历史首先是要还原真实,告诉人们历史真相。在文物资料的基础性研究中,不是把文物束之高阁,而是尽力将文物中蕴涵的历史文化信息、思想价值外化展现出来，真实地告诉人们是什么、怎么回事？为了弄清一段史实、一个故事、一个情节，甚至是一个历史人物的名字的"字"或"音"，往往要查阅无数的文献资料，花上几万元的差旅费。但红岩历史文化研究队伍在工作中没半点马虎，而是认真考证。这就是一种精神，一种求真务实的学术精神！在红岩历史研究中，红岩革命历史博物馆客观地对待历史，实事求是反映真相。如：研究烈士人物许建业（《红岩》小说中许云峰的原型之一），并非仅刻意塑造"高大全"的英雄形象，而同时也真实地把他在狱中心存幻想、轻信谎言向特务求助，使党组织再次遭到严重破坏的重大失误客观地反映出来。在八路军办事处的"李少石迷案"上，也并非牵强附会地将责任推至国民党当局和特务头上。还原真相，这是文物基础性研究的基本要求，只有"真"的东西才能让人接受。

致力于文化的宣传。文化是一种力量。红岩文化是革命文化，在新的历史条件和新的时代背景下传播红色革命文化，必然将红岩革命历史博物馆的宣传工作推向改革创新的浪尖。多年来，博物馆坚持应用性研究"三贴近"原则，致力于研究成果的外化和宣传。红岩魂陈列馆、红岩村、特园中国民主党派三大基本陈列展览，红岩文化宣传网站以及巡展、巡讲报告已成为博物馆文化传播的主要阵地，全年365天的全日制开放，每年讲解突破10000场次，每年作专题报告100余场，受益观众达600万人次。此外，博物馆还研究开发了报告展演、舞台剧、电视片、图书近100部，纪念品20余种，以群众喜闻乐见的形式，掀起了红岩精神和红岩文化宣传的新高潮！可以说，从《红岩》到《红岩魂》，再到《红岩文化》，博物馆在应用性研究和文化传播中，取得了令人夸赞的可喜的巨大成就，走出了一条盘活革命文化资源的成功之路。

着眼于社会的现实。历史博物馆不仅仅是保存城市的记忆，更重要的是启迪人、激励人。文化的功能也并非娱乐，而是以文化人。任何一种文化，如果与时代要求脱节，与社会生活相背离，无法满足人民的现实需要和精神追求，那么它绝无生命力可言。文化研究不是艺术而是学术，红岩革命历史博物馆在研究中紧扣时代，密切联系实际，从文物史料中去发掘、提取和升华民主政治建设所依、社会发展所需、人民精神世界所期的精髓实质，具有较强的现实指导意义，激发了红岩文化的生机与活力。近年来，红岩文化研究不仅"钻进去"考证与还原历史，更注重从历史和人物中"走出来"，站在更广阔更高的角度来审视"人"与"社会"问题，以革命先辈、烈士及其有关事件方面的研究成果，诠释了人性的真、善、美，解答了"人该怎样活着"、"该怎样追求"、"该怎样奋斗"的问题，同时提出了加强党的自身建设的必要性；以统战文化研究方面的成果，积极探索民主政治建设，为"中国共产党领导下的多党合作"政治体制的建设与发展提供了科学参考，从而凝聚社会建设的智慧和力量。同时，博物馆也加强了红岩文化现象和博物馆运营方面的研究，探索和积累了博物馆建设和发展红色文化的许多先进经验。

博物馆负有保存、传承和发展人类文化的历史使命，而研究开发，以史资政、以文化人则是博物馆的社会责任！路在脚下，继而扬鞭奋蹄！

# 目 录
contents

研究开发——历史博物馆的核心竞争力——代《重庆红岩革命历史博物馆论文集》序 / 1

陈列展览的外化 / 1
《红岩恋——江姐家传》史实评析三则——与作者丁少颖先生商榷 / 4
小说《红岩》与红岩历史背景 / 9
历史文化名城中的红岩旅游资源 / 22
创新红岩精神的传播手段 / 35
革命纪念馆如何发挥社会主义核心价值体系重要阵地作用的思考 / 38
提升重庆历史文化名城影响力的思考和建议 / 42
关于中美合作所 / 47
国民党军统重庆集中营 / 50
红岩精神的历史背景及其特点 / 76
红岩精神形成渊源及历史内涵探究 / 84
红岩联线的发展和运作 / 93
安全外交——中美合作协议第18条的背后 / 110
红岩文化与重庆城市精神 / 122

积极探索法人治理结构 稳步推进红岩联线文化事业科学发展 / 126

红岩魂——革命纪念馆的管理与创新(一) / 130

路在脚下 持之以恒 / 136

南方局与抗日民族统一战线 / 140

浅谈博物馆的展示空间设计 / 147

浅谈南方局青委及其开展的工作 / 150

社会主义核心价值体系引领红色文化发挥社会职能作用 / 155

试论江竹筠姓名音读 / 160

释"大有农场" / 166

爱国主义是革命纪念馆永恒的主题 / 168

突出红岩特色 整合革命资源 / 172

感受真善美的生命力——红岩艺术现象研究 / 175

红岩文化的传播及发展：1949—1976 / 183

红岩文化与媒体传播 / 190

中国红色旅游文化产业案例——红岩联线文化旅游产业 / 201

红岩魂——革命纪念馆的管理与创新(二) / 207

重庆大轰炸的见证物——棉花街壁报 / 220

重庆统战文化建设路径探究 / 224

周恩来抗议国民党制造平江惨案暴行 / 231

红岩精神的时代特征——兼析红岩精神与井冈山、长征、延安精神的异同 / 237

南方局统一战线工作管窥 / 242

周恩来与《新华日报》/ 246

周恩来抵制蒋介石"溶共"的斗争 / 257

# 陈列展览的外化

厉 华

在街头路边,在公园车站,在电视报纸,在学校商店,我们可以看见娃哈哈、嘉陵摩托、可口可乐的广告宣传。谈起他们这些商家的效益往往是令人羡慕,看见这些商家对自己的产品运用各种手段来对它进行宣传展示也确实给人许多的启示。市场经济的法则毫不留情地淘汰了"好酒不怕巷子深"的经营操作方法,充分利用一切手段尽情地去外化展品的价值,只为取得最大的效益。当陈列展览从博物馆这一古老领域走到其他领域被发挥得淋漓尽致的事实摆在我们面前的时候,当陈列展览的手段被科学技术大大地提高从而扩大了展陈空间的时候,当各式各样的陈列展览涌入社会市场的时候,从事博物馆工作人员的眼界被打开了,视野开阔了。陈列展览要有吸引力和产生效益就必须尽情地外化。

虽然从传统的观念、模式中走出来是痛苦的,但面对市场的具大吸引力又使我们能够摆脱烦恼。纪念馆对社会要有吸引力,纪念馆要得到效益,在陈列展览方面就应具有多样性,应不断地追求创新,应充分发挥解说这一关键环节的作用。

## 一、多样性是陈列展览外化的必需前提

对陈列展览外延的划分包括基本的固定展览、辅助的专题展览、流动的巡回展览,它们之间只是形式机动与不机动、内容范围对象多少深浅的区分,而陈列展览的两个基本元素——图片、实物是根本的。由此似乎觉得我们主观上给陈列展览的空间太小了!陈列展览是对文物的外化,这种外化是纪念馆的一切劳动的结果,这种结果物化于人们的思想观念、情感意志之中又体现了纪念馆劳动的水平。在今天,人民的物质生活和精神需求发生了许多的变化,作为纪念馆运用陈列展览手段应该是多样化的,因为文物本身所具有的价值是不会自动表现出来的,它必须要借助一些手段才能被反映出来。各种技术手段、各样技术材料为陈列展览的多样性提供了广阔的空间,这些技术和材料在发展趋势上逐渐地淡化陈列展览的传统观念。多样性是陈列展览发

展和呈现出活力的关键,并且也是文物价值外化的前提条件。以重庆歌乐山革命纪念馆的基本陈列为例:在渣滓洞、白公馆监狱旧址现场有了一定的辅助陈列展览,但陈列总馆的图片、文物数量及展览参观的观众只是监狱旧址的15%。这根本的原因是渣滓洞、白公馆的辅助陈列与陈列总馆的基本陈列只是内容多少、形式规模大小的不同,基本陈列没有明显的区别。针对这一问题,我们在1999年对基本陈列进行修改时做了精心的准备和仔细的策划。制定的陈列方案把"多样性"作为一条原则给以明确的规定。所谓多样性,就是要利用一切可利用的条件和可利用的手段,给予陈列展览的各种展品充分的揭示,使其固有的内在价值尽量地外化出来,让参观者能够得到最多的信息,使它有别于旧址的陈列。首先,将基本陈列的名称定为《红岩魂——白公馆、渣滓洞革命先烈斗争事迹展览》;其次,确定了图片文物、模型景观、电视多媒体以及艺术品四种主要的陈列表现形式;再次,派出设计人员到北京、上海、香港对陈列展览和材料进行考察。1999年11月27日,在纪念红岩烈士殉难50周年的时候,红岩魂陈列馆对外开放。展示手段上的多样性,使基本陈列的可看性和吸引力大大地提高,从1999年11月27日开放到2012年的一季度参观观众人次与同期相比提高了50%,而且参观者在展厅里停留的时间也由以前的20分钟增加到40分钟。从对参观者所作的反馈调查中,我们发现陈列展览多样性程度越高,参观者的兴趣和注意力就越大,纪念馆所追求的效益就能够得到根本的保证,革命文物在社会现实中发挥的作用就能够得到充分的体现。

## 二、不断创新是陈列展览外化的基础

推陈出新,不断地发现和寻找新角度、新视点,让陈列展览保持活力和较强的吸引力,是纪念馆事业发展不可忽视的一个方面。在手段上对陈列展览多样性有了根本的认识后,在方法上对陈列展览的外延也要不断扩大。纪念馆利用文物主要是给人以心灵的净化、思想的激励,所以极大地丰富陈列展览的外延,不断地创新也就成了外化文物的基础。作为露天遗址纪念馆的歌乐山烈士陵园,多年来一直在探索这样一个问题:怎样制造吸引力?纪念馆对社会缺乏吸引力就根本无法谈什么效益。再好的文物,没有多角度、多视点的宣传揭示,它的内在价值和思想内涵是不会自动走出来的。我们认为陈列展览绝不能局限于展厅里,陈列展览的多样性要求纪念馆围绕外延不断地创新,特别是要不断地满足人民群众日益增长和变化的精神文化需求。从大量参观者对渣滓洞、白公馆监狱的过去感兴趣,对狱中斗争事迹信息需求量大的现实情况出发,我们在市场调查的基础上,策划了"夜游渣滓洞、白公馆"的参观项目。为了更好地发挥"红岩魂"这一品牌的效应,我们在"红岩魂报告会"的基础上,策划了《红岩魂形象报告展演》。在重庆市委宣传部、文化局和中国戏剧学院等的支持帮助下,将展览、报告、表演结合起来,探索了一种纪念馆陈列展览宣传的新形式。《红岩魂形象报告展演》推向社会后,参观者反响非常强烈,每一场展演过程中,没有人中途退场,参观者多是饱含泪水不断地鼓掌来表达心中的共鸣。展演结束后,请报告人签名最多的一次有200多人!有参观者评价说:"展演为弘扬红岩精神找到一个非常佳的点,它可以让人非常真切地、发自内心地去感受共产主义理念,这样的点,我们现在很难找到,这是对精神文化资源的重振。""什么是理想、信念？今天看了展演，就得到了最清楚、最实际的答案。"展览是纪念馆的灵魂，是吸引参观者的核心。不断地创新是使陈列展览极大地发挥作用，把文物价值充分外化的基础。

### 三、解说员是陈列展览外化最重要的环节

尽量地把文物展品外化出来就能增强纪念馆对社会的吸引力，而纪念馆的陈列展览还必须要借助解说才能很好地产生效益。在纪念馆里解说员是缺少不了的一个工作环节，只是对解说员的作用各有不同的看法和认识，但是通过我们向观众调查，听了解说和没有听解说的效果不一样的结论却是明显的。首先，解说员是把纪念馆工作最终结果转化为效益的关键，因为在纪念馆的参观过程中，解说行为的发生能够对观众的思想、心灵产生影响作用。从接待开始到进行解说服务，陈列展览与参观者的思想、心灵在解说员的语言中交流、碰撞。其次，不同角度的解说又能够适应不同的参观者需求。如果从系统的角度看，陈列展览是硬件，解说是软件。解说是完成陈列展览外化的重要环节，特别是在纪念馆。文物研究、陈列展览的成果通过解说员的劳动转化为社会效益和经济效益。在重庆歌乐山革命纪念馆，每天几十场的解说不断地巩固和扩大着我们追求的效益，从对产生的效益分析中我们又不断地调整陈列展览，每年上百万的参观者为我们非常重视的解说工作给予了有力的支持。在最近的一份观众留言簿上一位团省委书记写道："图片及解说撼人心魄，当年烈士的事迹真详尽，让人仰止垂泣，精神灵魂受到巨大鼓舞和高度升华。"

陈列展览最大限度地对文物进行外化，采取各种能够利用的手段，有新的创意、有新的手法，文物内在的价值就能够尽量地得到展示，而展示的客观效果又是依靠解说的劳动作用于参观者取得的。

（作者简介：厉华，职称：文博研究馆员；职务：重庆红岩联线文化发展管理中心主任、重庆红岩革命历史博物馆馆长）

# 《红岩恋——江姐家传》史实评析三则
## ——与作者丁少颖先生商榷

张正霞

丁少颖先生历时多年,不辞劳苦,访问了红岩英烈江竹筠、彭咏梧当年生活战斗的故地,采访了二人生前的十几位亲人、战友、同志、同事,搜集了大量翔实的史料,本着严谨认真的态度,终于完成了传记巨著《红岩恋——江姐家传》(以下称《红岩恋》),1998 年由广东人民出版社出版。是书一经问世,得到了广大读者,尤其是江竹筠、彭咏梧烈士亲友、研究者的首肯。是书真实、准确的史实为其成功增添了更强的说服力和感染力。但是,由于种种局限,是书在史实记述中仍存在这样或那样的不足。本着求同存异,求真去伪的原则,下面就有关史实予以丰富或澄清。

## 一、李舜华的称谓

李舜华是江竹筠烈士的母亲,丁少颖先生的《红岩恋》记述人们对其称谓为"江三娘",此称谓在全书中出现三次。第六章"想跟您走却找不着您":"(江竹筠)正看得起劲,母亲开始做饭了,竹筠又赶紧拿着书坐到灶前,一边帮母亲烧火,一边看书。门外有人喊:'江三娘,我拿几根烟!'母亲赶紧出门去,边走边嘱咐:'竹,小心看火啊!'竹筠'嗯'了一声。"在同一章中又写道:"母亲心善,乐于帮助他人,与观音岩一带上上下下的人关系都很好,人们都亲切地叫她'江三娘'。"第十一章"大学生·彭太太·云儿妈":"他和李舜华是老熟人了,就到李舜华的吊脚楼房去,在门外一阵大喊:'江三娘!江三娘,给我两包烟!'喊了一阵却不见回音。推了一下门,虚掩着的门开了,一幅惨景骤然入目:江三娘死了,死在一张破床上!车夫知道附近的义林医院的李义铭是江三娘的三哥,忙不迭地去告诉了噩耗。"本人认为丁少颖先生的记述有误,人们称呼江竹筠的母亲李舜华不是"江三娘",而是"江三孃",理由如下:

(一)江正之的说法

江正之(江正榜)是江竹筠唯一的亲弟弟,他的说法应该是可靠的。1980 年 5 月 14 日,他在《江正之谈姐姐》的回忆录中写道:"我母亲李舜华很大方,乐于帮助穷人,观音岩一带都叫江三妣(孃)。"文中的"妣"为"孃"之废弃简化字。

(二)李秀坤的说法

李秀坤(1939— )是江竹筠的亲表妹,是江竹筠的二舅李树荣的幺女儿。2009 年,笔者采访了她,她说:"我们富顺称父亲的姐姐或妹妹为孃孃,又叫老子,结婚后,就在称呼前冠上夫家姓氏。我爷爷有四男四女共八个孩子,老大李义臣,我叫伯伯;我父亲李树荣是李家老二;老三李义铭,我喊三叔;老四李义清,我喊幺叔;女的大孃二孃我没有见过,我见过的就是三孃李舜华和四孃李泽华。1911 年,三孃结婚了,嫁给大山铺江上林,我们又称她江三孃。"

(三)四川、重庆方言

四川、重庆属于北方方言的西南官话区,在西南官话中,父辈中的女性称为孃孃,此方言如今仍活在人们的口语中。"孃孃"还见于书面语言中,《创造十年续篇》是郭沫若先生的作品,在文中,他使用了方言词"孃孃"。"'小孃才'是良才的从姑母,矮矮的身材,团团的面孔,看来只有十一二岁的光景……'哦!'我叫着,'没想出你这样小的孃孃!'"黄尚军先生的《四川方言与民俗》:"普通话中的'姑姑'、'姨'对应四川话的'孃孃'。"梁德曼先生的《四川方言与普通话》:"四川的合江、南溪、简阳称'姑姑'(普通话)为'孃孃'。"

综上所述,从以上三个方面考据,丁少颖先生的记述应有误,李舜华称谓应为"江三孃",而非"江三娘"。而且,据李秀坤讲,李舜华去世的情景也并非丁少颖先生《红岩恋——江姐家传》中所描绘的那样。事实是"1944 年 7 月的一天早晨,三孃正在大伯李义臣的茶馆门前的烟摊前摆放香烟,突然,她的身子一歪,中风了,幸好我大姐李慧礼正在她身边,立即扶住她,否则,就会摔倒在地。然后,就在我们睡觉的地铺旁摆了一张门板让她躺下。三孃临死前,嘴里不停地喊'二哥'、'二嫂'(我父亲母亲)。三天后,三孃就去世了,埋在五里店。"

## 二、何理立的原名

何理立是江竹筠烈士的同学、亲密战友。丁少颖先生《红岩恋》第四章"小女孩居然会'用心思'"中记述道:"第一学期连跳三级的江竹筠,被分到小学第十八班。她有了几个很要好的学友:女同学中的何理立(当时叫何淑凤)、贺琎若,男同学中的刘既明(当时叫刘济民)、卜毅、王文中。"文中的何理立同志是江竹筠同志的同学、亲密战友,但是,《红岩恋》中关于其本名的说法,却是错误的,理由如下:

(四)《重庆市私立孤儿院院务纪实》

1934 年 8 月,重庆市私立孤儿院出版了《重庆市私立孤儿院院务纪实》,是书翔实地记述了解放前重庆市私立孤儿院的院务历史,在"本院在院院生一览记载"表中详细记录着学生入校的情况。将此表抄录如下:

**本院在院院生一览记载**

| 姓名 | 何淑富 | 江竹君 |
| --- | --- | --- |
| 性别 | 女 | 女 |
| 年龄 | 13岁 | 12岁 |
| 籍贯 | 巴县 | 富顺 |
| 介绍人 | 何鼎臣 | 李树荣 |
| 保证人 | 何鼎臣 | 李树荣 |
| 入院年月 | 1930年2月 | 1932年2月 |
| 学程 | 同 | 初八学期 |
| 家庭职业 | 商 | 工 |
| 备考 | 附通 | |

重庆市私立孤儿院为民国三年（1914年）二月八日，全川胜家公司总经理刘子如联合富商何鼎臣、李义铭（江竹筠的三舅）、吴受彤、张琴舫、汪云松、杨培之、陈文贞等人合资兴办，免费收留孤儿孤女。1917年，孤儿院从胜家公司缝纫女校搬迁到观音岩下面的大溪沟张家花园，由于孤儿院环境漂亮，教学质量高，许多富贵人家羡慕孤儿院小学好，将子女也送来读自费生，学费为每期20块大洋。1933年2月，江竹筠在三舅李义铭的帮助下，以"无父为孤"免费入院，介绍人、保证人李树荣就是江竹筠的二舅，时任孤儿院事务长。何淑富是巴县人，家住观音岩附近，是富商何鼎臣的本家，1930年2月进入孤儿院学习。孤儿院实行跳级制，奖励成绩优异的学生。江竹君（江竹筠）虽然入学较晚，因成绩优异，跳级后与同样跳级的何淑富同班，二人后来成为亲密的同学、战友。何淑富即何理立。

（五）何理立自己的说法

2008年，笔者采访了何老。在采访中，笔者请教其原名，何老明确地说自己原名叫何淑富，重庆巴县人。因为家住重庆市观音岩，由本家何鼎臣介绍，进入观音岩附近的张家花园重庆私立孤儿院读书。该孤儿院是刘子如、何鼎臣、李义铭等人联合开办的，主要招收观音岩一带的儿童入学，学费为每期20块大洋。何理立交了20块大洋的学费，而江竹筠因父死母贫免费上学。江竹筠非常珍惜迟到的学习机会，学习很刻苦，成绩优异，连跳三次级，便与成绩同样优异、同样跳级的何理立同班。因为共同的志趣，二人便成为志同道合的好朋友、革命战友。

（六）《中华职业学校1940年会计训练班名册》

今重庆市渝北区回兴中学的前身是中华职业学校。查阅该校校志，见到《中华职业学校1940年会计训练班名册》，上面赫然写着"何淑富、江竹君"之姓名。

因此，综上所述，何理立的原名应该是何淑富，而非何淑凤，《红岩恋——江姐家传》第四章"女同学中的何理立（当时叫何淑凤）"的记述应是错误的。

## 三、彭咏梧的党内职务

彭咏梧(彭庆邦)是川东地下党的重要领导人,1948年1月在"云(云阳)奉(奉节)大(巫山)巫(巫溪)"武装斗争中光荣牺牲。关于其在1939年至1941年8月期间是否曾担任万县中心县委书记职务历来存在分歧。丁少颖先生认为彭咏梧曾经是万县中心县委书记兼云阳县委书记。他在《红岩恋——江姐家传》第一章写道:"这个后来影响了江竹筠终身的男人,名叫彭庆邦,来自下川东,以前的身份是中共地下党四川万县中心县委书记兼云阳县委书记。"对此说法,本文认为值得商榷。

(七)《中国共产党四川省万县地区组织史》

在该书第三章第一节"万县中心县委领导名录"中,翔实记录了1939年1月至1945年5月万县中心县委领导姓名。1939年1月,万县县委扩建成万县中心县委,受川东特委领导,欧阳克明担任书记;1939年2月,川东特委调黄蜀澄任书记;欧阳克明任常委兼组织部长;因"国华中学事件",同年9月,黄蜀澄调往重庆,欧阳克明调任大竹中心县委书记;张国钧代理万县中心县委书记;同年10月,张国钧奉调重庆,川东特委派重庆新市区区委书记李莫止(江涛、凌霄、李德椿)担任万县中心县委书记;1940年8月,李莫止调重庆,蒲华辅(蒲文旭、郑理中、老陈)担任万县中心县委书记;1941年5月,蒲华辅调川南泸县,冉益智(冉启熙、冉毛、肖青)任书记;1943年春节后,冉益智被调到重庆,周明波(周建侯)任书记,同年底,万县中心县委迁达县。1945年5月,周明波在达县病逝,冉益智由重庆到达县料理后事并清理组织。以上记录未见彭咏梧担任万县中心县委书记职务。另外,《红岩春秋》2005年第2期《孺子牛周明波》一文中亦未见彭咏梧担任万县中心县委书记职务的记述。

(八)《血沃三峡——川东游击纵队纪实》

《血沃三峡——川东游击纵队纪实》是万州区党史研究专家杜之祥的研究成果。几十年来,杜老致力于彭咏梧的历史研究,著作《青松傲霜雪》、《血沃三峡——川东游击纵队纪实》以及即将付梓的《彭咏梧传》为其研究集大成者。他的著作中翔实记述了彭咏梧在1937年至1941年8月的革命经历。彭咏梧于1937年秋考入四川省立万县师范学校7班,1937年末,6班的王夔(王庸)发展其加入了党的外围组织"抗日民族解放先锋队"。1938年10月,由王庸介绍,彭咏梧加入了中国共产党。入党后,彭咏梧做了万县师范学校党总支书记王庸的助手。7班党员多,成立了特支,彭咏梧任特支书记。1939年5月,王庸毕业离校,彭咏梧接替王庸担任万县师范学校党总支书记。在他领导期间,万县师范学校有7名学生党员不慎暴露,彭咏梧将他们分别转移,无一人被捕。此事,经万县中心县委代理书记张国钧汇报给川东特委李莫止,特委遂将彭作为下川东领导骨干培养。1940年4月,彭咏梧临近毕业时,其政治身份不慎暴露,万县中心县委通知其迅速离开万县师范学校,暂时留在万县中心县委。最初,他被派往重庆红岩村参加中共中央南方局党员干部培训班学习。培训结束后,彭咏梧作为万县中心县委巡视员到云奉两巫一带工作,其间,他成功解救了被捕的王庸。1940年3月,云阳县委委员冉贞淳叛变。同年8月,云阳县书

记江伯言撤离云阳,调往南充中心县委工作,彭咏梧接任云阳县委书记。1941年8月,彭咏梧因身份暴露,调往重庆,担任重庆市委第一委员,云阳县委活动停止①。

(九)《中共中央南方局的党建工作》

是书为中共湖南省委党史研究室编,2009年由中央党史出版社出版。是书第一章第四节"九·四川省党组织·中共万县中心县委"说"该中心县委于1939年1月在原万县县委的基础上成立,领导了万县、梁山……从1939年1月至1943年9月,万县中心县委书记先后为欧阳克明、黄蜀澄、张国钧、李莫止、蒲华辅(蒲文旭)、冉益智、周明波(周建侯),委员先后还有李聚奎、郭汶、李英才、刘孟伉、胡昌治、犹凤歧、牟曼悦、孙慕萍"。文中未见彭咏梧(彭庆邦)的名字,而1942年8月,彭咏梧就到重庆,担任重庆市委第一委员。

综上所述,彭咏梧一生确与万县中心县委书记一职无缘。《红岩恋——江姐家传》中的记述不确。

(作者简介:张正霞,职称:文博副研究馆员;职务:重庆红岩革命历史博物馆统一战线史研究部科长)

---

① 杜之祥,血沃三峡[M],重庆:重庆出版集团,2009

# 小说《红岩》与红岩历史背景

厉 华

1961年,重庆上清寺中山四路,市委常委会议室。市委常委们正在就一本即将要出版的图书名称进行讨论。之所以这样重视一本图书的书名,是因为图书中的内容已经在全国产生了极大的影响。作者罗广斌、杨益言和非作者的参与者刘德彬当时在全国作的渣滓洞、白公馆革命烈士在狱中斗争事迹的报告产生了始料未及的效果,根据他们的报告编辑的《圣洁的白花》、《烈火中永生》、《禁锢的世界》在人民群众中产生了极大的反响。这本书的创作出版已经受到社会上的极大关注,一些知名的作家对书的创作提出许多有益的建议,如茅盾、巴金、马识途等。因此怎样给图书取一个名称,在反复讨论设计数次而不满意的情况下,这个属于出版界的问题提交到市委来讨论就不足为奇了。当时的市委书记任白戈的一个观点使书名最终得以确定:这本书不仅是描写狱中斗争,而且应该是国统区地下党工作的缩影。牺牲在白公馆、渣滓洞的革命烈士大多是在当年红岩村南方局教育培养下成长起来的,一定要注意这段历史的连续性,看了这本书就会想到重庆,因此书名可以考虑用"红岩",这是重庆这个城市的光荣历史。最后,市委常委会决定用抗日战争时期中国共产党在重庆的八路军办事处所在地的地名——"红岩"作为书名。市委书记任白戈说:今后人们看了这本书就会想到重庆,提起重庆就会说到红岩。

这是一本关于重庆一段历史的图书、是一本张扬这个城市历史的小说,这本书把这个城市历史积淀进行了升华,这本书使这个城市扬名中外。

## 一、罗广斌:红色作家的传奇人生

小说《红岩》从它诞生那天开始,发行量的不断被刷新、各种艺术形式的不断呈现,使它成为新中国文化建设方面不可忽视的现象。20世纪中期,中国社会逐渐过渡到社会主义公有制经济的单一型计划经济时期,小说《红岩》的革命英雄主义影响了一代人的世界观和人生观;到了20世纪80年代以后,中国社会由单一型社会主义计划经济转向多种经济并存的复合型社会主义市

场经济,红岩精神以《红岩魂》展览、展演、书刊、影视等为载体,向社会、人民传播爱国、团结、奋斗、奉献的价值取向。它与社会主义先进文化相生相伴,它既是人们记忆中的经典,又是现实生活中人们的经常话题,更是文学艺术创作不竭的源泉。特别进入到21世纪以来,红岩表现出与时代发展的极大关联性和更广阔的发展空间。没有哪种文化像红岩文化这样与城市的历史如此地紧密相关,不论重庆这个城市的面目有着怎样惊人的变化和发展速度,红岩仍旧是这个城市历史的核心支撑。

  小说《红岩》是由罗广斌、杨益言共同创作的。作为主要作者的罗广斌与这本书的关系可谓是难解难分。他不但是创作者,也是当事者,更是历史文献的整理者。1924年罗广斌出生在四川成都一个封建地主家庭,有同父异母的一兄一姐。他的这个哥哥便是在四川握有重权的罗广文,罗广文在抗战胜利后任国民党第十五兵团司令,是四川境内兵力最强的将领。用罗广斌自己的话说:"父母亲是国民党员,地主,哥哥罗广文是蒋介石反动武装的兵团司令(后来被迫起义了),家庭是封建保守、顽固反动派。小时候过着优裕生活。一直到高中,对政治没有丝毫认识,对封建家庭也没有不满。"1939年正在读高中的罗广斌与同班同学——一个家道中落的商人的女儿牟爱莲相爱了。他们的恋爱遭到了家庭的强烈反对,"门不当户不对,有辱家风"!不准说话,不准会面,不准随便外出,这些严酷的家法使他深深地感觉到这个封建的家庭对他的压迫和专制。处于青春叛逆期的罗广斌在又一次为恋爱问题与父母闹翻,甚至与父亲打了一架后愤然离家出走。1944年,他到昆明的西南联大读书,在同乡、地下党员马识途的领导下于1948年3月1日,由江竹筠、刘国鋕介绍加入了地下党组织。1948年4月,重庆地下党的刊物《反攻》和《挺进报》被国民党特务破坏,并且地下党出现了叛徒。党组织立即要求与《反攻》和《挺进报》有关的人员马上转移。罗广斌也在其中。党组织要求他立即转移到秀山。而正在这个时候,经党组织同意与罗广斌分开近八年的恋人牟爱莲即将到重庆,是等来了一起转移,还是立即走?罗广斌陷入了极大的痛苦之中!为了恋人而离家出走、相恋八年才要见面……最后,罗广斌执行党组织立即转移的指示,在恋人到重庆之前,去了秀山而放弃了与自己离别八年的恋人相聚的机会!

  1948年7月地下党决定罗广斌回成都,与家庭恢复关系,利用自己的特殊身份去做上层统战工作。为了开展地下活动的需要,罗广斌回到成都家中,主动向父母认错,并得到了他们的原谅。正当这位"幺老爷"在秘密筹划如何开展工作的时候,他在家中突然遭到国民党保密局的逮捕,"罪名"是"奸匪嫌疑"。出卖罗广斌的是重庆地下市委书记冉益智,叛徒冉益智还告诉国民党西南长官公署行辕二处的徐远举:罗广斌是国民党第十五兵团司令罗广文的弟弟。在得到罗广文"麻烦徐处长好好替我管教,让他转变立场为党国所用"的口谕后,罗广斌1948年9月在成都被捕,后被送到重庆国民党西南长官公署行辕二处的渣滓洞监狱。

  罗广斌解放后在一份自传中写道:"……刚进牢,只有一个感觉,就是'度日如年',在混乱中只还记得老马的一句话:'不管直接、间接、影响别人被捕,都算犯罪行为!'我当时并没有为了人民革命事业,牺牲自己的绝对明确的意志,只有一个念头,那就是不影响任何朋友。"面对多次的审讯,乃至戴上脚镣手铐的摧残,罗广斌始终没有交代任何情况。而且还充分利用自己的特殊身份,在狱中传递消息和开展狱中斗争,又作为"重犯"被关押到白公馆看守所。他的父亲两次营救他出狱,他却坚决拒绝"悔过"扛着行李又回到牢房,受到难友的极大尊敬。在1949年11月27日大屠杀的时候,他策反看守杨钦典弃暗投明,打开牢房门锁,使最后的19个人虎口脱险、死里逃生。

新中国成立后,从监狱脱险的罗广斌心中一个最大的心愿就是要为那些死在狱中的难友工作。他从讲述烈士在狱中事迹的报告到创作小说《红岩》,一生都是在为宣传红岩烈士的精神而努力,为烈士精神的传播、为新中国的文化建设作出了杰出的贡献。

## 二、关于小说《红岩》

小说《红岩》主要围绕川东地下党《挺进报》事件和下川东武装起义两条主线,展现地下党员在狱内外斗争和特务破坏、镇压的种种曲折惊心、动人心魄的故事情节。小说是写实的,书中的每个故事、每个人物,几乎都可以在真实的历史中找到原型事件和原型人物。

小说中的人物形象,有些基本上可以和真实的历史人物一一对应,如,江姐——江雪琴的原型是江竹筠,重庆地下党的交通员,真实的生活中也被称为江姐;彭松涛的原型是彭咏梧,江姐的丈夫,重庆地下党的领导人之一,在组织武装斗争中牺牲,头被敌人割下悬在杆子上示众;成岗的原型是陈然,《挺进报》的特支书记;胡浩的原型是新四军战士宣灏;李青竹则是万县中心县委副书记李青林……

特务头子徐鹏飞的原型是国民党战犯徐远举,曾任保密局西南特区区长、西南军政长官公署二处处长;猫头鹰是渣滓洞看守所所长徐贵林等等。

但小说毕竟是文学作品而非历史纪实,它必须源于生活而高于生活,它必须对真实的历史用虚构的手法进行加工、提炼和升华,只有这样,小说才能产生艺术之美和艺术独特的精神震撼力。

有的人物,是在多个原型人物的基础上综合、提炼加工而成的,如,许云峰,就是以罗世文、许建业、韦德福等烈士为主要原型创作的。罗世文曾是中共四川省委书记,被捕后与车耀先拒绝特务的宴请并与特务唇枪舌剑展开斗争;许建业是重庆市工委负责工运的委员,是《挺进报》事件中第一个被捕的地下党领导人;韦德福是一个弃暗投明的国民党宪兵,被关在白公馆地牢时曾挖洞逃跑,后被抓回杀害,他挖地牢的情节被整合运用到小说《红岩》关于重庆解放前夕地下党组织越狱的描写中;"疯老头"华子良的原型是韩子栋,他为了准备越狱,适应野外生活,坚持在狱中利用一切条件磨炼自己的意志,锻炼身体。如,在狭小的房间里来回走动;用牙齿脱落的牙床去嚼煮饭的锅巴,直至满嘴是血。再加上他沉默寡言,因此在很多难友看来,他就是个"怪人",后来经过《红岩》小说的艺术加工,"疯老头"的经典形象就跃然纸上了。但他在历史上没有和重庆地下党发生过关系,而且他在1947年就越狱脱逃了,他的情节也是被整合到小说《红岩》关于地下党与狱外联系成功,带领游击队武装劫狱的情节中。

叛徒甫志高形象,则是以刘国定、冉益智、李文祥等多个真实的叛徒为原型塑造的。

小说作为意识形态领域的产物,是客观素材和作者主观思维相结合的结果,作品中不可避免地折射出作者自己的影子,这也是文艺作品对现实的提炼、加工的必然。比较典型的一个例子,

就是小说中成岗被刑讯时所作的诗《我的自白书》：

　　任脚下响着沉重的铁镣，任你把皮鞭举得高高；我不需要什么自白，哪怕胸口对着带血的刺刀！

　　人，不能低下高贵的头，只有怕死鬼才乞求"自由"；毒刑拷打算得了什么？死亡也无法叫我开口！

　　对着死亡我放声大笑，魔鬼的宫殿在笑声中动摇；这就是我——一个共产党员的自白，高唱凯歌埋葬蒋家王朝！

　　这首诗，实际是以罗广斌自己在狱中写的诗为基础，加上陈然在狱中刑法面前坚贞不屈的斗争事迹而创作的。当罗广斌在狱中"搞串联"、"通风报信"严重违反监规被戴上重镣后，他曾经写诗表明自己决不屈服的心志，写下了《我的自白书》诗：

　　　　望着脚上沉重的铁镣

　　　　我没有什么须要自白

　　　　就拿起皮鞭吧

　　　　举起你们的尖锐的刺刀吧！

　　　　我知道，你们饶不了我

　　　　正如我饶不了你们一样

　　　　毒刑、拷打、枪毙、活埋

　　　　你们要怎么就怎么干吧！

　　　　是一个人，不能像狗样的爬出去

　　　　我恨煞那些怕死的东西

　　　　没有同党，什么也没有

　　　　我的血肉全在此地！

　　读了这样的诗，可以看出小说《红岩》与作者罗广斌的不可分割的内在联系和罗广斌对创作红岩的贡献，他的名字将永远和小说《红岩》联系在一起。这本书对中国几代人的世界观、价值观的影响，恐怕是空前绝后的。用罗广斌生前自己的话来说：这本书的真正作者，是无数牺牲在中美合作所集中营里的无产阶级战士，是他们用生命和鲜血写出来的。

## 三、关于白公馆、渣滓洞看守所

　　小说《红岩》描写的狱中斗争主要发生在白公馆和渣滓洞看守所，从1939年到1949年大屠杀前夕被关押人员300多人，除了极少数叛徒以外，绝大多数革命者以"生当作人杰、死亦为鬼雄"的大无畏精神，无情地嘲笑敌人的疯狂和愚蠢，忠诚于自己的政治选择，坚守信仰的力量，抒发了惊天地、泣鬼神的浩然正气。刘国铤烈士出身于豪门望族，被捕入狱后，家人为营救他，不惜花重金，但是刘国铤拒绝在退党声明书上签字，在赴刑场途中，口头吟诵"我们决不玷污党的荣誉，我们死而无愧"，表现出一个共产党人对信念的虔诚。

江竹筠烈士被捕入狱后,为延缓敌人对自己真实身份的把握,她与敌人玩起了一次文字游戏,特务审讯她的时候说:"你叫江竹君,你的情况我们都清楚,你老老实实把你的情况交代一下吧。"江姐回答敌人说:"我是叫江竹筠,但你们不要弄错了,我那个筠字,是竹字头,下面一个平均的均。"审讯她的特务不知所措,君子的君和平均的均,发音都读"jūn",所以特务按照江姐的说法,把江竹君写成了江竹筠。在继续审问中,徐远举要求江竹筠把自己知道的情况必须全部说出来,机智的江姐非常沉着地回答徐远举说:"什么叫不说不行,不行又怎么样?那我说今天你必须把我给放了,还是不行,那为什么你非要让我不说不行呢?"气急败坏的特务在一天之内对江竹筠两次动用酷刑,用竹筷子夹她的手指,妄图摧垮她的精神意志,但江竹筠留给徐远举的一句话是:"你可以摧残我的皮肉,但你摧垮不了我的意志。"临刑以前,江竹筠在留给亲人的遗书中这样表明了自己的生死观:活人可以在活人心中死去,死人可以在活人心中永存。对自己心爱的儿子,江竹筠留下的遗言是:"假如不幸的话,云儿就托付给你了,望踏着父母之足迹,以建设新中国为志奋斗到底……孩子绝不要娇养,粗茶淡饭足矣!"

《红岩》小说中蓝大胡子的原型人物蓝蒂裕,被捕入狱后,积极参加狱中斗争,也是铁窗诗社的主要成员,在狱中非常想念自己的儿子蓝耕荒,曾经数次策划越狱,未能成功。大屠杀前夕,他在一张废纸烟盒上给自己的儿子留下了一首《示儿》的遗诗:"你,耕荒,我亲爱的孩子,从荒沙中来,到荒沙中去。今夜,我要与你永别了!满街狼犬,遍地荆棘,给你什么遗嘱呢?我的孩子!今后,愿你用变秋天为春天的精神,把祖国的荒沙耕种成美丽的园林。"他的儿子蓝耕荒,牢记父亲的教导,从部队转业以后,在泸州公安干部学院一直从事绿化工作,使单位年年评为园林绿化单位。蓝耕荒这样谈到他的人生:"我对社会也许没有更多的作为,但每种一棵树,每种一棵草,那都是父亲对我的希望。"

《红岩》小说中许云峰的原型人物之一许晓轩,被辗转关押于白公馆看守所和贵州息烽集中营,后又转回重庆白公馆关押长达14年,在狱中他带给亲人的一张纸条上写了"宁关不屈"四个字,表明了他决不向敌人屈服的坚强意志。在1949年重庆解放前夕,他由白公馆第一个被押出去枪杀,离开看守所的时候,非常镇定地向狱中难友告别,留下他的口头遗言:"请你们转告党组织,我做到了党要求我做的一切,直到生命最后几分钟,我仍将这样,希望组织上注意整党整风,清除非无产阶级意识,纯洁我们党的队伍。"他坐牢14年,从一批一批被捕的人员当中了解了许多关于地下党斗争的情况,他思考、他总结,他所提出的经常注意整党整风,乃是加强党的建设最为重要的环节。

《红岩》小说由于成书于1961年,受当时文物资料搜集整理的局限,有许多内容尚未能写进去,包括罗广斌本人当时已经掌握了的情况,受组织纪律的规定,他没有写进《红岩》,最典型的就是"狱中八条"。1949年10月1日,新中国成立的消息传进狱中,梦寐以求的新中国终于建立,但是,自己却不能亲自参加国家建设和抚摸五星红旗,这对每一个革命者来说是最大的痛苦和伤感。在所有被关押者的强烈要求下,狱中党组织决定:大家打破一切界限,把自己知道的情况全部讲出来,互相讨论、研究,分析、总结地下党为什么会遭受如此大的破坏?为什么平时自己崇敬的上级被捕以后,这么快就向敌人变节自首出卖同志?是什么原因使地下党没有能够在白色恐怖加剧的情况下坚持斗争?一场关于地下党工作的检讨、总结在狱中秘密地进行。革命者不失坚定的共产主义信念,他们有"愿以我血献后土,换得神州永太平"的自我牺牲精神,他们希望执政了的党组织要认真总结和吸取地下党斗争时期的经验、教训,他们希望党的事业健康发展,他们希望共产党人一定要有先进性和保持纯洁性……在狱中,大家以高度的责任感,以真诚的态度,开始从党的建设,组织发展,党员教育等方面进行回顾总结;从《挺进报》的大破坏,上下川东武装起义的三次失败分析问题;从地下党工作的方方面面进行讨论、研究。大家相互嘱托,谁能有机会活着出去,一定要把这些报告给党组织!罗广斌和刘国锧由于他们家人不断的营救,狱中党组织分析,他们有可能活着出去,所以他们两人参加了全部的讨论和狱中党组织的研究分析,大屠杀时,刘国锧不幸遇难,罗广斌策反看守成功,组织白公馆的19人脱险成功。出狱后的罗广斌奋笔疾书,将狱中难友们讨论的情况和狱中党组织分析总结的经验,写成了一份《关于重庆地下党组织被破坏和狱中情形的报告》,于1949年12月25日交给西南军政委员会组织部。这份报告两万多字,从七个方面分析总结了地下党失败的经验教训,尤为重要的是第七部分,向党组织提出了八条建议:第一,防止领导成员腐化;第二,加强党内教育和实际斗争的锻炼;第三,不要理想主义,对上级也不要迷信;第四,注意路线问题,不要从右跳到"左";第五,切勿轻视敌人;第六,重视党员特别是领导干部的经济、恋爱和生活作风问题;第七,严格进行整党整风;第八,惩办叛徒特务。

关于叛徒的问题是报告中涉及最多的一个方面,在整个因《挺进报》被捕人员中叛徒虽然只有几个,但由于位居要职,其破坏程度又相当的大,所以这方面的经验和教训是相当深刻的。

地下党重庆市委书记刘国定、副书记冉益智都是1938年加入共产党组织的,应当承认他们在地下斗争期间也是做了许多工作,否则不会担任到一定的领导职务。在地下党的十年工作、斗争过程中,他们有过危险,随时都有可能付出流血牺牲的,他们被捕后也并不是一下子就叛变了的。罗广斌在报告中指出:"他们在叛变过程中,不是一天两天,也不是毫无矛盾和痛苦的……"问题就在于是什么决定了他们在这个"矛盾"和"痛苦"过程中选择了叛徒这条道路。研究这个问题其意义不仅是历史的,而且也是现实的。

刘国定被捕后,先没有被暴露身份,他可以说是应付过了特务的审讯。但当冉益智招认了他的真实身份后,特务用刑法威逼他的时候,他一下子就软了,承认了自己是地下党的书记。只要危及到自己个人根本问题的时候,就什么也不顾,只要能保住自己的根本利益,就什么也敢做,刘国定就是这种典型。在生与死,在苦与荣问题上,刘国定求生,求荣。当徐远举要他交代组织,出卖同志,参加特务工作的时候,刘国定表示答应,但要先谈好条件。刘国定一再希望徐远举考虑他是省委、市委级的干部,最后以"中校"官职成交。因此,刘国定在以后的叛变活动中是有一定保留的,而这种保留是他为了更好地保住他认为属于他的利益。叛变后,当许多同志还无法接受这一突变的情况,甚至不敢相信这一事实的时候,刘国定却已十分的神气十足,趾高气扬,从一个追求革命的地下党书记叛变为一个国民党的中校军官,看不出他有任何的不适应。这使狱中的每一个党员感到万分的震惊!

冉益智的叛变有一个矛盾的过程,在渣滓洞关押时,他恐慌、焦躁、不安!他十分清楚地知道,共产党在中国胜利只是一个时间问题了。但是,在狱中如果不交代组织、出卖同志,说不定哪一天就拉出去给枪毙了,而如果交代了情况自己就成了叛徒!他矛盾,他坐立不安。当被转囚到白公馆后,他彻夜难眠,半夜起来写遗书给他的妻子,其中最后一句是:"……枕边一吻,竟成永别。"贪生怕死使他动摇了革命的信念,严酷的现实使他苟且偷生。冉益智是许多地下党员所崇拜的一个领导干部,讲起革命的道理,他振振有词,谈起共产党员的气节问题,他是慷慨激昂。他在狱中叛变前对人这样说:"共产党员在群众中起的领导作用,以身作则的态度是装出来给群众看的。"说的是一套,做的是一套,话要说得很漂亮,事情不要管它做不做得到,骨子里面要两面派,这是冉益智做人做事的原则。他叛变后,在出卖组织和同志的问题上,只要对他可能造成影响的,他就不分轻重地出卖。由于出卖有功,他从少校升为中校。

李文祥的叛变则和刘国定、冉益智有很大的不一样。李文祥也是1938年入党的,被捕后在特务的酷刑威逼下没有屈服,可以说是经受住了考验。但是,在白公馆坐了八个月牢后,于1948年12月14日,他却叛变了,主动要求交代问题,出卖组织,出卖同志,导致十几个同志被捕!每次从白公馆押去渣滓洞受审讯后,特务总要安排他去见一见妻子,而每一次见到妻子时,他总是哭哭啼啼。他认为,革命了这么多年,苦了这么多年,却不能享受到革命胜利的成果,这太划不来!要是不被捕,解放后起码是一个大官……入党是为了要当官,参加革命是为了今后要得到享受,如果这些目的达不到,那就太划不来了!这是李文祥的生存哲学。他毫不掩饰地说:"……比我更重要的人都变了,而二处要我选择的又是这样尖锐的两条路,不是工作,就是枪毙,我死了对革命没有帮助,工作,也绝不会影响革命的胜利到来。组织上已经完了,我只有为自己来打算了。"

叛徒刘国定、冉益智、李文祥在地下党内都是担任了领导职务的,他们的叛变对革命事业所造成的损失是无法估计的!从他们叛变的过程中,我们可以看到这样一个事实,那就是他们认识问题的世界观不正确,看待问题的人生观很错误。而这些又没有能够在他们的经历中随时得到整理,以致遇到考验的时候,就避免不了出问题。罗广斌同志根据狱中同志的讨论和研究,对此作了比较客观的分析,他在报告中指出:"在蒋介石匪帮长期黑暗统治的地区,尤其是四川,地下党的困难是相当多的。在秘密工作的原则下,横的关系不能发生,下级意见的反映和对上级批评不容易传达。因此,总的斗争原则的把握,必须是有相当的经验、能力的领导者。领导得是否正确,基本上决定了斗争的成功或失败,这是很重要的一个特点。"

在分析了客观上的原因后,罗广斌同志又分析了主观上的原因。他在报告中写道,"……没有学习,没有积极地要求自己进步,……没有经常的组织教育",这是领导人蜕化成叛徒的基本原因。因为"毒刑、拷打,单凭个人的勇气和肉体的忍耐,是没有法子忍受的。没有坚强的革命意识,没有牺牲个人,贡献革命的思想准备,便不能通过考验。……"。

入党的动机不纯,参加革命的目的不对,这必将导致思想上堕落,行为上腐化,叛徒的行为充分证明了这一点。

叛徒刘国定,曾经利用自己书记的职务之便,要求掌管地下党活动经费的同志,把党的经费借给他去做生意。掌管经费的同志告诉他:"组织上的钱不能借,我自己也没有钱借给你。"刘国定对此十分的气愤,他认为:"我借钱又不是不还,何必那么认真!"在他的眼中,在他的手中,权力是他的,利用权力来做自己的事情,没有什么不对的。刘国定借钱做生意的目的没有达到,便污蔑掌管经费的同志有"经济问题",后经组织查证,否定了刘国定的指责。利用权力,谋求私利,是从思想上到行为上腐化的一个根源,手中的权力是为公,不能蜕变成为私。

对于叛徒冉益智,罗广斌同志在报告中有这样一段:"……我们不能因他叛变而说他以前的行动处处都错。但研究他思想最根本的出发点,的确是有很多问题的。因为他的'机警'、'善于解释理由',以前组织上并没有严格进行整风,确实可能被他蒙蔽的。……"冉益智在任何时候、任何时间、任何问题、任何情况面前,总是有自己的一套说法,他不仅"能言善辩",还十分地会"为人处世"。遇到问题的时候他会很"机警"地推掉一切责任,有了成绩的时候他也"善于"找到各种理由与自己挂上钩。在他的心目中,什么学习问题、思想改造问题与他这个"领导"是不相关的,他认为"学习和思想改造都是下面的事情"。放松学习,忽视思想改造,自以为是,是从思想上到行动上腐化的一个重要原因,学习和注重思想建设是干部问题的关键环节。

"……我们希望组织上对选拔干部,审查干部,培养干部,一定要更进一步的谨慎和严格。"这是罗广斌同志反映狱中革命烈士的一个强烈愿望,"领导的是否正确,基本上决定了斗争的成功或失败",这是狱中同志从残酷的斗争现实中所总结出来的经验。不论从历史的过去,还是看现实的今天,在革命的事业中,干部的问题都是一个关系到成功与否的大事。从叛徒的身上,我们可以发现他们世界观、人生观的本质是建立在"为自己"的基础上的。坚定的信念,勇敢的追求在他们的眼中只不过是一种手段,一种为达到个人目的需要的表现。这种非纯洁性在共产党内的存在发展,最终必将严重影响革命事业,甚至造成无法挽回的损失!因此,关于领导干部是狱中同志讨论得最多、最深刻的问题,罗广斌同志在报告中提出:"从所有叛徒、烈士中加以比较,经济问题,恋爱问题,私生活,这三个个人问题处理的好坏,必然地决定了他的工作态度,和对革命的是否忠贞。……"所以,共产主义的世界观和人生观是每一个共产党员必须要首先解决的根本问题。

与极少数的叛徒相比,狱中的革命志士没有在敌人的屠刀下屈服,没有在特务的酷刑下变节,没有在长期的关押中丧失信心,他们以自己坚定的信念、顽强的意志,通过了一次又一次的考验。罗广斌同志在报告中写道:"……江竹筠受刑昏死三次,杨虞裳失明月余,李青林腿折残废,是每个被捕的同志所共同景仰的。江曾说过:'毒刑是太小的考验!'在被捕同志们当中起了很大的教育作用。""到了最后,已经面临死的考验了。以前罗世文死的时候,脸色都没有变。于是要求做到'面不改色,心不跳'!结果,每一个人,临死都是倔犟的,没有求饶,国歌和口号一直不停地在枪声和弹雨下响着。牢狱锻炼得每个同志——党员和非党员,成为坚强的战士。"高度的气节建立在高度的理性基础之上,革命烈士无私奉献的伟大精神是由他们坚定的共产主义信念所决定的。

八条建议是革命烈士血与泪的嘱托,是革命烈士对党和人民事业的高度负责,是革命烈士生命最后所发出的强烈呼吁,是我们在发展建设中不能忘记的警示!他们带走的是苦难,他们留给我们的是幸福;他们失去的是生命,他们留给我们的是精神。

## 四、烈士血凝万代心

红岩,是重庆这个历史文化名城中的最强记忆!无论全球化、多元化怎样改变着我们的生活,怎样影响着都市的面貌,怎样缩小着城乡的差距,在时间意义上重庆都绕不开红岩。小说《红岩》从它诞生那天开始随着发行量的不断被刷新、随着各种艺术形式的不断呈现,它成为新中国文化建设方面不可忽视的现象。1961年,中国青年出版社出版了小说《红岩》后,在全国引起了极大的社会反响,小说还被翻译成日文、英文在世界各地发行。1963年周恩来同志在陪同西哈努克亲王到重庆的时候,亲自过问红岩小说所表现的白公馆、渣滓洞监狱旧址状况,副市长陈荒煤向周恩来同志作了汇报。周恩来总理立即作出"迁出工厂、修复文物、对外开放"的指示。小说《红岩》出版后,立即在全国出现了热销和改编创作的高潮,呈现出一个强大的文学艺术活跃的高潮!歌剧《江姐》、电影《烈火中永生》,快板书、京韵大鼓、川剧、豫剧、黄梅戏等各曲艺艺术,诗歌、散文、长诗、版画等艺术形式,争先恐后利用红岩资源,进行二度的创作,致使一大批作品问世。这些作品极大地传播了红岩精神,激励鼓舞了许多人的核心价值取向集中在共产主义这个崇高的理想上,推动了社会崇尚英雄、学习英雄的风尚形成。文学艺术的社会引导作用空前地在中国发挥着巨大的作用。这种作用使红岩精神成为中国人民精神生活的一个主旋律。

《人民日报》1962年12月2日,李希凡在《剪裁、集中和再创造——谈中国铁路文工团话剧团〈红岩〉的改编》一文中写道:"《红岩》,这本公认为撼动心灵的'共产主义科学书',在它出版将近一年的时间里,已经风行全国,有口皆碑,虽然书的累计印数突破了三百万册,达到了解放以来长篇小说发行量的最高数字,却仍然不能满足读者的需求。"

《四川日报》1962年8月19日,殷白在《读红岩》一文中写道:"《红岩》艺术创作上的几个主要的特点:第一,塑造了一组具有共同精神品质的英雄人物,从而形成了强烈的形象的集体感;第二,通过尖锐的敌我矛盾冲突的描写,展示了英雄人物性格的光辉灿烂和政治上的高度成熟;第三,围绕监狱斗争和革命者的狱中生活的富于革命精神的抒情和人物特写。"

《浙江日报》专门开设了《红岩风格赞》。1962年4月7日第三版,阎纲写的《共产党人的正气歌》一文中说:"《红岩》没有把最容易追求离奇的情节惊险化,没有把最特殊、最尖锐的斗争一般化,没有把人物神化或丑化。它忠实于生活真实的描写,忠实于人物形象以及人物与环境关系的真实描写,把这作为自己作品的寓意和艺术创造的基础和出发点。《红岩》里描写的生活和人物,原来在作者的心里就是活生生的,因而才可能有作品里一系列的具体描写:具体的环境、具体的人物、具体的关系与具体的矛盾。最后,用具体的斗争方式解决了集中营里(具体的一连串的、大大小小的、此时此刻的)冲突,既不同于战场、工厂、学校,又不同于其他时刻、其他地方的集中营。"

《新华日报》1962年11月4日第二版《观众爱看优秀现代剧目——文艺界座谈话剧〈红岩〉演出盛况》中报道:"南京市话剧团在宁上演的现代剧《红岩》连满四十余场,观众达四万五千多人

次。最近，南京市剧协特为《红岩》的演出邀请省、市文艺界和驻宁部队戏剧工作者举行了座谈会。南京市话剧团已于六月结束在宁演出，他们将《红岩》稍加整理后，将带往苏州、无锡、常州、镇江等地巡回演出。"

不论是读者的文章，亲属的回忆，还是战友的叙述，红岩，在加速传播，红岩成为脍炙人口的话题。为了满足社会和人民群众热议红岩的需求，从1962年6月开始，《中国青年报》就开设了一个专栏《红岩精神礼赞》。当时的读者是这样理解红岩精神的：1962年6月14日，读者昭凯在《飞翔吧，永远朝着东方》一文中写道："永远朝着东方，永远向着党，是每一个革命者应该首先解决的政治问题，是革命的坚定性问题，它表现在对党、对共产主义事业、对革命前途具有无比的信心，能够经受得住任何艰难困苦的考验，能够在哪怕是天空充满了乌云、革命遭受到挫折的时刻，也坚信革命的星星之火，终会成为燎原之势……她（江姐）做到了像自己所说的那样，在风险面前，决不退缩，一往无前；在考验面前，脸不变色，心不跳！这就是无产阶级革命坚定性的具体写照，也是革命烈士用他们的鲜血描绘出的光辉形象……重庆解放前夕，江姐曾经对难友的遗孤'监狱之花'讲过一段意味深长的话：孩子啊，快点成长吧！叔叔孃孃们将举起这面红旗，去参加战斗，还要亲手将红旗托付给你。孩子啊，你要记着，当你长大了，当你的孩子也从你手上接过红旗那天，你要面对红旗回答——你是否为保卫红旗而生，为保卫红旗而战，为保卫红旗而贡献了问心无愧的一生。"

从20世纪80年代起，红岩魂为主题的展览、报告、展演在全国各地巡回展览，出现了前所未有的"红岩魂"现象，全国各地报刊记录了这种空前盛况：

《新华每日电讯》1996年8月22日发表新华社记者刘兀所写《红岩英魂震华夏——"中美合作所集中营史实展览"全国巡展记》的文章中的第三段：了解昨天才懂得今天；在上海展览时，展馆门口曾有两个小学生对话。一个说："你看过中美合作所的展览吗？"另一个回答："我爸就在中美合资企业工作，还用得着看吗！"传统教育的断层造成了历史知识的空白。一些中年人忧心忡忡："我们这一代是在《红岩》、《钢铁是怎样炼成的》等小说熏陶下成长起来的。而现在这些教育被忽视了。""革命文物凝聚着中华民族文化的精粹。这些用鲜血和生命铸成的事实，是再造我们民族魂的重要源泉，是推动我们社会发展的重要支柱。"一位烈士家属这样急切呼吁："我们不应淡化对烈士精神的弘扬。"

《光明日报》1996年9月5日发表丰捷所写文章《抹不去的红岩魂——白公馆、渣滓洞革命烈士斗争史展览侧记》中写道：北京长征会计中专学校的梅梅、武萍萍和吕静是听完老师的参观感受后走进展厅的。尽管以前对白公馆、渣滓洞有所了解，但今天，她们依然被震撼了："没想到那时的斗争条件那样艰苦，没想到英烈们那样勇敢、坚强，更没想到我们今天的生活来得这样不容易。"其中的一位说："以前听老师讲，或者看书、看电视，都不如这次受的教育这样真切。看了展览，红岩精神深深印在了我们心里；'烈火中永生'，英烈们的高尚情怀给了我们很好的启示：只有实现了社会价值，人才是一个真正的人。"

《人民日报》1996年9月14日发表张建玲、万秀斌所写《红岩魂魄撼京华——红岩魂展览述评》中写道:……人们在红岩英烈的高风亮节面前检验自己的灵魂,校正人生的航线。上了年纪的人看了展览,重新忆起年轻时的豪情壮志,激发出新的工作热情;年轻人看了展览,理解了什么是人生的真正价值,认识到今天的幸福生活来之不易;少年儿童们看了展览,知道了还有为了迎接新中国的到来,献出幼小生命的"小萝卜头",许多孩子眼里噙满泪水,感动得解下红领巾,系在"小萝卜头"的脖子上,一天竟有20多条。有的还写道:"小萝卜头,你属于我们中队!""小萝卜头,我爱你!"少管所的失足少年们看了展览,在革命先烈面前流下了愧疚的眼泪……许多单位把参观红岩魂作为党团组织活动,一些学校将参观展览作为新生入学的第一课。北京北太平庄粮管所的职工,拿着单位出的题目来看展览。首都钢铁公司一次买了一万多张门票。……一位青年干部在自己的本子上写道:"历史是一面镜子,比较今昔,对照自己,如果我们今天为了名、权、利而去斤斤计较,我们对得起谁?"一位参观者在留言簿上写道:"在这神圣的殿堂里,让我的灵魂接受了一次最有力度的洗礼。"还有一位参观者写道:"对于一切浑浑噩噩的人,这个展览是一服很好的清醒剂,我们不能虚度时光,因为是他们用鲜血换来的。"红岩魂展览是一个传统的革命教育展览,如此盛况空前,如此震撼人心,原因何在?人们边参观边议论边思考。简而言之,至少有以下几点:一、展览所展示的红岩精神,充分表现了中国共产党人为了国家和民族的利益,舍生忘死的凛然正气。正气、正义、高风亮节,从来就是鼓舞人、感染人的强大精神力量。二、展览展示了新中国来之不易,今天的生活来之不易,面对新的形式,创造新的未来,必须发扬革命传统,进一步强化民族凝聚力,青少年一代尤其需要补上这一课。三、生活好了,官做大了,面对市场经济的发展,有些人见利忘义了,红岩魂展览的轰动,反映人们对于腐败、对于奢靡之风的厌恶和批判。四、红岩魂展览引起社会关注,也是近年来我们坚持"两手抓、两手都要硬",重视和加强精神文明建设的一个成果。它从一个侧面反映了我们的社会风气和民族精神进一步向好的方面发展。

《文汇报》1996年9月20日发表宋贵仑所写文章《意料之外 情理之中——红岩魂展览火暴京城的启示》:《红岩魂——白公馆、渣滓洞革命烈士斗争史展览》,一个事前没作任何宣传、没发任何文件的展览,一个主题非常严肃、内容非常熟悉的展览,却火暴京城,在中国革命博物馆出现一道道绚丽的风景线:购票和存包队伍排成长龙,以至武警来维持秩序;参观者大多是成年人,从开门到闭馆络绎不绝,每天高达万人,尽管开馆提前半小时、每天中午不休息,但20多天过去了仍然不能满足观众的要求,又只好将结束展览时间推迟了20天;人群挤满展厅,人们泪流满面地静听工作人员讲解,许多人认真抄录材料,争先恐后地购买资料,纷纷在留言簿上留言……

这场景确实令人激动。

这场景乍一想出乎意料,但细琢磨,又入于情理之中。红岩魂展览震撼京华,给我们许多启示:

启示之一:红岩精神是先辈留下的宝贵精神财富,具有永久的感召力。

爱国、团结、奋斗、奉献,是周恩来同志亲自培育的红岩精神。歌乐山的英烈们用生命和热血谱写了一曲曲红岩精神的壮歌。红岩精神,是革命先烈对共产主义信念执著追求的高度概括,是革命先烈坚持真理、改造社会的人生伟大实践,是革命先辈为国家、为人民无私奉献的真实写照,

是前人给我们留下的宝贵精神财富,是革命和建设都不可或缺的精神支柱。红岩精神对于共产党人和亿万人民来说具有永久的魅力和感召力,红岩魂魄自然会震撼人。

启示之二:红岩魂展顺应时代、顺乎民意。

改革开放和社会主义市场经济体制的建立,使我国出现了翻天覆地的变化,也出现了许多新情况、新矛盾和新问题。面对新形势、新情况、新矛盾、新问题,越来越多的人在观察、在思考、在分析、在研究、在探索。人们越来越清楚地认识到,革命传统思想教育仍然不失为一种好的方法。人们也越来越不满意腐败现象和丑恶问题,呼唤先辈精神再现、企盼优秀传统美德回归。红岩魂展应运而生,大受欢迎,自在情理之中。

启示之三:随着生活水平的不断提高,人们也不断调整价值坐标。红岩魂展为我们提供了坐标参照系。

告别长期贫穷、渴望富裕生活的百姓,在党的十一届三中全会以后,争先恐后地富裕起来。富裕起来的人们也越来越感到缺乏精神追求的困惑,特别是独生子女的家长们,越来越感到教育后代的迫切和培养孩子意志品质的重要。一个从天津开车到京参观的"大款"这样说,现在我的生活什么都不缺了,只缺一个精神上的支柱,所以我才带着我的家人赶到这里。这恐怕是不少人的心声。从中我们看到了社会的可喜进步:随着生活水平的不断提高,人们也在不断调整价值坐标。这种调整是自觉的、潜移默化的,这是坚持精神文明重在建设和正面宣传这一方针产生的良性效应。红岩魂展为我们提供了坐标调整参照系。

启示之四:加强精神文明建设、宣传典型、学习先进的浓厚氛围,为红岩魂展创造了良好环境。

党的十四大以来,特别是《爱国主义教育实施纲要》颁布以来,在党中央领导下,精神文明建设和爱国主义教育工作力度明显加大,中央决定把精神文明建设作为十四届六中全会的主要议题,也极大地激发了广大干部群众的热情。宣传树立孔繁森、李国安、徐虎、吴天祥、陈金水、陈观玉、王廷江等一大批先进典型,营造了重视思想道德建设、学先进赶先进的浓厚社会氛围。

这是这次红岩魂展比历次更成功的外在条件。

启示之五:主题鲜明、立意较高,也是展览举办成功的原因。

红岩魂展览主题鲜明,就是弘扬"红岩精神"。而且,立意很高,是站在世纪之交的高度来宣传和设计。

展览的《前言》开头写道:"20世纪是一个伟大的世纪。在这个世纪,旧的死亡,新的生长。在这个世纪,屠杀、掠夺、战争、爱国,一切人类的苦难都创造了历史上空前残酷惨痛的最高纪录。在这个世纪,人类为了拯救自己反抗强权,反抗暴力,处处都表现了最英勇、最果毅的精神!"《结束语》的主旨则是弘扬"红岩精神"搞好改革开放和现代化建设。包括展览的色调设计,并没使人沉浸于悲痛和恐怖之中,而是给人以鼓舞,即:它不仅感染人,而且教育人、鼓舞人。

启示之六:共鸣点较多,能与众人心灵撞击,也是展览轰动的一个因素。

红岩魂展成功的另一个奥妙是能够与广大观众产生共鸣:能与老年人共鸣,它让老年观众回想起了战争年代,重新忆起了年轻时的豪情壮志;能与中、青年人产生共鸣,使他们回想起了儿时读《红岩》小说的记忆和当年意气风发的情怀;能与少年、儿童产生共鸣,使他们被"小萝卜头"的形象所深深吸引,立下长大报国的宏愿,从观众留言中最能反映这一点。

总之,红岩魂展览的成功举办,给我们许多启示。它使我们更加坚定了加强社会主义精神文明建设的信心和决心。

从1988年开始《歌乐忠魂、世代英华》全国巡展到1996年在国家博物馆举办的《红岩魂》展览,使"红岩魂"这一品牌得到确立,成为中国红岩文化的一个著名标志。

一个少年罪犯在参观了渣滓洞监狱旧址后在留言簿上写下了这样一段发人深省的话:"我想作个英雄,但我进了少管所。今天我看了展览,我发现自己弄错了英雄的含义!"一个生在新中国、长在红旗下的少年"弄错了英雄的含义",这是一个不可忽视的社会问题,也是一种发自社会深层的呐喊和呼吁。我们不可指责这位少年弄错了英雄的含义,我们应该仔细分析是什么使他弄错了英雄的含义?"路见不平、拔刀相助、敢打敢杀、哥们儿义气",曾是这位少年心中"英雄"的模式。良莠相杂,鱼目混珠曾使这个少年失了足,值得庆幸的是他终于在先烈恨饮枪弹的地方找到了英雄的真正含义。

一位北京大学生留言:"每个人都有自己的价值所在,我们的价值何在?奋斗,还是彷徨?"

一个青年工人参观后写道:"中华民族的英雄,以鲜血缔造了新的中国。我们每一个活着的人应如何去做,这是必须回答的。"

"人生只有一回,我一直为人生的意义是什么而迷惑。今日看了《红岩魂》展览,我终于明白了,人生贵在奋斗,人生贵在奉献!"

中国文化应该说是一种以人为本的文化,文化的主体都是人,而红岩文化,虽然主体是人,但是它是一种精神化了的文化。在旅游资源极为丰富的今天,红岩文化旅游资源面对的旅游者不再是靠发一张红头文件就能引来的"文件观众",而是"市场观众",旅游者有选择参观的权利,要使红岩文化在旅游资源中张扬其特性,就必须坚持人性化的原则才能让更多的旅游者接受。

文化是一种历史现象,每一社会都有与之相适应的文化,并随着社会的物质生产发展而发展,作为意识形态的文化是一定社会的政治和经济的反映,又给予极大的影响和作用于一定社会的政治和经济。从红岩精神到红岩文化,它是现实主义的文化,因为无论昨天、今天还是明天,红岩文化所昭示的红岩精神都有着巨大的现实意义。它是革命英雄主义的文化,因为它所揭示的是共产党人的赤胆忠心、豪迈气魄、对祖国人民的热爱、对民族振兴的责任;它是新中国的文化,它的本源是站在一个旧世界垮台、一个新中国诞生的交会点上,成为新中国大大的一块红色的基石;它是积极先进的文化,因为它融入共产主义精神,而中国共产党是先进文化的代表。

(文章观点仅代表作者个人学术观点)

(作者简介:厉华,职称:文博研究馆员;职务:重庆红岩联线文化发展管理中心主任、重庆红岩革命历史博物馆馆长)

# 历史文化名城中的红岩旅游资源

古 风

红岩,不仅是重庆旅游文化中的一个重要内容,也在全国乃至世界享有盛名!从地名到人名,从文艺作品到企业的名称,从产品的命名到现在网站的注册,红岩,作为一个品牌发挥着巨大的资源效应。提起重庆就会讲到红岩,说起红岩就会联想到重庆,红岩是重庆这个历史文化名城的光荣象征!

本文从历史文化名城中最具有成长性的红岩精神的源流变迁和现实作用,分析它作为民族精神、爱国主义精神在旅游中的价值和特性;从红岩精神到红岩文化的形成的回顾,张扬红岩品牌的个性魅力以及它在文化积淀中的升华;从红岩文化到红色旅游的实践说明促进旅游的发展必须是不断地外化红岩文化的思想内容和精神力量。

红岩,在全面建设小康社会中是一种可持续性的旅游文化资源。

红岩,在重庆参观旅游中独具特色有很强的吸引力。

红岩,在旅游活动中为人们提供坐标参照系带有许多的启示。

## 一、历史文化名城中最具有成长性的是红岩精神

巴渝文化、三峡文化、抗战文化奠定了重庆这座历史文化名城的人文基础,形成了重庆旅游文化的特征。从旅游参观的成因角度来看,红岩在重庆的旅游文化中却又是最成熟和最具有成长性的文化旅游资源。因为从历史的过程来看,它是重庆历史中积淀升华了的一种带有民族性的精神,它与中国人民奋斗的历史与中国共产党的历史紧密相连,它为我们今天的每一个人提供了价值坐标的参照系。因此,作为旅游文化,它给人以思考、给人以启示。

(一)重庆的红岩

红岩本是重庆的一个地名,位于重庆市西北郊外的一处山坡谷地,由于地形延伸向嘉陵江酷似一只动物嘴,裸露于地表的岩石呈现暗红色,故人称红岩嘴,解放前是中共南方局和八路军重

庆办事处驻地。1939年秋,中共中央南方局结庐红岩,从此,红岩成为中国共产党在国统区的指挥中心,红岩这个名字就紧紧地同中国革命的历史联系在一起了。在抗日战争时期,周恩来在重庆城内的办公住宿地"周公馆"在曾家岩,中国共产党在国统区唯一公开出版发行的大型政治机关刊物《新华日报》地处化龙桥虎头岩,因此红岩、曾家岩、虎头岩被称为"红色三岩"。如今的红岩革命纪念馆就是依托红色三岩、重庆谈判《双十协定》签字处桂园、中共代表团驻地等革命遗址群建立起来的纪念馆。

与红岩革命纪念馆相隔不远的歌乐山革命纪念馆位于重庆西北郊歌乐山下,在抗日战争和解放战争时期,这里曾是国民党军统重庆集中营所在地,曾囚禁过爱国将领杨虎城,新四军军长叶挺,著名的共产党人罗世文、车耀先、陈然、江竹筠等革命志士。"中美特种技术合作所"总部也曾设于此地。

1994年南方局老同志童小鹏在讲到重庆红岩的历史时指出:红岩是党中央在国统区的领导机关,白公馆、渣滓洞是国民党关押迫害共产党人和革命志士的监狱,重庆历史上的一红一白与中国共产党的革命历史是联系在一起的。周恩来和南方局的同志们,他们在那种艰难的时期所表现出来的思想意志和"出淤泥而不染"、"保持六月荷花风骨"的风貌,形成了红岩精神,而白公馆、渣滓洞的革命志士,就是周恩来在1946年离开重庆前所谈的那样:"多少为了民主事业努力的朋友却在这样长期的谈判中走向监狱,走向放逐,走向死亡……民主事业的进程是多么艰难呀!"革命志士用生命体现了红岩精神。

红岩,记录了以周恩来为首的老一辈无产阶级革命家为中华民族独立解放英勇奋斗的光辉业绩;记录了中国共产党人为了人民的根本利益不畏艰险执著追求的战斗历程;记录了无数革命志士为新中国的建立而无私奉献的历史过程。凝结于这些记录中的崇高思想境界、坚定的共产主义信念,巨大的人格力量和浩然的革命正气,形成了伟大的红岩精神。

1997年红岩革命纪念馆与歌乐山革命纪念馆被中宣部命名为全国百个爱国主义教育示范基地,每年接待中外观众二百多万人次,成为历史文化名城重庆最著名的游览胜地。

(二)红岩中记录的精神内容和思想价值

在周恩来、董必武等老一辈无产阶级革命家的领导下,共产党人和革命志士长期战斗在国统区同国民党顽固派进行了艰苦卓绝的斗争。在国统区,南方局执行中共中央和毛泽东同志制定的路线政策,紧紧地推行统一战线的工作方针,团结各阶层的人士组成抗日民族统一战线,坚持"出污泥而不染,同流而不合污"的原则,在抗日救亡运动中,在打退国民党顽固派多次反共高潮中勇敢战斗,积极工作,前仆后继,为中国人民解放事业作出了不可磨灭的成绩。红岩精神,是抗日战争、解放战争时期以周恩来为首的南方局领导下的革命志士为民主自由,为新中国的成立而同帝国主义、国民党顽固派进行艰苦卓绝斗争的历史概括,它包含着两个方面的内容:

(1)红岩精神是中华民族昂奋达观、坚毅不拔、弃旧图新、勇于奉献精神的延伸、沉淀和升华;

(2)红岩精神是富贵不能淫、贫贱不能移、威武不能屈的伟大气节的集中体现,是对人生最大的理性认识。

红岩精神最显著的特点是"出污泥而不染,同流而不合污",这是以周恩来同志为首的南方局及其领导下的革命志士在恶劣艰险的政治环境中与国民党顽固派作斗争的一个战斗原则和显著特点。红岩精神的最大吸引力和感染力也在于此。处在国统区的南方局的负责同志都是以中共代表或国民参议员的公开身份同国民党中央当局打交道,面对敌人的各种方式、各种手段,在尖锐复杂的斗争中保持"荷花出于污泥而亭亭玉立"的精神气度,与国民党保持国共二次合作局面,维护抗日民族统一战线,为在国民党统治区形成第二条战线奠定了基础,为解放战争胜利和新中国建立创造了有利的条件。

在抗日战争中无论是遵循中共中央"坚持抗战,反对投降;坚持团结,反对分裂;坚持进步,反对倒退"的三大政治口号,还是贯彻"隐蔽精干,长期埋伏,积蓄力量,以待时机"的方针,南方局始终坚持"出污泥而不染,同流而不合污"的原则,绝大多数同志表现出了崇高的革命精神和高尚品德,经受住了严酷斗争的考验,作出了贡献,不少共产党员和党外革命志士还英勇地献出了自己的生命。

在渣滓洞、白公馆监狱这个特殊的战场上,共产党人和革命志士的伟大斗争精神和高尚的气节是红岩精神中珍贵和主要的内容。1939年至重庆解放前夕,国民党军统局在歌乐山下设立了秘密的集中营,关押、迫害、屠杀共产党人和革命志士。在这个特殊战场上,杨虎城、叶挺、罗世文、车耀先、许建业、江竹筠、刘国鋕、陈然等一大批红岩英烈,面对敌人的威逼利诱,富贵不淫;面对长期监禁失去生命而威武不屈,以自己的血与肉无情地嘲笑了敌人的疯狂和愚蠢,为了民主自由,为了中国人民的解放事业,甘洒一腔热血,无私地奉献了个人的一切。

有人说:烈士们生得伟大,死得并不划算,因为死并不是他们唯一的选择!不可否认,不死对先烈们未必不是一种选择,但这种选择只能是在真理面前沉默,在专制压迫前顺从。在白公馆、渣滓洞的铁窗黑牢里,吃的是霉米饭,睡的是潮湿的"一脚半宽",得到的是皮鞭、镣铐、老虎凳。在那种环境下,革命者为什么能临危不惧视死如归?这是因为他们有一种"愿以我血献后土,换得神州永太平"的奉献精神;一种"失败膏黄土,成功济苍生"的大无畏精神;一种"为了免除下一代的苦难,愿把牢底坐穿"的昂奋达观精神。在这些精神的鼓舞和激励下,先烈们舍生取义,坦坦荡荡地抒发了富贵不淫,贫贱不移,威武不屈的凛然正气。

在烈火中永生是红岩精神最突出的本质。人只有献身社会,才能找出那实际上是短暂而有风险的生命意义,在烈火中永生是红岩精神最突出的本质,也是红岩英烈的伟大人生实践。"为人进出的门紧锁着,为狗爬出的洞敞开着,一个声音高叫着:爬出来吧!给你自由;我渴望自由,但我深深地知道,人的身躯怎能从狗洞子里爬出!我只期待这一天,地下的烈火升腾,将我和这口活棺材一齐烧掉,我应该在烈火与热血中得到永生!"这是被囚在集中营里革命者的信念、意志、人格尊严、价值的写照。

在白色恐怖的旧中国,许多仁人志士以"天下兴亡,匹夫有责"的历史使命感,与敌人进行斗争,充分展现了烈士气贯长虹的革命精神,在旧中国面临军阀混战、铁蹄蹂躏的局势下,许多青年毅然脱离富有的家庭,"先天下之忧而忧,后天下之乐而乐",投身到革命洪流中去,充分体现了他们严于律己的自我牺牲精神。在集中营这个特殊战场上,革命者为了新中国的诞生,为人民的幸福、自由,"愿把牢底坐穿",表现了他们压倒一切敌人而决不屈服的崇高气节。在刑场上,面临生与死的选择,烈士们正气凛然,高唱正气歌,"失败膏黄土,成功济苍生",深刻反映了他们的革命乐观主义精神。

　　红岩精神,是革命烈士对共产主义信念执著追求的高度概括;

　　红岩精神,是革命先烈坚持真理,改造社会的人生伟大实践;

　　红岩精神,是革命先辈为国家、为人民无私奉献的真实写照;

　　红岩精神,是我们改革开放发展建设过程中不可缺少的一种精神支柱。

　　一位观众在红岩村参观后对笔者说:"什么是真正的共产党员、什么是共产党的领导干部、什么叫做立党为公,在这里可以找到最有力的答案和最有影响的楷模。"在南方局的旧址陈列中,木板床、小方桌、公共食堂记录着周恩来等中共领导人与民同甘共苦,为建立新中国而奋斗的不朽功勋,每一个置身其境的人都会受到灵魂的净化!

　　"宛若盛夏酷暑里得来的一缕清风,使人感到金钱并不是唯一重要的。"

　　"每次来重庆都想到这里看红岩,因为在这里可以得到一种不可言喻的力量。"

　　"青年时读《红岩》使我有了正确的世界观,今天再看红岩,我灵魂得到了一次净化。"

　　"没想到革命精神的主题报告展演能这样打动人,革命文化是我们这个时代不朽的音符。"

　　一个红岩班的大学生在留言簿上留言:"千秋红岩展览,以非常翔实的史料证明共产党是中国人民的忠实代表。一个强烈的愿望在我的心中油然而生,我应该写申请书向党提出加入党组织的要求,因为我应该是中国人中的先进分子。哪怕一辈子也实现不了这个愿望,但我一定这样做。"

　　一位小学六年级的学生在听了《烈士血凝万代心》的报告后,按老师的要求写一篇听报告的心得体会。作文中她写了这样一段真实的思想:"……听到革命烈士所受的那些惨不忍睹的刑法时,不得不令我毛骨悚然,庆幸我没有生活在那个年代,否则在刑法下我什么都会说!"这位学生真实思想的袒露,反映了国情历史教育的重要性。今天的青年很难理解过去的革命者为什么那样的威武不屈,甚至有人认为不打国民党我们现在也是"亚洲四小龙"。

　　一位农村山区的姑娘,嫌弃家乡贫穷无法挣钱,南下去"闯海"。到重庆后因等火车随旅游车来渣滓洞监狱参观。当她看到陈列展览中有她自己家乡的许多烈士,当她从展览中看到那些烈士为新中国而抛头颅洒热血的事迹时,她的良心受到猛烈震动!她情不自禁地在留言簿上写道:"……同烈士相比,我嫌家乡落后要逃避的想法是多么可恶,我不应该去'下海',我应该回去……"

　　一位靠奋斗而有钱的"大款"在留言簿上写道:"我是一个被人们看成'款爷'的人物,但我每次到重庆一定要来这看一下,我觉得在这里可以找到一种难以用语言形容的力量!"

　　(三)爱国主义教育在旅游文化中对参观者的吸引力

　　红岩精神作为一种民族精神、爱国主义精神,所反映的人的生命价值、人的理想信念、人的追

求奉献,是我们现在精神生活中不可缺少的内容。爱国主义教育的革命文化走下圣坛,置身于市场经济中,长期靠红头文件和财政拨款供养的革命纪念馆,能否在市场经济的惊涛骇浪中立稳脚跟,经受住适者生存这一自然法则的考验?面对当今社会的人们,革命文化的市场号召力到底有多大?爱国主义在旅游文化中对参观者的吸引力有多少?

吸引力之一:作为带有明显政治教育色彩的红岩文化在旅游中的历史真实性。

周恩来以巨大的人格魅力、优雅的学识风度,真挚的交友之道、坚定无比的政治信仰及通权达变的机敏灵活,几乎折服了所有与之相识的人。《周恩来与他的朋友们》是以大量历史图片、史料为素材用艺术手法创作的大型油画,以周恩来为中心,将众多的历史人物反映在同一幅油画上,歌颂中国共产党人的民主、团结。每一位走进红岩的旅游者看到它会感受到历史的沧桑、气势的雄伟、意义的深厚。每一位走进红岩的旅游者都会被那份特殊的历史厚重感、真实性所感动,被周恩来伟大的人格魅力所吸引。

文物"安危谁与共,风雨忆同舟"的挽联,是1941年8月张冲英年早逝,周恩来亲笔题书的,既表哀思、更忧时局。透过挽联的背后记录着周恩来与张冲的深厚友谊。1932年,张冲在上海炮制"伍豪事件",诬蔑周恩来等人脱离共产党。但抗战爆发后,他坚决主张国共合作、共同抗日,为国民党中的有识之士。皖南事变后,中共为揭露事件真相,惩处顽凶,拒绝出席即将召开的参政会。张冲前来劝说,甚至表示,只要中共出席参政会,他跪下都可以。周恩来坦诚相告:"这不是个人问题,而是政治问题……"张冲在周恩来的感召下,积极奔走国是,置顽固派的攻击于不顾,多次真诚地给周恩来的工作以帮助,在共同维护国共合作中,他们建立了深厚的友谊,共产党人大海般的胸襟,成为国共合作中的一段佳话。

一把卡尔的军刀,是英国驻华大使卡尔1942年2月归国前夜,周恩来在曾家岩50号赠给他的惜别礼物。卡尔预言:"恩来是重庆最有智慧的人,他和他代表的政党最终将在中国获胜……"

在一位美国外交官费正清1943年9月9日的日记中记录下这样一段历史:"居住在周公馆里的共产党人做着一件与美国人交往的出色工作,他们以批判的眼光,现实主义的观点同美国人讨论各种问题。虽然他们现在随时有被捕并被投入集中营的危险,但他们仍然本着惊人的团体精神和坚定信仰照旧开展革命工作……他们经常学习,开展讨论和自我批评,在生活上同甘共苦……在周恩来他们住的阁楼里,臭虫可能会从顶棚上掉下来,雨水也许会漏到床上,但他们的思想信念照旧如火如荼,绝不动摇……"这段文字的可贵,在于它是直接的观感,而且是当时真实的记载。

历史文物证明历史事件,用历史照片反映历史情节,将张冲、卡尔、费正清等大批历史人物与周恩来共同创作在同一幅油画上,无疑是将红岩文化的历史真实性与艺术相结合。在此之前可能没有谁尝试过,更没有哪一个纪念馆这样展出过,它不但没有降低周恩来在旅游者心中的地位,相反被历史真实性感染,因为这些故事、这些文字、这些照片都是真实存在的,历史真实性有着不能用金钱衡量的内在价值,将永远给旅游者以吸引力。

吸引力之二:属于党史内容的红岩精神在旅游中带给旅游者的是启示。

红岩,没有闪烁的霓虹灯,没有珠光宝气,没有红包、礼品,只有厚重的件件记载历史的实物、照片、遗址……然而正是这些记录着革命先辈理想、境界、追求和奉献的展品,吸引、震撼了无数的旅游者,更让每一位参观者在旅游中感受到红岩丰富的内涵与真谛,留给参观者无尽的回味。

一个人的思想需要净化、需要陶冶、需要激励,而红岩精神则能够满足这种需求。参观过歌乐山革命纪念馆的旅游者会牢记展墙上的"狱中八条意见",并从中受到启示。因为这八条意见,是狱中共产党员的深刻思考,字里行间浸透着血与泪;这八条意见,是狱中共产党员对党在地下斗争时期经验教训的总结,每一条都发自肺腑;这八条意见,是狱中共产党员的衷心希望,活着的人,特别是共产党员不能忘记!

当时关押在白公馆监狱中的共产党员们都明白,活着出去的可能性几乎没有,他们把希望寄托在未来,寄托在党的身上,利用各种机会,讨论地下斗争时期的经验教训,交换意见,并互相叮咛,谁能活着出去,一定向党报告。1949年12月25日(重庆解放后25天),罗广斌志士脱险后,向中共重庆市委交了一份两万余字的《关于重庆组织破坏的经过和狱中情形的报告》。报告中第七部分就是"狱中意见",共八条。

狱中八条意见:

第一,防止领导成员腐化;

第二,加强党内教育和实际斗争的锻炼;

第三,不要理想主义,对上级也不要迷信;

第四,注意路线问题,不要从右跳到"左";

第五,切勿轻视敌人;

第六,重视党员特别是领导干部的经济、恋爱和生活作风问题;

第七,严格进行整党整风;

第八,惩办叛徒特务。

大连管理干部学院的王洋在参观后写道:"狱中八条意见,回味无穷。革命胜利至今,此八条建议对我们的工作和现实仍特别适用,这难道不该令我们痛心和重视吗?在今天没有流血牺牲的和平年代,作为每一个共产党人又应该怎么去做,应该怎样去奋斗追求、怎样去看待自己的生命意义。"

河南平化的无题这样说道:"我全文抄写了狱中八条意见,还有陈然烈士的《论气节》。腐败现象不是今天才有的,而烈士们在那个时候就认识到了腐败问题的严重性,确实难能可贵。我想把这些内容带回去,组织党支部的全体党员学习。腐败是全党的大事,作为基层党支部和普通党员,我们可以从自身做起,从我做起……"

大连海事大学德法学院的桂东留言道:"参观之前,我曾经想过,时代已变了,历史已翻开新的一页,还有意义吗?进馆后,我立即被先烈的精神所震撼,我几乎是饱含热泪看完展览。"

在问卷调查中,一些旅游者面对"假如你像烈士那样处在铁窗黑牢中,面对淫威酷刑、面对死亡会怎么样?"有的人不假思索地脱口而出:"我可能做不到他们那样,我要招。"也有的考虑后回

答说:"不清楚会怎样?在今天物质生活走向富裕、文明的过程中要能够理解烈士,学习烈士不是一句口号,的确有相当大的难度。"但具有党史内容的红岩精神确实能使每一个走进它的人对革命志士的崇敬之情油然而生,从中得到一些做人的道理和启示。

吸引力之三:创新发展用艺术的手段外化红岩精神将强化时代性。

新时期积极探索、弘扬主旋律、发展多样化的规律和方法、发挥红岩文化时代作用的有效途径——创新发展用艺术的手段外化红岩精神,无疑使红岩精神更具时代性,更具成长性,更具参观旅游吸引力。

作为旅游促进者,就要保持旅游者的心态,从旅游者的角度去思考问题,用旅游者的视角去探索纪念馆展览的陈列方式,以旅游者的需要去外化蕴藏于红岩精神之中博大精深的内容。因为作为过去历史上的人物所留下来的事迹,随着时间的推移,随着现代化生活的逐步富裕,可能人们在理解和接受上也同时会出现偏差。一次,笔者在纪念馆参观时听到这样一个情况:红军当年向老百姓借粮食打的欠条,学生参观后不是对红军的纪律严明有所认识,而是出口一句震惊大家的话:"怎么那个时候就流行打白条啊!"历史和现实之间的距离绝不是靠一些文物、图片就能够消失掉的,今天,它必须要有大家能够认同和能够接受的方式。

展览是纪念馆的灵魂,是吸引旅游者的核心。而历史实物和图片资料是展览最根本的基础,也是其精髓所在。在旅游过程中,一件好的文物、历史图片,如果没有多角度、多视点的宣传揭示,它本身的思想内涵和所具有的价值是不会自动表现出来的,所以必须借助一定的艺术形式才能被反映出来,使他们的内涵价值外化,缩短历史与旅游者之间的距离。如今,各种多媒体技术、新型材料为展览艺术的多样性提供了广阔的空间,使传统的陈列展览呈现出丰富多彩的活力。这一点在我们纪念馆运用艺术手段方面的探索就是最有力的佐证,也成为纪念馆吸引旅游者新的亮点。

实践证明:创新发展用艺术的手段外化红岩精神可以使红岩文物在社会现实中发挥最大的作用,可以使纪念馆的社会职能得到充分体现,可以使我们所追求的高度统一的社会效益和经济效益得到切实的保证。

## 二、从红岩精神到红岩文化的形成

(一)新中国成立50多年的一个重要文化现象

震撼人心的小说《红岩》可以说家喻户晓、人人皆知。新中国成立50年来,以红岩为基础,派生出来的各种文艺作品如小说、诗歌、电影、戏剧、绘画、音乐、舞蹈、电视剧等层出不穷。全国十大精品剧目中的京剧《华子良》、歌舞剧《江姐》都是以红岩为题材创作的。许云峰、陈然、江姐等一个个英烈的形象在亿万人民的心目中刻骨铭心、不可磨灭,红岩精神教育鼓舞了一代又一代的中国人。红岩造就了一种文化,这种文化反过来又使红岩名扬四海。

《红岩魂》展览自1988年在祖国的大江南北190个大中城市巡回展览以来,10多年纵横20余万公里,参观者达到3200多万人次。所到之处经久不衰、盛况空前,尤以1996年8月至11月连续在北京、上海等全国各城市产生空前轰动效应,被称为"中国的红岩魂现象"。一时间,上百个大中小城市纷纷邀请,加班赶制了20余套展板仍是供不应求,社会上甚至出现了假冒的《红岩魂》展览和书刊资料。一位专家评论说:"一个政治教育的展览,连续持久地在全国展出而经久不衰,这是个奇迹。"《新华社每日电讯》1996年9月14日《"红岩魂"何以震撼京城》的文章说:"火暴场面的背后,是当代人对精神食粮的企盼和对正气回归的呼唤……透过展物,人们寻找到了'人应该怎样活着'的精神支柱……红岩魂,中国魂!爱国主义大旗始终飘扬!"

2000年6月,《红岩魂》形象报告展演在北京公演,再次产生强烈轰动效应,受到北京观众的热烈欢迎。每场演出座无虚席,掌声不断,观者泪流满面。《红岩魂》展演独特的魅力征服了北京观众,出现了买不到票的火暴场面。面对这种景象,《光明日报》评论说"其火暴程度比京城的天气还热"。

红岩文化成功地经受住市场考验,《红岩魂》展览历经18年的市场风云,其参观人数在全国同类革命纪念馆中排名第一位,在全国旅游景点参观中也排名前十位。

从重庆到全国的城市、农村,从小说红岩到《红岩魂》的展览、报告、夜游、展演,从地名"红岩"到产品名"红岩"、到企业名、到抢注域名,从一种对红岩精神的宣传到全国红岩现象,到一种彰显个性魅力的红岩文化形成,是因为人们需要红岩精神,时代需要红岩精神。

(二)红岩是对人生问题最本质的揭示

人要有点精神,社会总得有正气。在社会主义市场经济大潮中,人们的价值观念、思想意识、道德标准也面临着新形势下的碰撞和重新定位,而红岩为人们的追求和思索提供了一个很好的坐标参照系。从红岩文化的形成到红岩旅游文化的出现,旅游者能在旅游中读到历史、得到启示。红岩精神是民族精神,对人们的思想、心灵、人生观和世界观影响十分深远,而社会中的每一个人又都是民族精神承传者和创造者,其旅游价值和其他不同就在于此。

对照红岩人、对照革命志士,人应该怎样活着?人生的价值究竟何在?人应为何而奋斗、追求?人应如何去寻找生命不朽的意义?在由计划经济向社会市场经济转轨过程中,有些人的价值观错位了,人生观模糊了。于是,产生了腐败和不良的社会风气,而革命先辈以他们的一腔热血向人们昭示:无产阶级的人生观、世界观永远是中国共产党人的人生追求。

列宁的著名论断:"忘记过去就意味着背叛!"有深刻的哲学含义。背叛是走向反动,背叛是自寻灭亡!不了解历史,就不可能懂得现实,也就更谈不上掌握明天。因此一个国家、一个民族、乃至每一个人都应该学习历史,从历史中汲取经验。

一位烈士的家属在给歌乐山革命纪念馆的信中写道:"不该忘记那些为真理为民众利益英勇奋斗、至死不渝的革命烈士,不该淡化对他们革命精神的宣传与弘扬。人总得要有点精神,社会总得要有正气,这是压抑在我们肺腑多年的心声,今向亲人们发出,并非是牢骚,望亲人们支持,并向有关部门呐喊。"

中国科技大的同学留言写道:"我们这一代的迷茫,就在于人生理想的畅谈,却不知真正追求什么?今天我们看到了这里的一切,才真正感到:一个人如果没有崇高的信仰,永远也找不到真

正的生存价值。"

人只有献身社会,才能找出那实际上是短暂而丰富的生命意义。红岩是对人生问题最本质、最有力的揭示,是华夏国魂和民族之花!发扬红岩精神是我们这一代人所应该做的!

(三)红岩作为旅游文化的品牌资源具有永恒的魅力

山城重庆主城区,群山环绕、水系纵横,历史源远流长,文化积淀深厚,构成集山、水、林、泉、洞、瀑等为一体的自然景色和融合巴渝文化、抗战文化、现代都市文化的独特文化底蕴,都市旅游资源得天独厚。而红岩文化产品在旅游文化中要成为精品、成为一种品牌资源,不是一蹴而就的,而是在实践中根据"市场"的反馈信息,坚持定期搞观众问卷调查、留言分析、人数分析,不断"改型换代"、"产品升级",经受市场的检验,最后才能得到"消费者"的认可。正是因为寻找到红岩文化与市场的结合点,"生产"出从展览、展演、报告会、书刊到音像制品等红岩文化产品,才成功地创造了红岩旅游文化品牌。

1996年在全国引起极大轰动,被称为"中国红岩魂现象"的《红岩魂——白公馆、渣滓洞革命先烈斗争史实展览》,就是我们向社会推出的一个精神文明"名牌精品"。而此《红岩魂》展览则是在分析了大量观众留言的基础上,重新将展览定位于"现实启迪性",对展览的内容结构作了较大的调整,并充实进狱中烈士给党组织的"八条意见"、王朴烈士的母亲金永华拒收国家退还的1600两黄金时说的"三个应该不应该",以及陈然烈士《论气节》文章等新发掘的革命史料而得以成功。展览的名称也更名为《红岩魂》,展览的历史性和现实针对性紧密地结合在一起。十几年来,《红岩魂》展览在全国的巡回展出,受到各地群众的热烈欢迎,有力地证明她是人民群众喜爱的、精神文化市场需要的"产品"。

1997年10月,歌乐山革命纪念馆开创了"夜游白公馆、渣滓洞"参观项目;1998年12月,建成《红岩魂》多媒体影视合成演播室;1999年,修建"红岩魂"纪念广场。1990年,通过市场信息反馈,确定了开发用声光画手段来反映大屠杀这一悲壮情景的项目,但经费来源短缺。谁都承认用半景画的形式来反映这一主题确实很好,可苦于上百万元投资,这种认可只能停留在感情和道义上的支持。后来,在充分的市场调查和效益分析的基础上,我们决定采取负债经营的方式,承担风险和压力,拿出馆内存款30多万元,向职工和上级单位职工借款68万多元,先做了起来。1992年7月1日,经过半年多时间的突击,终于使《"11·27"大屠杀》半景画馆向社会公开展出。半景画馆开放后,当年年底就收入90多万元,仅半年多的时间就偿还了借款。

1990年到2002年,红岩革命纪念馆和歌乐山革命纪念馆共接待中外参观者6414万人次,其中基地接待3039万人次,外地巡展接待3375万人次;展览、展演等实现收入1.13亿元,用于文化保护、事业发展和固定资产方面的投入达7735万元;两纪念馆的固定资产总额由1985年的40万元,增加到现在的2000多万元。从参观人数、收入数字中证明红岩作为旅游文化的品牌资源具有永恒的魅力。

## 三、红岩文化到红岩旅游文化

（一）革命文物有效的与艺术手段的结合

红岩蕴藏着丰富的革命历史文化资源，饱含着民族振兴所需要的精神营养。在市场经济的挑战下，要使这种革命传统教育为主、政治规定性极强的革命文化营造吸引力以争取更多的旅游者，保持强劲的发展态势，突破传统的思维方式和方法手段，大胆创新扩展革命文化的外延，寻找新角度、新视点来发展革命文化是必需的。只有这样做才能不断地增强革命文化的活力，保持对观众的吸引力。

歌乐山革命纪念馆于1992年修建了《"11·27"大屠杀》半景画馆；1993年尝试在革命遗址现场演出歌剧《江姐》；1998年又修建了《红岩魂》多媒体影视合成演播室等。特别是夜游渣滓洞、白公馆在传统的日间导游讲解形式的基础上，将声光电技术运用于文物遗址现场，利用夜间特有的环境气氛，加上特定的情节表演，使参观者置身于整个历史情景中，具有真实的体验感、强烈的现场感和无与伦比的文物性，对观众产生震撼力强度大大高于传统陈列和传统报告会。《红岩魂》形象报告展演更是全新艺术手段与红岩文化相结合的一次成功探索。

红岩革命纪念馆近年在发展创新上不断地探索，基本陈列《千秋红岩——中共中央南方局历史陈列》是历史文物和图片资料千余件与伟人蜡像、艺术场景、大型声光沙盘模型、多媒体影视等展示手段相结合的全面准确生动反映以周恩来为首的老一辈无产阶级革命家在抗战时期和解放初期于南部中国地区所进行的伟大革命斗争。2004年推出的大型景观《红岩村启示录》更是通过油画、雕塑、场景的时空组合，形象生动地将历史图片、文物中的思想价值、精神内容艺术化地表现出来，给观众一种身临其境的效果，让走进红岩的人能够有更多的感受和得到一些启示。大型艺术景观《红岩村启示录》是当时最新的展览方式，有最多的架上油画、最前沿的媒体技术，和最低成本的创作设计。同时，也是用艺术手段反映中共中央南方局历史的第一次。

革命文物与艺术手段相结合对发挥革命纪念馆的社会作用提供了新的发展路子。

革命文物与艺术形式有效的结合，充分外化凝结于革命文物中的思想价值和精神力量。

用艺术的形式表现红岩、用艺术的手段揭示红岩。厚重的红岩历史通过各种艺术的表现，张扬出它的魅力，展示出它伟大的思想，反映出它划时代的价值。

在观众留言中：

"作品开历史先河，栩栩如生、感人至深留下十分难忘的印象，这种形式是目前纪念馆最具吸引力的形式。"

"接受革命历史教育，是永恒的生命主题。"

"先人之伟，后人之力。"

"红岩革命纪念馆策划、创意的大型艺术景观是对陈列展览形式多样化的一次探索，有更多的感受和启示。"

"本馆的开放不仅为市民创造一处好的教育基地，又为大家增添一处好的旅游景点。"

"没想到形式这样新颖、能跟上时代的脚步,看了让人震撼。现在应少盖高楼,多建设具有教育意义的场所,以示后人。"

(二)坚持人性化的原则让更多的人走进红岩

中国文化应该说是一种以人为本的文化,文化的主体都是人,而红岩文化,虽然主体是人,但它是一种精神化了的文化。在旅游资源丰富的今天,红岩文化面对的旅游者不再是靠发一张红头文件就能引来的"文件观众",而是"市场观众",旅游者有选择参观的权利,要使红岩文化在旅游资源中张扬其特性,就必须坚持人性化的原则才能让更多的旅游者接受。

以周恩来为首的老一辈无产阶级革命家为中国革命的胜利和新中国的诞生创立了不朽的历史功勋,如果仅仅单一地宣扬这些伟人的功绩,神化他们,在旅游者心中,这一个个形象,一个个偶像,他们越高大,那么离旅游者就越远,远得不可触及,与其把他们神化供奉起来、顶礼膜拜,不如像今天在《千秋红岩——中共中央南方局历史陈列》中用很大篇幅展示周恩来的《我的修养要则》,让旅游者真真切切地体会周恩来不仅仅是伟人,同时他也是实实在在的平凡人,也会过生日。或许今天大家会选择朋友吃喝玩的方式来庆祝自己的生日,然而在那特殊的年代里,周恩来在生日的当天,进行了严格的自我反省:"由于母教的过分仁慈礼让,使自己也带有几分女性的仁慈,缺乏一种顽强和野性,故对于党内错误路线斗争,往往走调和主义。"

而对自己的革命工作及成绩呢,周恩来则谦虚地说,参加革命"迄今已20年,经常处于实际工作的情况,故培养了一些工作能力",但他马上又批评自己说:"理论修养不够,有些事务主义的作风。"为了随时警醒自己,周恩来慎重地写下了《我的修养要则》,共7条:

(1)加紧学习,抓住中心,宁精勿杂,宁专勿多;

(2)努力工作,要有计划,有重点,有条理;

(3)习作合一,要注意时间、空间和条件,使之配合适当,要注意检讨和整理,要有发现和创造;

(4)要与自己的他人的一切不正确思想意识作原则上坚决的斗争;

(5)适当发扬自己的长处,具体地纠正自己的短处;

(6)永远不与群众隔离,向群众学习,并帮助他们。过集体生活,注意调研,遵守纪律;

(7)健全自己身体,保持合理的规律生活,这是自我修养的物质基础。

当旅游者看到周恩来的自我批评和《我的修养要则》的时候,会立即从平凡中体会到不平凡的东西。将革命者人性化,就能让更多的旅游者走进他们,从中去体会革命者那份精神,那种品格。

所以在展览、展演中我们没有避讳英雄、烈士是人,人就会犯错这一个客观规律。

董必武同志,当年在中共中央南方局任常委兼宣传部长,他立党为公、严于律己、一生清廉。在当时南方局经费极度紧张的情况下,为了维持南方局和八路军办事处两大机关的正常运转,党把两大机关财务开支的工作交给了善于当家理财的董必武,每月的伙食开支都由董老核查。一次,有六角钱报不了账,董老在大会上作了检查,还给中央写了检讨。1985年邓颖超重返红岩时感慨道:"当年董老为了六角钱作检查,现在有的人贪污几十万、几百万,甚至几千万一点都不心疼呀!"

又如重庆地下党工运书记许建业(小说《红岩》中许云峰的原型之一),被捕以后面对敌人酷刑坚不吐实,然而内心却非常焦急,因为在他家中还藏着十几份党员的入党申请书,如果被特务搜出后果不堪设想,情急之下,他请求看守传纸条出去,结果看守报告上级,导致部分同志被捕入狱,懊悔的他撞墙自杀……

事实证明:我们将这些真实的东西谈出来,非但没有贬低伟人、烈士在旅游者心目中的光辉形象,反而使久远的历史更具人性化,更真实地存在,旅游者更能以人性的视角去审视他们,去理解他们,从中加深对正确东西的认同感。

再如《红岩》中江姐的原型人物江竹筠是一个面对刀丛不眨眼、铁骨铮铮的女英雄形象,但她始终还是一个人,作为一个女人,她更有她温柔的一面,为人妻的贤惠,为人母的慈爱。1949年她用竹签子做笔,给她的儿子写下了一封遗书托人带给表弟竹安,"假如不幸的话,云儿就托付给你了,望踏着父母之足迹,以建设新中国为志奋斗到底……孩子绝不要娇养,粗茶淡饭足矣"。

这些书信并没有冲淡旅游者对江姐的崇拜,相反,与她在敌人面前大义凛然形成了强烈的反差,构成了一种强大的人格魅力,更构成了红岩文化的特殊魅力。

将一批烈士的情书对外公布后,在社会上引起了极大的反响,很多人才了解到原来烈士也有七情六欲,而不单只是"失败膏黄土、成功济苍生"的英雄。我们可以读到这样一封烈士写给自己妻子的遗书:"不要哭,眼泪洗不尽你的不幸,好好教养我们的孩子,使他比我更有用。记住,记住!我最后仍是爱你的。还有一宗,你一定要再结婚。祝福,我至爱的贤妻!"他们也是血肉之躯,他们大多是风华正茂的青年人,他们渴望爱情的温馨,他们热爱生活,向往自由,但他们更懂得人活着的意义。

(三)加强环境硬件设施的建设

歌乐山革命纪念馆以建设第一流爱国主义教育基地的要求和"净化环境、突出主题"的原则,对旧址、遗址进行了一系列修复整理和复原改陈,在参观区塑造了形态各异的烈士雕像和烈士诗文碑林,同时按功能特点把参观区划分为几大片区,如:渣滓洞、白公馆区域主要突出文物的遗址性,使观众有一种身临其境的感觉;烈士墓区域主要突出纪念性和启迪性,为党团组织生活和各种集会提供场所。旅游者在不同的区域有不同的感受,不同的区域有不同的参观效果。

歌乐山革命纪念馆还创造各种条件,组织青少年到基地来开展党、团组织生活,少先队活动和各种主题征文比赛、烈士诗文朗诵比赛,评选"红岩好教师"、"红岩好少年"等活动;还结合业务研究工作,编辑、出版了大量在书店难以买到的"红岩魂"系列图书、VCD等音像制品,1986年以来,销售50余种357万多册(套)。

这一系列措施和方法,使歌乐山革命纪念馆成为一个纪念性、启迪性、园林艺术性相结合的开展社会思想政治工作和革命文物旅游的场所,成为闻名全国的爱国主义教育基地,极大提高了对观众的吸引力。1986年至1999年,基地接待国内外观众2800多万人次,平均每年接待200多

万人次,为观众解说31.6万场。如今,每一个走进歌乐山参观渣滓洞、白公馆的人,灵魂都要受到强烈的震撼;每一个在烈士陵园瞻仰的人,心灵都会得到深深的净化!

1994年,歌乐山革命纪念馆被国家文物局评为全国社会教育优秀基地;1996年,被国家教育委员会、民政部、文化部、国家文物局、共青团中央、解放军总政治部等中央六部委评为全国中小学爱国主义教育基地;1997年,被中共中央宣传部确定为全国爱国主义教育示范基地;1999年,被中央精神文明建设指导委员会授予全国精神文明建设工作先进单位。2004年1月,获得国家旅游局颁发的"国家旅游等级AAAA景区"。

红岩革命纪念馆为切实保护红岩文物,已提出了收回新华日报总馆旧址、中共代表团驻地旧址等8处与红岩历史有关的文物遗址,以及加快广场二期工程建设,尽快落实三期红岩公园的规划方案等近、中和远期目标。通过努力,环境整治工作取得了实质性突破,获得了阶段性成果,提交收回维修郭沫若旧居、良庄、戴笠公馆、原国民党警察署、宋子文公馆、八办大楼后坡地及红岩纪念公园等处申报经费共4000万元的报告。按照近期目标,首先收回新华日报总馆旧址、中共代表团驻地旧址等2处旧址,目前上级拨付的首期资金1000万元已经到位,两处旧址的居民搬迁工作正在密锣紧鼓地进行。红岩二期工程的建成,将极大改善红岩馆的文物旅游环境和综合接待能力,对推动将红岩纪念馆建设成为具有全国独特地位和特色的革命传统教育基地和生态环保教育基地均具有重要作用。

为贴近群众、贴近生活、贴近社会,为了弘扬红岩精神,红岩纪念馆与歌乐山革命纪念馆一起在全市范围内开始了"红岩文化室"的建立工作。投资展览、电视影像设备、阅览设备,在长寿、城口、铜梁顺利完成了建立工作,并且取得了预期的效果。

"红岩文化全程一日游"是目前我市最大的文化旅游产品,由红岩革命纪念馆和歌乐山革命纪念馆推出,它的核心内容只有一个——"红岩文化"。过去红岩村、渣滓洞、白公馆、周公馆、新华日报馆旧址等全城所有的红岩遗址和景点各自独立,旅游者要想一一参观欣赏红岩文化全程,只能到一个个景点单独买票参观,而现在一个旅游者花50元钱就可以游览所有的红岩遗址和景点,全程导游陪同和车辆接送,这样做方便了旅游者。

红岩不断在长大,面向周边东西南北"联线",将重庆乃至四川、贵州等周边省市的革命文化资源串联起来,归纳于"红岩"这面旗帜下。"红岩联线"实际就是对相关革命文化资源进行联合,把红岩文化打造成为中国的著名品牌,把红岩纪念馆和歌乐山纪念馆建设成为全国最具吸引力的爱国主义教育基地,把它们建设成为全国最具价值的参观旅游景点。

红岩,作为旅游文化的品牌资源永远最具魅力。

红岩,作为旅游文化永远都最具价值最具吸引力。

(作者简介:古风,厉华的笔名,职称:文博研究馆员;职务:重庆红岩联线文化发展管理中心主任、重庆红岩革命历史博物馆馆长)

# 创新红岩精神的传播手段

李 武

作为重庆在全国最有知名度的文化标志——红岩,是中国共产党抗日民族统一战线实践、国共合作抗战、中共中央南方局、抗战群众文化、新华日报、国共重庆谈判、川东地下党、狱中特殊战场等历史内容的概括。凝结于这一历史中的共产党人、民主人士、进步人士的思想、行为所表现出的人格、尊严、价值、风范统称为红岩精神。

红岩精神是新中国被文学艺术情感化表现最多的革命历史题材,涉及到影视、书刊、戏曲,包括部分企业、人名都以此命名。

从20世纪60年代到现在,以红岩题材进行的创作和表现的活动层出不穷,红岩精神与井冈山精神、长征精神、延安精神都是中华民族宝贵的精神财富,是最为活跃的一种文化现象。这种文化表现出三个特点:一是文化的信息集中,二是文化的方式明确,三是文化能够被情感化。

在全民族的抗日战争中,作为中国的两大政党捐弃前嫌、团结合作,形成了抗日民族统一战线,为赢得20世纪反抗外来帝国主义侵略战争的胜利奠定了基础。在这一过程中国共产党团结各民主党派和社会各界人士坚持抗战、反对投降;坚持团结、反对分裂;坚持进步、反对倒退;相忍为国、国事为重,用自己的思想、作为、人格、意志创造了伟大的红岩精神!特别是在解放战争时期,革命志士在狱中在刑场上"生当作人杰、死亦为鬼雄";为免除下一代的苦难,愿把牢底坐穿的革命英雄主义气节,极度地彰显了红岩精神的魅力。

红岩革命历史博物馆所保护的30多处文物遗址是红岩精神的主要载体,它们使红岩精神的传播有力度、有广度,更有深度。红岩精神表现了中国共产党的世界观、人生观、价值观;体现了中国共产党的思想、行为、人格;展示了中国共产党人追求真理、捍卫真理以及对真理的崇尚。人应该怎样活着?人应该怎样追求?人的生命意义究竟何在?红岩精神为人们提供了行为坐标的参照系。

蕴藏在红岩精神中的思想价值、精神内容是中国构建社会主义核心价值体系的重要内容。

重庆作为历史文化名城，拥有一定数量的历史文化物质遗产和非物质文化遗产，特别是大量的抗战文化遗址。大量的人和事不断地被文学、艺术、影视变为作品在社会流传，其中有的也成为了传世经典。

红岩，记录了八年抗战胜利的历史。红岩，也记录了共产党代表人民利益打倒蒋介石，结束半殖民、半封建社会，创建新中国的历史过程。但是，中华民族复兴的历史任务没有完成，中华民族并驾齐驱世界先进国家之林的目标还任重道远！红岩精神在中华民族走向伟大复兴的过程中应该发挥更大的、更积极的作用。在研究的方法上，坚持应用性的开发，坚持贴近社会、贴近群众、贴近实际，让更多的人走进红岩、感受红岩、学习红岩。在传播的途径上，坚持有效传播而不形式化，坚持质量化而不数量化，坚持细节化而不概念化。作为保存展示人类文化遗产的博物馆、纪念馆要在中华民族走向伟大复兴的过程中，为社会提供更多的精神作品！

红岩精神是重庆这个历史文化名城中最具特色、最具成长性的一种文化现象。提起重庆，就会联想到红岩，讲到红岩就会说到重庆，红岩是重庆最响亮、最显著的一张文化名牌标志。改革开放以来，重庆市委市政府高度重视红岩精神的研究传播和红岩载体——红岩村、歌乐山烈士陵园的保护发展建设。从1987年开始，首次制定了三年发展规划，拨出专款，提升爱国主义教育基地对社会的辐射功能和作用。1988年又力主推出红岩魂全国巡展，进入90年代后，又连续加大红岩村、歌乐山烈士陵园的建设，修建了红岩村陈列总馆、歌乐山烈士陵园阅兵场。进入21世纪后，结合中央红色旅游工程的建设，修建了红岩村纪念广场、烈士墓红岩魂广场，这极大地提升了爱国主义教育基地的硬件水平。红岩联线文化发展管理中心（红岩革命历史博物馆）坚持保护文物、利用文物、发展业务，奉行抓效益、做品牌、搞创新、求发展，坚持整合资源、面向市场、研究开发、联点成线的经营管理策略，形成了以红岩魂为品牌标志的"红岩魂展览"、"红岩魂报告"、"红岩魂展演"、"红岩魂书刊"、"红岩魂夜游"、"红岩魂网站"六大产品系列，创新了红岩精神的传播手段，取得了良好的社会效益和经济效益。伴随着改革开放30年，极度地彰显了先进文化的吸引力和感染力。

"红岩魂展览"从1988年开始在全国各地进行巡回展出，春夏秋冬接待海内外参观者4000多万人次，东南西北走遍了全国280多个大中小城市，形成了改革开放以来独特的"红岩魂现象"，《红岩魂展览》设计大气，主题内容清晰，现实针对性强，在研究开发的基础上推出了《论气节》、《狱中八条》、《革命烈士的情与爱》等新史料、新内容。让人们从刻骨铭心的文学艺术形象中回到历史的真实生活中，感受革命历史、感受革命志士的光辉事迹，就像一位参观者留言中所写到的：宛若盛夏酷暑里得来的一缕清风，使人感到金钱并不是唯一重要的。

"红岩魂报告"从1990年开始在全国各大中城市宣讲1000余场，听众几十万人次。该报告采用演讲方式、辅以多媒体展示，史料提炼准确、语言生动，通过报告人声情并茂的讲述和图片展示，向当代人民再现了红岩英烈的伟大事迹和革命气质。

"红岩魂展演"采用边讲、边展、边演的方式，将革命烈士"愿以我血献后土，换得神州永太平"的精神气质，将革命烈士"为免除下一代的苦难，愿把牢底坐穿"的人格魅力，将革命烈士"失败膏黄土,成功济苍生"的斗争精神在舞台上一一展现,创造了一种爱国主义教育题材展示的新途径、新方法。在全国连续演出长达8年,获全国"十大演出盛事"及"五个一"工程奖和文化部创新奖。

"红岩魂书刊"是红岩联线充分发挥爱国主义教育基地作用,让更多人走进红岩的一种追求附加值的工作手段。图书资料、声像资料、卡通连环画为每一个参观者提供了精神食粮,观众不仅可以参观,还可以购买到自己需要的书刊音像资料。从1988年以来,博物馆挖掘、整理、出版了《魔窟》、《来自红岩B类的报告》、《铁窗风云录》、《红岩村轶事》、《红岩风范》、《走进红岩》等30多种书刊、光碟资料,销售总量达400多万册。

"红岩魂夜游"是适应红色旅游参观市场的一个新项目,利用渣滓洞、白公馆文物遗址,通过解说和情景复原表演,增强观众的现场感、历史感。夜游以独特的方式延伸了爱国主义教育基地的功能和作用,探索出了纪念馆发展的新路子。

"红岩魂网站"是红岩文化资源充分社会化的一个平台,丰富的内容、及时的信息和可查阅的功能使其成为红岩的资料信息中心,也成为与国内外交流的窗口和平台。

创新红岩精神的传播手段,使更多的人走进红岩、感受红岩、了解红岩,是红岩联线发挥爱国主义教育基地作用所追求的目标。革命文化资源蕴藏的巨大的思想内容和精神价值,是构建社会主义核心价值体系的重要内容。红岩联线在传播红岩精神的手段上不断创新,坚持以研究开发为基础,坚持内容为主,注重细节,持续不断地探索爱国主义教育的新手段、新路子,不断更新换代,适应市场的需求。改革开放30年来,从单一的展览,从单一的遗址陈列,从单一的解说服务到红岩联线开发形成了六大品牌系列,极大地改变了红岩精神的传播手段和方法,使原来不可移动的爱国主义教育基地动了起来,走向全国;使文物库房里的文物走了出来,走上舞台、走向荧屏;使历史文物资源活了起来,融入书刊,成为人们不可缺少的精神食粮。红岩联线坚持改革创新,有效地传播了红岩精神并使其成为全国知名的文化品牌,为重庆在全国知名度的提高,为社会主义先进文化建设,为革命文化资源的保护利用作出了积极有效的探索和贡献。

(作者简介:李武,厉华的笔名,职称:文博研究馆员;职务:重庆红岩联线文化发展管理中心主任、重庆红岩革命历史博物馆馆长)

# 革命纪念馆如何发挥社会主义核心价值体系重要阵地作用的思考

唐振君

社会主义核心价值体系按目前的理论解释:是社会主义意识形态的本质体现,其内容涵盖社会发展的指导思想和价值准则,是一个内涵十分丰富、具有内在统一关系的有机整体。诚然,社会主义核心价值体系内容非常丰富,涵盖了社会主义意识形态的方方面面,本文旨在对革命纪念馆作为社会主义核心价值体系重要阵地作用发挥作粗浅的探析。

革命纪念馆以它特有的属性来展示我国民主革命、社会主义革命和建设的方法经验,阐明中国共产党领导中国革命取得胜利的伟大意义;向人民群众进行爱国主义教育、革命传统教育和社会主义教育;搜集、保存有关革命史、革命战争史的文物资料,保存革命遗址;为研究中国革命史、党史以及革命军事史提供资料等等,这些都是为社会主义核心价值体系发挥重要作用的既有阵地。我国多类博物馆中,革命纪念馆占相当大的比重,这也是我国多种博物馆并存的一大特色。这一特色是因为革命纪念馆的产生和发展与中国革命斗争历史的形成和发展密切相关,在中国共产党领导中国人民进行革命斗争中保存下来的革命遗址和各类文物、文献、史料,不仅给革命纪念馆提供了开展研究的重要依据,同时也为它的发展奠定了物质基础。现阶段对全社会进行革命传统、共产主义理想和爱国主义三大教育,最生动、形象的课堂就是革命纪念馆。因而,革命纪念馆以其在社会主义核心价值体系建设中的特殊地位必然会发挥其特殊作用。

## 一、革命纪念馆蕴藏的是真实的历史史料

革命纪念馆本质上属于博物馆,如红岩联线所属的纪念馆和遗址保护群尤为凸显的是博物馆性质,是文物、标本的主要收藏机构、宣传教育机构和科学研究机构。收藏文物、标本,是发挥宣传教育和科学研究作用的物质基础。同时,进行宣传教育是收藏和研究的主要目的,而宣传、教育、收藏、保管等工作又必须建立在科学研究真实史料资料的基础上,博物馆通过征集、收藏文

物、标本,进行科学研究,举办展览,传播历史和科学文化知识,对人民群众进行爱国主义教育和共产主义理想教育,必须有足够的史料资源作铺垫,这样才能发挥其社会主义核心价值体系重要阵地作用。

## 二、革命纪念馆是以传播和弘扬社会主义理想信念为宗旨

革命纪念馆社会效能的发挥,主要取决于传播职能的加强。革命纪念馆事业与社会主义文化教育事业,两者之间密切联系,相互促进其发展,可以说革命纪念馆职能作用发挥如何,很大程度取决于它能否面向社会,面向社会的深度与广度,能否得到社会的承认,取得的直接社会效能。一要突出研究工作。包括文物、史料的整理、研究和编辑,同时也包括陈列内容、形式的探索以及宣传讲解工作等,其中文物史料的整理是最基础的。它是搞好陈列展览和宣传讲解的前提条件。因此,要使革命纪念馆陈列宣传具有生动、真实的史料,主题鲜明,感人至深。全力搞好基础研究尤为重要。二要强化基础陈列。革命纪念馆要扩大社会教育效能,首先要办好与本馆性质相适应的革命史陈列,通过基本陈列向观众系统展示这段革命历史,向人们进行革命传统教育。三要扩充专题辅助陈列。适时举办各类专题性陈列或临时展览,扩大教育面,使社会教育效能有效发挥。专题辅助陈列必须做到主题鲜明有针对性,内容简洁形式多样。四要加强引进输出。实践证明引进输出展览,打破革命纪念馆封闭、半封闭的状况,能很好地扩大革命纪念馆的社会影响,同时也为广大人民群众提供更为丰富、生动形象的教育内容。这些年来,红岩联线不断扩大社会知名度,在社会主义核心价值体系中追求中国特色社会主义共同理想,弘扬民族精神和时代精神,倡导社会主义主流文化,集中反映当代社会最基本的价值取向和行为准则,具有鲜明的主导性。可见,充分发挥革命纪念馆的传播职能,服务社会教育,是形势发展的需要,同时也是博物馆效能自身发展的需要,其最终目的是服务于社会主义核心价值体系的建设。

## 三、革命纪念馆是精神文明建设的重要阵地

革命纪念馆作为精神文明建设的重要阵地,不是自封和强加的,它是从建设中国特色社会主义的实践中得出的。可见,革命纪念馆在社会主义精神文明建设上所肩负的历史责任。比如,红岩革命纪念馆于1958年建馆。40多年来,全国各地及海内外的观众数以万计的人来此参观,缅怀革命先辈的光辉战斗业绩,由周恩来等老一辈无产阶级革命家亲手培育的红岩精神,在人民群众中激起了强烈的反响与共鸣。人总是要有一点精神的,任何民族要振兴,国家要强盛,都需要一种强大的精神力量,把人们振奋起来,凝聚起来,顺应时代的发展,推动历史的前进,无论是战争年代还是和平时期,奉献精神都是这种精神的本质体现,也是红岩精神的具体体现。我们在数年的实践中,深感红岩精神博大精深,它具有与延安精神、井冈山精神、长征精神共同的属性,但也有其独特的内涵。红岩精神闪耀的光辉,是我们建设中国特色社会主义强大的精神动力。正如江泽民总书记1991年4月视察红岩革命纪念馆后题词所说:"发扬红岩精神,沿着老一辈无产阶级革命家开创的道路奋勇前进。"红岩精神赖以实现的救亡图存的爱国主义精神,坚忍顽强的

奋斗精神,顾全大局的团结精神,勤奋努力的学习精神,克己俭朴的廉洁精神,平等相容的民主精神,视死如归的无畏精神,追求真理的奉献精神,污泥不染的莲花精神,正是我们时代所呼唤和需要的。

## 四、革命纪念馆是进行爱国主义和革命传统教育的生动课堂

爱国主义历来是动员和鼓舞人民团结奋斗的一面旗帜,是推动我国社会主义历史前进的巨大力量,是全国各族人民共同的精神支柱,是中华民族的优良传统与美德,是中华民族的脊梁,是民族魂。历史上多次分裂,靠爱国主义重新联合起来,统一起来;从近百年历史看,帝国主义的侵略把中国一次次逼上亡国的边沿,最终靠的是人民的爱国主义精神支撑下来。因此,爱国主义是一个永恒的主题,爱国主义是社会主义精神文明的重要内容之一,也是服务现实的一项重要任务。正如江泽民总书记所题:"爱国主义教育是精神文明建设的一个重要内容,加强爱国主义教育,要贯穿到社会主义现代化建设的整个过程。"在新的历史条件下,弘扬爱国主义精神仍然是时代的主旋律,是我们建设中国特色社会主义的思想基础与重要保证。中共中央宣传部在《爱国主义教育实施纲要》中指出:"各类博物馆、纪念馆、烈士纪念建筑物,革命战争中重要战役、战斗纪念设施、文物保护单位,历史遗迹……是进行爱国主义的重要场所。"无论是战争年代还是和平建设时期,坚持不懈地进行爱国主义教育和革命传统教育,是我们取得胜利和成功的重要思想保证。革命纪念馆利用自己得天独厚的遗址、文物、史料,把战争的硝烟,革命与建设的艰辛形象地展现在观众面前,这是最有说服力和最直观的教育形式,历史用无声的语言告诫我们:"忘记过去,就意味着背叛。"实践证明,革命纪念馆已成为学校、部队、机关团体等单位的第二课堂,人民群众在革命纪念馆接受到与其他任何一个地方都无法比拟的启迪与教育,他们把革命纪念馆作为更生动的课堂。

## 五、革命纪念馆为理想、信念教育提供了生动教材

在革命纪念馆看到的那些感人肺腑的人和事,无一不说明他们在任何艰难困苦的情况下,都始终保持坚定的理想和信念。比如,当年战斗在国民党统治区的共产党人,为了共同的理想和奋斗目标,相互亲密无间,情同手足,没有名利之争,没有权力之争,没有高低贵贱之分,把全部的爱心、关心给予党和人民。为了党的事业,他们克己奉公,勤奋工作,吃苦在前,享乐在后,把生的希望留给同志和朋友,把危难留给自己。在敌人的监狱里,难友之间则是生死与共,相濡以沫,舍己为人。他们懂得怎样在光明和黑暗中奋斗,不但遇着光明不骄傲,更是遇着黑暗不灰心丧气。革命要靠大家坚持信念,不畏艰难向前奋斗,在黑暗中显示英勇卓绝的战斗精神。在敌人刑场上,无数横眉冷对,大义凛然的先辈,以自己的实际行动做到了"贫贱不移,富贵不淫,威严不屈"这些动人心魄的英雄事迹。在中国革命和建设的峥嵘岁月中,我们深知只有具备了坚定的理想和信念,才会有自觉的献身精神。具备革命的信心和决心,具备革命的远见性和坚定性,这是加速革命事业发展的必不可少的一种精神条件。革命纪念馆所展示的崇高理想,坚定信念的事例,是我

们教育人民,特别是青少年最生动、最有说服力的教材。

## 六、革命纪念馆能以其独特的方式践行社会主义核心价值

革命纪念馆近年的发展,为"核心价值观教育阵地"建设打下了基础。比如,2007年,重庆红岩历史博物馆依托红岩革命纪念馆和歌乐山革命纪念馆,整合、联线各区县和周边地区的革命文化资源,形成的以红岩革命纪念馆、歌乐山革命纪念馆为龙头,以冯玉祥旧居纪念馆、郭沫若旧居纪念馆、陈独秀旧居纪念馆等10个分馆为枢纽,及城口、长寿、酉阳等16个区县红岩文化工作站为基点的展览系列,2008年5月12日落成的特园中国民主党派历史陈列馆,都成为弘扬和传播革命传统教育、爱国主义教育基地,宣传的是革命人生观和革命气节,传播的是革命的、先进的文化,发挥作用的是以独特的方式践行社会主义核心价值体系。

革命纪念馆秉承的是建设社会和谐文化。和谐文化是社会和谐的精神归依,和谐文化的核心价值取向是引导全社会树立建设中国特色社会主义的共同理想,通过丰富多彩的主题活动把人民的思想凝聚起来,形成万众一心。要充分利用自身的文化资源,积极组织开展重大节日和传统节庆文化活动。红岩联线一以贯之做好这些工作,旨在为践行社会主义核心价值努力作为。如,举办"周恩来诞辰110周年纪念活动"、"清明祭英烈"系列主题活动、"11·27忆红岩、谋发展大型红歌会"活动,这些活动的举办成为全市影响力最大、参加面最广、社会反响最热烈的大型活动之一。生生不息、坚持薪火相传的精神才能永存。作为革命纪念馆既担负历史的重任,更是一种使命,只有在发挥社会主义核心价值体系重要阵地作用上,做到率队、率领、率先,才能大业当先,聚力先行。

(作者简介:唐振君,职称:文博副研究馆员;职务:重庆红岩革命历史博物馆党史研究部副科长)

# 提升重庆历史文化名城影响力的思考和建议

刘 英

一座城市影响力的衰落与提升是与她的经济、文化发展密不可分的。当下在被评为历史文化名城的城市里,有的极具影响力和吸引力,而有的城市影响力极微弱,甚至日渐衰落。作为早被评为历史文化名城的重庆,近年来城市经济飞速发展,为提升其城市的影响力奠定了物质基础,而作为历史文化名城的重庆在文化发展、文化品牌上还需进一步打造和提升,针对重庆所独有的厚重历史和文化积淀,如何去找准并发挥优势,保护、开发、打造主题城市文化,打造在国内国际有重要影响力的城市文化品牌,提升城市的吸引力、凝聚力、辐射力和综合竞争力,是思考提升重庆历史文化名城影响力的焦点。在当前推动文化大发展大繁荣的国策下、在学习和贯彻党的十七届六中全会精神关于文化强国的宏伟目标和战略任务之时,本人对此作了一定的思考和探索。

## 一、找准重庆历史文化名城的特色和优势

一个城市的文化特色是历史积淀所造就的,是历史的传承、生活的反映和文化的积淀。城市文化品牌也是名城的优势,它是在传统文化与现代文明的交织互动中培养出来的。

重庆是中国著名的历史文化名城,巴渝文化、三峡文化、红岩文化、抗战文化构成重庆具有地方特色的历史文化主体。重庆,历史名胜众多,文脉悠长。它拥有丰富的文化资源和个性鲜明的城市文化符号。三峡文化、抗战文化、红岩文化、都市文化异彩纷呈;山城、夜景、火锅、吊脚楼、大礼堂、解放碑等个性鲜明的城市文化符号,为重庆打下了深深的文化烙印。特别是抗战文化、红岩文化在全国独具特色和魅力,也具有很大的特点和优势。

重庆是战时首都。重庆抗战文化,是重庆区别于国内其他历史文化名城所独有的历史文化

资源,保护并充分利用这一资源,一直是社会各界、海内外同胞及重庆各届党政领导所共同关心的一件大事。这对我市打好"抗战牌",进一步挖掘抗战文化资源,提高城市历史文化品位,提升城市形象具有十分重要的意义。打造抗战文化是重庆突出自身在中国历史上的特殊意义和特殊贡献的一个重要方面。

重庆抗战文化,是抗战历史重要的组成部分,黄山、林园抗战遗迹,是重庆抗战文化中最具代表性的遗址群之一,也是目前国内保存较完整、历史价值极高的"抗战"遗迹。这些历史遗迹是抗战文化的重要载体。

重庆在抗战期间是战时首都,是大后方政治、经济、文化的中心,也是中共中央南方局的所在地。在那段峥嵘岁月中,重庆发生的种种事情,对中国来说,便有着全局性的影响。从这个意义上说,不了解抗日战争时期的重庆,就不能完整地了解中华民族的近代史。

"陪都——中国战时的首都重庆,是以蒋介石为代表的国民党和以毛泽东为代表的共产党实现第二次合作,进行抗日战争,为中华民族立了一个大功的历史见证。"

这里对重庆抗战文化的历史作一个定位:

1. 作为战时首都,重庆是中华民族这段悲壮而辉煌的历史的不可替代的载体。

2. 作为中共中央南方局所在地和抗日民族统一战线的主要政治舞台,重庆是国共合作、共赴国难,奋力拯救中华的历史见证。

3. 作为反法西斯同盟国在远东的指挥中心,重庆是中国人民在二战时期为维护世界和平作出过卓越贡献不可替代的佐证。

4. 作为抗战胜利后国共两党举行重庆谈判,为中国赢来短暂的和平的特殊历史舞台。

5. 作为大后方宣传和唤起全中华民族抗战的文化中心。

60年前,国共两党捐弃前嫌,共赴国难,建立了抗日民族统一战线,使中华民族赢得了抗日战争的伟大胜利,湔雪了百年来被侵略的屈辱历史。60年后,尘埃落定话统一。如今台湾回归,是人心所向,完成祖国统一大业,已是众望所归。国共第三次握手举世瞩目,因而进一步挖掘和开发黄山、林园及遍布全市的丰厚的抗战文化资源十分必要,也是提升重庆历史文化名城的有力举措。

历史还为重庆留下了古钓鱼城、大足石刻以及红岩村、周公馆、黄山抗战遗迹博物馆、林园抗战遗迹群、特园中国民主党派博物馆、史迪威纪念馆等珍贵的抗战遗迹旅游资源,并且还拥有长江、嘉陵江环抱,歌乐山、南山依偎着,山中有城、城中有山等独特的山水风光,可以说历史文物古迹荟萃,山水自然风光独特,这为重庆发展特色旅游奠定了坚实基础,也为提升重庆历史文化名城的影响力具备了极大的优势。

## 二、打造主题城市文化、突出名城山水城市格局

在拥有如此丰厚的历史人文资源下,应研究如何挖掘、打造它的主题城市文化、城市文化品牌,以抗战文化、巴渝文化、红岩文化、三峡文化以及重庆独有的两江文化、夜景文化和火锅美食

文化、洪崖洞吊脚楼特色文化为载体，扩大城市的影响力和吸引力。对"一岛、一线、两江、四山、四岸"进行重点保护，以突出名城山水城市、森林城市的格局。

目前城市同质化现象越来越严重，千城一面的建筑趋势日益严重。在城市化的过程中，到处像流水线似的在克隆、复制着"高大全"的城市形象，高楼林立，大道宽阔，全副钢筋水泥的面孔。行走在各个新兴城市，如同进入了钢筋水泥丛林，单一、雷同，难见个性。更令人痛心的是，有些独具特色的传统民族文化，在城市化中毁于一旦，造成无法弥补的损失。

而实际上每个被评为历史文化名城的城市，根据千百年来的文化积淀，都有自己的历史文化，都流淌着自己城市的文脉，都形成了固有的特色，都有自己城市的鲜明主题，关键是目前我们对自己城市的主题挖掘得不够，甚至有的根本就没挖掘，而把一些根本不属于自己城市的舶来品当成自己城市主题，这样致使城市发展有些错位，甚至于在发展中丢失掉自己城市最宝贵的东西。

有人说："为何希腊雅典卫城以废墟的姿态呈现在人们面前，因为它代表的是古希腊悠久的灿烂文化；为何罗马城老得不能再老？因为它代表的是文艺复兴时期的历史光芒；为何巴黎修旧如旧？因为新了就会失去巴黎的昔日风采。而这一切都是为了保护城市不朽的灵魂。"

由此得到一点启示，重庆要提升历史文化名城的影响力，就必须进一步打造原有的红色主题文化，创新设计城市主题文化，如洪崖洞集中了吊脚楼重庆建筑文化，是主题文化非常成功的探索和打造。打造嘉陵江、长江两岸的滨江山水主题文化，也是展示重庆魅力的很好方式。

国外的城市主题文化设计公司已经产生了，并对城市提供城市主题文化设计。为什么国外的城市特色那么鲜明？为什么国外城市千城一面的问题不存在？就是因为有了城市主题文化设计公司为城市规划进行把脉，城市规划必须跟随城市历史文脉走，必须跟着城市特色走，而城市主题文化设计就是把城市的文脉和特色界定成一个主题，之后城市的功能布局规划都以这个主题为中心。我们这里强调得更多的是重庆城市中历史文化的主题设计以及宣传和推广，这对于提升重庆名城的影响力，更具有意义。

中国现代著名学者余秋雨对重庆的评价是：重庆是一座站立的城市，是一个大写的城市。的确重庆是一个错落有致、跌宕起伏充满曲线美的山水城市。重庆夜景举国闻名，大文豪郭沫若在60多年前的抗战岁月中一篇《天街》的散文，已把重庆夜景和仿佛在天上有街市的山城描绘得淋漓尽致。因此重庆打造城市主题文化、突出山水城市格局是提升影响力的重要途径。

### 三、在保护和延续城市历史文脉中铸就城市文化品牌

打造品牌文化是提升城市形象的重要方式。文化品牌代表着城市文化的形象，并对城市形象产生广泛而持久的影响。历史人文与自然旅游资源是国家历史文化名城与生俱来的，而社会旅游资源则是其文化传承的结果。如何在新时期，以新视角、新手段和创新的思维方式来打造我们的城市文化品牌，特别是如何在保护和延续城市历史文脉中铸就城市文化品牌，是提升重庆名城影响力的关键所在。

目前，打造城市文化品牌的一大误区是对地方特色、历史特色、民族特色弃之不顾，尤其是许多后崛起的城市，盲目照搬发达城市的模样。更有甚者，一方面无情地毁掉古的、真的、有价值的东西，另一方面却又加大投资搞仿古的、假的、没有文化底蕴的"古董"。这既是人类文明的倒退，也是对城市文化最大的戕害。所以，我们重庆在确立城市文化品牌的时候，一定要维护好历史传承，留住城市的"文脉"，要在保护中利用，在利用中开发，让城市的历史文化积淀再现现代人文之光。

重庆古称巴郡，后称渝州，建立重庆城距今已有800余年历史。1891年重庆成为中国最早对外开埠的内陆通商口岸。在悠久绵长的历史进程中，巴渝儿女创造了具有鲜明的地域特征的巴渝文化，战国时代，巴人歌曲已成为楚国最流行的歌曲，巴文化的影响可见一斑。巴渝舞舞风刚烈，音乐铿锵有力，突出表现了巴人剽悍、勇武的性格特点。李白江上放歌，杜甫登高吟诵，刘禹锡浅唱竹枝，李商隐的巴山夜雨等等，历史为重庆文化留下了丰厚的财富。

1937年至1945年，日本向中国发动侵略战争，国民政府移驻重庆，重庆成为中华民国战时首都，是当时全国抗日战争和反法西斯的最高指挥部，中国大后方的政治、经济、文化中心，故重庆又有"三都之地"之称。抗日战争期间，大批爱国的进步作家、艺术家会聚山城，使重庆成为大后方的文化中心，文学艺术空前繁荣，重庆的"中国抗战文艺"以其独特风貌载入世界近代文艺史册。重庆现今仍有许多保存完好的抗战历史遗迹，丰富的抗战文化资源又为打造城市文化品牌提供重要基础，而以革命先烈在白公馆、渣滓洞与敌人进行殊死斗争为背景的长篇小说《红岩》，影响了中国几代人的成长。红岩遗址、抗战文化已在全国具有广泛的影响力，强化城市文化品牌效应当属首先。因而将"抗战文化"和"红岩遗址"作为特色遗址遗迹保护十分重要。

我市历史遗迹十分丰富，经普查登录的文物点12898处，都市圈内现有各级文物保护单位264处，尚未定级的文物点多达1671处。在强树城市文化品牌的同时，我们更要加强保护历史遗迹，延续我们城市的历史文脉。

打造城市文化品牌，首先应站在全局的高度，着重解决城市战略定位和城市文化品牌构建问题。把城市文化品牌构建，城市经济模式设计，城市战略定位，城市主题设计融合在一起，根据城市历史发展的自然景观特质，人文景观特质，区域经济环境特质，对城市特质资源进行合理配置，形成城市主题文化经济、文化有机链条，对城市的自然景观特质资源，人文景观特质资源及区域经济环境特质资源进行城市主题文化系统开发和利用，才能使城市的经济、文化形成城市主题文化发展态势和格局。

在强树和打造文化品牌的过程中，一定要注重其代表性、独特性和长久性。

城市文化品牌是一个城市的历史文化传统、建筑设施的外观风貌、社会文化活动以及文化产品、文化氛围所形成的鲜明的特性，是能够代表这个城市的、在国内外和社会各界公众中产生总体印象和评价的、易于为人们所指认的形象表述。定位城市文化品牌，首先需要确定城市文化品牌的载体。这个载体可以是自然景观或人文景观，也可以是代表一个城市特性的系列形象组合。充当这个载体的形象就其内涵而言，一定是具有唯一性。唯一性就是特色，特色是城市文化品牌

的生命力,也是一个城市最有价值的名片。一个城市的文化品牌要享誉全国,走向世界,先决条件是如何对那些能够体现城市特色的文化资源进行有效的集聚、整合和利用,使其以独特的魅力在城市竞争的舞台上独领风骚,从而达到提升城市的影响力。

重庆在打造文化品牌的同时还必须要加强文化基础研究。对抗战文化、三峡文化、巴渝文化、移民文化等开展专题研究,推出有关重庆政治、经济、文化、艺术等历史源流、内涵影响方面的研究成果。进一步提炼和弘扬重庆人文精神,在传承巴渝文化优良传统的同时赋予其全新的内涵,使其以大气包容而又与时俱进的姿态展现在世人面前。同时发掘重庆文化市场潜力,培养市民的文化需求意识和文化消费观念,多渠道、多方式地培养观众、听众、读者,扩大文化消费市场,让市民最为广泛地参与到城市文化中来。举办高水平的文化艺术活动,培育和积聚重庆文化人气,提升城市整体文化活力,增强重庆文化的对外影响力、辐射力。通过强树城市文化品牌从而达到提升重庆历史文化名城影响力的目的。

而城市文化品牌它又是城市的内在素质和文化内涵的外在表现,同时也是城市的整体风貌和特征,是城市文化价值的体现,它可以起到升华城市形象,凝聚城市精神的作用。在城市文化品牌要确保其生命力和竞争力的同时,必须发挥文化与经济的联动效应。打造文化品牌不是终极目的,目的是立足今天的时代,通过挖掘、提升传统文化资源,发挥城市文化品牌的辐射效应,促进和形成新的经济增长点,带动城市的经济发展、社会文明和全面进步。

总之,作为重庆历史文化名城要真正拥有强大的影响力、吸引力和竞争实力,就必须具有代表重庆形象的经济和文化支撑。而重庆形象的文化支撑就是重庆的城市文化品牌。所以找准我市的历史文化优势、打造主题文化,强树城市文化品牌,加强软实力建设,是提升重庆历史文化名城影响力的关键和焦点。

(作者简介:刘英,职称:文博研究馆员;职务:重庆红岩革命历史博物馆党史研究部科长)

# 关于中美合作所

厉 华

1949年中华人民共和国成立,此时的西南尚未解放,1949年国民党溃逃重庆之际,在重庆秘密杀害了杨虎城将军、江竹筠、李青林、许晓轩、许建业等革命烈士,并在11月27日对关押在渣滓洞、白公馆等地的革命志士进行了惨绝人寰的集体大屠杀,200多位革命志士倒在了胜利的黎明之前。1950年1月,重庆市召开了隆重的追悼大会,追悼杨虎城将军及在渣滓洞、白公馆、松林坡等地殉难的烈士们。在纪念大会期间刊发了一本《如此中美特种技术合作所》的会刊,副标题是:蒋美特务重庆大屠杀之血录。这本会刊当中第一篇文章就写的是《中美合作所真面目》,文中写道:"1949年11月底,英勇无敌的人民解放军,击溃了国民党顽固派妄图在西南一隅作垂死抵抗的残余武装,神速解放了西南最大的城市——重庆,解救了被蒋介石匪帮奴役最久的重庆人民。然而,当重庆的百万人民正以无比的狂热来庆祝解放之际,却发现了在11月27日一夜之间,有300多位人民英雄,被蒋匪特务集体屠杀的惊人大暴行……

"这次大屠杀的屠场就在重庆西北郊磁器口中美合作所集中营内。

"……中美合作所就是美帝和蒋匪,蒙蔽中国人民,阴谋苟合的私生子;也就是美国特务指挥国民党特务如何监视、拘禁和屠杀中国人民的训练所和司令台。中美合作所内的两座集中营——渣滓洞和白公馆,就是蒋匪囚禁中国人民的最大牢狱。中美合作所本身,就是一个举世罕见、骇人听闻的人间魔窟。

"白公馆看守所,这有名的牢狱,为中美合作所的第一看守所,是直接属于伪国防部保密局(即军统)的……

"……渣滓洞是中美合作所第二看守所……渣滓洞是1939年9月才开始关人,当时的囚犯是由渝市黄家垭口301号伪行辕第三科看守所移此。叶挺、车耀先等烈士亦曾被囚在这里。抗日战争结束,重庆召开政协,政治犯们有的释放,有的被杀害,渣滓洞就空起来了,直到1947年,又才由伪行辕第二处改为中美合作所第二看守所,重新禁锢政治犯……渣滓洞是直属于伪西南长

官公署的,看守所所长也由伪长官公署第二处任命……"

从当时会刊文字记录来看,"这次大屠杀的屠场就在重庆西北郊磁器口中美合作所集中营内"以及"中美合作所内的两座集中营——渣滓洞和白公馆,就是蒋匪囚禁中国人民的最大牢狱"。

把中美合作所与军统渣滓洞、白公馆监狱和大屠杀联系在一起,在当时是有一些客观原因,其中一个重要的原因就是戴笠既是军统局的局长,又是中美合作所的中方主任,所以两个单位被连在一起。按照当时对历史问题的认识、研究所受的时间、史料限制,再加上殉难于渣滓洞、白公馆的烈士,戴的手铐、脚镣上有 USA 和中美合作所的编号,所以将两个单位混为一谈是可以理解的。

1941 年 12 月 8 日,日本闪电般袭击美国太平洋舰队,打乱了美国人隔岸观火、坐收渔利的如意算盘。美国也被拖进了世界大战的行列。由于美日双方所处的地理位置,决定了他们之间的战争基本上是在海上和空中进行,所以对太平洋上的气象、水文、军事等情报的准确掌握,便成为美国打败日本的主要保证。

早在 1941 年 12 月初,军统局就破译出日本海军将偷袭珍珠港的密电,经蒋介石批准,由戴笠将这份密电经军统美国站站长、中国驻美使馆武官萧勃,通过中国驻美大使郭德权透露给美五角大楼海军司令部,但美海军首脑怀疑是中国有意挑拨日美关系,故未引起重视。战争爆发后,美国人才意识到国民党军统局在搞情报方面还有点办法,而且大有潜力。随即一面与萧勃秘密联系,同时也叫驻重庆大使馆的武官迪帕斯上校与军统接触。1942 年初,在美国"华盛顿大饭店"美国海军金氏上将、李威廉上校和梅乐斯少校与中国驻美国大使馆武官萧勃进行了详细的讨论。在讨论中,萧勃代表戴笠表示:军统局可以为美军提供对日作战情报;从敌后策应美国海军,打击敌人;为美军在中国提供各种方便;希望美国海军帮助军统局训练游击特工人员和提供武器装备、特工器材、军需物品。梅乐斯根据双方会谈内容拟定了一个名为《友谊合作计划》的方案。在这个方案中规定:

"美国提供给国民党军统局技术、器材、械弹、军用物资;国民党军统局提供人员给美国海军,在中国沿海地区和被日军攻占地区,建立水雷爆破站、气象情报站、情报侦察站、电讯情报侦译站、行动爆破站。……"

1942 年 12 月 16 日,蒋介石批准了协议文本,1943 年 1 月 12 日梅乐斯派鲁西将蒋介石批准的协议文本送交华盛顿。罗斯福总统批准了协议文本。

1943 年 4 月 1 日,《中美特种技术合作协定》在美国华盛顿正式签字,中国方面派外交部长宋子文代表签字,萧勃以中国在美联络人的身份参加;美国方面派海军部长诺克斯代表签字,梅乐斯以美国海军部人员兼战略局驻华主任的双重身份参加。为表示庆贺,同年 7 月 4 日美国国庆节时,戴笠在重庆再次补签。

1943 年 7 月 1 日,"中美特种技术合作所"(Sino – American Special Technical Coopoerative Organization,简称 SACO)在重庆军统乡下办事处钟家山正式成立,戴笠任主任,梅乐斯任副主任,他们对中美合作所的工作都享有否决权。所内中方人员直接受蒋介石领导,美方人员则直属中美双方最高统帅部。

按《中美合作所协定》的规定："中美合作所系因对日作战而成立,如战争结束应立即宣告结束。"

1945年抗战胜利后,当时任中美合作所代表的L·A·洛夫格利少校草草地给戴笠写了一份备忘录："既然杜鲁门总统决定于十月一日解散战略情报局,中美合作所协定不再有效,所以,人员应该撤走……"中美合作所结束后,所剩余的物资包括办公家具、桌椅板凳床等以及特工使用的手铐、枪支等全部移交给军统局,这也是为什么在后来的渣滓洞、白公馆烈士使用的床和桌子,以及戴的手铐、脚镣和特务屠杀革命烈士使用的枪支上有中美合作所的字样和有USA标志的原因。

中美合作所自成立以来,完全以促进中美两国共同利益,努力打击敌人为目的,从多方协助美国太平洋舰队,攻击敌海军与所占领岛屿,最后直捣日本本土。作战成果分别有:1.由中美合作所55个气象站源源不断地提供的气象情报,成为美国在远东方面海空军行动的主要依据;2.以重庆、昆明为主电讯中心,加尔各答、梅县、徽州为二级电讯中心的电讯网络提供的四千余件地面与电讯侦译情报,使美方的潜艇司令部和14航空队能顺利地击沉、炸毁无数日军舰只;3.分布在沿海及江河的1千余枚大型和各种小型水雷与地雷,炸毁敌人大型舰只百余艘,小型舰船及车辆无数,使敌人遭受重创;4.策应美军反攻菲律宾帛琉岛、印尼摩洛泰岛等,袭击敌海空军基地,击沉舰只百余艘、敌机百余架;5.配合扫荡敌方运输线,轰炸日军的军需库、着陆的飞机、舰只、卡车、火车及军队等等,使敌军运输困难;6.分布在整个远东的特工利用电台、漫画等在敌区进行心理战,扰乱敌人军心,瓦解敌人意志。

仅从1944年6月至1945年6月一年的时间,中美合作所指挥的部队就击毙了2万3千名日本鬼子、击伤了9000名,俘虏了300名,摧毁了209座桥梁、84辆机车、141只船舰、97个日军军需库。中美合作所的对日作战,为取得抗战胜利起到了重要作用。

由美国海军部、战略情报局与国民党军统局合作,以共同对日作战情报搜集为由所建立的中美合作所,随着抗战结束按照协议规定而结束。但由于在中美合作所管理权限问题上,美国战略情报局和军方的矛盾,因此中美合作所的结束是不光彩的,这种不光彩具体表现在美方中美合作所副主任梅乐斯被押解回国。所以,在一定意义上,中美合作所成为美国海军部与战略情报局展开军事情报搜集竞争,在中国争夺指挥权的牺牲品。

中美合作所和军统集中营在地理位置上,都在歌乐山下,但是它们是两个单位:第一,中美合作所、渣滓洞、白公馆同处歌乐山地域范围内,白公馆属于国防部保密局,渣滓洞隶属于西南长官公署行辕二处;第二,渣滓洞、白公馆监狱是1939年才开始关押政治犯,中美合作所是1943—1945年在歌乐山建立的一个国际情报组织;第三,重庆解放前夕发生大屠杀时,中美合作所组织已经不存在。所以,渣滓洞、白公馆关押的政治犯以及屠杀政治犯的情况与中美合作所无关。

(作者简介:厉华,职称:文博研究馆员;职务:重庆红岩联线文化发展管理中心主任、重庆红岩革命历史博物馆馆长)

# 国民党军统重庆集中营

厉 华

重庆,西北郊。

歌乐山翠霭深浓,遇风雨则万籁齐鸣,丛林清响,古人称之为歌乐山。

自1939年至1949年重庆解放前夕,这里曾是国民党特务倒行逆施的大本营;这里曾是关押、迫害、屠杀共产党人和革命志士的人间魔窟;这里曾是人们谈之色变的神秘禁区。

1938年国民党军统局以"躲避日机轰炸"为由,强征歌乐山下大量土地、民房,建"国民党军统局乡下办事处"。军统局的组织机构大肆扩大,特务职能大大加强,这里成了执行蒋介石"排除异己、打击进步"的一个罪恶基地!

1939年国民党军统局为给特务活动保密,开始在歌乐山下建立秘密的集中营。"西安事变"的张学良、杨虎城将军,皖南事变的叶挺将军,中共四川省委书记罗世文,川康特委军事委员车耀先,同济大学校长周均时,民革成员王白与民盟成员胡作霖等300多人被关押在这里!

1949年国民党蒋介石领导的中华民国被历史的车轮碾碎了;1949年10月毛泽东领导的中华人民共和国成立了。可此时,祖国的西南尚未解放,在重庆歌乐山下的集中营里仍关押着200多名共产党人和革命志士。新中国成立的消息传进铁窗黑牢,它使每一个被关押者无比兴奋和万分喜悦,他们为之奋斗的事业终于获得了成功!走出监狱,获得新生,去拥抱大地,去亲吻红旗是每一个被关押者深深的愿望。但是,现实的情形又使得每一个被关押者心情沉重,敌人溃逃时的丧心病狂使他们感到死亡的逼近。面对胜利与死亡,革命者既昂奋达观又冷静观察,为祖国的解放,他们已做好最坏的准备。歌乐山的一草一木、抔土块石,牢牢地记下了反动统治者们一步步走向灭亡,革命者在胜利黎明来临前的一幕幕。

## 国民党军事委员会调查统计局

1937年抗日战争爆发后,蒋介石被迫与共产党合作抗日。在人民的压力下,中华复兴社被解散,并入公开的三民主义青年团。1938年8月,蒋介石把军事委员会调查统计局第一处(国民党中央组织部调查科)扩编为国民党中央党部调查统计局,简称中统局。军事委员会调查统计局第二处(中华复兴社特务处)扩编为军事委员会调查统计局,简称军统局。戴笠因资历不够,军统局局长一职名义上由军事委员会委员长侍从室主任贺耀祖兼任,戴笠升任为副局长,掌握实权。

军统局是蒋介石维护个人独裁统治的工具。谈到军统,不能不从戴笠说起。对于戴笠及军统组织起源的情况特点,陈立夫有评说如下:"军统之开始,是'有名无实'的一个组织,由戴笠(雨农)在蒋公侍从室工作的时候,受命担任调查特种事件开始的。当调查科发现戴笠在做类似的工作的时候,科中同仁愤愤不平,谓蒋公是否对我们不信任而另派戴笠去做。我就对科中同仁解释一番如下,'我们的工作,可称之为党的耳目,你们看人身上耳与目都是成双的。所以党的耳目,亦不妨有两个,互相调查,是有益无损的。'众皆悦服。所以,戴笠的工作开始时是有实而无名的。"由此可见,戴笠与军统之间的关系是密不可分的。国民党的特务组织一个是国民党中央党部调查统计局,一个是国民党军事委员会调查统计局,前者属于党,后者属于军,各自为政,互不统属。但是,中统历来是由国民党的上层高官担任首领,故变选频繁,而军统则是戴笠一人独统,部属在极为严格的规定纪律下十分卖命,所以深得蒋介石的信任而得以大肆发展。

1938年10月,武汉三镇沦陷,军统局西迁重庆。戴笠利用军统特务活动的种种特权,在重庆扩大地盘、强化组织机构。他将重庆观音岩下的罗家湾警察训练所作为军统局的临时办公处,又将枣子岚垭的"漱庐"作为军统局的接待室,又强行征购罗家湾19号和曾家岩50号房屋作为办公和宿舍区。1939年初,又以躲避日机轰炸为名,强征磁器口缥丝厂、五灵观、杨家山、钟家山一带房屋,建军统乡下办事处。在重庆时期,戴笠极力扩大军统特务组织、强化特务职能手段,使军统局内部组织成为一个庞大的遍布全国的机构。

军统局在解放区、国统区、沦陷区实行不同的活动方式。对解放区,军统特务实行封锁、破坏、渗透。军统局在陕西榆林、汉中专设有特务派遣组,不时向解放区派遣特务和阻留投奔延安的进步青年,胁迫他们当特务。1938年,张国焘从延安叛逃投靠军统,为军统提供中共的活动方式、组织工作、群众工作等情况,军统为其成立了"中共问题研究所"。

在国统区,军统局实行严密控制、镇压屠杀。军统对交通、邮电、水陆、航空设立秘密检查控制关卡,对进步活动、进步人士进行秘密监视和打击镇压,对中共地下组织不停地进行侦察破坏、囚禁、屠杀,实行法西斯统治。

在沦陷区,军统在南京、上海与汉奸汪精卫、周佛海秘密勾结合作,打击抗日的新四军,破坏中共地下党和进步人士。

"秉承领袖意志,体念领袖苦心"是戴笠领导的军统局一切活动的根本原则。庞大的特务组织使军统局执行蒋介石反共政策有了坚实的基础。军统局特务组织人员最多时已超过5万名。

1939年1月,国民党在重庆召开五届五中全会。会上国民党通过了"整理党务"的决议,要国民党以反共为中心任务而加紧组织的发展。会议根据蒋介石的报告和讲话,决定了"溶共、防共、限共、反共"的方针,设置了专门的防共委员会。并规定"委员长对于党政军一切事务得不依

平时程序命令为便宜之措施"。这就进一步加强了蒋介石个人独裁的权力。

会议还规定了实施《国民抗敌公约》的办法，其中明确：全国人民以保甲为单位，宣誓"服从最高领袖蒋委员长之领导"；宣誓后如违反誓言，要"依法治罪"，以此严厉控制人民的思想、行动，禁止人民的革命活动。

戴笠和他的军统局坚决执行蒋委员长的旨意，为提高破坏共产党组织，捕杀共产党人，破坏进步力量，强化其特务活动的效率，开始了他庞大的特务训练计划。

特务训练班于1938年在湖南开办。戴笠本想把特训班纳入国民党中央军官学校，但未获军事委员会批准，最后由蒋介石插手将军统训练班划入中央警官学校范围，定名为"中央警官学校特种政治警察训练班"，简称为"特训班"。在特训班内，戴笠生拉硬扯把特训班说成是黄埔军校的继续，把黄埔军校的校歌作为特训班的校歌。在重庆特训班期间，他命令修改歌词，重订班歌。歌词是："革命的青年，快准备，智仁勇都健全，握着现阶段的动脉，站在大时代前面。贫贱不能移，威武不能屈，卫护着我们领袖的安全，保卫着国家领土和主权。须应当，刚胆、沉着、整齐、严肃，刻苦耐劳，牺牲奋斗，国家长城，民族先锋是我们，革命的青年，快准备，智仁勇，都健全。"

戴笠对训练班的特务要求以"秉承领袖意志，体念领袖苦心"，"创造光荣历史，发扬清白家风"为标榜和号召，在内部刊印一本定期的《家风》小册子来贯彻蒋介石"有共无我，有我无共"的反共思想。在实弹射击及野外战斗演习中，也是以共产党为假设敌，以培养受训特务对共产党的仇视心理。

1940年至1944年，是军统发展扩充最快的时期，仅这一个班训练的特务数量，远跟不上军统的需要。于是就在黔阳办第二期的同时，戴笠又在甘肃兰州另办了一个兰州特训班。这样还满足不了需要，从1942年起又在福建省建瓯开办了一个东南训练班。此外还在重庆办了一个渝训班，不过这个班的性质有别于以上的三个班，它是在重庆办的各种专业训练班的总称，包括参谋人员训练班、会计人员训练班、查缉干部训练班、外事人员训练班、南洋华侨训练班、电讯班、特种通讯班、爆破班、特种警卫人员训练班、国术班等等，名目繁多，五花八门，什么都有。所有军统办的这些训练班究竟训练了多少特务，恐怕连军统局的训练处，也很难精确弄清。因为各个班每期在训练期间，就有大批调进调出的。但大致估计，在军统各种训练班受过训的人数，约在15000—20000人左右。

1944年以后，由美方出资、出教官和器材，与军统合办"中美特种技术训练班"来训练武装特务，训练后并由美国提供武器装备。军统为了节缩开支，除电讯班外，息烽、兰州、东南三个训练班全部停办，改办中美班了。抗日胜利后，这一大批武装特务，经军统报蒋介石批准，编入交通警察总局及所属各总队。

## 军统重庆集中营

白公馆、渣滓洞看守所和杨家山、黄家院子、红炉场秘密囚室组成了庞大的军统集中营。中美合作所建立后，这里成为一个与世隔绝的禁区。出入要"特别通行证"，内部使用"代金券"，在区域内的人员一律佩戴特制的蓝底红字钢质圆形证章。歌乐山下的四平方公里的范围,岗哨林立、电网密闭、阴森恐怖、与世隔绝!原来的良田美池变成了特务住房和训练场所;自然的幽谷山泉、小桥溪涧被插上了铁丝网和建设了岗楼。

1941年,李仲达、石作圣、冯鸿珊、陈河镇四名学生由璧山来渝,打算从三峡去解放区,途中误入磁器口"特区"而遭逮捕,关押在白公馆长达八年,在1949年11月27日惨遭杀害。

歌乐山下的"神秘特区",是一片丘陵起伏、广阔深远的山谷地带,横跨原重庆市区第13、14、17三个区,直径长达13华里,纵横20余华里。

军统局从在歌乐山下建"乡下办事处"到设立集中营,再到1943年中美合作所成立,先后修建了800多间房屋,并侵占了10余处住宅。现在保留下的旧址有:原中美合作所大营门、收发室、与外界隔绝的城墙、原中美合作所阅兵场、军统特务头子毛人凤住房、军统"四·一"大礼堂(现烈士墓)、狼犬室、军统"四·一"图书馆、中美合作所总办公室、政训处、电台岚垭刑场、红炉场秘密囚室、黄家院子秘密囚室、杨家山秘密囚室、白公馆看守所、松林坡刑场、"戴公祠"(戴笠会客室、警卫室、戴公馆、停车场)、气象台、军火库废墟、梅乐斯住宅——梅园、渣滓洞看守所。

"中美合作所集中营"旧址,经几十年的变化有的已不存在了,但我们可以从1979年重庆歌乐山烈士陵园的一份调查报告中了解"禁区"的情况:

"中美合作所的一条小型公路,是接连重庆到磁器口的公路,这是该所与外界连着的交通口道。一进该所大门,就有两座石筑碉堡,碉堡上很多机枪孔,特务们就用机枪来代替了封锁大门。沿着碉堡又有一排依危岩筑成的高大城墙……

"进入大门,眼前是一片修整得广阔平坦的大操场,操场尽头,一座检阅台。大操场左侧的上坡上,是蒋匪与美帝训练特务的大礼堂……从操场往南,沿着山峦起伏的小径,走五六公里远处是电台岚垭,过去美帝在这里设有电台……

"沿公路进去是杨家山花园,这是特务头子戴笠的公馆,这里的房屋建筑极为精致,屋前有宽大的停车场和美丽的花坛……

"五灵观是中美合作所职员住的地方,内住了几十户人。我在这是住了两三年。这里有一个内部供销社。现新建厂内原有打靶场、军鸽房、警犬室、马房都设在这一带。

"黄泥磅一带(现新建厂医院和修小学的地方)原来是美国人的餐厅、洗澡塘、洗衣塘,还有大米加工厂。

"红炉厂下面,现政法学院后面有几个院子和一些小房子都是巡察队当官的住的地方。现部队内有一幢大房子是内二警驻地,小房子是住宿的地方。

"蒋家院子旁边,有两幢库房,上面还有几座坟,埋的是国民党当官的大人物,还栽有松树。

"杨家山下面有两个军火库,解放时被特务烧了。

"进步云桥的左面有一幢房子(平房),是以卖纸烟为名作联系的,相当于联络站。

"'四一'医院原在里面,1947年迁到童家桥(现69中学),改为陪都医院。'四一'印刷所也在那一带,这个地方原名洗布塘。

"枣子堡(新建厂内)有一小学叫立人山小学,后被戴笠接收,改为'雨农'小学。

"现政法学院内有一百多幢房屋,是特警班办公室、教室、寝室等。现煤店上有一片房屋是美国教官、翻译官住的地方。鱼塘只有现新建厂旁一个,当时还停有一只船,政法学院内鱼塘和外鱼塘都是后来政法学院和松山农场挖的。公路是从现烈士墓旁边进去,通汽车,汽车队就在右边(现鱼塘左面)几幢房子内。"

汽车队是由军统局直接领导的。现公路至新建厂原来是小路,不通汽车。

"特警班的办公室是现政法学院医务室,坐落在大礼堂(现烈士墓)右下侧,是一幢平房,有十多间,主任办公室、政训组、教务组、总务组、会计科都在内办公,现房屋面貌有些改动,前有石台、院坝。

"我们在特警班,只能在这个范围内活动。我们穿的是国民党黄军服,每个人配有一枚证章,发有通行证,如果需要进里面去,要办另外的通行证。

"内设有电网、碉堡,只有警卫,特警班内有三个巡察队站岗,大门经常是三个人站岗,特警班办公室一人站岗,周围重要的地方都有站岗的。我没有来的时候,听说有两学生走错路被关起来了。

"我是高家镇人,民国32年到这个地方,经表叔介绍到'军委会'农场,不属'中美合作所',我到农场喂猪。农场有三个,白公馆下面有一个,叫'二区农场';渣滓洞有一个,叫'三区农场'。我们农场在现在的新建厂(五灵观)。三个农场一共200多人,我们农场是军委会管。中美所范围在白公馆这面以现在化工厂的围墙为准,渣滓洞那边不能随便走。我们到农场穿灰衣服,有符号。红炉厂这面没有全部占,只是蒋家院子、黄家院子,黄家院子用作医院,蒋家院子是关人的。有美国人,现在展览馆后面一坡都是美国人住。白公馆一直是关人的,我们不能进去,白公馆周围有铁丝网,我们不发通行证,白公馆那面的田都是农场经营的。

"红炉厂这面农民可以走,办得有出入证,三百梯上面有岗哨。我们的符号是蓝颜色,上面的字是'军事委员会调查统计局'。兵和夫是分开的,符号是注明了的。"

军统在进行为蒋介石诛除异己的活动中,非法逮捕、诱骗、绑架了大量共产党人、民主进步人士和各种"反蒋分子"。军统设立了许多秘密监狱、看守所和禁闭室。军统局迁到重庆后,这些监狱和看守所就相对集中分布在重庆和贵州一带,形成集中营的规模。在军统内部称这些监狱、看守所为"学校",并根据它们的规模和关押"政治犯"案情的性质,又分为"小学"、"中学"、"大学"三级。

"小学"为设在重庆望龙门两湖会馆的望龙门看守所。在这里关押的人犯,大多属于案情较轻或尚在侦讯阶段的。一般关押时间较短暂,囚禁两三个月后,案情轻的,可能就"毕业"释放;案情较重的,即解押到军统重庆集中营的白公馆看守所和渣滓洞看守所,即"升中学"。

"中学"为重庆歌乐山下的白公馆、渣滓洞看守所。在"中学"关押的人,一般都是案情比较重大,或已经定案须监禁半年以上、三年以下的人。若须监禁三年以上,或案情重大,或案情复杂无法定案者,则要送到设在贵州省息烽县的息烽监狱,即所谓"升大学"。1946年7月息烽监狱撤销,白公馆便代之成为"大学"。

息烽监狱是1938年9月由湖南迁来,它的前身是"国民党军政部军法处南京军人监狱"。息烽监狱是军统唯一用"监狱"命名的一所规模庞大的集中营。在这里,按忠、孝、仁、爱、信、义、和、平,分为八个斋,每个斋含六个以上的监房,被关押的人被称为"修养人"。

在重庆歌乐山下,除白公馆、渣滓洞"两口活棺材"外,还有几处关押"案情严重政治犯"的秘密囚室,如关押杨虎城将军的杨家山囚室、关押叶挺将军的红炉厂秘密囚室、关押廖承志先生的黄家院子秘密囚室。

白公馆看守所,在重庆西北郊的歌乐山松林坡左下方,有一栋二层楼的西式建筑(修建时间大约在30年代初),原是川军师长白驹为自己修建的郊外别墅。白驹自认为是唐代诗人白居易的后代,便附庸风雅以白居易的字号"香山"为名,刻"香山别墅"于公馆正门之上,左右门柱上刻有"洛社风光闲适处,巴江云树望中收"的对联。这栋砖木结构的建筑,主楼背靠歌乐山,每层有五间房。厕所和厨房及附属房建在右边终年流水不断的山沟基石之上。附属房的底层有一个储藏食物的半地下室,左边由外到里有三间房,楼上只有两间。当地的人因其主人姓白,就称之为"白公馆"。

军统局为了关押、审讯的秘密进行,1939年秋,戴笠亲自到市郊外选址并看中了处在近郊的白公馆。军统局把白公馆买下后,将它改为"军统局特别看守所",存储食物的半地下室改为"地牢",防空洞改为"刑讯洞",其他房屋改为"牢房"。在白公馆内的墙上写有:"进思尽忠、退思补过"、"正其宜不谋其利,明其道不计其功"、"以三民主义训练我们的思想"、"以三民主义统一我们的言行"、"以三民主义规范我们的言行"、"自立、自觉、自制、自治"。第一任看守长是侯子川,以后分别是:濮齐伟、丁义质、张少云、丁敏之、郭文翰、张鹤。白公馆作为"军统局特别看守所",在1943年前主要关押军统认为的"严重违纪分子"和少数"政治犯"。1943年,中美合作所成立后,美方人员看中白公馆作住房。于是,戴笠命军统局重选地方迁移看守所。

1944年,白公馆作为美方来华人员第三招待所,白公馆被关押人员迁到渣滓洞。1945年中美合作所结束后,白公馆又变成了汉奸拘留所,关押了大汉奸周佛海、丁默村、罗若强、杨惺华等。1946年7月1日,军统局改头换面为国防部保密局。随后,白公馆又重新作为保密局的特别看守所。

白公馆关押的"政治犯"属"案情"严重的。为了保密起见,原大门关闭不使用,在左边的围墙处开一小门供进出,另靠围墙建了三间平房做警卫室,还建了一间小房作传达室用。

中共四川省委书记罗世文,川西特委军事委员车耀先,同济大学校长周均时,抗日爱国将领黄显声,小萝卜头宋振中和他的父母——西北特支党员宋绮云、徐林侠,民革成员周从化,共产党员刘国鋕、谭沈明、陈然、丁地平、许建业、黎又霖,新四军战士宣浩,杨虎城将军卫士阎继明、张醒民,学生石作圣、陈河镇等先后被关押在此并在重庆解放前夕惨遭杀害!

从白公馆脱险的罗广斌在《关于重庆组织破坏经过和狱中情形的报告》中有这样的记载:

"白宫(指白公馆)原是关特务的,后来把政治犯也关在一起了。书较多,什么都有。看书要登记，以检查思想，但大家仍选自己高兴的书看。监视也较严，没法进行集体学习，只能个别读书，陈然专修生物、化学、数学、军事科学和历史，刘国铉专修历史，王朴读历史和军事科学。坐牢九年的老同志（党员）许晓轩、谭沈明在室中专修英语、俄文，十分精通了，一般书籍几乎全读过，在修养上也最好，连特务都尊敬他们。难友们曾说：'如果出去，老许、老谭当然领队！'在白宫楼上，和谈以前已经可以通过黄显声将军（张学良手下副军长）秘密看报，那时楼上住的陈然、邓兴丰。我们三人便抄发消息，出版了《挺进报》白宫版，经常在看守人员不注意时给楼下角落里住的王振华夫妇，转给王朴、刘国铉，再转给许、谭及各难友。最后，一份七届二中全会的宣言，许交给另一位难友看，被发现了，事情十分严重，是极可能因而枪毙一两个人，而且牵连起来，整个监狱都有关系。陈然想自己去承认，但并不能解决问题，是许晓轩起来承认是他写的，从弃报（垃圾中的）上抄的，对笔迹也像了，于是钉上十几斤的重镣，关重禁闭，饿三天饭再罚苦工。老许的沉着、英勇那一次充分表现出来了。他的被害，不能不说是革命阵营的严重损失。

"从今春起，对特务的教育、争取工作就开始了，这中间陈然是付了很大的劳力的。到十一月，六个看守员中有五个都接了头的，其中杨钦典、安文芳，是由陈然、冯鸿珊和我负主要的教育责任；刘国铉对付宋惠宽、王子民；王振华对付王发桂。除了王子民外，其余四个收到了很大的效果。目前杨、宋、王发桂都还留在重庆，宋已参加公安部工作。当屠杀在进行中，我们能从杨钦典手中得到牢门的钥匙，和一把铁锤，就是由教育争取所得到的一点成功。

"与教育争取特务同时，就是准备在狱中的暴动，用自己的力量冲出去。后来大家知道，解放军到临前夕，屠杀恐怕是免不了的。解放军到得早便杀得早，到得晚便杀得晚，只有用自己的力量解放，才较安全。研究、设计这问题的主要是许、谭，到王朴。陈然牺牲后，周从化、刘国铁我们五人共同研究，认为冲出白公馆，首先解除管理人员的武器较易，但与白宫周围的警卫连作战便很困难了，尤其单解放白宫是不行的，渣滓洞的难友一定会被当做'人质'而全体枪决（从前特务了敏之任西安集中营所长时，政治犯几百人跑了，戴笠便立刻到息烽去杀了七个共产党员），以目前情况说，当然更是严重。以白公馆的三四十个政治犯，冲出白公馆，击败警卫之后，还要去担负解放渣滓洞的任务，那是绝不可能的。原来，一九四八年春李子柏（抗大的，精通游击战术）由白公馆移渣滓洞时，谭沈明也告诉过他策动'打槛'，但两处得不到联系，单独行动，尤其在白宫是不能够的，突围的计划，就终究没有实现。"

在抗战后又重新作为特别看守所的白公馆，关押的都是一些没有"刑期的政治犯"。长期囚禁，消磨意志，促成转变是特务试图达到的目的。在这里，设有图书室，被关押的"政治犯"可以在自己的楼层走动，家属可以送东西进来，"政治犯"也可以自己出钱由看守买一些食物回来。但是，这些"优惠"的条件对于真正的革命者来说是毫无用处的。图书室成为"政治犯"自己学习钻研的地方；楼层成为"政治犯"秘密联络、交换情况的主要场所；带东西和买食物成为"政治犯"生活上相互关心照顾的途径。在狱中，"政治犯"反改造斗争最重要的一个环节就是教育、争取特务看守。当时的看守特务大多数是出生于贫苦的农村家庭，在看守所面对"政治犯"的言谈举止使他们有的从恐惧的心理中走出来，而以常人的心态去接触他们。看守杨钦典在"11·27"烈士殉难 50 周年的时候在白公馆详细回忆了当年的一些事情：

**问**：你是怎样到白公馆的？

**杨**：我是被蒋介石要家乡兵的时候到部队的。当了兵后，人家见我没有什么文化，就叫我到军委会去站岗。后来军统要一些可靠的兵去看押"政治犯"，1948年我就被抽到了白公馆。刚去的时候我是很怕这些"政治犯"的，因为当官的对我们说过，这些人都是坏人，没有人性，连人都敢吃！我就仔细地看他们，仔细地观察他们，想知道这些年纪轻轻的人究竟怎样的厉害！有一次，陈然坐在栏杆下，我从他身边路过，听见他小声地说：在家种过地吗？父母还好吗？我当时心里"咯噔"一下，很纳闷地看着他在想，怎么这些共产党员也知道种地，也知道孝敬父母？以后他就主动地与我讲话，说他看得出我也是一个穷人。虽然他讲的话我不是都听得懂，但是我看他不是那种连人都要吃的坏人！陈然、罗广斌他们这些人特好，有骨气，是真正的男子汉！不管怎么地整他们，就是不跟特务配合，我是从心里面佩服他们……

**问**：你当时放走罗广斌他们是怎么想的？

**杨**：那天其他的人都被抽到渣滓洞去了，只有我一个人在白公馆里面。我听见罗广斌在喊我：杨先生、杨先生！我听见了就走到他的牢房门口。罗广斌跟我说：杨先生，我们知道你也是穷苦人，我们这些人为了穷苦人的翻身被国民党关在这里。重庆马上也要被解放军共产党解放了。你如果能够把牢门打开让我们跑出去，今后我们给你证明，你是个好人，而且一定安排你回家去！我跟罗广斌说，你让我想想再说。我当时很想回家，可是看守所一直就不要我们回家。我对罗广斌他们很同情，他们平时讲的那些话我也十分爱听，他们平时相互关心照顾，非常的热情，他们在我的印象中不是坏人。我当时心里面一横就对罗广斌说，我开了门后你们不要动，我到楼上看看有没有什么动静。你们听见我在上面跺三声脚，你们自己就跑吧！

对于杨钦典的这个说法，罗广斌在他的报告中的"人物"一段也有记载：

**杨钦典**：特务，参加军统已七八年，当兵出身，由于个性强，不愿做坏事，到现在还是上士。他与黄显声、陈然、我、李荫枫很熟。今春蒋介石"引退"后，陈然、邓兴丰、我住在楼上，有较多机会和管理人员接近，便开始澄清个别特务脑中的毒素。黄显声也参加这一说服、教育工作。四月，一个特务小周，经过改造，终于请长假回湖南了。剩下的杨钦典与我们处得最好。陈然牺牲后，他对我说，"小罗，你要软一点，如果徐远举问你，你不要太硬了。以后，要好好照顾陈然母亲、妹妹。"屠杀前，他告诉黄显声说，时间很紧张，你最好逃跑，我可以和你一路。而且杨要是能找到一张"路条"，警卫他也认得，黄逃跑，是很可能成功的。但黄坚信特务头子周养浩（霞民）的保证——不会杀他——死也不愿走。当天执行黄的便是杨进兴和杨钦典。杨钦典后来告诉我说，"真急死人啦，他硬不走，结果糟了。"他说，执行时他的枪没有拿出来，是杨进兴打的。从他和黄的感情说，这有可能，但就是他打的，也不是出于自愿，是被迫——否则他自己也会被枪毙。他又说，他之所以拿了钥匙给我，主要是想我和李荫枫出来，其他的人，他是不关心的。这是很坦白的话，除了我们长期与他相处外，李荫枫也讨好、收买他。杨很简单，总说李是好人。据他说，执行石作圣、李仲达的是王发桂（也是经过教育的管理员），王开枪没有瞄准，打了许多枪，但都没有打在身上,又是晚上,只要不开枪,胡乱埋起来会活出来的,但李仲达高喊,"再补一枪。"(可能是受了伤)杨进兴跑过来把他们都打死了。王后来气急败坏地对他讲,心里非常难过。杨到牢门口讲屠杀情形时,眼泪也充塞了,十分痛苦,后来拿了铁锤和钥匙给我,约定在楼上用脚点三下,便是他们走了,过五分钟我们便可以逃出。杨后来自己也逃出了特务圈子(原来他打算和我们一道跑的),目前住在临江门介中公寓。他虽在特务中很久,但职位太小,能力也差,除了白公馆外,他知道的材料很少,不可能供给太多的情况。他自己听从了陈然的话,希望回河南作一个农民。这需要给他一个证明和发给旅费,算是根据"立功者奖"的原则对一个改过自新的特务的奖励。

(白公馆看守所在重庆解放后,又作为西南公安部的第二看守所,徐远举、周养浩、王陵基、宋希濂等特务、战犯被关押在此。到1951年6月松山收审所建好后,才将"战犯"转移过去。)

渣滓洞看守所,是资本家陈尔昌开办的一个小煤窑,因开采出的煤矸石多,煤炭少,故被当地人称之为"渣滓洞"。1944年,军统局侵占煤窑,将此地改设为看守所,关押白公馆迁移来的"政治犯"。1946年"政治犯"迁回白公馆后,这里曾关闭了一段时间。1947年又开始关押"政治犯",隶属西南长官公署行辕二处。关押的"政治犯"主要是《挺进报》案件被捕人员,上下川东武装起义被捕人员,"六·一"大逮捕被捕的知识界、新闻界、学生等人员。

渣滓洞分内外两个院子。外院是特务管理和审讯的地方,有一个简陋的医务室,还有所长的办公室、审讯室。在外院的墙上写有警示特务看守的训词:"长官看不到、想不到、听不到、做不到的我们要替长官看到、想到、听到、做到","命令重于生命,工作岗位就是家庭"和国民党党员12条守则。外院的审讯室里有各种刑法刑具:老虎凳、吊刑、火刑、电刑。

内院有一楼一底的房屋和三间平房,有两间平房是关押女"政治犯"的。在关押"政治犯"的内院墙上也写有用来软化革命者的标语:"青春一去不复返,还须细细想想,认明此时与此地,切莫执迷"、"宁静忍耐、无忧无怨、苦海无边、回头是岸"、"政府痛惜你们背道而去,极望你们转头归来"。

相对于白公馆,渣滓洞的管理比较严格。被关押进看守所的人要被搜身除物,登记编号,早晚各有放风时间,平时不能出监舍。

罗广斌在《关于重庆组织破坏经过和狱中情形的报告》中有这样的记载:

"一九四八年八月,在白宫住了十三年的特务白佑生,被调往渣滓洞作上尉训练组长(所长李磊,少校;管理组长徐贵林,上尉)。他呈报二处成立青年感训大队,想把六一被捕的加以'教育'。('青春一去不复返,还须细细想想,认明此时与此地,切莫执迷……'之类的标语口号就是那时搞的。)

"一九四八年十二月十五日……新四军在胜利时复员的士兵龙光章(合川人)病死了,他们十一个人被捕,送到渣滓洞时已拖死了六个。他死了,牢里空气很沉重,每一个难友都觉得生命毫无保障,连应有的医药都没有,因此发动绝食要求追悼。所方终于认识了这种力量,而且让了步,买了棺木,放火炮。正式开追悼会,由所长主祭,全体难友陪祭。在最困难的集中营里,这次斗争的成绩,是相当成功的。难友写出了许多用草纸做的挽联,还有黑纱、纸花,充分表现了灵活的创造性,和团结的斗争精神。'是七尺男儿生能舍己,作千秋雄鬼死不还家',就是那次的挽联之一。

"新年以前,听说李文祥叛变,各室开了检讨会,又大量写出慰问函件、诗、文给李妻熊咏辉,鼓励她、支持她。后来她明确表示不会叛变,而且以后要和李离婚。一方面是熊的坚持,另一方面,集体打气,也起了不小的作用。

"新年,又是一次灵活的斗争场面。球赛时,队员穿着绣有'自由'二字的背心。各室利用放风的机会表演节目。早上全体唱歌——正气歌(各室预先约定)。最后女室杨汉秀利用她的社会关系,正式要求所方准许女室表演,所方同意了,结果竟是一场化装的秧歌,弄得所方哭笑不得。

"一九四九年一月十七日,是彭咏梧同志死难的周年纪念日,各室当天停止娱乐,开了追悼会,传观了许多纪念作品,最后向江竹筠致敬。江当天起草了一份讨论大纲:①被捕前的总结;②被捕时的案情应付;③狱中学习情形。每项有详细的提纲,后来各室分别酌量进行了讨论。不久,蒋引退,局势好转,各室的学习便展开了。陈丹墀等在这里面起了相当强的组织和领导作用。接着教育收买了个别管理员,渣滓洞的名单因此带出来了(后来有人寄名单到香港,顾建平因此被捕)。后来组织上的医药也带来集中营了。"

(渣滓洞看守所在1949年"11·27"大屠杀后被烧毁。现在的"渣滓洞看守所"是根据脱险同志的回忆,按照原基础和样式重新复原修建的。)

白公馆、渣滓洞是两口活棺材,是人间地狱。被誉为"黑牢诗人"的蔡梦慰在他的《黑牢诗篇》中,对两口活棺材作了形象的描述:

  手掌般大的一块地坝,
  箩筛般大的一块天;
  二百多个不屈服的人,
  锢禁在这高墙的小圈里面,
  一把将军锁,
  把世界分隔为两边。
  空气呵,
  月光呵,
  水呵……
  成为有限度的给予。
  人,被当做牲畜,
  长年地关在阴湿小屋里。
  ……
  墙,这样高!
  枪和刺刀构成密密的网。
  热铁烙在胸脯上,
  竹签子钉进每一根指尖,

>用凉水来灌鼻孔,
>
>用电流通过全身……
>
>"老虎凳"、"鸭儿浮水"……
>
>"水葫芦"、"飞机下蛋"……
>
>多么别致而又丰富的字眼呀,
>
>在它们的辞典上,
>
>是对付反抗者的工具,
>
>是赏心乐意的游戏。

## 秘密囚室

**杨家山秘密囚室**

在中美合作所军统集中营特区内,除白公馆、渣滓洞两座臭名昭著的监狱外,尚有许多处秘密囚室,一般只囚一人,由重兵把守,对外名曰将官休养所,以掩人耳目。西安事变发动者之一——杨虎城将军就曾在杨家山秘密囚室度过了他一生中最悲惨的岁月。1949年8月,蒋介石偕毛人凤由台湾飞抵重庆,指示毛人凤将关押在集中营里的政治犯择重要者杀掉一批。当毛人凤请示是否将杨虎城押送台湾时,他咬牙切齿,恨恨地说道:留下他作什么,早就应该杀了。他对毛人凤说:"今天之失败,是由于过去杀人太少,把一些反对我们的人保留下来,这对我们太不利了,我们过去那样有势力的时候,这些人都不肯投降,今天我们到处打败仗,他们还会转变过来吗?只有杀掉。"

9月6日,杨虎城将军与他的儿子拯中、女儿拯贵和宋绮云、徐林侠及儿子小萝卜头一起从贵州被押往重庆。当天晚上在军统集中营的戴公祠被秘密杀害!

**红炉厂秘密囚室**

1941年1月4日,新四军军部及所属部队9000余人,从泾县云岭北移。6日行进到茂林地区,遭到国民党军7个师、8万余人的突然袭击。我军历时7个昼夜浴血奋战,除1千多人突出重围外,大部分壮烈牺牲。副军长项英被杀害,军长叶挺被扣留。这就是震惊中外的"皖南事变"。

17日在重庆的周恩来在电话中痛斥何应钦:"你们的行为是亲者痛,仇者快。你们做了日寇想做而做不到的事,你何应钦是中华民族的千古罪人。"当晚,他以沉痛的心情,挥毫写下"为江南死国难者志哀!"和"千古奇冤,江南一叶;同室操戈,相煎何急?!"的题词,刊登在18日《新华日报》上。

叶挺将军先后被关押在江西上饶集中营,后又转囚在磁器口军统集中营的红炉厂秘密囚室。在狱中他写下了《囚歌》一诗:

>为人进出的门紧锁着,
>
>为狗爬出的洞敞开着,

一个声音高叫着：
——爬出来呵，给尔自由！
我渴望着自由，但也深知道
人的躯体哪能由狗的洞子爬出！
我只能期待着，那一天，
地下的火冲腾，
把这活棺材和我一齐烧掉，
我应该在烈火和热血中
得到永生。

"在烈火和热血中得到永生"，这是被囚禁在集中营的革命者人格、尊严、价值的写照。《囚歌》写成后，由叶夫人带出及时交给郭沫若，这首被郭誉为"用生命和血写成的真正的诗"，开始在社会上广泛传诵。

1945年8月，毛泽东到重庆谈判，在谈判桌上，周恩来同志向蒋介石明确表示，将释放叶挺等政治犯作为条件之一。1946年1月8日政协会议召开，蒋介石虽在开会词中许下保证人民自由，承认党派合法地位、释放政治犯等四项诺言，然而对是否释放叶挺，一直不肯表态。3月，我党再次提出释放在邯郸战役中被我军生俘的国民党十一战区司令长官马法五，作为交换条件，国民党始同意释放叶挺。3月4日，叶挺获得自由。叶挺出狱后，第一件事就是致电中共中央，提出入党申请。3月7日，党中央复电同意了叶挺的请求，毛泽东亲笔修改的电文写道：

"亲爱的叶挺同志，欣闻出狱，万众欢腾，你为中国民族解放和人民解放事业进行了二十余年的奋斗，经历了种种严重的考验，全中国都已熟知你对民族与人民的无限忠诚。兹决定接受你加入中国共产党为党员，并向你致热烈的慰问和欢迎之忱。"

4月8日，叶挺与夫人及女儿扬眉、阿九，王若飞，博古，邓发等人，由重庆乘机飞往延安，不幸在山西兴县黑茶山，因飞机失事，机上人员全部遇难。

将星陨落，苍天生恨，山河同悲。

中共中央在延安为"四·八"烈士举行了隆重的追悼大会，毛泽东亲笔写了"为人民而死，虽死犹荣"的题词。

黄家院子秘密囚室

1942年5月，由于叛徒郭潜出卖，廖承志在东昌被中统特务秘密逮捕，投入江西泰和马家洲集中营。此为廖承志漫长的革命生涯中第七次被捕。

1945年1月，蒋电令江西省主席曹浩森，嘱曹转知军统江西站站长邓树勋，将廖用飞机押解到重庆，自此，廖承志落入军统之手。到重庆后，立即被投进渣滓洞监狱，在狱中，每天都在牢房门口高唱《国际歌》，看守禁止不得，又害怕引起骚动，几天以后，将他转到离白公馆约一华里的黄家院子秘密囚室单独囚禁。外层由交警巡察总队两个排的兵力看守。国共重庆谈判时，周恩来

也当面向蒋介石提出释放廖承志等人的要求,政协会议上蒋也许诺释放政治犯,种种压力,迫使蒋介石不得不释放廖承志。

1946年1月22日,廖承志获释,成为抗战胜利后获得自由的第一人。

**歌乐山的记录**

1949年重庆解放前夕,蒋介石几次亲自到重庆部署大破坏、大屠杀、大潜伏的计划。在国民党政府不得不面临全面大崩溃的时候,蒋介石曾训斥保密局局长毛人凤:对共产党多一分宽容,就是对自己多一分残忍。蒋介石要求保密局在对关押的"政治犯"实施屠杀时不能讲情面!为了执行蒋介石的命令,保密局要求将所有在押人员造册上报,迅速清理"积案",择其"要犯"公开枪杀。

1949年10月28日,国民党西南长官公署命令重庆警备司令部由白公馆、渣滓洞监狱押出陈然、成善谋等10人,在国民党军事法庭审理后,押往大坪刑场公开枪杀。

1949年11月14日,国民党保密局西南特区由白公馆、渣滓洞监狱押出江竹筠、李青林、刘国鋕、陈以文等32人,在歌乐山下的电台岚垭刑场秘密枪杀。

1949年11月26日,国民党保密局局长毛人凤向西南特区区长徐远举下达了对渣滓洞看守所革命志士进行屠杀的名单;向保密局法官、司法处副处长徐钟奇,白公馆看守所所长陆景清下达了经过蒋介石批准的屠杀名单。

1949年11月27日上午,在国民党西南长官公署行辕二处处长、保密局西南特区区长徐远举的办公室里,国民党国防部保密局重庆站法官、西南特区第二科科长龙学渊,国民党西南长官公署二处渝组组长、二课课长雷天元,行动组长熊祥,渣滓洞看守所所长李磊接受了徐远举的任务布置。徐远举决定:渣滓洞屠杀由雷天元、龙学渊主持,熊祥、李磊带人具体执行,并要求将二处寄押在白公馆的"人犯"押到渣滓洞一起枪杀。下午4点,雷天元、龙学渊带熊祥、李磊、徐贵林到歌乐山下的保密局公产管理组副组长张秉午家中商量安排分批屠杀的办法。

晚上8点过开始,渣滓洞看守李福祥拿着名单,将刘石泉、邓惠中等24人分三批押出,由西南长官公署警卫团第五连连长宋朝贵带兵押往松林坡枪杀!

布置了对渣滓洞屠杀任务后,雷天元带着龙学渊、熊祥、王少山到张秉午家中一面等完成任务的消息,一面喝酒吃饭。11点多钟时,电话突然响起!电话里徐远举命令雷天元必须在28日天亮前完成屠杀任务,警卫部队也要全部返回。原来,徐远举得到情报:人民解放军的部队已经打到重庆的南泉了。惊恐万分的雷天元立即带着特务们到了渣滓洞看守所。在看守所的办公室里,雷天元命令将所有未决的"人犯"全部集中关押在楼下的牢房中,用卡宾枪进行扫射,用最快的方式进行屠杀。渣滓洞看守所副所长徐贵林在解放后的交代材料中,交代了当时的情况:

"11月27日半夜,雷匪天元及龙匪学渊、熊祥、王少山同特区派来的五人到渣滓洞来,由李磊交给我一张纸条,叫我提出俩人后,当时是由雷匪天元将他二人送出所外放走的,雷匪回来后就向李磊说,因时间的关系对他们就在房内处理,将房子烧了要快些……当时由雷、龙俩匪与李磊出有字据,后才叫卫兵连宋连长来商讨,叫他派10余人带冲锋枪杀害后,另外叫他派兵放火。当时李磊叫我带着李福祥、余湘北、唐有元去将楼上60余人调到楼下各房间内来,调完我就去整理行李。由龙匪学渊带来的熊祥等人及卫兵连段排长带来的兵10余名,同到各房门口去枪杀,由段排长用哨音鸣枪有数分钟后,由熊祥来叫我,他说恐怕有的人没有打到,叫我将各房的门开开,当时我就吹哨子集合看守人等去开门后,我同看守及龙匪带来的人分别到各房内去检查并补枪后,李磊和我们带着行李到煤厂门前集合,后由卫兵连派兵将所内的房子及所外的兵房一同放火烧起……"

渣滓洞大屠杀完毕后,28日凌晨,雷天元带领龙学渊等回到市区,到二处向徐远举复命。根据徐远举的命令,雷天元等又将关押于二处的政治犯枪杀。保密局西南特区对雷天元等各发100元奖金嘉奖。在成都解放前,雷天元、熊祥、龙学渊、王少山等被徐远举送去了台湾。

1949年11月26日晚,白公馆看守所所长陆景清召集副所长谢旭东、看守长杨进兴等商议分批屠杀计划。27日陆景清将分批屠杀计划带到市区向毛人凤汇报并得到批准。下午,陆景清回到歌乐山,打电话给白公馆看守长杨进兴,要他立即按计划执行屠杀。

第一批由杨进兴和看守员杨钦典枪杀黄显声;

第二批由杨进兴、安文芳枪杀刘笃一、白银山;

第三批由看守员宋惠宽、程遂愿枪杀何仲甫、陈为诚;

第四批由杨进兴、王发桂、王子民枪杀奇丕章、张碧天;

第五批由杨进兴、程遂愿、王发桂枪杀王振华、黎洁霜和小孩王小华、王幼华;

第六批由宋惠宽、程遂愿枪杀冯鸿珊、李仲达、石作圣和谭沈明;

第七批由杨进兴、宋惠宽等枪杀宣灏、许晓轩、文泽、陈河镇。

在白公馆分批屠杀的时候,雷天元等人分两次将西南长官公署二处寄押在白公馆的刘国铤、熊世政、丁地平、谭谟、周从化、黎又霖、王白与、周均时等提出,与渣滓洞提出的"政治犯"一起在松林坡、电台岚垭等地枪杀,其中谭谟身中三枪未死,后从尸堆中爬出得以生还。在第二次雷天元来白公馆提人的时候,他电话与徐远举核对名单后,要白公馆将二处留下的人集中在一起。

白公馆看守所所长陆景清奉命将保密局关押在白公馆看守所的人犯全部处理完后,便立即赶回到市区向保密局交差。杨进兴按雷天元的要求,命杨钦典将西南长官公署二处寄押在白公馆的十几个未决人犯集中关押到楼下右边二号牢房,并打电话给渣滓洞要二处赶紧来人解决。参加屠杀的特务人员每人得到二钱黄金和二块银元的奖励后,自行遣散,各谋生路。只留下杨钦典和李育生暂时看管未决人犯。对当时情形,杨钦典回忆道:

"1949年11月27日中午,所长陆景清开会,下午所有人员不准离开白公馆,当时下午两点钟,看守长杨进兴将张学良部下的军长黄显声、黄显声的副官李英毅拉出白公馆步云桥枪杀了。下午六点钟,杨进兴又拿着点名册点了六人,喊我开牢门,拉到白公馆外600公尺远的地方枪杀了,是管理组执行的。又在当晚七点钟,杨进兴又拉出去六人仍在离白公馆600公尺远的地方枪杀了,他们上午提前挖好坑坑,这十二人的尸首全部埋在里面,那时我当班,所以是我开的牢门,后来剩下罗广斌等十八人集中在白公馆的一个牢房,我问杨进兴怎么办,杨答应说,'这十八人由西南行辕处理(即渣滓洞来处理)。'他们不管、不说。等到晚上十一点钟,白公馆办公室所有的人一个不见,都跑了。罗广斌问我们怎样办,是不是把门开了我们走,我答应说,我到楼上去看,如果楼上无人,我就踩三脚,你们就走,不要一起走,要各走各的。这十八人就是这样放走的。"

杨钦典是白公馆罗广斌等十几个人脱险的见证人。1998年5月,《红岩魂》展览在河南洛河市展出,我们的解说员在当地的一个记者的帮助下找到了当年白公馆的看守杨钦典。展览结束后,我们从河南请来了杨钦典。他虽然是已近80岁的老人,但他对自己的经历仍然非常清楚,1998年6月11日我在办公室对他作了采访,他操着浓厚的河南口音讲述了他自己的一些情况:

问:你老家是河南什么地方?

答:我家住河南洛河郾城县周庄村。1942年在胡宗南部队当士兵。1943年我们这个连开到重庆编为交通警备队,主要任务是站岗、保卫。

问:你有什么职务吗?

答:1946年当班长,1948年6月在罗家湾看仓库时将我们这个班调到白公馆站岗,我仍然任班长职务。因为蒋介石专门找的我们河南人。

问:你还能够给我谈一谈当时白公馆里的情况吗?

答:那个陈然可是勇敢,特务问他的时候他说得敌人无话可说。敌人问他印报的东西是哪来的?他说:我自己编的,我自己印的,什么都是我一个人干的!最后,特务是把他加上重铐关起来的。那个罗广斌也很厉害,特务把他家里的人叫来劝他,让他写一个交代就把他交给他的哥哥罗广文,可是他就是说,我没有什么罪,写什么?

问:罗广斌他们十几个人当时关在一起,为什么杨进兴不杀呢?

答:那不是他的事,罗广斌这十几个人是徐远举那个西南长官公署二处寄押在白公馆的,杨进兴他只能杀白公馆的人。当时,那么的混乱,谁还可以帮谁的忙哇!

问:大屠杀后你到哪里去了呢?

答:……罗广斌他们跑出去了后,我就带着全班的弟兄坐着卡车进城了。我到了李荫枫的家里去住了一夜。解放后,李荫枫带我到脱险处去,见到了罗广斌他们,他们说还在找我,他们把我安排在招待所里住下。那时他们要我参加工作,但我接到家里的信要我回家。我17岁就离家考到胡宗南的教导团去了。我提出回家的要求后,政府同意出证明,我就回到河南老家去了。

面对死亡——发生在重庆解放前歌乐山下的大屠杀,始于1949年9月6日,杨虎城将军一家和小萝卜头一家在松林坡被杀害;1949年11月29日,30多名革命志士由市中区转押到松林坡杀害。其中最残酷惨烈的是11月27日(重庆解放的前三天),即将溃逃的国民党保密局特务在歌乐山下的步云桥、白公馆、松林坡、梅园、渣滓洞,对手无寸铁、戴着脚镣、手铐的200多名共产党员、革命志士、青年学生、军人、小孩乃至未满周岁的婴儿,实行分批、集体的大屠杀!有的殉难者是在已听到了人民解放军解放重庆的炮声后倒下去的!

新中国已经成立,梦寐以求的目标也成为了现实。在这胜利来临的时候,革命者面临的是敌人垂死挣扎,他们所遭受的是特务溃逃时丧心病狂的秘密屠杀。此时此刻,每个被关押者的心情是怎样的? 他们又是如何面对这死神的降临呢?

在保存的烈士遗书、遗信、遗诗中,有一部分是在大屠杀开始后写的。因"皖南事变"被捕的新四军宣传干部文泽,在白公馆目睹一批又一批的战友、同志被押往刑场杀害,他怀着愤怒的心情提笔写诗,记录下了大屠杀时的一些真实情况,从中我们可以感受到革命志士面对死亡的视死如归大无畏的精神。

1949年11月27日,大屠杀开始后,文泽写下了《天快亮的行凶》。这首诗是白公馆脱险同志藏在鞋里带出来保存的。

黑夜是一张丑恶的脸孔,
惨白的电灯光笑得像死一样冷酷。
突然,一只粗笨的魔手,
把他从恶梦中提出。
瞪着两只大眼,定一定神,
他向前凝望:
一张卑鄙得意的笑脸,
遮断了思路。
立刻,他明白了,
是轮次了,兄弟,不要颤抖,
大踏步跨出号门——
他的嘴裂开,轻蔑地笑笑:
"呵,多么拙笨的蠢事,
在革命者的面前,
死亡的威胁是多么的无力……"
记着,这笔血债,
弟兄们一定清算:记住,血仇。
呵,兄弟,我们走吧,
狗们的死就在明朝!
血永远写着殉难者的"罪状"——
第一:他逃出了军阀、土豪、剥削者的黑土;
第二:他逃脱了旧社会屠场的骗诈、饥饿;
第三:他恨煞了尘世的麻痹、冷漠、诬害;
第四:他打碎了强盗、太监、家奴、恶狗加给祖国的枷锁;
第五:他走上了真理的道路,向一切被迫害
被愚弄的良心摇动了反抗的大旗……

> 呵,兄弟,你走吧!勇敢地走吧!
> 呵,兄弟,记住我们的战斗信条:
> 假如是必要,你就迎上仇敌的刺刀。
> 但是真理必定来到,这块污土就要燃烧。
> 刽子手轻轻拍拍他的肩膀,
> 他,突然发出了一声冷笑。
> 一转身,他去了。
> 呵,兄弟,
> 不要告别,每一颗心都已知道!
> 呵,快天亮了,这些强盗狗种都已颤栗、恐慌,
> 他们要泄忿、报复,灭掉行凶的见证,
> 他们要抓本钱,然后逃掉。
> 但是你听着,狗们不能被饶恕,
> 血仇要用血来报!

写完这首诗的几个小时后,文泽就被特务拉出白公馆枪杀,殉难时31岁。死亡逼近,他却是这样的从容,毫无惧怕!他能以如此冷静的态度来书写生命最后的遗言,可见他对死亡的无所畏惧。诗的结尾显得突然,似乎没有把话讲完,特务的脚步声就急急地赶来了。"死亡的威胁是多么的无力",这是革命者内心坦荡自如的真实写照;"假如是必要,你就迎上仇敌的刺刀",这是革命者在生与死面前的勇敢选择。

面对死亡,革命者无怨!

面对死亡,革命者无悔!

年仅21岁的黄细亚烈士,生前在《一个微笑》的诗中写出了那个时代革命青年的追求和选择。

> ……
> 用你笔的斧头,
> 去砍掉人类的痛苦;
> 以你诗的镰刀,
> 去收割人类的幸福。
> 牢记着吧,诗人!
> 在凯旋的号声里,
> 我们将会交换
> 一个微笑……

在狱中被誉为"大众诗人"的古承铄烈士,在狱中的《宣誓》一诗,反映了革命者为共产主义奋斗到底的坚定信念。

......
　　我宣誓——
　　我是真理的信徒，
　　我是正义的战士，
　　我要永远永远
　　为人类的自由幸福而战！

　　面对死亡，革命者是无所畏惧的。从我们保存的烈士在狱中的遗信、遗诗可以感悟出革命烈士面对死亡，而勇于为真理献身的精神。

　　朱世君烈士在狱中给哥哥的一封信中这样写道：

　　"哥哥：

　　请你放心。我已经作好思想准备。他们要我交出同伙，特别是化文，以及我所有活动。我什么也没有说。真金不怕火烧，巾帼不畏严刑。我什么也没有说。不管他们使用什么手段，永远也莫想在我身上有所得！我多么盼望你来看我！但又不愿你来，因为他们像疯狗一样到处咬人，最后，希望你要继续我们未完成的革命事业。"

　　陈用舒烈士在狱中写下了这样四首诗：

一

　　铁打英雄胆，
　　不怕牢坐穿；
　　一心为人民，
　　革命意志坚。

　　　　1947.1

二

　　我若被虎伤，
　　脸色都不变；
　　我若被虎吃，
　　决不伤同伴。
　　死我何可惜，
　　自有擒虎汉。
　　壮烈九泉下，
　　瞑目笑开颜。

　　　　1947.7

三

　　生来不是屈服汉，
　　哪怕而今家法严。

绞刑架上心不跳,

断头台上色不变。

1948.6

四

唤起工农千百万,

信奉马列意志坚,

牺牲小我何可惜,

五殿阎罗闹翻天。

1948.10

在歌乐山下的这场大屠杀中,我们发现仅有过的一次哀求记录:王振华、黎洁霜夫妇抱着两个孩子从白公馆被押向刑场。当他们夫妇俩意识到这是生命最后一刻的时候,他们紧紧地依靠在一起,不约而同地把眼光转向手中抱着的两个孩子。此时的孩子在父母的怀抱中甜甜地在微笑,母亲黎洁霜那强压在心头的泪水突然像涌泉一样,从眼中喷出,她声嘶力竭地大喊:孩子是无辜的!求求你们放过他们,求求你们饶了他们吧!父亲紧咬着牙,却是从眼光中透出一种哀恳看着特务……特务说:一个不留,斩草除根!丈夫王振华把妻子搀起来,紧紧地抱住。罪恶的枪响了,一家四口倒在了血泊中。连幼小的孩子也不放过,敌人的暴行已达登峰造极的地步,这仅有的一次哀求,实际上是对敌人最强烈的控诉,它极大震撼了我们的心。为了人民的解放事业,王振华、黎洁霜烈士献出了他们的一切。

周从化将军的"失败膏黄土、成功济苍生";

车耀先烈士的"愿以我血献后土,换得神州永太平";

何敬平烈士的"为了免除下一代的苦难,我们愿把这牢底坐穿"!

叶挺将军的"愿在烈火与热血中得到永生"!

这,是烈士对人的生命意义最高的认识。这,是烈士对人的生命价值最高的展示。所以,当死亡逼近他们的时候,他们抱着"砍头不要紧,只要主义真"的信念从容大度地去蔑视死亡!任何凶残、任何威胁在他们的面前都是无用的。在死亡面前,他们没有任何的犹豫,也没有任何的遗憾,新中国已经成立,敌人已注定要灭亡。完成历史使命和责任后的精神世界进入了一种极高的自由境界——无怨无悔地走向死亡!对人民解放事业和共产主义目标的无限忠诚和热爱使革命者产生了将个人的生死置之度外的伟大精神气概,这种精神上的强大使他们能够勇敢地去面对一切!死亡的威胁在他们面前显得苍白无力。

在为民族解放的斗争中,无数的革命儿女作出了牺牲,但是牺牲在白公馆、渣滓洞监狱里的革命志士最为悲壮,最让人痛心!因为在他们牺牲的那一刻新中国已经成立了57天,距重庆的解放也仅有3天。

1949年11月27日大屠杀那一天的晚上8点多钟,敌人在那阴沉的天空下的狰狞面孔,使革命者看到了死神的降临。华蓥山武装起义的刘石泉、邓惠中等24人首先被押往松林坡杀害!死亡的气氛笼罩着渣滓洞监狱,每个革命者像钉了铁钉一样,死死地站在牢房的门口,为先行一步的战友送别。

我们坐穿了牢底,我们扭转了乾坤,我们死而无憾!

我们血没有白流,我们目标已实现,我们死得其所!

"马上转移,要办移交"的嘶叫声,打破了渣滓洞监狱的宁静。没有哭泣、没有惊慌!难友们手拉着手相互鼓励;他们用眼光相互交换胜利的微笑。"政治犯"从每一间牢房里押出,集中到楼下的牢房里。

怀抱婴儿的妇女,想用自己全部的身体去保护孩子;

被搀扶的伤者都硬硬地挺着胸膛,毫无一点惧色;

戴着镣铐的紧握着双拳,迈着大步;

……

一声尖锐的哨声后,荷枪实弹的刽子手突然出现在渣滓洞院子里,当"开枪射击"命令狂叫时,刽子手们冲到每一间牢房门口,端着卡宾枪对着手无寸铁的"政治犯"一阵疯狂的扫射!在这突如其来的屠杀中,有的人立即高声唱起了《国际歌》,有的人大骂"狗特务卑鄙下流"!也有的人立即就地卧倒。就在枪声响起的那一瞬间,三、五、六室的李泽、胡作霖、张学云、何雪松留下了他们生命中最为勇敢、最为壮烈的一组镜头。

27岁的新四军排长李泽当看见端枪的刽子手出现在牢房门口,就在枪响的同时,他突然紧扑到牢门上,伸出双手死死地抓住刽子手的枪筒,意欲夺枪反抗!罪恶的子弹击中了他上身的数处,鲜血涌流,但他仍然不松手。他那双眼睛一动不动地死死地恨着刽子手。罪恶的子弹狂泻在他身上,他终于倒下去了……

脱险志士钟林回忆道:"我的心里埋藏着最深沉仇恨,但当时我却淡淡地没有太大的浮动,只平淡地意味到'必死',恐怕大多数的同志和我有着同样的心理变化,尽管在未开枪前,我们没有料到这无耻的屠杀,但在枪声响起以后,我们也并未因这突如其来的事件而震惊,更没有恐惧,因为我们早有'死是必然,生是假如'的必死的准备,所以战友的死并没有引起我的极度恐惧,也许是由于积愤太多的缘故吧。

"在一阵笛声之后,枪声停止了。

"但枪声忽然又从七、八室那头传来了,断断续续地又停了,我听到了门锁的响声,马上明白是依次进屋补枪,一种侥幸的心理没有了,这是大家共有的感觉。

"歌声和口号声从六室那边响起来,我们室里也不约而同地唱着喊着,很快地,四室、三室那边也响起了歌声'起来,饥寒交迫的奴隶……'"

"新中国万岁!"

"毛主席万岁!"

……

傅伯雍脱险后回忆道:"……不过十多分钟,就听到枪声响了,这时大家都很紧张,各找各的地方,有的卧到地上,有的卧到床上,有的卧到床底下,当时我是卧到进门左边靠里面墙角的床底下,敌人先在门外用枪向室内扫射,过了一会,又开门向室内打了一阵枪,敌人又把门关上,接着又听到楼上的东西响,大约十多分钟后就没有听到声音了,这时只听到有人说火燃起来了,又听到门响的声音,我这时以为有敌人,一直不敢动,过了一会就听到有人说开了,这时我才慢慢地从床下爬出来,就看到门已开了,有一两个人很快跑到室外走道上,朝左边走道跑,我赶紧把鞋子穿好,跑出室外,从左边走道往围墙处跑出去了,一直不停地跑,到天亮时跑到嘉陵江边,搭木船向合川方向走了,走了四五天才回家。"

1949年12月14日重庆《新民报》第四版《蒙难烈士忠骸、收殓工作完毕——装棺的有266具》一文中统计"……渣滓洞一百二十五具,'戴公祠'九十九具,电台岚垭三十具,……"。

1949年11月29日,国民党顽固派逃离重庆之际,对革命志士的血腥大屠杀结束了!

1949年11月30日,人民解放军解放了重庆!

当人民解放军进入重庆后,他们没有去接受重庆人民载歌载舞的欢迎,而是急速地冲进歌乐山……

可是,歌乐山已是青烟焦土、尸横遍野、血流成河!

人民解放军的军官和战士,强压着夺眶欲出的泪水,脱下军帽,举起枪口,对着天空一阵的鸣放!这,是生者为死者的送行!这,是战友对战友的崇高敬意!这悲壮的枪声在空旷的歌乐山中回荡,惊天地,泣鬼神。

超越死亡——生命的存在,死亡的出现,是客观存在的自然规律。试图把生命个体的物质现象赋予永恒的努力,在人类历史发展的过程中没有成功的记录。生是物质运动的必然,死也是一种必然。在死亡这个问题上,有的人不考虑它,也不存在恐惧,该干什么就干什么,该死的时候就死;有的人害怕它,尽量的回避,很小心地过生活,保护自己,但最后也躲不了死亡的来临;有的人把死看成是自己的终极,故十分看重生的作为和生活的质量,死亡来时也无悔;还有的人,对死却是有准备的,或者是主动的。中国历史上的儒、墨、道、法、佛对死亡问题的看法和观点,构成了中国人对死亡问题观念的基本要素。

儒家在死亡问题上强调,只要把个体的有限生命与社会的永恒理想道德合为一体,生死就是一回事。故"朝闻道,夕死可矣",人活着不能"闻道"同没有思维的动物一样没有意义。因此,强调"志士仁人,无以求生以害仁,有杀身以成仁"。

墨家在死亡的问题上采取积极有为的态度,反对听天由命的消极,主张为了某种理想、价值、信念、原则的"义",应该勇于去慷慨赴义!国家、群体、社会的利益高于人的生命价值,"利天下为志"。因此,为大众的利益,为有价值的目标,就要敢于"舍生取义"。

道家采取"悟死""达生"而"至乐"的顺其自然,在"死而不亡"的主张中,不是企求肉体的不灭,而是强调借助永恒之"道"的桥梁,达到永恒与不朽。所以,要使个体的生命永恒就必须使自己的精神与"道"合一,以达到不朽。

法家以政治目的看待生死,把国家利益、政治安危置于个人生死之上,特别强调宁让民死,勿使国乱的"夫生而乱、不如死而治"。就如韩非子所说的:"定理有存亡。"

佛家的"六道轮回",展示生生死死的无数性,使人看重此"生"以后的报应,以此来规范自己的言行。由"业"生"报"的生死轮回,"我不入地狱谁入地狱"的修行正果,要求人放弃欲望去修行,去与人为善,去达彼岸,实现涅槃。

儒家、墨家、道家、法家、佛家在历史上对生与死的研究和论述,对人的生死观建立起到了不同程度和范围的积极意义,特别是对人重生畏死问题上的非理性化提供了一种理性化的帮助。这些理论观念不论它在历史中的局限,还是现实中的不足,毕竟在中国社会的历史发展进程中,这些生死观念激励过无数仁人志士报效祖国,驰骋疆场,马革裹尸;这些生死观念鼓舞着许多优秀的中华儿女为人民大众的利益,抛头颅、洒热血、公而忘私,鞠躬尽瘁。历史上的许多人物,在面对死亡问题上,都不同程度地从不同的方面给了我们生存的某种启示。苏武大漠牧羊,宁掘鼠食,舔冰雪,不向匈奴称臣,持汉节二十余载的气节;文天祥宁死不屈,一首《正气歌》,虽死犹荣。为国家、为人民去死,为真理、为正义去牺牲,古今以来有数不清的人,有说不完的事。死而无憾,死得其所,死而不朽中的生命意义高度弘扬,使死亡的问题有了积极而现实的意义。因此,千百年来,人们对死亡问题的探索使人的生命意义得到充分的揭示。人格不朽的事实确立,使人的生命伟大意义充分展示在人类的面前。在渣滓洞、白公馆监狱里革命志士在精神世界所达到的自由境界,使他们在死亡问题上获得了一种前所未有的超越,这就是生死置之度外,为理想而战!

革命志士是社会历史生活中的人。历史发展过程中积淀、升华了的民族优良传统对他们是最富激励性的,他们也是最勇于接受这种影响的。被誉为"打响抗日第一枪"的东北军将领黄显声,主张打消党派成见,团结一致对付日寇侵略者。他积极组织抗日队伍,开展抗日统战工作。1938年3月,被国民党军统局以"联共和反抗中央"的罪名逮捕。在11年的辗转关押中,黄显声将军以"虎入笼中威不倒"自勉。在重庆关押期间,他的部下到狱中探望他时,要强行带他出去;甚至有一次营救他的吉普车都开到了白公馆附近,但是,将军坚决地表示:如不是能堂堂正正地走出去,宁可死在这里!这绝不是将军过于迂腐,军人特有的气质使他不可受辱,他要光明正大为正义而生,为正义而死!从我们收集保存的黄显声将军在狱中的家书、日记,可以看到他"杀身成仁"、"舍生取义"救国救民的高尚品质。

1940年6月22日,在从息烽监狱给儿子的信中,将军写道:"……我现在虽然坐牢,并未犯法,是为集体、为国家、为义气而坐牢,问心无愧,将来生死存亡在所不计。"

在1943年5月9日的日记中他写道:"前次人物评论,'诸葛亮待人用兵之态度,你的观察如何?'我认为,诸葛亮之最足以为后世法者,不是待人用兵,而是其服务之精神,确能做到鞠躬尽瘁,死而后已,正与所谓'人生意义以服务为目的'前后吻合。"

如果要想活下来,黄显声将军是完全可以的,但他不愿意苟且偷生,他十分看重自己的人格,在狱中的每次审讯中,他都坚持自己没有错,而是国民党的路线错。有时审讯反倒成了将军对特务的教育。面对长期的监禁、面对随时存在的死亡威胁,将军那"虎入牢笼威不倒"的气质,极大地鼓舞了狱中斗争的士气。当他被押出牢房的时候,他撕下了墙上那张日历,这日期凝固在了

"1949年11月27日"！在步云桥,罪恶的子弹由后背打进,将军猛地一怔,慢慢地回过头,他十分厌恶这背后开枪,他对着特务骂了一句"混账东西"便倒了下去。黄显声将军的一位亲人在我的办公室里曾长谈过将军的品质,他说:"前辈那种为国家、为民族的壮怀激烈之心,是因为他从小就受到了强烈的中国传统文化熏陶,当日本帝国主义侵略我们的时候,他抛弃个人的一切去参加救亡图存的民族解放运动。他超越了自己,战胜了死亡,把自己的一切都奉献给了我们的国家和民族！"

《红岩》小说的作者、大屠杀中的脱险志士罗广斌以自己在白公馆的亲身经历,写下了真实的记录:"27日下午四时,黄显声将军、李英毅（张学良副官）首先被害。枪声一响,我们便知道是'开始了',晚餐后开始提人,先是我们二室的刘国铤、谭谟、丁地平,然后四室许（晓轩）、谭（沈明）全部,和单独住的周从化、黎又霖……我和谭沈明、文泽、宣灏三人隔着窗子握了手说:'安心些,你们先走一步,再见。'他们的手都是温暖的,没有冷,也没有抖,喊着口号、唱着歌、从容地大步向前走去了。事实上,在长期牢狱教育中,每个人变得冷静而且倔强。临死,不管是否党员,都一致高呼'中国共产党万岁'、'中国人民解放万岁'。而且狱内狱外,义勇军进行曲的歌声在枪声中一直不停,充分表现了革命者的坚贞……"

要正视死亡而没有恐惧,要面对死亡坚定无悔,必须要有高度的理性,这并非是每个人都能够做到的。

在监狱里,为什么有的人面对死亡能无所畏惧？

为什么有的人面对死亡却贪生怕死？

为什么有的人在死亡面前能保持斗志,坚定信念？

为什么有的人在死亡面前却丧失信念,没有斗志？

与烈士相对立的叛徒之所以要在关键时刻彻底背叛自己的信仰,就是因为他们对死亡的恐惧,他们在面对死亡问题上没有高度的理性。《红岩》小说中叛徒甫志高的原型——刘国定、冉益智、涂孝文、李忠良、李文祥在敌人的死亡威胁面前,贪生怕死、苟且偷生。这人世间,他们未曾体验的东西还太多太多,要享受的温情也还有许许多多,他们极不愿意就这样死去。肉体不存在,一切就都没有了,变成尘埃,化作泥土,什么都没有了！这残酷的现实,这突如其来的死亡威胁,使他们彻底崩溃了！为了求活,为了生存,他们把上级、下级、同志、战友统统地出卖了,他们在招降书上签了字。仅在一夜之间,他们由一个曾受人尊敬的领导干部,曾向别人大讲革命气节,讲述共产主义理想的革命者变成了敌人、特务。死亡,无情地撕开了他们做人的虚伪面纱；死亡,嘲笑了他们肮脏的灵魂,在生与死之间,他们由人变成了鬼。不能说这些人当初参加革命时没有理想和热血,但他们无法超越死亡,因为他们参加革命带有很大的利欲之心,骨子里面为自己的打算太多。他们参加革命是为了今后要得到享受,他们参加革命是为了以后要得到富贵,他们希望追求的目标实现后,能拿回比付出更多的东西。因此,当他们心中的这个如意算盘被残酷的斗争粉碎时,"划不来"的思想就必然导致他们要去争取"划得来"。死不如活,亡不如生,只要有命在,什么都愿干、什么都愿说！像刘国定、冉益智、李文祥等人就是这样的典型。

从大量的史料中我们可以看到这样的事实：叛徒并不是一下子就成为叛徒的，由革命者变成反革命者，对于叛徒来说也有一个十分痛苦和复杂的过程。刘国定在自己叛变后，认为是处在一种"精神痛苦万分，对一切都存在着消极或绝望的态度"。当特务机关要他直接参与对地下党组织的破坏时，他有一种负罪感，故采取"能不交的都保留"；但当特务逼紧他，并以重新关押，甚至以死威胁的时候，他又显得十分配合和积极。骨子里的贪生怕死使他在矛盾中加深了自己罪恶的分量！在集中营里，死亡对每一个人来说都是可以选择的，正如叶挺将军在狱中《囚歌》所写的那样"为人进出的门紧锁着，为狗爬出的洞敞开着……"。问题在于为什么有的人要从狗的洞子里爬出？在集中营里虽然叛徒为数不多，但他们许多都是曾位居要职的领导人，所以他们的叛变造成的损失比敌人的破坏要严重得多。叛徒并不是不知道，向敌人投降会是怎样的结果，面对生与死的选择，他们丧失了为信念、为真理、为人民作出牺牲的勇气，丧失了自己的人格、尊严。从客观上来说，地下党长期处于秘密状态，单线联系，下级无条件地服从上级，领导人总是处于党的形象代表的位置，难以对领导人有监督，难以在党内生活有批评和自我批评，故领导人的个人素质在一定程度上对革命的工作就起了决定性的作用；主观上分析，在失去监督的条件下，忽视自我学习改造，对工作成绩和革命的成果认为是自己的能力和功劳，对问题和失误则归咎于下级的无能和失职，在世界观里个人主义的东西占了上风，自以为是、言行不一。因此，在关键的时刻在生与死问题上，他们选择了从狗的洞子爬出去！叛徒无法战胜死亡，更不可能面对死亡去超越自己，因为他们骨子里面的个人主义的东西太多太多！

精神不朽——革命先烈的身躯已不复存在了，他们的尸骨化为坟头的青草，春夏秋冬青了又黄，黄了又青，年复一年，已有五十年的历史了。人们知道罗世文、陈然、江竹筠、小萝卜头、王朴这些名字，人们从各种文化形式中了解他们的伟大事迹。活着的人从他们身上得到了对人生的启示，这种启示影响和激励着每一个人去认识自己生命的意义，去思考自己的行为价值去思考既有的经验与教训。

五十年过去，该忘记的早已忘记，不该忘记的已刻骨铭心！

烈士墓前的大型群雕《浩气长存》，烈士殉难地的石刻雕像，白公馆、渣滓洞监狱旧址的陈列展览，都在讲述着过去的故事。这故事让人掉泪，更令人思考。

被关押在"白公馆"、"渣滓洞"的铁窗黑牢里的革命志士，吃的是霉米饭，睡的是潮湿地，承受的是皮鞭、镣铐、老虎凳。在这样恶劣的环境中，是什么支撑着他们？在展览中我们可看到、感受到：那是一种信念，是一种精神。人们为这种信念的坚定性而折服，为这种精神的不屈所感动。

在白公馆监狱旧址，一位在国外使馆工作的人员带着他的亲属专门来参观，在绣红旗的那间牢房，他指着烈士的照片，对自己的亲戚朋友们说："每次回重庆我都要来看看他们，他们永远是年轻的。"

在松林坡刑场，一批复员退伍要离开重庆的年轻人，站在每个烈士的雕像下合影留念。他们把自己亲手做的一个小花圈放在烈士雕像下，落款上写着："永远不会忘记你们的中国人！"

在烈士墓前，一百对新郎、新娘举行了特殊的结婚仪式，每一对新人在烈士墓前亲手栽种了

一棵小树苗,他们说:"在这最幸福的时刻,缅怀为我们创造幸福的先烈是最有意义的。"

大连的一个参观者四次到《红岩魂》展厅里参观,他在留言本上写了一首诗:

  珍惜今天的生活吧,

  那是在尊敬死难的革命者,也是在尊敬自己。

  珍惜自己的生命吧!难道烈士们对生命的热爱和体现出的生命价值不深深震撼你我吗?

  和烈士相比,

  我们所抱怨的苦就像白开水一样平淡无奇。

  和烈士相比

  我们所感受的甜正是他们所追求企盼的。

  问一问自己

  面对这般严刑拷打,

  我能咬牙坚持下来吗?

  我不知道。

  再问一问自己,

  面对死亡的恐惧和威胁,

  我能微笑着丝毫不露恐惧吗?

  我还是不知道。

  然而我知道

  在这鲜花盛开、和平鸽飞翔的今天,

  他们所留下的,

  是一个民族的精神和气节。

  它将随着共和国的前进而永存!

这追忆、缅怀,不是一时的激动和热情,站在烈士墓前的扪心自问,它发自心底。在这改革开放的和平年代,虽没有血雨腥风,刀光剑影,但考验依然严峻。面对烈士英魂,有的人可大声说道:从昨天走到今天是痛苦的,从今天走向明天将会更加艰难!

"二十世纪是一个伟大的世纪。在这个世纪,旧的死亡,新的生长;在这个世纪,屠杀、掠夺、战争、贫困,一切人类的苦难都创造了历史上的空前残酷惨痛的最高纪录;在这个世纪,人类为了拯救自己反抗强权,反抗暴力,处处都表现了最英勇,最果毅的精神!"

"失败膏黄土,成功济苍生。"

"从来壮烈不贪生,许党为民万事轻。"

"愿以我血献后土,换得神州永太平。"

"为了免除下一代的苦难,我们愿把这牢底坐穿。"

在歌乐山这块土地上,许多共产党员和党外革命志士,为了祖国解放,人民的幸福,身经残酷的折磨,面对死亡的威胁,义无反顾,大义凛然,表现了他们坚贞不屈、临危不惧、斗争到底的革命情操。在这个特殊的战场上,革命者用自己的血与肉无情地嘲笑了敌人的疯狂和愚蠢,表现了他们对共产主义执著的追求和勇敢。在"白公馆"、"渣滓洞"的铁窗黑牢里,革命先烈们富贵不能淫,贫贱不能移,威武不能屈的磅礴天地的精神,为中华民族塑造了一个个巨大而崇高的形象。

"身既死兮神以灵,子魂魄兮为鬼雄。"红岩英烈,是一个史诗般的称号!

歌乐山,一座烈士鲜血凝固而成的山,一座人们吸取内在精神力量的山,一座时时在呐喊、呼啸的山!人民共和国的历史紧紧地联系着这座山。

革命先烈的奉献精神,坚定的信念,不屈的意志,昂奋达观的气质是以他们人生实践所保证了的。在今天,中华民族崛然而起的时代,革命先烈的巨大精神力量在激励着我们去完成烈士的未竟事业。我们时时可听见那渗透了先烈鲜血的歌乐山发出的呐喊和呼啸!

(作者简介:厉华,职称:文博研究馆员;职务:重庆红岩联线文化发展管理中心主任、重庆红岩革命历史博物馆馆长)

# 红岩精神的历史背景及其特点

古 风

**摘要：**

红岩精神的产生有着重要的历史背景,抗日战争到解放战争时期是红岩精神形成和发展的重要阶段;忠诚自己的政治选择而坚定不移的理想信念,"三坚持三反对"的政治原则,"三勤三化",16字方针,对先进文化的把握和追求,为免除下一代的苦难愿把牢底坐穿的革命气节的真实写照是红岩精神的几个主要特点。

**关键词：**

红岩精神

## 前言

从1985年笔者开始担任重庆歌乐山烈士陵园领导职务,2000年同时担任红岩革命纪念馆领导职务,2004年两个馆又合并建立红岩联线文化研究发展中心,后改名为重庆红岩联线文化发展管理中心(重庆红岩革命历史博物馆),于2007年1月19日正式挂牌成立,笔者在红岩这个岗位上从事管理研究开发工作20余年,对红岩这一品牌的形成发展有许多的经验和体会。红岩是重庆这个历史文化名城的标志,是重庆历史文化中最具有成长性和现实性的主流。红色重庆、英雄城市是重庆人文历史中最有代表性的概括。

## 一、红岩精神形成的历史背景

重庆作为历史文化名城一是远古巴文化源远流长,二是抗战文化在中国历史上蜚声中外。抗战时期,国共两党共赴国难组成抗日民族统一战线,重庆作为国际性的城市登上世界政治舞台,在反法西斯战争中成为远东的指挥中心。中国的两大政党长达八年的合作,为赢得百年来反对外来帝国主义侵略战争的胜利奠定了政治基础。抗战八年,共产党以国家民族利益至上,实行

"坚持抗战、反对投降,坚持团结、反对分裂,坚持进步、反对倒退"的三大政策,不断与国民党进行谈判合作;抗战八年,全社会、全民族不分老幼、不分南北,有钱出钱、有力出力,形成了波澜壮阔的抗战文化,为赢得抗日战争的全面胜利奠定了思想基础;抗战八年,爱国知识分子、工商实业界、海外华侨等,积极推动抗战阵营的发展壮大,与共产党亲密合作;国际社会从世界反法西斯战争的需要出发,出兵、出钱,对中国的抗战给予了大力的支持和物质援助,为取得抗战胜利奠定了坚实的基础。

国共两党合作的政治基础、抗战文化形成的思想基础、各党各派团结协作形成的社会基础,使重庆这个城市上升为一个国际性的大都市。在这种大的历史背景下,中国共产党积极参加、推动抗战,在处理国共关系上坚持国事为重;在坚持全民族抗战上坚持建立广泛的统一战线;在国家民族振兴发展上,坚持独立、自由和人民的民主。在这个过程中,以周恩来为代表的中国共产党人的思想、品行和作为形成了伟大的红岩精神,这是中华民族思想道德传统力量的积淀和升华,这是重庆城市历史发展的逻辑必然。研究学习红岩精神应该把握这个重要的历史背景。

红岩原本是重庆的一个地名,叫红岩嘴,地处现渝中区化龙桥52号。1939年,八路军驻重庆办事处和中共中央南方局移居此地后,红岩这个地名就与中国革命的历史联系在一起。1961年,以表现白公馆、渣滓洞监狱中革命烈士斗争事迹的报告文学《圣洁的白花》、《禁锢的世界》改编成小说出版时,重庆市委主要领导建议:现在的两个书名不能够表现和反映重庆这个城市的历史特点,牺牲的革命烈士是在当年南方局教育培养下成长起来的,一定要注意这段历史的连续性,书名可以考虑用红岩,这是重庆这个城市、乃至在全国都有影响的,让全国人民了解重庆从红岩开始,提起红岩就能够知道重庆。小说《红岩》1961年出版,成为新中国文学史上发行量最大的一本书。

红岩,由一个地名上升为一个与政治、历史相关的概念,小说《红岩》以及由此改编的电影《烈火中永生》,歌剧《江姐》,后来的《红岩魂》展览、报告、展演,极大地支撑和扩展着红岩精神的影响!江姐、许云峰成为红岩精神的形象标志,红岩成为重庆的代名词。随着中共中央南方局、抗日民族统一战线历史的研究,周恩来、董必武等老一辈革命家和民主人士张澜、李济深、许德珩等人物研究的不断加强和对红岩精神研究的整体推进,完整地了解红岩、科学地宣传红岩、客观地研究红岩成为文化建设中的重要任务。

## 二、红岩精神的历史范畴和现实的载体

川东地下党这个概念是历史形成的。早在第二次国内革命战争时期,就曾两度设立属于四川省委领导的川东特委,但均为时不久就撤销了。当时的情况大致是,省委在重庆时,设立川西特委,驻成都;省委在成都时,则设立川东特委,驻重庆,分别领导川西和川东大片地区党的工作。抗战以后,四川省党的组织迅速恢复和发展起来。根据当时斗争形势的需要,分成川康和川东两个部分。在重庆先后三度成立了川东特(临)委,即1938年11月至1943年9月的川东特委(1943年9月,特委书记廖志高调回南方局,旋返延安,川东特委撤销,分别成立上川东特委和下川东特

委,抗战胜利前亦撤销),1947年10月至1948年12月的川东临委和1949年1月至重庆解放的川东特委。这三届特(临)委和一度设立的上、下川东特委均直属党的中央局(先后是南方局和上海局)领导。通常习惯上所说的川东地下党,就是指的抗日战争以后重建起来的,一直到解放为止的川东地区党组织。它与四川其他地区党组织有着密切的历史渊源和工作联系,但又是一个独立的组织系统。

中共中央南方局是在1938年中共中央长江局撤销以后,为适应抗日民族统一战线的需要1939年在重庆建立的。它直接领导华南、西南各省及港澳地区和海外党组织,并曾设立派出机构,代表南方局实行分区就地领导。周恩来任书记,博古、凯丰、吴克坚、叶剑英、董必武任常委,周恩来、董必武、博古、凯丰、张文彬、徐特立、吴玉章、叶剑英、廖承志、吴克坚、邓颖超、刘晓、高文华任委员。

1939年6月,周恩来回延安报告工作,因为手臂受伤,去苏联治疗,至次年5月返回重庆。其间,南方局书记由博古代理。1940年11月,中央调博古、凯丰离渝回延安;1942年2月,叶剑英奉调回延安。1943年6月,周恩来回延安参加"七大"筹备工作和整风学习,南方局的工作由董必武主持。1944年初,中央决定,派中共中央秘书长、第十八集团军延安总部副参谋长王若飞作为林伯渠的助手,参加同国民党谈判。5月17日,林伯渠、王若飞由西安飞抵重庆。11月7日,中央通知董必武、林伯渠回延安,同时指示成立"工作委员会",由王若飞任书记,由王若飞、刘少文、徐冰、钱之光、熊瑾玎、潘梓年、童小鹏任工作委员会领导成员,讨论有关工作时,许涤新、张友渔、章汉夫可列席。

1945年12月15日,中共中央决定恢复南方局(在重庆期间称重庆局)。由董必武任书记;由王若飞任副书记;由董必武、王若飞、徐冰、华岗、钱之光、钱瑛(女)、潘梓年、熊瑾玎、刘少文任委员;由王世英、章汉夫、童小鹏、张友渔、许涤新、王炳南、夏衍任候补委员。1946年5月,周恩来、董必武先后率中共代表团、南方局工作人员迁南京,南方局完成历史使命。

南方局直接领导的对外公开合法机构有:八路军办事处(通讯处、交通站)、《新华日报》报馆、《群众》周刊社。这些机构除以合法名义进行公开活动外,还曾掩护秘密机关和地下党组织。

南方局的派出机构有:西南工委,辖川康特委、川东特委、鄂西特委、湘鄂边特委、湖南省委、云南省工委;南委,辖江西省委、粤北省委、粤南省委、广西省工委、闽南特委、闽西特委、潮梅特委、琼崖特委、湘南特委;中共桂林统战工作委员会。

皖南事变前后,南方局指示各地划小组织,广东省委划分为粤北省委和粤南省委;闽西南潮梅特委划分为闽西特委、闽南特委和潮梅特委;鄂湘西区党委划分为鄂西特委(后改为湘鄂川边特委)和湘鄂边特委;川东特委划分为上川东特委和下川东特委;川康特委划小,另成立川南特委和川北特委。1941年5月,中共中央发出《关于大后方党组织工作的指示》。此后,南委领导的各级组织普遍实行特派员制,西南工委所属的和南方局直辖的省特委一律实行单线联系,个人负责。

在重庆期间,是统一战线时间最长的一个阶段,更是红岩精神形成的关键阶段。在这个阶段国民党发动三次反共高潮,一大批共产党人、爱国人士、革命志士遭到逮捕、关押、迫害,甚至屠杀!在"抢米事件"、"平江惨案"、"皖南事变"等一系列反共事件当中,以周恩来为首的中共中央南方局坚持"有利、有理、有节"的斗争原则,维护大局、坚持统一战线,凸显了中国共产党人高尚的思想品德和革命情操。

在重庆,保存和记录红岩历史的有大量的遗迹和文献,但最为著名的是红岩革命纪念馆和歌乐山革命纪念馆、中国民主党派历史陈列馆。红岩革命纪念馆的八路军办事处、中共代表团、曾家岩、桂园、新华日报等旧址见证了红岩精神的形成和发展;歌乐山革命纪念馆的白公馆监狱、渣滓洞监狱等记录了在红岩精神教育培养下的革命志士"愿以我血献后土、换得神州永太平"的斗争事迹;中国民主党派陈列馆表现了民主党派、民主人士与中国共产党患难与共、风雨同舟的历史过程。文物是历史的见证,凝结于文物中的思想价值和精神内容不断地被挖掘整理,不断地被研究开发,不断地闪烁出光芒,使每个接近它的人感觉到分量!

## 三、红岩精神的特点

在中国历史上,国共两党一直是相互斗争、相互联合、相互发展的两大政治团体,两大政党的政治信仰和在改造社会的实践价值取向上的差异,导致了中国社会在国民党统治38年后,被共产党创建的新中国所取代。从长征精神、延安精神、红岩精神到西柏坡精神的历史逻辑过程充分表现了这种历史的必然。特别是红岩精神,是在抗日民族统一战线中所形成,它的实践为新中国政治格局奠定了基础。因此,对红岩精神的认识首先要从历史的角度进行把握和充分的分析。

忠诚自己的政治选择,坚定不移的理想信念是红岩精神最大特点之一。作为当时中国执政党的国民党,在实行孙中山先生的联俄、联共、扶助农工三大政策中所出现的悖逆,以及实行一党专政对中国社会所造成的种种问题,使国民党全党严重地缺乏高度的思想统一,甚至还出现一些人心背离。中国共产党坚持远大目标的追求,坚持近期目标的实现,对自己的党员在思想上、在政治上明确要求绝对忠诚自己的政治信仰,这种思想上的显著特点为共产党的发展壮大打下了一个坚实的基础。抗战时期和解放战争时期,蒋介石及国民党对共产党的领导干部从做工作到策反,从实施政治迫害、诱降到肉体消灭,在理想信念的较量过程中中国共产党战胜了国民党而创建了新中国。抗战时期,蒋介石不断地要求周恩来、吴玉章等参加国民党为国家工作,不论何种方式、不论何种场合,周恩来等南方局的领导都忠诚于自己的政治选择,出污泥而不染、同流而不合污;在南方局领导下的南方工作委员会书记张文彬以及鄂西特委书记何功伟被捕入狱后,面对各种诱惑决不改变自己的政治信仰,决不背叛党组织,决不转变立场放弃对共产主义的追求,为天地存正气、为个人全人格;解放战争时期大批共产党员和革命志士被关押在白公馆渣滓洞集中营,他们"生当作人杰、死亦为鬼雄","为免除下一代的苦难,愿把牢底坐穿"!在历史进程中,在重庆这个历史舞台上,以周恩来为首的中国共产党人在与国民党合作的过程中,在与国民党的

斗争中所表现出来的行为风范、言谈举止突出地体现了政治信仰的坚定性,这种忠诚于自己的政治选择是红岩精神思想内容的核心,更是共产党先进性和战斗力的基础。蒋介石为什么哀叹:像周恩来这样的人为什么都到共产党组织里去了? 这是因为忠诚自己的政治选择是共产党人的基本品质。

坚持抗战、反对投降,坚持团结、反对分裂,坚持进步、反对倒退的政治原则;勤工作、勤交友、勤学习,职业化、公开化、合法化的"三勤三化";隐蔽精干、长期埋伏、积蓄力量、以待时机的16字方针是红岩精神的又一大特点。抗日民族统一战线是中共中央南方局在重庆的主要工作,更是地下党组织在国民党统治区主要活动内容。中国共产党从提出抗日民族统一战线的主张,到提出联合政府的主张,实际上是对中国国家政权最高形式的科学主张。但是,国民党对于共产党的主张,不管是抗日民族统一战线,还是民主共和国,甚至组建联合政府,总是站在极少数人利益的立场上予以反对。毛泽东同志告诫全党:这是两条路线的斗争。周恩来同志分析说:"一方面是国民党政府压迫中国人民实行消极抗战的路线,另一方面是中国人民觉醒起来团结起来实行人民战争的路线。"由于国共两党在全国抗日与民主的问题上,长期地存在着原则的分歧和严重的斗争,因此战斗在国统区的南方局忠实地执行党中央制定的"三坚持、三反对"的原则,在推动抗日民族统一战线发展壮大中,创造性地开展工作,它要求党员干部必须"三勤三化",对国统区的地下党组织开展工作规定了16字方针。比如,在同国民党的谈判中,周恩来提出了:在斗争上,要不失立场,但不要争名位与形式;要坚持原则,但方法上不要死板教条要机动灵活;要争取时机,但不要操之过急的"四要四不要"。在与蒋介石的谈判中,在红军改编后的指挥权问题上,国共双方意见仍存在严重分歧。蒋介石坚持三个师的经管教育直属行营,三个师的参谋长由国民党方面指派。周恩来根据中共中央指示,对红军统帅机关名义问题暂作让步,但坚持"国民党不准插入一个人"的原则,拒绝国民党派人参与军事指挥。再如在对待蒋介石的关系上,只要他不公开投敌,还坚持抗战,在困难的时候就全力帮助他,在他蛮不讲理的时候就坚决地拒绝他。这对于推动抗日民主统一战线起到了关键性的作用。在谈判问题上提出的"四要四不要"使得蒋介石融共产党于国民党为"一个大党"的阴谋计划在周恩来有理、有节、有利的谈判斗争中破产,就像周恩来谈的那样:"国民党是水做的,但是我们没有做贾宝玉,化不了。"同时,周恩来还就谈判的方法进一步提出了四个原则:有利的,应该立即商定,不要希望将来会有更好的;无利的,应该严正拒绝,不要拖泥带水,使他增加幻想;让步的,应该自动让步,不要等他要求;可能实现的,应该适时地适当地提出要求,不要过多也不要过少,免致做不到或吃亏。由于在谈判斗争中坚持了"四个原则",中国共产党针对抗日相持阶段国民党中途妥协、内部分裂的危险情况,提出了"坚持抗战,反对投降;坚持团结,反对分裂;坚持进步,反对倒退"的三大政治口号,使得20世纪中国第一次反对外来侵略者的斗争取得了全面的伟大胜利。红岩精神表现了共产党人和革命志士不为国民党所威逼利诱,坚持在抗日民族统一战线中的独立自主原则,凸显了国家民族利益为上,表现了中国共产党人和革命志士的自信和骨气。

红岩精神再一个显著特点是对先进文化的把握和追求！文化,是一个民族智慧的积淀和结晶。抗战时期,两种截然对立的文化观始终进行着尖锐的斗争。一种是中国共产党代表的先进文化——民族的、科学的、大众的文化,即抗战的、民主的文化;另一种是国民党代表的封建的、法西斯的愚昧和落后的文化。南方局始终代表着先进文化前进的方向。

皖南事变后,国统区处于政治高压之下,重庆成了一座"死城"。周恩来指示,一定要设法冲破这种使人民在政治上窒息的状态。于是,重庆戏剧界在1941年10月至1945年4月五年左右的时间里,组织开展了以话剧为主要形式的"雾季艺术节",上演了100多出大小剧目,其中包括阳翰生的《天国春秋》、郭沫若的《棠棣之花》和《屈原》等具有强烈爱国主义思想的历史剧,产生了强烈的社会反响。《雷电颂》的台词"将一切沉睡在黑暗里的东西,毁灭,毁灭,毁灭呀!"以及"大敌当前,我们不能自相残杀",喊出了全国人民同仇敌忾的强烈愿望和对国民党顽固派制造摩擦的愤怒。戏剧公演受到人民的热烈欢迎,从而冲破了国民党的政治围剿,在国统区掀起了一场规模空前、影响深远的进步文化运动,开创了中国现代戏剧的黄金时代。南方局领导下的抗战进步文艺运动更是抗战文化中的一枝奇葩。

1943年3月,蒋介石发表《中国之命运》,大力宣扬封建法西斯主义,为其独裁统治作文化理论准备。为批判以《中国之命运》为代表的法西斯理论,周恩来亲自撰写了《论中国的法西斯主义——新专制主义》一文,并发动进步文化界广泛开展学术研究,从政治、经济、哲学、历史等领域对《中国之命运》的思想体系进行了深刻的揭露和批判。郭沫若的《十批判书》、《甲申三百年祭》,翦伯赞的《中国史纲》,侯外庐的《中国古代社会史论》,吕振羽的《简明中国通史》,邓初民的《中国社会史教程》等一批重要著作,就是在这一时期完成的。这些著作用马克思主义历史观研究中国历史和文化,用历史的眼光批判封建法西斯文化,不仅起到了教育团结人民的作用,同时还奠定了中国马克思主义史学的基础。

1939年冬,周恩来与董必武即提出将一些青年科技工作者联络起来,组织一个团体培养党的科技人才。1940年5月,在南方局直接领导下,成立了以党员和党的积极分子为骨干的"青年科学技术人员协会"。1945年7月周恩来亲自与科技界著名人士恳谈,在重庆建立了"中国科学者协会",把广大科技工作者团结在党的周围。周恩来既希望他们在抗日民族统一战线和争取和平民主建国的斗争中发挥积极作用,又希望他们不要只乐于搞轰轰烈烈的革命斗争,必须要有相当的科技造诣,在广大科技人员中起好带头作用,学好本领为新中国的建设事业作好准备。由于那时的政治环境所限,南方局巧妙地通过不同途径,鼓励和支持一些有条件的青年知识分子到国外学习深造,在党领导下成立了"中共在美工作领导小组"和"留美科学工作者协会",派遣党员到美国负责具体联络他们,培养和造就了一支又红又专的科技骨干队伍。周恩来对于科学家一贯是很尊敬的,也是很关心的。谢立惠回忆说:有一天,周恩来约我们"自然科学座谈会"的七位科学家到新华日报社,在那里吃午饭。我原以为有什么事情要同我们商量。去了以后,看到摆放着酒席和寿桃,感到很惊讶。正在纳闷的时候,周恩来走来高兴地说:"今天是梁老(梁希)的六十寿辰,我们为他老人家祝寿。"一句话说得我们差点流出泪来,特别是梁老,激动得半晌没说出话来。梁希先生是我们"自然科学座谈会"里年纪最大的,但我只知道梁老60岁左右,却不知道哪天是他寿辰。而周恩来同志日夜为国事奔忙,却记得这个日子,并想到为梁希祝寿,谁能不为之动情呢?1943年,周恩来与林学家梁希的谈话中指出:中国需要科学家,新中国更需要科学家,不管道路如何曲折,新中国总要到来。现在是举步维艰,到那时就大有用武之地。1944年在会见留美医学家计苏华的时候,谈到未来的新中国发展建设问题时,周恩来指出:党不仅需要政治家,也需要自己的科学家、专家,而且从现在起就需要注意培养。

胡乔木同志对南方局的历史功绩作了这样精辟的论述:"如果说,农村革命根据地这个主战场和武装斗争这条主要战线,为中国革命积累了推翻旧政权的物质力量,进行了新社会制度的示范,并随着武装斗争的胜利将这个新制度逐步推开到全国;那么,国统区这个特殊的辅助战场和地下斗争、群众运动这个第二条战线,则为建立新中国凝聚了人心,并在一定程度上形成了新中国政权建设的政治格局。"

红岩精神是无数革命先烈为祖国自由解放,抛头颅、洒热血,为免除下一代的苦难,愿把牢底坐穿的革命气节的真实写照,这更是它的又一大特点。1947年2月,国民党封闭并驱逐我党在国统区的最后几处公开代表机构,包括四川省委和重庆《新华日报》,国共彻底分裂,内战全面爆发。1947年10月,中共中央上海局决定建立川东区临时工作委员会,川东党的工作重点转移到农村,组织城市支援农村,发动小型游击战争,策应解放战争主战场的斗争。川东临委成立后,在上、下川东和上、下川南成立了四个地工委,在五十七个县(包括黔北部分地区)发展和建立了党的组织;开辟了大批农村工作据点,在部分地区开展了农民运动,发动了抗丁、抗租、抗捐斗争,掌握了一批"两面政权"和武装力量,先后在奉(节)大(宁)巫(山)、梁(山)大(竹)达(县)和华蓥山地区发动了三次武装起义。虽然起义失败,但是对牵制国民党兵力,在新的形势下为中国革命的成功作出了贡献。1948年发生的《挺进报》和刘、冉叛变事件,大批党的组织被破坏,大批革命者被逮捕,他们"生当作人杰、死亦为鬼雄","失败膏黄土、成功济苍生",在狱中、在法庭上、在刑场上,面对死亡毫无畏惧!革命烈士忠于理想、坚持气节的斗争事迹,张扬了红岩精神的实质——在烈火中永生!

红色之城,英雄城市!在重庆的历史文化中红岩精神最具有现实意义和成长性,它属于重庆,更属于全国!

走进红岩,前人功业历历在目,走进红岩,历史和现实在这里交汇。时代前进需要精神支柱,社会发展需要正气鼓舞!

**参考资料:**

廖志高:《抗日战争时期在南方局直接领导下重建、发展、巩固川东地下党的主要情况》。

肖泽宽:《我在川东地下党的经历》。

何文逵:《抗日战争时期中重庆地下党情况的一些回忆》。

周恩来1945年4月30日在七大上的讲话《论统一战线》第二段"关于统一战线的经验教训问题"14页—25页。

(以上参考资料可在红岩革命历史博物馆E类资料中查找)

(作者简介:古风,厉华的笔名,职称:文博研究馆员;职务:重庆红岩联线文化发展管理中心主任、重庆红岩革命历史博物馆馆长)

# 红岩精神形成渊源及历史内涵探究

刘 英

当我们回顾中国共产党走过的九十年历程时,我们深知,中国共产党正是历经井冈山精神、长征精神、延安精神和红岩精神的千锤百炼,才逐渐走向成熟,成长为中华民族的脊梁,成为把握中国历史趋势的力量。在中国共产党历经艰难而又辉煌的历程中,坚定的信念和巨大的精神力量无疑发挥着巨大的作用。精神的力量是无穷的,在中国共产党宝贵的四大精神财富中,红岩精神蕴涵着独特的历史内涵和历史特点,本文拟从红岩精神形成的历史渊源中去探究其丰富的内涵特点,以图在新时期的弘扬、传承中发挥其更大的历史价值和社会作用。

## 一、红岩精神的源起

何为精神?所谓精神:就是给人以奋斗、支撑和努力的力量,是一种风貌、风骨的再现,它往往是通过一些具象的、有血有肉的事例透视出来、散发开来,让人真切地感悟到它的力量和内涵。红岩精神也是这样,它是通过周恩来、董必武、叶剑英、邓颖超等老一辈无产阶级革命家在重庆红岩的各种实践活动,所体现的人格力量和精神风范。

红岩精神是经过数十年的历史沉淀,由后人提出的。

探寻红岩精神的渊源,我们发现最先使用红岩精神这一概念的是原《新华日报》最后一位总编熊复。1980年6月,他回到阔别经年的红岩村时,题诗四首,首次提出了"红岩精神"。1985年10月,原南方局领导人之一的邓颖超重返红岩故地,深情地题写了"红岩精神永放光芒"的题词,"红岩精神"也由此正式提出。此后,又有许多原南方局老同志和现任党和国家领导人纷纷在红岩革命纪念馆作了发扬红岩精神的题词。

1991年4月,中共中央总书记、国家主席江泽民在重庆视察红岩革命纪念馆后作了"弘扬红岩精神,沿着老一辈革命家开创的道路奋勇前进"的题词,该题词在全国各大报纸发表,向全党和全国人民发出了弘扬红岩精神的号召。

至此,红岩精神的概念为重庆和全国所熟知。2002年5月江泽民对红岩精神又作了精辟的论述:"风雨如磐的革命岁月,培育和形成了伟大的红岩精神。红岩精神充分体现了老一辈无产阶级革命家、共产党人和革命志士的崇高思想境界、坚定的理想信念、巨大的人格力量和浩然革命正气。"2002年10月,中共中央总书记、国家主席胡锦涛在重庆视察参观红岩后指出:红岩精神具有重要的现实意义。

红岩精神是以中共中央南方局所在地"红岩村"命名的。

重庆的红岩村,是中共中央南方局的所在地,是中国共产党领导南方国民党统治区和部分沦陷区革命斗争的指挥中心。在中华民族面临深重灾难的历史转折关头,周恩来率领一群优秀的共产党人肩负着延安的重托、民族的希望,走进雾都重庆,驻守红岩。他们为维护合作、坚持抗战奔走呼号,英勇无畏地顶逆流、历艰辛,在国统区这个大染缸里,始终保持着中国共产党人的本色。犹如寒冬蜡梅,六月风荷。他们以临难不苟,临危不惧的气概;以海纳百川、和衷共济的胸怀;以巨大的人格力量将国统区爱国民主人士和广大人民群众团结在中国共产党周围,在坚持抗战和争民主的革命斗争中培育和形成了红岩精神。

概括地讲红岩精神是抗日战争时期和解放战争初期,共产党人在国民党统治区艰难复杂的斗争中培育和铸就的富有时代特色、区域特色和完整体系的革命精神。

红岩精神虽然是三十多年前才正式提出来,但它早已存在,而且具有深远的社会影响却是客观的历史事实。这正如井冈山精神、长征精神虽是后来提出,然而却早已形成并具有巨大而深远的影响一样。

## 二、红岩精神形成的历史背景和社会环境

红岩精神的形成有着特定的时代背景和独特的社会环境,它是共产党人在国民党统治区领导广大人民进行民族民主革命的产物。

1. 红岩精神形成的历史背景

红岩精神形成于特定的历史背景。红岩精神是红岩的共产党人在抗日战争和解放战争初期特殊的历史时期,为完成其历史使命、为贯彻党的方针政策、为实现党的任务的需要,在斗争中逐步养成的、在实践中锤炼出来的。这一历史时期在重庆的共产党人的主要任务就是在抗日民族统一战线的旗帜下,争取抗战胜利,促进民主政治。因而红岩精神是中国共产党人在国统区坚持"抗战"与"民主"为实现民族解放和人民解放两大历史重任的特定时期中培育和形成的。

1937年7月抗日战争爆发后,为共赴国难,国共两党捐弃前嫌,结成了抗日民族统一战线,实现了第二次国共合作。周恩来受中共中央的委派,作为中国共产党的代表,为建立抗日民族统一战线,前往南京、武汉等地同国民党蒋介石谈判。由于国民党不允许中共党组织在国统区公开活动,1938年1月,中共中央在八路军驻武汉办事处内秘密设立了党的领导机关中共中央长江局,代表延安党中央领导中国南方各省区党的组织。

1938年10月,武汉、广州相继沦陷,国内局势十分严峻,国民政府迁都重庆,重庆成为战时首

都。以周恩来为首的中共代表团因此辗转来到重庆。1939年1月,中共中央根据形势的变化,决定撤销长江局,在重庆设立南方局,接替长江局的工作,由周恩来任书记。中共中央南方局是党中央设立在重庆的代表机关,是在抗战进入相持阶段,国民党掀起反共高潮,国共合作的抗日民族统一战线面临严重的分裂危机的情况下建立的。

中共中央南方局成立之后,面临的是侵华日军以政治诱降为主军事进攻为辅、国民党政府逐步转变为消极抗战积极反共政治形势恶化的时期。由于南方局在国统区肩负特殊的使命、担负着维护国共合作共同抗日的重任,因而面对国民党内外政策发生重要变化的新形势,南方局着重引导各级党员干部,正确认清新的形势,提高对党中央制定的抗日民族统一战线的方针、政策和策略的认识,在与顽固派反共政策开展斗争的同时,改变工作作风,改变工作方式,积极发展进步势力,争取中间势力,孤立反共顽固势力,以不断壮大人民的力量。在抗战胜利后,迅速地将抗日民族统一战线转向人民民主统一战线,为第二条战线的形成作出了重要贡献。

虽然红岩精神形成的历史时期是第二次国共合作时期,但在国民党统治区仍然是国民党一党专政,国共两党仍处于不平等的地位。正如周恩来所说:"中国的统一战线不仅是不平等的,而且也不是公开法定的。它只是在不得已的默认中形成,在习惯中发展。"[1]

南方局就是在复杂多变的特殊历史时期,历经艰难困苦,出色地完成了历史的使命,同时培育锻造了不朽的红岩精神。南方局是党中央坚持抗日民族统一战线的前哨阵地,是设在国统区摧不垮的战斗堡垒,是屹立在雾都的闪亮明灯,是吸引和凝聚一切爱国民主力量的坚强核心。红岩成为南方局的象征,红岩精神正是周恩来为首的南方局领导国统区共产党人在特殊时期完成历史使命的实践斗争中形成的。

2. 红岩精神形成的社会环境

红岩精神形成于特殊的社会环境。它是在复杂艰险的国民党统治区形成的。

这种特殊的社会环境与延安等抗日根据地是在中国共产党武装控制下的红色区域有着本质的区别。

南方局领导下的共产党人面临的环境同当时的延安极不相同。第一,延安是中共中央所在地,那里有自己的政权和军队;而在重庆,在国民党统治区,中共党组织处于被压迫的地下秘密状态,共产党人和进步人士随时有被捕、被杀的危险,再加上国民党统治区的广大人民由于长期受国民党的反共宣传的影响,多数人对中国共产党还心有疑虑,有些人甚至是反共的。第二,延安是革命的熔炉;而重庆却是个"染缸",统治阶级、上层社会灯红酒绿,社会风气腐败、污浊。在这种环境中保持共产党人的本色,完成党所赋予的任务,就特别需要坚强的党性,韧性的战斗精神,需要严格自律,言行既要同本身所处的环境和地位相称,又要坚持"同流而不合污,出污泥而不染"。

正是在"虎穴"、"染缸"这样的环境中,为了生存的需要,为了发展党的事业,才锤炼出了体现共产党人优良作风的红岩精神。

由于重庆又是中国的政治、经济、文化、外交的中心,各个阶级、政党、团体和社会势力的代表人物都集中在这里,这里还是各国外交使团、国际组织和国际人士汇集的地方。所以国统区是共产党人所面临的一个特殊的极为复杂又十分重要的革命阵地。

国民党统治区的民主党派、爱国人士、广大知识分子和国际友人,正是从周恩来等共产党人的言行中,认识了中国共产党。不少人对共产党由疑惧到信赖,由远离到亲近,由参加抗日救亡运动到参加民主运动,进而接受党的领导,跟着党前进。由此可见,红岩精神与延安精神本质虽一致,但却由于所处的社会环境不同有着自身的特色。红岩精神正是为适应特殊斗争环境的需要而形成的。

当中国共产党在延安举起了抗日的旗帜,建立了自己的敌后抗日根据地,经历了第一次国内革命战争失败后,中国共产党在国民党统治区的党组织损失惨重,中国共产党的主要影响仅局限边区一隅。中国共产党要挽救民族危亡,要成为一个政治上、思想上、组织上完全成熟的全国性的政党,就必须重新恢复和建立国民党统治区的党组织,巩固和扩大中国共产党的影响。这是历史赋予以周恩来为代表的中共中央南方局的使命。这种使命感使红岩精神更具历史厚重感。

可见红岩精神的形成并非偶然,它是中国共产党领导中国人民,在特定的历史阶段和特定社会环境中进行艰苦卓绝斗争的产物。

## 三、红岩精神的历史内涵及特点

红岩精神在特殊的社会环境和特定的历史背景中形成,这就决定其有着丰富的历史内涵。

红岩精神是以周恩来为代表的共产党人抗战时在国民党统治区的特殊环境中培育且身体力行的一种精神,是中华民族优良传统与中国共产党优良作风的融汇、再现和升华。概括地说,红岩精神历史内涵和特点主要表现在以下五个方面:

1. 为国为民的坚定信念

为国为民的坚定信念是红岩精神的基石。这种精神与井冈山精神、延安精神一脉相承,但因抗战时期红岩共产党人工作环境的特殊性,其面临形势的严峻性,在表现的方式和形式上有着自己鲜明的特色。

南方局在重庆一成立,就面临着全新而复杂的局面:国共合作较好的时期结束了,国民党秘密制定溶共、限共和防止异党活动的一系列措施。战斗在重庆的共产党人为了维护国共合作、坚持抗战到底不仅要躲避日机的狂轰滥炸,还要应对国民党顽固派掀起的三次反共高潮,没有坚定的信念是立不住脚的。

当时在重庆的一位美国外交官费正清在日记中写道:"居住在周公馆里的共产党人虽然他们现在随时有被捕并被投入集中营的危险,但他们仍然本着惊人的团体精神和坚定信仰照旧开展革命工作。""他们经常学习,开展讨论和自我批评,在生活上同甘共苦……但他们的思想信念宗教式的热情,毫不动摇。"[2] 这段文字记述的事实鲜明生动。可见以红岩为中心,聚集起这批共产党人,他们对共产主义理想信念的忠诚、执著、向往达到了炽烈程度。

红岩人的坚定信念在"皖南事变"后表现尤为突出。1941年1月,国民党顽固派血洗我新四军军部,制造了震惊中外的"皖南事变"。国共两党之间撕开了巨大的裂痕,国共合作的抗日前景蒙上了巨大的阴影,延安党中央担心红岩同志们的安全,连日急电:"恩来、剑英、必武、颖超等重要干部于最短期离渝……"[3]周恩来向中央报告:"我们一切都准备了,即他捕杀讨扣,毫无所惧。"[4]南方局常委召开紧急会议,经研究认为此时难以离开,如离开将意味着国共关系的彻底破裂,将失去政治上进一步斗争的阵地,于我方的政治进攻不利、于抗日大局不利。周恩来断然表示:"我要坚持至最后!"[5]这是一个怎样的决定?做出这样的决定,不仅需要不怕坐牢、不怕杀头的大无畏气概,更重要的要有为抗日大局着想和对复杂局面的审视驾驭能力。在周恩来为首的红岩人坚定的信念下的一次又一次的开拓性斗争,终于用政治进攻的手,缝合了国共的巨大裂痕,维系了合作抗战的局面。

红岩的共产党人谨记周恩来的教诲:"懂得怎样在光明和黑暗中奋斗,不但遇着光明不骄傲,主要是遇着黑暗不灰心丧气,只要大家坚持信念,不顾艰难向前奋斗,并且在黑暗中显示英勇卓绝的战斗精神,胜利是会到来的,黑暗是必然被击败的。"[6]正是在这种坚定信念的支持下,红岩的中共党人方能够不畏艰难,不怕牺牲,开拓出一个崭新的局面。

2. 不畏艰辛勇于开拓的精神

不畏艰辛勇于开拓的精神是红岩精神的亮点。由于十年内战国民党的恶意中伤和肆意丑化宣传,以及党内"左"、右倾错误所造成的恶果,在国统区大多数中国普通人眼中,这些"流窜"到陕北的共产党人不过是"青面獠牙"的"洪水猛兽"、"流寇",甚至开明的上层知识界对中共都有强烈的误会和隔阂。此时的中国共产党并没有后来的万人拥戴之形,众星拱北斗之势,有的只是敌意、误会、隔阂与神秘。这就是周恩来和他的战友们所面临的特殊的工作环境。然而,他们以筚路蓝缕的开拓精神和锲而不舍的进取之气,以其风范、风骨折服了国统区的大多数民众。

周恩来经常告诉红岩的同志,中国共产党还处于非执政党的地位,除了政策、方针的正确外,必须以自己的楷模作用、亲身实践去消除误会,建立信任。"对过去不认识、不了解的人,第一件事就是要解除他们对共产党的疑惧,只有把对方当做朋友,人家才会把你当做朋友。"[7]只要这样,再艰难的局面,工作都能开展下去。

南方局统战工作委员会经济组组长许涤新对国统区民族资本家的统战工作实践,便充分体现了不畏艰辛勇于开拓的红岩精神。那时许多资本家对中共有很深的隔膜,对"共产"二字更是闻之色变,在公开场所不敢与许涤新这样的共产党接触。许涤新便私下单独拜访,在前往被吃闭门羹数不清多少次的情况下,仍坚毅地一次又一次递进名片,慢慢地较开明的资本家被打动了,终于请他一谈,他把中国共产党主张抗日和反对四大家族官僚资本的一致性,和中共维护民族资本家利益的政策阐述得十分透彻,终于让他们渐渐向中国共产党靠拢。

猪鬃大王古耕虞回忆说"像我这样一个资本家,共产党要说服我并不是那么简单的。可是周总理有独到之处,他说服了我,使我越来越认识党、信任党"。[8]

不畏艰辛勇于开拓精神的实践证明,中国共产党"只有深入群众,并领导群众进行长期艰苦的斗争,才有可能取得最后的胜利"[9]。

周恩来为代表的共产党人以为国为民的坚定信念和筚路蓝缕的开拓精神,使中国共产党走出了边区,走向了全国,走向了世界。胡乔木在评述南方局的历史功绩时指出:"南方局的统战工作从一个方面的意义上说,为新中国的建立奠定了政治基础。"[10]

3. 无私无畏的奉献精神

只有具备了坚定的理想、信念,才会有自觉的、无私无畏的奉献行为。周恩来率领的这群战斗在国统区的共产党人,早就把生死置之度外,义无反顾地为民族解放和人民民主奉献出一切。在抗日救亡、争取民主的时代旋律中,如果说坚定的信念是支撑红岩的共产党人奋斗的力量之源的话,那么,在这种精神力量的感召下,红岩的共产党人则用自己无私无畏的奉献行为和实践活动,为红岩的奉献精神提供了用鲜血和生命谱写的生动事例,从而使红岩精神更显生动和凝重。

在南方局的领导下,有一大批出生权贵家庭的革命者,为了民族的解放和崇高的理想,抛弃优裕、安逸的生活,而投身到抗战艰辛的革命阵营中。如在南方局直接领导下的优秀青年:陈琏,是蒋介石侍从室主任陈布雷之女;傅冬菊系国民党著名将领傅作义之女;康岱莎是陪都大银行家康心之的女儿。她们不愿做娇娇女,而选择了真正抗日、有着远大抱负的中国共产党,甘愿为之献出青春、热血乃至生命。

这种奉献精神在周恩来的身上更是表现得淋漓尽致。为了维系国共合作、共御外侮的局面,周恩来奔走呼号,纵横捭阖。谈判桌上的唇枪舌剑"老了"周恩来。他说:"重庆真是个谈判的城市。""差不多十年了,我一直为团结商谈而奔走渝、延之间。谈判耗去了我现在生命的五分之一,我已经谈老了!"[11]皖南事变后,国统区一片白色恐怖。周恩来对留下来坚持斗争的同志们说:"反动派可能要下毒手,我们要有充分的思想准备,要准备被捕、坐牢、砍头。不管怎么样,我和同志们在一起,要牺牲我们一块牺牲!"[12]这种临险不惧、临难不苟的大无畏献身精神震撼着每一个人。为了民族和人民的利益而英勇献身的高尚品质是红岩精神的集中表现。

在南方局领导下有一大批从事党的秘密工作的同志,他们因为工作需要,长期与国民党中上层人士或特务机关打交道。他们按照党组织的指示,冒着生命危险,深入虎穴,打入敌人的要害部门、首脑机关。为了革命事业,他们忍辱负重,贫贱不移,富贵不淫,始终保持共产党人的高尚气节。

南方局鄂西特委书记何功伟在被捕后,历经国民党出国留学、高官厚禄的威胁利诱,矢志不渝,壮烈牺牲;1942年夏,南委工委副书记苏曼三人被捕假释后,为了保护党的机密,不让其他同志上当,为向党组织报信,三人毅然集体自缢牺牲。

南方局领导下的共产党人这些可歌可泣的事例无不闪耀着无私无畏奉献精神的光辉。

红岩精神还包含歌乐山烈士的精神。在歌乐山白公馆、渣滓洞监狱有很多革命志士是南方局直接和间接领导的,他们在狱中的斗争精神以及为了国家民族和共产主义理想英勇献身的高尚品质是一种奉献精神。红岩精神是以周恩来为首的中共中央南方局亲自培育、歌乐山革命英烈用生命实践了的一种伟大精神。这种英勇献身的高尚品质,是红岩精神无私奉献的重要组成部分。它还集中表现在被囚禁在国民党上饶、息烽、恩施等地监狱和军统重庆集中营的共产党人

和革命志士身上。

如果说,不畏艰辛勇于开拓的精神揭示了红岩的共产党人是如何生的话,那么,无私无畏的奉献精神则展现了红岩共产党人面对死亡、危难的凛然与无悔。

4. 出污泥而不染的莲花精神

红岩的共产党人长期战斗在国民党统治区,这里既是虎穴又是染缸。他们在与国民党中上层人士、社会各阶层人士,甚至在与特务机关打交道中,真正做到了同流而不合污,出污泥而不染,始终保持了共产党人的高风亮节。这种出污泥而不染的"莲花精神"是红岩精神异于井冈山精神、延安精神的一个重要特征。它是红岩共产党人工作环境所决定的,具有鲜明的特点,表现出红岩的共产党人在斗争生活中的创造性和适应性,是坚定信念的另一种表现形式。

重庆是国民政府的战时首都,国民党统治阶级灯红酒绿、纸醉金迷的生活,"前方吃紧,后方紧吃"成了当时的真实写照。在国统区险恶的环境中,处于秘密状态的国统区党组织随时面临被杀戮的危险。为了生存的需要,为了发展党的事业,红岩的共产党人必须要有特别坚强的党性、韧性的战斗精神,其言行既要同本身所处的环境和地位相称,又要"同流而不合污","出污泥而不染"。出污泥而不染的莲花精神,是红岩精神中所蕴涵的最具有特征、最鲜明的历史内涵。

南方局和红岩八路军办事处的同志每人每天5分菜金,自己挑水种菜,工作紧张,生活艰苦,却处处充满着向上的朝气。民主人士来到红岩,感受到一股清新的空气,倍感亲切,犹如见到一片新的天地。红岩就像盛开在国统区大染缸中的一朵莲花。

不仅在红岩村内,同时南方局领导下的部分同志深入到社会的各个层面:有为党筹集经费的地下经济工作者;有打入到敌人心脏的情报员。如打入敌特机关的沈安娜、黎强、张露萍;利用国民党各种关系为党开公司、办企业的卢绪章、肖琳等,他们冒着生命危险,身处大染缸,虽然他们的言行必须同公开职业和地位相称,但却时刻牢记周恩来的嘱咐"同流不合污、出污泥而不染",[13]在特殊的岗位上,始终保持了共产党人的情操。

5. 和衷共济的团结精神

和衷共济的团结精神是红岩精神的核心,它是中共统战实践的一面旗帜,同时也是中共统战思想成熟期的代表。周恩来和红岩的共产党人以"在千军万马中敢于与人家来往,说服教育人家,向人家学习,团结最广泛的人们一道斗争"[14]的大勇,以其恢弘的气度,海纳百川、和衷共济的胸怀,将国统区各界爱国人士和广大人民群众团结在抗日、民主的旗帜下,团结在中国共产党周围。

长期生活在国统区的进步朋友有一个共同的感受:"与周公交,如饮甘醇。"[15]周恩来和他的战友们待友的真诚、赤诚、坦诚、尊重人、理解人的情怀,雪中送炭的热情和浓厚的人情味,便是这种巨大磁场效应的内在力量。

1942年,电影工作者潘子农一次在路上遇见面带戚容、臂套黑纱的周恩来,知是其父去世之故,慰以"节哀顺变"等语。周恩来回答说:"同悲。"潘子农从内心感叹:"周恩来这样一位伟大的政治家竟然将我这样一位小人物数月前丧母之事记挂于心,一种亲近之情油然而生。"[16]

抗战期间,周恩来与国民党谈判代表张冲的交往是红岩"和衷共济"精神的另类典范。1932年国民党中统干将张冲炮制"伍豪启事",污蔑周恩来等人脱离共产党。就是对于这样一个既有公仇又有私怨的人,当张冲坚决主张国共合作,共同抗日时,周恩来以"一个共产党人必要时应该忘记自己所受的侮辱"[17]的胸襟,以国家民族利益为重,不计前嫌,在谈判期间,与张冲几百次接触。张冲在周恩来的感召下,积极奔走国是,置顽固派的攻击于不顾,多次真诚地给周恩来的工作以帮助,在共同维护国共合作、坚持抗战中,他们"由公谊而增友谊",[18]成为国共合作史上的一段佳话。1941年张冲逝世,周恩来撰有《悼张淮南先生》长文,并在张冲追悼会上致送感人至深的挽联:"安危谁与共?风雨忆同舟!"如今,由此意境幻变而成的"肝胆相照,荣辱与共"已成中共统战实践的至境。

和衷共济的团结精神是红岩精神的核心,红岩的共产党人正是以巨大的人格魅力,真挚的交友之道、海纳百川的广博胸襟和恢弘气度凝成了和衷共济的团结精神。

可见红岩精神蕴涵着丰富历史内涵。但红岩精神实质上是民族精神、时代精神和共产主义精神的结晶,是中共中央南方局领导的共产党人的群体精神并闪耀着这个群体领导者独特的精神境界和人格魅力的光辉。

总之,通过探究红岩精神的形成及历史内涵表明:红岩精神就是以周恩来为代表的共产党人抗战时在国民党统治区的特殊环境中培育且身体力行的一种精神,是中华民族优良传统与中国共产党优良作风的融汇、再现和升华。红岩的共产党人在峥嵘岁月的奋斗中,培育和锤炼出光耀千秋的红岩精神有着深远的影响力。抗日战争之所以能够坚持到胜利,中国共产党之所以能够在国统区赢得广泛的人心,是因为有一种救亡图存的民族爱国精神,是因为有共产党人坚持抗战、相忍为国、团结御侮的精神,是因为有共产党人丰富、深厚的红岩精神;红岩精神与延安精神、井冈山精神、长征精神一样是中国共产党宝贵的精神财富。我们正在进行的事业依然需要这种精神来推动、来凝聚。红岩精神永放光芒!

**参考文献:**

【1】《南方局党史资料·统一战线工作》,重庆出版社1990年版,第28页。

【2】《费正清自传——五十年的回顾》,天津人民出版社1994年版,第333—335页。

【3】中共中央书记处致中共中央南方局的电报,1941年1月20日。

【4】《周恩来与四川》,四川人民出版社1998年版,第126页。

【5】《周恩来年谱》,人民出版社、中央文献出版社1989年版,第488页。

【6】《周恩来传》,人民出版社1989年版,第482页。

【7】夏衍《懒寻旧梦录》,生活·读书·新知三联书店增补本2000年版,第330页。

【8】《不尽的思念》,中央文献出版社1987年版,第88页。

【9】《中共中央文件选集》,第210页。

【10】《南方局党史研究论文集》,重庆出版社1991年版,第1页。

【11】曾敏之《谈判生涯老了周恩来》转引自《南方局党史资料》,1988年1期,第108页。

【12】童小鹏《风雨四十年》第一部,中央文献出版社1994年版,第226页。

【13】《雾都明灯——红岩》,中国大百科全书出版社1998年版,第110页。

【14】《周恩来选集》(上卷),人民出版社1980年版,第132页。

【15】【16】《中华儿女英雄谱》,中华儿女杂志社1997年版,第14页。

【17】《周恩来选集》(上卷),人民出版社1980年版,第131页。

【18】《新华日报》1941年11月19日载周恩来《悼张淮南先生》。

(作者简介:刘英,职称:文博研究馆员;职务:重庆红岩革命历史博物馆党史研究部科长)

# 红岩联线的发展和运作

厉 华

一、对红岩联线产生背景的再认识

1. 全国文化体制改革中的公益性试点单位

2. 红岩联线的出现是重庆博物馆事业发展,或许也是重庆文化事业发展的必然。它除了有鲜明的时代特征外,更反映出事物发展的一种规律

二、红岩联线对红岩文化的新实践

1. 整合资源、提高利用率是红岩联线扩大"资本"的战略之一

2. 创新管理机制是红岩联线提高服务水平的主要途径之一

第一:红岩联线的制度创新

第二:红岩联线研发机制的创新

3. 以人为本形成新的分配机制是红岩联线建立的激励手段之一

三、红岩联线发展文化产业的对策

1. 红岩联线游客接待中心

第一:建立研究型的解说员队伍

第二:实行企业化的管理

第三:建立红岩联线管理理事会

第四:培养事业经理人

第五:建立高工资低提成和年终评比奖金制

2. 红岩联线发展文化产业的三大经营主体

第一:红岩联线发展文化产业,必须认识到位

第二:红岩联线发展文化产业,必须稳步求进

第三:红岩联线发展文化产业,必须培养人才

3. 红岩联线发展文化产业的分配新机制

四、关于红岩联线的文化精神培育

我们的经营思想

我们的管理原则

我们的道德理念

我们的行为准则

我们的奋斗目标

五、红岩联线的创新发展之路

1. 发展道路要创新

2. 观念要创新

3. 展示手段服务方法要创新

4. 人才要创新

在历史上对国家、民族、社会产生过重大影响和为推动社会进步作出贡献的人和事纪念,是一种社会现象和人们情感的一种表达。在人文精神中,纪念是人类追求真理、价值高尚和人性善良的反映。从纪念中获得力量是人类精神实践的一种不可缺少的方式。纪念使不朽这一事实得到确立,纪念使精神获得支撑,纪念把理性充分地扩张。作为意识形态的纪念是一种客观的记录。

纪念馆是保存纪念的载体之一。

纪念馆是法定的人类文化和自然遗产的托管者,包容了一切我们已知并认为值得永世存留的文化和自然现象物。所以纪念馆既是对人类历史文化的绵延传递,同时也是对人类历史文化的展示。它所记录的是真理,它所保存的是文化,它所表现的是历史。在今天的社会现实生活中,为纪念而专设的馆,也许是一个地区、城市的象征,也许更是历史文化内涵的核心,可能更会是当地社会经济发展的内在动力。所以,纪念馆作为历史文化的一个重要载体,它是情感与精神寄托的场所;寻求文化原创精神的家园;联结传统与现代的桥梁;感悟和思考人类精神文明与物质文明关系,人与人、人与自然和谐关系的港湾。

充分发挥纪念馆的社会作用是对人类历史的一种负责。审视从事纪念馆工作的劳动者,他们的劳动结果除了作为于保护研究外,吸引更多的参观者就应该是最大的价值取向。假如一个纪念馆不能够致力于去吸引更多的参观者,存在的价值就会减弱、影响力就会下降,甚至从社会和人们的记忆中自然地消失。当今社会,市场、策划、销售、包装、定位、管理等概念涌入纪念馆,重新组合着纪念馆传统的研究、保护、利用的三大理念。无论我们是接受还是拒绝,适者生存的法则无情地要求纪念馆和它的工作者改革创新,改变观念,抛弃不适宜的做法和学会面向市场。本文想通过对歌乐山革命纪念馆以及红岩革命纪念馆在市场经济中的实践,探讨红岩联线如何经营管理纪念馆这一课题。虽然是管中一窥,也只是盼有更多的有识之士对纪念馆予以关怀和重视,以求得纪念馆事业的发展。

## 一、对红岩联线产生背景的再认识

1. 全国文化体制改革中的公益性试点单位

重庆作为全国文化体制改革的综合试点城市,重庆歌乐山革命纪念馆、红岩革命纪念馆作为公益性的事业单位改革试点,获得了一个绝好的历史机遇。公益性的文化事业单位为什么要改革?怎样改革?在对这一课题进行理论的探讨之前,不妨先以重庆歌乐山革命纪念馆、重庆红岩革命纪念馆为例,从对两馆1990年到2005年投入和产出情况的分析入手,试着找出一些答案。

**1990—2005 年两馆投入产出观众效益表**

| 单　位 | 国家投入（万元） | 门票收入（万元） | 观众量（万人） | 人均购票额 | 国家对参观人次补助额 | 职工人均年收入 |
|---|---|---|---|---|---|---|
| 红岩馆 | 10,486.65 | 1,817.85 | 515 | 3.53元 | 20.00元 | 9,970元 |
| 烈士馆 | 4,570.76 | 9,000.00 | 3,055 | 2.95元 | 1.50元 | 13,300元 |

上表显示出两个问题:一是在同一城市、以同一主题为展示内容的两个纪念馆效益之间的巨大差异;二是类似于一种悖论的不应出现的反差,即政府投入少(或相当于参观人次的补助低)的纪念馆,观众却多;反之,政府投入多(或相当于参观人次的补助高)的纪念馆,观众则少。如果对这一现象不能做出合理的解释,势必会得出政府的投入少比多好的结论。而公益性的文化事业单位,可能就因此而得不到必要的财政支持,影响到事业的发展。的确,如果不对政府对公益性文化事业单位的投入进行效绩评估,必然严重影响政府公共服务职能的作用的发挥;而如果在不对文化事业单位进行改革的情况下,只希望将来源于公民税收的政府投入无条件地加大,很可能带来的是公益性的文化事业单位的社会职能出现萎缩,从事这项工作的劳动者队伍的积极性将受到严重影响。必须强调的是,形成上述反差的原因,在于近20年来两个馆在改革力度上的差距。换言之,对类似两馆这样的公益性文化事业单位,政府加大投入是必要的、必需的,但前提是在纪念馆改革的基础上的加大投入。

所以按照"加大投入、转变机制、提高服务、增强活力"的原则,充分运用社会主义市场经济的运行机制和管理体制,整合人力、物力资源,改变文物资源利用不充分、研究力量分散、管理不善等问题,使以红岩文化为龙头的重庆近现代文化资源能形成合力,做大做强红岩文化,充分发挥

其品牌效应,充分发挥爱国主义教育功能和文化旅游的功能,以满足人民群众不断增长的文化需求,这不仅是红岩革命纪念馆和歌乐山烈士陵园自身发展的需要,而且对于推进我市物质文明、政治文明和精神文明建设也将具有重要的意义。

整合资源、提高效率为核心目标;优化内部组合,理顺内外关系;实现人财物的合理配置和最佳效益就成为改革的具体任务。

2004年经重庆市文化体制改革领导小组批准,重庆市机构编制委员会下发了渝编〔2004〕49号文件,批准新建立红岩联线文化研究发展中心。"红岩联线"既是指重庆弘扬红岩精神、加强精神文明建设的一项重大的战略思路和战略举措,又是指红岩纪念馆和歌乐山纪念馆改制后成立的"红岩联线文化研发中心"。"红岩联线"作为一种战略思路,它要求红岩革命纪念馆和歌乐山革命纪念馆打开思路,放宽视野,从加快全市文化事业和文化产业发展的高度来考虑自身的发展问题,在全市文化事业和文化产业的发展中起带动作用;作为一种战略"举措",它要求红岩革命纪念馆和歌乐山革命纪念馆充分发挥自身的技术、人才优势和管理经验,对全市相关文化资源进行整合,形成全市红岩文化传播、教育和产业开发网络。

2.红岩联线的出现是重庆博物馆事业发展,或许也是重庆文化事业发展的必然。它除了有鲜明的时代特征外,更反映出事物发展的一种规律

红岩作为一个地名或人名、乃至于商品名已经不乏其数。但是,作为一个具有象征意义的标志却是因为与历史相连。根据我国对博物馆的分类指导原则,以八路军驻渝办事处、南方局历史内容而建立的红岩革命纪念馆和其后以革命烈士狱中斗争历史建立的歌乐山革命纪念馆都与红岩这一主题相关。重庆红岩革命纪念馆是用了属地的红岩地名涵盖其历史内容,重庆歌乐山革命纪念馆是用了形象的标志表现了特定的历史内容。前者的历史发生地在红岩村,后者是因为小说《红岩》的影响。

在新中国成立40多年的历史中并没有出现两馆在使用红岩这一主题上的矛盾和问题。出现矛盾和问题是歌乐山革命纪念馆在全国出现红岩热和"红岩魂"品牌形成的过程中。矛盾和问题主要表现在以下几个方面:

一是以反映歌乐山革命烈士的展览不应该使用红岩这一名称,因为红岩是红岩馆八路军驻渝办事处、南方局的内容;二是红岩形成的精神是有特定的指向,不应该泛用在歌乐山的烈士精神上;三是歌乐山革命纪念馆在全国的红岩宣传是不全面的;四是红岩精神源在红岩村、流在烈士陵园。五是红岩精神就是周恩来的精神。出现这样的问题最关键的原因是两馆在事业发展不平衡,红岩这一名称在《红岩魂》展览、展演的火暴中更加强化地指向了在白公馆、渣滓洞监狱牺牲的革命烈士。

对于出现的矛盾和问题,客观上对红岩文物、红岩文化的深化研究和推广起到了作用,对充分发挥红岩精神在社会中的作用引起高层领导的高度重视。由于缺乏必要的社会环境和一些人为的情况存在,虽然解决矛盾和问题的努力出现过,但是没有最后的结果。经过市委同意,只是在《红岩魂》的展览中对红岩描述第一次有了较为准确的提法:红岩精神是以周恩来同志为首的

中共中央南方局亲自培育、歌乐山的革命英烈用自己的生命实践了的一种伟大精神……

红岩与两个纪念馆的关系究竟如何？红岩，是专属一馆之内容还是可以囊括两馆之历史？红岩的内涵和外延应该怎样界定？红岩是一段历史，站在这个立场上去认识发现两馆的业务内容可以看到如下几个问题：

南方局负责领导国统区的地下党组织工作。抗日战争时期以及抗战后的四川省委、内战后的上海局都是川东地下党、重庆地下党的直接领导。

红岩确实是因为中共中央南方局在重庆的红岩村，而使名称有了历史的含义。1961年小说《红岩》的书名是经市常委会讨论决定的，这是基于牺牲在白公馆、渣滓洞的烈士都是在南方局的教育培养下成长的事实。应该说当时的决定是对红岩历史的正确认识。

红岩革命纪念馆与歌乐山革命纪念馆在业务宣传上出现的不平衡是改革发展的问题，不存在使用名称的专属的问题。

从党史的角度看，无论是抗日民族统一战线中的张学良、杨虎城将军以及后来牺牲在狱中的民主党派烈士以及在南方局直接领导下张露萍、胡其芬等人物和历史事件都只有在红岩的历史中才可能得到全面准确的研究和宣传。

充分挖掘并传播两馆历史藏品的文化内涵，要对红岩历史有全面、科学的掌握及研究。对红岩的形成、内容、特征、价值有系统的认识。纪念馆是博物馆中的一种类型，除了博物馆的一般功能外，它更强调的是专题。从这个意义上讲，纪念馆具有鲜明的个性和突出的特点。建立于文化体制改革中的红岩联线，就是要将红岩这一具有鲜明的个性和突出的特点的主题做强做大。合则强、分则弱，建立在两馆资源的整合基础之上的红岩联线，绝不是追求企业资源重组的一般意义，它从承担发展文博事业和文化产业的历史使命的战略高度出发，为建立全市红岩文化的研究、开发和红岩精神传播网络，从事对重庆近现代历史文化、抗战文化，特别是红岩文化的研究和深度开发，创作红岩文化题材的书籍、戏剧和影视作品，对全市近现代文化产业项目做策划研究，为重庆的精神文明建设和先进文化的发展而发挥作用。同时，建设"红岩联线"的目的之一，是要改变我市近现代文化单位相互隔离、各自为战的状况，用红岩联线激活重庆的革命文化资源，实现文化资源的合理配置和有效使用，这无疑对发展重庆的博物馆事业是一大推动。

## 二、红岩联线对红岩文化的新实践

红岩联线在整合资源上以两馆为基础，对重庆地区乃至在全国对带有革命性、教育性、传统道德性方面的历史文化进行研究开发。这些活动都与纪念馆的社会作用的发挥相关联，任何超出历史文化研究传播范围和领域，以及离开发展主业的开发都不是红岩联线的兴趣所在。当然，对这种扩大红岩文化外延的做法会存在着不同的看法和认识，甚至是指责。对此，只能够毫不动摇坚持科学发展观去与时俱进。

中国文物报发表的《2005年中国博物馆事业回首》一文中，在"变化：博物馆衍生行业势头猛劲"一节中对重庆的红岩联线有这样的描写："回顾与评论，这几年，伴随着博物馆建设的发展，博物馆的衍生行业迅速膨胀,进入了大发展的时代。2005年正是这样一个人人都想从博物馆的快速发展中分得利益的年份。我们先来看业内,南京博物院敏锐地察觉到陈列展览的社会需求和市场机会,成立了陈列艺术研究所和广告艺术公司,对外承接展览,进行市场化运作;重庆红岩革命纪念馆和歌乐山革命纪念馆组建了'重庆红岩联线文化研究发展中心'和'重庆歌乐山文化实业有限公司',开发出红岩历史人物报告展演剧《血铸红岩》,并获取剧院10年经营权,拥有了举办演出、讲座、培训的固定场所、设备和服务,为自身发展和繁荣当地文化市场提供了更多选择;中国国家博物馆艺术品开发中心推出以国家一级文物12种生肖青铜名器为母本,用青铜人工浇铸方式复制而成的生肖姓氏纪念文物。

"在业外,伴随着博物馆的大发展,围绕着文物保管保护、展柜制作、展览设计制作、博物馆信息化、广告宣传等,博物馆衍生出的相关产业也进入了大发展的时期。2005年很多相关产业在优胜劣汰的竞争中,脱颖而出一批佼佼者。"

中国文物报对红岩联线改革探索的报道,对行业用了"伴随着博物馆建设的发展,博物馆的衍生行业迅速膨胀,进入了大发展的时代"的评述,红岩联线对红岩文化的实践正是"进入大发展的时代"的探索者。

中央关于发展红色旅游的通知,要求把红色旅游、绿色旅游、生态旅游结合起来,为推动当地的经济社会发展作出贡献。纪念馆在红色旅游中再次显示出它的社会价值。今天的社会虽然出现不同利益主体多元化,人会被利益所支配是一个客观事实。但是,人在现实中更会被信仰所支配,这也是一个千真万确的事实。综观人类历史发展的进程,人在信仰支配下奋斗作为的结果,确立了人格不朽这一伟大的事实。它对认识自然、改造自然的人有着不可忽视的激励作用。人格不朽这一事实的确立,使人的生命意义得到充分的展现。由此,纪念馆的价值作用就显得特别有现实的意义。只有想不到,没有做不到。从这个意义上讲面对繁荣发展进步的社会、面对各种思想以及不同的价值取向、面对不同的利益主体、面对东西方文化交流碰撞,红岩联线通过自己的活动效果揭示人的生命意义、生命价值,以及展示人在推动社会进步中的作用。它展示的是一种精神、它提供给社会的是一种正气、它给人民的是一种激励!人文素质的灵魂不是有无知识和技能的"能力",它的核心内容是对人类生存意义和价值的关怀,是为人处世的伦理道德。纪念馆能够给人最多的就是人生存的意义、为人处世和价值的关怀和思想行为的坐标参照系。要实现纪念馆的这些目的,就必须面向市场、面向群众、面向社会。红岩联线把看重市场、吸引观众、感动参观者作为最大目标。鲁迅先生所说的健康的民族文化:"外之既不落后于世界之思潮,内之弗失固有的血脉,"也许这是红岩联线文化实践的定位。

1. 整合资源、提高利用率是红岩联线扩大"资本"的战略之一

科学发展观的统筹、协调是确立管理原则的思想指导。红岩联线在对两馆资源整合基础上,还要对其他的相关的资源进行整合。为建立全市红岩文化的研究、开发和红岩精神传播网络,从事对重庆近现代历史文化、抗战文化,特别是红岩文化的研究和深度开发是红岩联线发展的目标。扩大视野,由一个馆到一群馆,从一个环节到多元,把平面变成立体,联点成线是重要的策

略。在区县开办"红岩文化室"是培育市场的一项长期工作。采取所有权不变、经营联合的方式在红色旅游中推出区县的景点。红岩联线联点成线的旅游新格局,是红岩联线追求的致力点之一。结合市场策划吸引观众、感动参观者的项目是持续发展的关键。利用优势开发有红岩特色的文化产业是增强造血功能的措施。按照专业需要定向培养研发人员和经营管理人员是实现目标的前提条件。

资本,红岩联线的解释有两个方面的内容:一是有形的资本。包括遗址、文物资料以及技术队伍。二是无形资本。包括红岩品牌及衍生的系列产品。对红岩联线来说整合资源是扩大资本。使遗址、文物资料以及技术队伍这种有形资本增值,提高含金量;使红岩品牌及衍生的系列产品得到效益的最大化,增强吸引力。同时,以资本为纽带展开优势产业扩张,尽快形成大的产业规模,改变文化产业资源配置过于分散、行业集中度不高、市场份额不大的现行状况,努力把自己做大做强。

红岩联线扩大"资本"的战略是基于:整合人才与智力资源,引进竞争机制;整合文物资源,打造精品展览;整合管理资源,优化接待服务功能;整合技术资源,提高组织效率;整合市场资源,形成核心竞争力。

红岩联线扩大"资本"的战略目标是:以红岩两馆为中心馆,辐射带动区县红色文化旅游资源的开发利用,做强有形资本、做大无形资本,形成红色文化产业管理集团。

2.创新管理机制是红岩联线提高服务水平的主要途径之一

革命纪念馆的发展建设除了坚持公益性的性质和方向外,在经营管理、业务研究、宣传展示等多方面都有待于探索新的管理机制。公益性的文化事业,它必须在管理机制、社会服务、宣传展示等多方面提高公共服务能力,并且要逐步扩大公共服务的范围。创新是一个民族的灵魂,红岩联线在发展革命纪念馆事业、营造红岩文化的过程中必须创新。它主要是通过制度创新和研究开发创新两个方面来实现。

第一:红岩联线的制度创新

制度,是关于组织行为原则、规范和规划的体系。制度创新,是通过调整组织的行为准则和利益分配规则,激励个体为实现组织的组织目标而奋斗。保护个体利益、降低管理成本,提高组织效率是制度创新的追求。红岩联线在制度创新方面有四条措施:

(1)建立职工代表大会制度。职工代表大会对年度计划、考核、福利、经费开支问题作出听证、表决和监督,以充分调动职工对单位事业发展的关心程度和民主决策的力度。

民主首先表现在知情权、参与权上,让职工了解情况最基本的方法就是通过职工大会制度的建立,有一个渠道来表现职工的民主权利。

(2)建立文物保护利用咨询委员会。聘请内外领导、专家、学者对重大业务、研究、开发项目进行不可行的论证,以求投入和产出的最大效益化。

广泛地吸取意见和采取不可行的论证是对追求目标效益的最大保证。通过不可行的论证增强科学性,不去做违反规律的事情,这是提高效率的前提条件。

(3)全面深化合同制管理,对工作的任务、责任、报酬、福利依据现行法律政策和内部管理条例进行修改完善,在日常管理中推行合同化管理和内部条例管理的规范,致力于依据化的管理。

团队合力的产生在于单位的发展目标与个人的价值实现有机的结合,明确个人与单位的义务,明确单位对个人的责任,确立义务和责任之间的关系,做到公正透明。

(4)改革任命制为选举聘用制。新提拔的馆级干部和中层干部实行民主推荐、差额选举产生。

职工选举出的干部必须对职工负责,必须对职工致力工作的事业负责。这是红岩联线在制度上的最大改革。现有的干部在聘用期满后,要转到民主推荐、差额选举产生上来。考虑到现行的处级干部任命制的情况,新提拔的处级干部要先经过单位民主推荐、差额选举产生后报上级批准任命。

第二:红岩联线研发机制的创新

红岩文化资源以精神内涵为主要存在形式,其最大的特点就是可以多次开发和重复利用,这决定了它具有其他资源所没有的强大生命力和巨大开发价值。红岩联线的研究开发十分重视以下几个问题:

一是红岩文化的多元性。我们用红岩这个名称表述中国共产党在国统区的斗争历程。这个历程包括从中国角度讲的抗日战争和解放战争,放在国际上是二战时期。用系统的观念看在二战历史,在中国抗战重庆陪都及南中国地区,在解放区延安,无论公开的史料和未公开的史料与红岩相关的史料内容都有记录,甚至是具有较高史料价值。因此就要全面科学地研究开发和收集史料。

二是红岩文化的营造。无论是举行的活动、发行的书刊出版物,还是借用文学文艺手段的展示,都是为了使红岩的声音有力、有用、有为。因此不可忽视现代传媒的各种有效方法及营销、包装、策划、推广知识的学习和正确运用。要通过"红岩班"、"周恩来班"、"红岩文化室"的创建活动做好市场培育。

三是要利用已有的文化资源,开发新的资源。要充分注意资源之间的关联性。从单一的研究收集到全面的科学的开展研究开发,要扩大视野在历史文化资源中发现和收集与红岩主题相关联的文物和史料。这对纪念馆的结构性调整发展将有积极的现实意义。

革命纪念馆最有历史价值和最具特征的是文物。运用现代展示理念与手法,使文物展品所蕴涵的信息更准确、充分地"外化"展现出来。根据新的发现和新的研究成果转化为有效的形式创造出效益(社会、经济),从而衡量个人与组织的关系地位,从而确定个人的劳动报酬。采取课题组、项目组,组长负责制,实行预算时间、费用包干的方法,强化责任和效率。确定的课题和项目,可以专职和兼职。组长负责提出实施的计划方案,经过不可行审查后执行。

研发机制要"二保一化、一化二保和四个坚持",即:对研究开发人员要二保一化,保证时间、保证经费、促进成果化。研究开发人员要一化二保,成果效益化、保证质量、保证科学。做到坚持应用性、坚持市场性、坚持吸引力、坚持感染力。

研究开发坚持应用性、市场性、吸引力、感染力最关键的是要给慕名而来的参观者新的认识和新的内容。要做到四个坚持就要不断地展示出红岩文化的魅力。

同时,我们还要重视和积极地对文化创意产业进行学习和研究。充分运用智力资源、文化资源、科技资源,研究开发具有市场价值意义的文物经济项目。要积极努力地再研究开发出《红岩魂》这样有自主知识产权的新项目。采取专职和兼职的办法进行新技术、新方法、新史料、新项目的研究开发和成果转化,设立专项的科研经费。

研究开发人员要有持之以恒做研究的耐力,要有独立的个性见解,更需要对历史文化和文物事业的热爱和忠诚。要为研究人员提供必要的物质条件,着力培养出有影响的、应用型的专家学者。

3. 以人为本形成新的分配机制是红岩联线建立的激励手段之一

以人为本,实际是尊重人的生存、发展、获得利益的权利,就是保护人的权利。管理,只有在尊重人的权利基础上来进行,人的积极性才能够得到充分的发挥。要抓住当前正在进行的文化事业体制改革的机遇,以干部、人事(劳动)、分配制度改革为突破口,打破编制、体制、大锅饭等限制,实行以事设岗,以事业的需要配置人财物资源。要建立岗位目标管理责任制,广泛实行以聘任制、招聘制、合同制为主的多种用人制度,引入竞争机制,逐步实施按岗定酬、按绩定酬的分配制度,优化人才和资源配置,增强活力。

探索建立有激励机制的分配制度,对于红岩联线抓效益求生存、搞创新求发展是非常重要的前提条件。

(1) 管理人员实行目标年薪效益制

单位领导和中层干部按照职工代表大会审定的全年计划任务,实行交风险金的方法,在完成计划任务前提下加倍返还制。风险金数额由职工代表会提出,全体职工大会确认。

(2) 研究开发策划经营人员实行项目效益分成制

研究开发、策划经营人员从项目产生的效益中提成。加强项目的预算管理,做到物有所值;加强项目的过程管理,减少交易控制成本;加强采购库房管理,不浪费不重复。

(3) 行政人员采取计划任务质量效益测评制

办公室、人事、财务、物管、保卫部门从协助领导组织执行、监督计划任务实行、组织调配协调人力、预决算和成本控制及资金保证、工作秩序优良化方面保证目标的完成。相关部门的测评是对行政质量的检验,也是获得效益分配的条件。

(4) 红岩联线接待中心实行企业化的管理

(5) 红岩联线所属企业按照定额上缴后实行自主分配

(6) 红岩联线所属部门用人自主

(7) 红岩联线所属部门分配自主

### 三、红岩联线发展文化产业的对策

纪念馆存在的社会作用逻辑理由是：一是对市民的吸引，二是对城市的展示。因此，纪念馆的学术研究、教育推广必须要与经济效益齐头并进，这样才可能使纪念馆既保持纪念馆事业的独立性，又在城市文明进程中发挥重要的作用。因此，红岩联线将要承担发展文化事业和文化产业的历史使命。红色旅游为红岩联线发展文化产业创造了绝好的机遇。旅游，是一种消费。它的每一个环节吃、住、行、游、娱、购都有消费行为的产生。红色旅游运用的是政治历史文化资源，除了对这种资源本体进行研究传播，为社会提供价值导向，获得一定的门票收入外，还应该看到对这种资源可以利用文学、艺术、传媒、动漫、戏剧以及新技术等多种形式进行外化，并且由此产生的附加值为发展开拓了新的途径和新的路子。无论是公益性还是文化产业，树立经营管理的思想对红岩联线及纪念馆都有现实意义。积极探索革命文化产业的路子，获得足够的资金解决自身发展问题，有效的保护利用是坚持科学发展观的认真态度。

发展革命文化产业有三个前提条件红岩联线必须充分认识：一是遗产的原创性、不可代替性、不可再生性，发展产业必须以"保护优先"为前提。二是发展文化产业是为了更好地支撑公益性的服务能力提高。三是坚持"保护为主、抢救第一、合理利用、加强管理"的十六字方针。

红岩联线发展文化产业的总体表述是：围绕红色旅游，特别是革命传统、思想道德教育研究开发策划项目。利用技术对外发展服务。冲破行业限制，打破行政区域壁垒，积极推动资源跨地区、跨行业共享与互动。积极探索后勤与服务工作社会化，探索建立管理经理人和业务托管等社会化服务的方式。

1. 红岩联线发展文化产业的总体框架是——"一个中心、三个公司"

一个中心，是指"红岩联线游客接待中心"。依托于歌乐山馆、红岩馆建立的游客接待中心是红岩联线文化产业发展的最基础的平台。它致力于红色旅游的发展，在整合资源的前提下，使红色旅游资源利用和效益最大化，以达到参观接待标准化、工作质量规范化、服务解说人性化，形成红岩联线的核心产业。打造红岩联线核心文化产业要采取的具体改革步骤是：

第一，建立研究型的解说员队伍

红岩联线文化产业的核心产业是参观旅游市场。在参观市场和纪念馆之间最为关键的是解说员。任何文物都不能自动将蕴藏的思想价值和精神内容释放出来，在研究人员劳动的基础上，要让参观者接受研究成果的信息在于解说员的劳动再创造。任何文物信息传达的准确科学、生动形象，参观者获得信息后的潜移默化就能够使之转化成为一种智力，反之，参观者就会走马观花、败兴而去。解说员解说的准确科学是指，内容的逻辑严密深入浅出、运用史料观点清晰角度多样性。解说员解说的生动形象，注重仪态仪表语言讲述有激情、语词恰当连贯有情节。假如把纪念馆比作商店，这里出售的是国货精品；假如把纪念馆比作学校，这里传授的是精神正气；假如把纪念馆比作工厂，这里展示的是革命历史。解说员的一场优质的解说可以产生出的作用有，净化灵魂、升华思想；传播知识、提供经验；扩大影响、形成口碑。有名人就有可能形成一种文化。

红岩文化需要一批在社会上、在同行业内有知名度的解说员。

我们不可忽视解说员对红岩联线红岩文化在社会知名度提高上的作用,我们不可不看到解说员在将研究成果社会化上的作用,我们不可不重视解说员在两个效益中的独特作用。发展革命文化产业解说员是一支主力军队伍。认真地培养造就一批具有研究能力的解说员,使我们的文化产业特色明显、效果突出。从管理机制上保证这一目标的实现,在总结以前的做法和吸取经验基础上,具体采取三条措施:一是设定见习、三级、二级、一级、特级五个等次的解说员;二是设定五个等级的岗位津贴,分别从500元到2500元(其中30%固定,70%提成);三是设定解说员年学习制,每年不少于10天脱产进修、考察学习。

第二,实行企业化的管理。红岩联线积累了关于纪念馆管理的实践经验。但是,在这个经验中看到的总结是,人治现象突出,领导人超前的管理形成下面跟着感觉走。虽然有不断建立规章制度的努力,但缺乏合理性和随意性无法从自身体制中得到克服,故形成不了有特色的纪念馆文化。红岩联线要发展红岩文化事业,就必须从经验阶段走出来,战胜自己而向科学管理过渡。科学管理的最大特征是,法治,规范化,制度化,模式化,使管理有明确的目标和有明确的、一致的文化导向和非常和谐的工作氛围和共同奋斗的愿望。

事业单位的现状暴露出的许多问题都可以从现在的管理方法中找到具体的原因。事业单位要发展的根本出路在于借鉴和采用企业成功的管理方法。把投入和产出、生产和市场、效率和效益、团队和员工等企业管理的要素运用到事业单位中的研究、开发、解说、文物保护、现场管理等过程中,突出个体行为和组织效益之间的关系,确立单位事业发展目标实现中的职工个人价值取向定位。使单位目标效益的最大化是采取企业化管理的根本出发点。实行企业化管理最核心的是要创新一种机制,它要保证红岩联线最具有核心竞争力的片区社会功能作用最大化。表现在参观市场上就是优质的服务形成吸引力、参观内容的人性表现形成感染力;表现在单位发展目标上就是社会效益、经济效益稳步提高;表现在干部职工身上就是没有情感的压抑和有职业的成就感。

第三,建立红岩联线管理理事会。红岩联线下属的资源已经从两馆的范围扩大到馆外,涉及现有的陈独秀旧居陈列馆、郭沫若旧居纪念馆、冯玉祥旧居纪念馆、抗战教育纪念馆,以及以后要加入联线的刘子如纪念馆、陶行知纪念馆等。现在的游客接待中心要从管内到管面,从单一的资源作用发挥到多元的资源作用发挥。特别是还面临要从对成熟资源的管理到对不成熟的资源管理,以及运用成功的经验把不成熟资源做成熟的严峻挑战。这种现状有这样二个特点,一是复杂性。组织单位的地理分布愈是广泛,则协调人员及其活动就愈是困难;再是组织愈是进行细致的劳动分工,就具有愈多的纵向等级。现在的情况是,新扩大的资源景点除了采取守点、增加成本,获得一种名分外,要想组织活动、要想增加效益、要想扩大影响都是困难的。在接待中心之外建立一个机构,既显得重合、又难以发挥参观作用。因此,针对管理组织结构发生的变化,必然导致要有新的组织形式出现。

建立红岩联线管理理事会是适应现实变化和发展建设的需要。

为什么要建立红岩联线管理理事会？我们可以从以下三个方面了解它的必要性。第一，红岩联线是从纪念馆内走到了纪念馆外，所处的环境是既要与原来的内部各层级、部门之间发生关系，同时还要与外部的各层部门和人员发生关系，这种关系可以看成是信息交流。有效地处理不断与外界交流的信息，我们才能发展。而没有一个能够从红岩联线高层出面的机构来组织这种活动，红岩联线接待中心就无法在管理中做到全面地实施计划、组织、人事、领导和控制。其次，红岩联线接待中心要发展红色旅游、提高资源的利用率、形成红色旅游管理经验丰富，两个效益明显的文化企业。这个目标要得到全部参与者的认同，就要通过行政组织以外的机构来做许多的认同工作。由于参观接待第一线的特殊地位，用相当于民间组织的机构"理事会"可以代替行政不可发挥的作用。再次，要有机制让管理主体与管理客体之间的相互联系和相互作用存在于一定的形式之中。在管理的过程中，管理主体领导管理客体，管理客体实现组织的目的，而管理客体对管理主体又有反作用，管理主体根据管理客体对组织目的的完成情况，从而调整管理主体的行为。完全依靠行政来调整，不符合人性化管理的原则。

建立红岩联线管理理事会，既是适应变化的一个选择，也是探索创新有效的管理新机制的必然。红岩联线管理理事会与红岩联线高层管理层一起构成对参观接待服务经营管理机构的核心。作为红岩联线管理机构核心的组成部分设置于接待中心。担任理事长的是分管的领导或接待中心主要负责人，秘书长日常主持工作由接待中心的一把手担任。各参观景点的第一负责人和各工种的代表为理事并组成理事会。理事会主要与其他的业务部门密切地合作和沟通，对理事所在部门之间的各种关系和组织、人事、分配、业务问题进行讨论研究，制定相关的制度和管理办法。理事会有别于片区行政管理的最大作用是对问题的研究和对要执行的制度进行讨论，并且对实现计划制定有效的工作结构、聘用和激励职工，对差异性问题提出解决的办法，对全局性的问题提出原则以及获得内部的支持以实现计划。从机制上理事会不是权力机构，景点单位都是以理事的身份来研讨问题，它的协商作用和统一认识的作用是行政不可替代的。红岩联线接待中心服从红岩联线理事会的监督、指导。

第四：培养事业经理人。建立事业经理人，是接待中心企业化管理的第一任务。管理的宗旨在于运用有限的人力、物力和财力取得最佳经济效益和社会效益，而管理这一功能的执行和完成，是靠管理方法来实现的。而管理方法实际就是人们进行的一项实践活动，是人们的一项实际工作，一种行动。由此，看出售票、解说、现场保卫、清洁等岗位都有固定的管理过程和具体的内容。事业经理人则是不同于一般具体工作的管理者，事业经理人是对管理过程中各项行为的内容的概括，并且运用权利对具体管理工作应有的一般过程和基本内容进行计划、组织、人事、领导和控制，以保证整个组织行为的实现。具体的讲，接待中心的事业经理人是利用文物资源和有专业技术及具有一般管理经验的人力资源，按照单位的法定职能，为社会效益和经济效益的最大化的经纪管理人。

各片区负责人是当然的事业经理人。要制订培训计划对事业经理人进行培训。培养的计划包括：企业管理的一般原理、文化产业经营的基本观念、与上级的沟通和与员工的交流、效益最大化的途径、文物保护与合理利用及科学管理。

第五:建立高工资低提成和年终评比奖金制。红岩是一个在社会上有较高知名度的品牌,从纪念馆的角度看也形成了一定管理经验,市场的观众基本稳定,增加观众量和扩大影响主要是来自于红岩联线整体规划和推广投入。为了更有利于红岩联线维护和巩固现有的市场渠道和客户关系,保持红岩联线观众市场稳步发展,在红岩联线接待中心采用高工资低提成,或年薪制的方法比较实际。扩大固定部分,降低提成部分,使职工的收入做到基本稳定。扩大固定和降低提成的具体方法需要理事会进行分析研究和制定办法,在试行的基础上逐步地实施。

2. 红岩联线发展文化产业的三大经营主体

三大经营主体,即重庆对外文化交流中心、重庆歌乐山文化实业开发公司、重庆沁莹文化实业开发公司(待办)。

重庆对外文化交流中心,是红岩联线围绕红岩主体业务开展工作的企业。包括:内外各种设计、制作业务、新的展示方式和新的技术应用开发研究。形成革命文化展示设计制作特色明显的专业公司。

重庆歌乐山文化实业开发公司,是红岩联线对于经营中具有面向市场能力、可以产业化运作的部分从事业中逐步剥离出去,按现代企业制度独立运行的企业。包括:文物维修、销售业务、出租业务、招商业务、园林绿化等除门票以外的经营活动。形成依托主业,挖掘品牌资源附加值的经营公司。

重庆沁莹文化实业开发公司(待办),主要是对红岩联线所有资产管理的公司,主要的业务活动是展览、展演的巡回演出,以及研究成果的转化应用。形成运作资本(有形、无形),能够使资本扩大增值和利用资本(有形、无形)投资的管理公司。

三大主体公司首先在产权制度上要逐步地理清关系。红岩联线是出资者即为企业主人,企业主享有企业的一切权力,直接运营企业资产。按照现代公司制,企业实行出资者所有权与法人财产权的分离。出资者所有权在一定条件下表现为出资者拥有股权,即以股东的身份依法享有资产受益、选择管理者、参与重大决策以及转让股权等权利。企业则享有法人财产权,它表现为企业依法享有法人财产的占有、使用、收益和处分权,以独立的财产对自己的经营活动负责,出资者不能对法人财产中属于自己的部分进行支配,只能运用股东权力影响企业行为,而不能直接干预企业的经营活动。为此,我们先实行事业与文化产业的分离经营,再实行让职工持有股份的股份制的改造。这个计划分为两步:第一步,划分范围按照全资公司经营基础上逐步划分资产,上报批准。第二步,进行股份制的改造,在2007年底前完成。

三大主体公司其次要建立企业组织制度。现代公司制企业在市场经济发展中已经形成一套完整的企业组织制度,其特征是:所有者、经营者和生产者之间通过公司的权力机构、决策和监督机构形成各自独立、权责分明、相互制约的关系,并通过法律和公司章程得以确立和实施。公司组织结构一般是建立股东会、董事会和监事会。股东会是企业的最高权力机构,董事会是企业的决策机构,总经理是董事会聘任的负责企业日常经营管理活动,对公司的生产经营进行全面领导

的经营管理者。在现有的公司制度中按照现代企业制度的要求进行修改完善,采取先到位运作,逐步转换成功的方法。通过职工代表大会选举产生出三会——股东会、董事会和监事会。

三大主体公司再次是建立企业管理制度。企业管理制度包括企业的用工制度,企业的工资制度,企业的财务会计制度,企业的生产管理制度,企业的技术监督制度等。要从现在的运行体制中把企业部分划出去,在实际的工作中按照法律、法规建立必需的企业制度。

第一:红岩联线发展文化产业,必须认识到位。在产权制度上要逐步地理清关系,建立企业组织制度、建立企业管理制度是非常艰难而又必须做到的一项有战略意义的工作。从1991年办公司到现在,公司为什么运作不起来？最根本的原因就是我们用事业的体制在办公司,在思想上没有认识到为什么要办公司。从前面两馆门票收入及政府补贴表中看到,每有一个观众参观政府的补助最少是1.5元,最多是20元,平均是10.7元。有人做过统计,卢浮宫每接待一位观众,法国国库就要为之提供92法郎的补贴。卢浮宫博物馆全年经费开支达到5.6亿法郎,博物馆每年的门票收入和其他收入只有0.8亿法郎,每年要靠国家拨款4.8亿法郎作为补贴才能正常运转。为了扭转经费的严重不足,卢浮宫确定了以艺术展览为依托、开拓商业经营的改革思路。新建的"玻璃金字塔"下2.5万平方米的大厅有商务中心,纪念品商店、书店、时装店、首饰店、咖啡店、酒吧、旅行社、银行等,不仅服务于卢浮宫的游客,而且吸引了很多过路的行人在这个环境幽雅的地方购物或小憩。仅仅是为各类临时性的艺术展览、学术报告会和其他文化活动有偿提供场地和服务,年收入也可达2500万法郎。负责运作的是卢浮宫所属的公司,它的收入除了开支人员等成本外,全部用于卢浮宫的事业建设和参观接待。完全靠门票来维持博物馆的发展事实上是不可能的。而其中政治规定性和意识形态极强的纪念馆离开政府投入完全不可能生存下去。就是提高门票,既要受到社会物价指数的绝对限制又要承担最大的社会谴责。所以全部地靠政府的投入,必将把参观纪念馆变成非常奢侈的消费。因为不但自己要花钱,政府还要高额补助！这样就出现政府补助有限,门票收入补充不足,事业发展举步维艰的尴尬局面。对这种世界性问题的深刻认识导致文化产业列入为党和国家的议题。公益性的事业和可以经营的产业两分开是对保护文化传统的政策规定。于是,红岩联线的一个中心三大主体公司发展对策,是为了吸引更多观众的参观、是为了更有力地发挥社会职能作用、是为了获取必要的资金生存发展的逻辑思路就非常的清楚了。

第二:红岩联线发展文化产业,必须稳步求进。虽然从承认文化产品的商品属性到发展文化产业,把文化从单纯的福利性公益性的狭隘思路中解放出来,是社会的一大进步,但是只有在正确处理了文化的精神消费与价值规律之间关系的前提下,才可能把坚持社会效益放在首位。因此就要不断提高文化产品的质量,加快先进文化的传播,在满足人民群众精神文化需求的同时,进一步激发群众的消费欲望,实现文化生产与消费的良性循环。在思想教育和国民素质建设中,由于把意识形态绝对政治化,以及把政治原则普遍意识形态化现象的存在,坚持围绕主业发展产业就非常重要。争论,甚至是批评都是难免的。我们只有严格执行文物保护法中"博物馆的一切收入用于博物馆事业发展"的规定,稳步求进。

第三：红岩联线发展文化产业，必须培养人才。文化资源开发属于创意开发，它依赖于文化创新和市场运作，因而对具有文化创造力和经营管理能力的开拓型人才有更迫切的需求。培养具有开发、经营文化资源的魄力、眼光、能力的人才，是文化产业发展的保障。在培养人才方面要大胆起用有潜力的职工，要提供平台，要容许失败。没有大量子弹的提供神枪手是无法造就的。最为关键的是要选准文化产业的领军人物，下力气培养造就。在培养经营管理人才上要大量地投资，采取定向培养，实作培训相结合的办法。同时，还要建立人才能够脱颖而出和留得住人才的环境和制定相关的特殊政策。

培训人员将采取送出去学习和选送到文化产业基地短期专题学习的方式，重点在于掌握政策、学习知识、开阔视野、形成思路。

3. 红岩联线发展文化产业的分配新机制

由于处于发展和起步阶段，需要依赖职工不断提高技能、开辟市场和发展业务领域，所以采用保工资高提成的薪酬制度更能刺激职工的工作积极性。红岩联线的文化产业有一个从起步到进入发展的过程，有一个总结经验摸索前进的过程，有一个界定公司之间业务范围的磨合过程，更有一个建立队伍逐步从事业体制分离出去的过程。因此，总结过去的教训不可操之过急。特别是在分配上要对转到企业工作的人有吸引力，采用保工资高提成的方法不但对积极性有所刺激，而且对于发展新业务和开拓新项目也是有推动作用。

## 四、关于红岩联线的文化精神培育

红岩联线为了发展红色旅游，为了强化研究开发的应用性和成果的转换速度，更好地发展纪念馆事业和红岩联线文化产业，强化红岩精神的传播力度，我们要形成全体职工共同遵守和奉行的价值观念，以形成红岩联线管理经营纪念馆的文化精神。

我们的经营思想——抓效益求生存、搞创新求发展

思想基础是：用变秋天为春天的精神，把祖国的荒沙耕种成为美丽的园林

我们的管理原则——说实话、办实事、快节奏、讲效益

思想基础是：让我们交换一个愉快的微笑（烈士黄细亚诗句）

我们的道德理念——忠诚文物事业、弘扬红岩精神

思想基础是：同流不合污、出污泥而不染（周恩来同志对南方局工作人员提出的道德要求）

我们的行为准则——路在脚下、敢为天下先

思想基础是：努力工作、要有计划、有重点、有条理（周恩来同志修养要则）

我们的奋斗目标——把红岩基地建设成为全国最具有参观价值的红色旅游景区、建设成为最具有吸引力和感染力的爱国主义教育基地，形成红岩旅游文化管理集团

思想基础是：努力工作、抓住中心、宁精勿杂、宁专勿多（周恩来同志修养要则）

形成我们共同遵守和奉行的价值观念，营造有明显特色的红岩联线文化是增强凝聚力，是加大改革力度取得最大的效益的保证。广泛吸纳职工参加重大改革决策和具体政策的制定过程。

这样，既有利于不断增强改革的动力、解决好改革与多数人利益的问题，又有利于增强改革的透明度、提高改革政策的有效性，使广大职工在不断分享改革发展成果的同时，参与改革，支持改革。

### 五、红岩联线的创新发展之路

在所有的文化现象载体中纪念馆的民族性和意识形态性最为突出，从"文件观众"向市场观众的转变，却并没有改变红岩联线和纪念馆（地）必须始终把社会效益放在第一位的原则。在经费投入不足的情况下，获得新的资源和经费来源是实现第一位原则的物质保证。而且，在任何时候都不可能因为经费的问题而减弱第一原则的目标。基础设施的建设要承担一定比例的投资，调整修改陈列展览需要自己解决经费的缺口，文物的日常维修要保证经费，甚至人员的劳动报酬等等。对这种情况采取视而不见的清高，只会陷入越来越窄的自娱自乐怪圈里，对这种情况的等、靠、要，最终也只能是怨天尤人。要保持对社会的吸引力和魅力，必须要焕发活力日新月异，而这只能立足于创新。惊呼西方文化潜移默化在中国产生的影响，在全球强势文化面前，民族文化要在融汇交流中发展出路只有创新。东方人的智慧是能够在博采众家之长中壮大自己的。我们要有足够的自信和脚踏实地的科学态度。创新，催生了红岩联线，红岩联线要勇于创新。

1. 红岩联线的发展道路要创新。建设中国特色博物馆没有固定的模式，书本上更找不到现成的答案。我们必须根据自己的具体实际，独立思考，自力更生，搞出自身的特色，走出一条新的路子。作为公益性的事业单位，除了承担着政府的公共服务职责外它还有一些非政府职责的市场行为。比如：我们既要在阵地接待来自各地的观众，又要在全国不断地巡展、办演出团、对外承接业务；既要收票参观，又要免票参观；既要国家拨款，又要找经费解决不足；既要面向市场按照客观规律办事，又要毫不动摇地坚持社会效益为主的最高原则。由此看出，我们还不是一个内涵和外延有明确的概念，社会行为界限分明、管理规范的行为主体。在一定的程度上我们同时在扮演政府机关、企业和公益机构三个部门的角色。这应该说是文化事业单位在改革中要公益性和经营性两分开的最大出发点。我们一手抓革命文化在现实社会的作用，一手抓文化产业而支持主业，这就是我们要探索发展的新路子。

2. 观念要创新。在社会主义市场经济理论的指导下充分利用博物馆的资源，有意识地借鉴和运用市场经济的理论来管理博物馆，特别是将企业管理模式中的市场营销理念引入博物馆、将投入和产出以及增加收入的机制带进博物馆，这是对传统博物馆管理模式的变革。我国社会处在发展的转型期，文物保护与经济建设的矛盾依然存在，文物的社会效益与经济效益之间的矛盾依然存在，文物保护的要求与市场经济体制之间不协调的矛盾依然存在。要解决新矛盾和新问题，就要创造新方法。创新的观点与创新的方法是统一的。要解决的问题固然很多，但是解决问题的方法有多种，重要的是我们要获得解决问题的物质条件。比如，两馆建馆以来接待的观众不到1亿。如果我们不转变观念、如果我们还是待客上门，就不可能有在全国巡展、巡演的3000多万观众。在社会的转型时期，不同的利益主体多元化使人们的精神生活也出现多样性，文化资源的开发利用也必须要多样性和多元性。观念创新则是我们更加贴近社会、贴近群众、贴近实际的根本保证。

3.展示手段服务方法要创新。互联网和"信息高速公路"使我们这个时代知识的创造、贮存、学习和使用方式发生了革命。纪念馆的吸引力、感染力在于利用新技术的创新。要达到展示服务方法的意料之外、情理之中,首先要善于学习,更要勇于创新。纪念馆的数字化是发展方向的主流趋势,我们既要对馆藏品管理数字化、标准化,也要尽量展示服务方法上技术化、自动化、数字化。在展示手段服务方法上创新主要表现在:要人性不要概念、要多样不要单一、要历史不要人为、要细节不要过程。

4.人才要创新。要创新,就要培养具有创新精神的人才。规划、实施人才战略,构筑人才高地,造就复合型人才。从学到做,从做到学;从经验中批判,从批判到创新;从吸收到融合,从融合到创造。要有新的方法和新的手段来拓展我们的事业和进行人才创新。服务人性化、操作规范化、质量标准化;增强研发意识、提高资源利用率、运用市场机制、强化两个效益。不上交矛盾,不推诿责任,执行任务,完成任务,团结敬业,承担风险。将是我们人才创新的本质要求。

红岩文化是道德与精神的文化,新中国成立50多年的一个重要文化现象,是对人生问题最本质的揭示。红岩作为旅游文化的品牌资源具有永恒的魅力,吸引力之一:作为带有明显政治教育性的红岩文化在旅游中的历史真实性。吸引力之二:属于党史内容的红岩精神在旅游中带给旅游者的是启示。吸引力之三:用艺术的手段外化红岩精神具有的时代性。革命文物有效地与艺术手段结合,坚持人性化的原则让更多的人走进红岩。

重庆市委书记2006年3月31日对红岩联线的工作做出批示:"已取得的成绩可喜,可以拓展的前景广阔。要借鉴新的技术知识不断提高,创新形式,将革命文化产业继续做大做强,走出一条发展革命文化产业的新路子。"市委对红岩联线的发展提出了具体的要求,也对红岩文化产业的发展指出了方向。我们已经形成了红岩展览、展演、报告、夜游、书刊、全程游六大产品系列,我们要利用新技术、新知识继续开发新产品、拓展新领域,做强做大革命文化的产业链。红岩联线要坚持科学发展观,以发展为主题,以改革为动力,以体制机制创新为重点,以创造更多更好适应人民群众需求的精神文化产品为目标,在改革中发展提高我们的自运行能力、积极探索纪念馆发展的新路子,在红色旅游中发展壮大我们的革命文物事业和文化产业,为建立红色旅游文化管理集团的目标而努力奋斗!

(作者简介:厉华,职称:文博研究馆员;职务:重庆红岩联线文化发展管理中心主任、重庆红岩革命历史博物馆馆长)

# 安全外交
## ——中美合作协议第18条的背后

作者:Lee A. Gladwin(美)　　译者:杜娟

**摘要:** 1942年2月初,弥尔顿·M.梅乐斯指挥官提议在中国建立无线电情报机构。在他的提议下,美国驻华海军组(NGC)成立了,成为收集水文情报,培训中方游击队,截获、分析日军无线通讯的掩护机构。美国驻华海军组是中美合作所(SACO)的一个组成部分。大部分针对中国和美国驻华海军组的允诺均于1943年4月15日签署在《中美合作所协定》里。协定要求梅乐斯与军事调查统计局(中国的特工组织)局长戴笠协商出合作细节。此前,梅乐斯一方面要向戴笠兑现支持中方的允诺,另一方面,由于约瑟夫·温格指出中国密码不够安全,情报可能被泄漏给日方,这使得梅乐斯陷入矛盾之中。而驻华舰队无线电班的建立解决了这个难题。

**关键词:** 中美合作所(SACO)、弥尔顿·"玛丽"·梅乐斯(Milton "Mary" Miles)、约瑟夫·温格(Joseph Wenger)、戴笠(Tai Li)、蒋介石(Chiang Kai-shek)、驻华海军组(NGC)、驻华舰队无线电班(FRUCHI)、"友谊"计划("Friendship")、战略情报局(OSS)、英国政府代码及加密学校(GC&CS)、爱德华·特拉维斯(Edward Travis)、威廉·F.弗莱德曼(William F. Friedman)、威廉·J.邓诺凡(William J. Donovan)、J. S."旗帜"·霍尔特委克(J. S. "Jack" Holtwick)、赫伯·O.雅德利(Herbert O. Yardley)、克莱尔·L.陈纳德将军(General Claire L. Chennault)。

1942年5月,30多个海军高级官员聚在华盛顿旧海军大厦狭促的地下室,他们正在听取海军作战司令部办公室海军通讯安全处联络助理官约瑟夫·温格(Joseph Wenger)上校,和截获与测向控制处魏尔克(Welker)少校(Op-20-GX, Intercept and Direction Finding Control)的汇报。他们说需五名志愿者接受"绝密而危险,且持续时间未定"的任务。有西奥多·J.魏德曼(Theodore J. Wildman)等五名志愿者被留下,其他人离开了房间。他们被告知被派遣的地方、时间,及归期均是秘密,而温格和魏尔克不愿意派遣他们。"因为他们觉得这个任务没任何意义,且浪费资源(但他们的意见被否决了),而我们大概就像敢死队员一样。"这是他们对"友谊"计划和驻华海军组(收集水文资料、海岸监测、爆破、培训中方游击队、破译日军无线电情报的掩护伞)的介绍。"友谊"是华盛顿郊区马里兰友谊高地区的简称。

驻华海军组由弥尔顿·梅乐斯上校指挥,驻华海军组与中国之间协定的大部分条款正式签署于1943年4月15日,即《中美合作所协定》的签署日。在第18条协定中明确授权梅乐斯与蒋介石委员长委派的军统局(中国情报机构)局长戴笠进行情报截获合作。梅乐斯是一名中国通,他十分清楚自己陷入到一对矛盾中,一方面是按第18条协定,他要与戴笠合作,另一方面是约瑟夫·温格对中国密码安全度的质疑。为解决这一难题,驻华舰队无线电班成立了。

1942年2月初,M·E.梅乐斯与海军情报局(Office of Naval Intelligence)局长亚瑟·麦考伦(Arthur McCollum)的一次谈话中,谈及建立一个驻华无线电情报机构的事。亚瑟·麦考伦(Arthur McCollum)把他介绍给通信情报2处处长约翰·R.雷曼上校(John R. Redman,head of Op-20-G,)。雷曼大概于1942年2月19日与梅乐斯进行了交谈。梅告诉他已"听闻中国在成都(中国西南地区)建立了一个情报机构,该机构在中国沿海地区许多地方设点截取情报"。梅乐斯建议"我们同中国大使馆的某个武官联系,向他提供录音设备,可能会对与中国情报机构合作大有帮助"。雷曼认为非常好,如果把克雷吉多尔岛(Corregidor)密码破译组重建在澳大利亚东南或西南,"从澳大利亚东南到中国内海的距离几乎与夏威夷到中国内海一样长"。"在此区域(日本、新加坡、菲律宾)截获短距中频情报传输效果极佳,特别能对付狡猾的日寇把传输功率降低时的情报截获"。推荐的中国站点是与"日本岛、更为重要的(荷兰属)东印度和新加坡等距的理想之地"。

2月20日,一封关于询问在中国内地建立一个10人小型无线电情报小组的可行性和咨询有关中国沿海地区的无线电截获方面情况的电文传到了美国海军武官、海军中校詹姆·M.麦克佛(James M. McHugh)手中。

蒋介石委员长对梅乐斯关于建立无线电班的提议"原则上"同意,指出三点。细节需由詹姆·M.麦克佛与中国"指定的情报头子"(戴笠)敲定。

第一,由美国提供沿海情报截获工作需要的专业操作员和专家。

第二,派类似的团队与重庆方面合作,重庆需要增加情报分析。

第三,允许把福州站移至广东北,与当地的游击队合作,传递秘密情报,视需开展特殊工作。

海军武官詹姆·M.麦克佛主张加速谈判,并强调中方"期待同我们的全面合作,成果共享"。

1942年3月24日,一名军官和一名从事"情报工作的无线电老手"受命与梅乐斯一起前往孟买(Bombay)。梅乐斯当时正在去中国考察的途中,原计划于4月16日到达重庆。他们的目的是对建立中国无线电小组进行初步探索。雷曼在给驻重庆海军武官的电文中特地强调,与中国的协议"只能交换当地获取的资料"。

其余人员由太平洋西南战区盟军最高指挥官道格拉斯·麦克阿瑟挑选。但是,克雷吉多尔岛小组要移至澳大利亚建立新机构,其成员在新机构中必不可少,没有多余人可用。最后,建议驻华无线电情报人员由在斯里兰卡首都科伦坡的英方人员供挑选。

第一批无线电情报分遣队于1942年9月到达重庆，长官为"大肚子"霍尔科姆上校（Captain B. T. "Banks" Holcomb），成员有：美国海军陆战队上尉威廉·希吉（USMC, Lt. D. William Heagy）、无线电军士长R. L. "小兄弟"道尔默（R. L. "Buck" Dormer）、T. J. 魏德曼（T. J. Wildman），C. P. "约翰"泰勒（C. P. "John" Taylor）、雷希·H. 曼（Lash H. Mann）、报务上士肯尼斯·A. 曼（Kenneth A. Mann）、文书下士T. J. 奥尼尔（T. J. O'Neill）。他们的到来引起了日本人的注意。

日本人通过俄国驻重庆官员知道了"友谊"计划（驻华海军组），但不知道该计划的破坏对象。考虑到所有给中国的情报可能随即就会被日本获知，导致在其他地区的无线电情报陷入困境，所以，赶往中国的这群人被告知千万不能对中方泄漏消息，特别是通过橙色海军情报泄漏消息。

夏末，来自"布莱切利园"的英国密码局政府代码及加密学校的爱德华·特拉维斯（Edward Travis）对"友谊"计划很感兴趣。英国通信情报局驻印度情报处正准备会见在印度服役的中国情报窃听机构一位名叫倪耐冰的中国少校。这名中国人明确地告知他们已在中国建立一个新的"驻华情报侦察机构"。英国人希望"继续贯彻对中国人的情报统一政策"。英通信情报局驻印度人员提出"给倪耐冰所有当地情报资料，同时完全交换窃听到的情报"，"挑选的特别情报项目必须从德里（印度）传至英国驻重庆的情报专员，供蒋介石用"。特拉维斯要求通信情报局的首席密码专家威廉·F. 弗莱德曼（William F. Friedman）向他提供"在华的情报侦察机构的情报和作出的指示"。弗莱德曼的答复是"据我们所知，只有美国陆军才有可能通过空军在中国窃听情报。我们对密码术不熟，只能与中国人进行低级合作"。

戴笠局长给这群为"友谊"关系而来的人提供食宿。1942年10月12日，他们搬至一个工作和生活很方便的地方。福州监测站早期报告表明，这个小组人员混杂。1942年10月24日清晨，在半夜12点至凌晨4点的监测中，监听到10条日本海军情报线，并"能记录80%或以上的信息"。"相信这些情报线的信息在别处无法记录。如果能记录下来，也不可能比这个监测站的清晰"。尽管电压不稳，3个接收器用一个临时代用的天线。但报告中充满自信地结尾道"等着你们渴望的情报吧，我们能搜到"。

中国人有良好的谍报网，但没有无线电情报窃听机构。最终，中国建立了无线电情报窃听机构，但只负责监测"橙色（日本）气象站"。所有气象站名称、气象站的频率、呼叫信号方式的清单都传给福州监测站，福州监测站开始监测最显要的北海道气象站。"友谊"计划的进程由于严重缺乏诸如打字机等办公设备而受到阻碍。

1942年11月5日，美国陆军信号情报局中校哈罗·G. 海斯（Lt. Col. Harold G. Hayes, lieutenant colonel）代表英国皇家空军（the Royal Air Force, RAF）从伦敦拍一份电报给中校哈罗德·多德（Lt. Col. Harold Doud），询问福州监测站的情况。多德于1942年11月7日把此查询电报转交给温格（Wenger）：

1. 美驻华海军对日本无线电情报截获的范围与程度？
2. 皇家空军派与美海军相仿或多一些的人数到中国值不值？

3. 在截获范围内,驻印度皇家空军能提供帮助吗?
4. 能有情报和意见交流吗?

约瑟夫·温格于11月19日答复称,福州监测站由7人组成,至于它的价值,由于没有收到成果报告,无可奉告。他再次反对过早地与皇家空军合作,声明海军作战司令部办公室海军通讯安全处并未"打算拓展,要在经验成熟以后再考虑此事"。

起初因为人员和物资短缺的因素,温格反对梅乐斯的计划。以往与中国打交道的经验表明"除了在长江流域与上海的附近不太重要的机构之间的联系之外,没什么意义",他认为,在其他地区,也许更适合窃听日本情报。更为重要的是,他警告:"如果我们与中国合作,我们很有可能要移交我们的情报,情报的安全十之八九会大打折扣。"

梅乐斯没理会这些,他正忙于增进"友谊"的进程。在这个过程中,他与英国通信情报局产生冲突。1942年11月7日,对英方的努力,他在报告中,提出几点不合事实的声明,抹杀了英方的功绩。在他的公开声明中,梅乐斯赫然宣称:"在远东,无线电通讯和有关设备极度匮乏,亟待美国海军的改善。"他称"英海军从印度经伦敦到美国的无线电通讯""慢,不可靠,很烦琐拖拉"。更有甚者,梅乐斯称"英方根本未作努力,被敌人的无线电伎俩弄得团团转"。他说道"英方在基林地里(蒙巴萨)Kilindini [Mombasa]的窃听与测向机构与在新德里的谍报小组从事远距密码分析已很长时间,但如此重要的工作,他们却几乎没用无线电测向器"。梅乐斯提议"如果英方同意,在如下的城市或附近建立高频与低频的无线电测向器站:加尔各答[印度]、汀江[印度]、科伦坡[斯里兰卡]、孟买[印度]、卡拉奇[巴基斯坦]、巴士拉[伊拉克]、喀布尔[阿富汗]、马西腊[阿曼]、基林地里(蒙巴萨),他还周到地附加了这张'网'所需人员与物资清单"。

时任海军作战司令部海军通讯安全处处长的厄尔·E.斯通上校(Captain Earl E. Stone),对比英方远东谍报小组于1942年7月14日报告,为避免延误,与英联络处沟通后,评估了梅乐斯的报告。1942年11月30日,他写道:"梅乐斯中校对英国驻印度洋地区无线电情报机构的情报并不全知。"在了解了英方在新德里[印度]和基林地里(蒙巴萨)的运作方式后,斯通评价"梅乐斯中校的观察结果也许正确,但的确与海军部可靠的官方资料不一致"。斯通推测"英方大型机构在印度洋地区覆盖敌方海军通讯是积极的、成功的,现在没必要复制","友谊"计划的双重性需审慎考虑。"需要考虑的是建立在中国的'友谊'机构的主要目的是向美国海军提供情报还是在无线电情报方面援助中国"。若是前者,只需要建立一个小型小组。若是后者,"相信中国人更关注军事通讯,组建一支军队比组建一个海军机构更有利"。

对于美国海军驻华组来说,获取给养是个暂时性难题。梅乐斯在12月24日写道,他的6人无线电情报小组做得非常"棒",但他却是"整日愁眉苦脸"。5000吨物资(原文如此)因飞机短缺无法运送。给海军驻华组单派的两艘运送物资船只被日本人击沉。但他仍然希望另派300人作"友谊"计划的增援。

在梅乐斯努力争取海军驻华组给养时,温格在早期关于"友谊"的报告中指出他最初的怀疑,他觉得他们截获的情报与"其他地方的工作"几乎相仿。实际上,他有些言过其实了。1943年2

月24日关于截获二战日本海军的JN-25高级密码情报的报告显示从1942年12月30日至1943年1月26日的992条情报中的525条,或60%都是"最先获取的原始情报"。

1942年12月,武官麦克佛从中国回到华盛顿后,温格向杰夫瑞·C. 梅茨尔上校(Captain Jeffrey C. Metzel)提出建议。杰夫瑞·C. 梅茨尔是梅乐斯与兵器局内部控制委员会(Interior Control Board of Bureau of Ordnance)会长威廉·R. 珀勒尔上将(Admiral William R. Purnell)的联络官。温格说这可能是证明"现在是与所有'利害关系方'合作,全面开放在中国的无线电情报活动的绝好时机"。12月16日,斯通、梅茨尔、麦克佛、新任美海军驻重庆武官布朗中校(lieut. Col. Brown, new US Naval Attache, Chungking)、梅乐斯视察中国行程的助手威廉中校(lieut. Col. Williams)、温格开了个会,参会人员均认为中方主要关注的是"军事情报,实质上并不真正需要海军情报"。与会者还达成由于现在海战已远离中国地区,战争越来越近,"必须努力保持一个驻华组作为基点"的共识。

随后,中国表明他们对"现有安排"不满,要求"我们的海军作战司令部办公室海军通讯安全处给个结果"。使他们对"我组给海军部的所有情报"享有控制权。并且提出"中方与美方签署一高层协议,促使在中国的无线电情报规模有较大幅度的增长,对所得结果更充分交流"。简言之,他们要求"享有美方与英方于1942年10月2日签署的霍尔登协议(Holden Agreement)中同等情报交流特权"。

另一个促使交流的因素是战略情报局(OSS)在华机构的介入构成的威胁。1942年末,威廉·J. 邓诺凡任局长(William J. Donovan)的战略情报局染指中国,与海军驻华组许多事务相仿,形势对海军驻华组很不利。戴笠对战略情报局起了疑心。虽然他和梅乐斯已达成口头协议,但如今他们感到必须有正规的书面协议才放心。他们与蒋会面,蒋同意他们的意见,还说,他和罗斯福总统(President Roosevelt)应该签订一份最终协议。蒋坚持这一点和另外几点意见,并希望把这些意见加入拟定的中美合作协定的第18条款中。他在接受其他条款的同时,命令戴笠发如下的电报给戴笠的代表、助理军事武官萧勃中校(Lt. Col. Pu Hsiao):

5. 拟定的第18条协议草稿应如此修改:

"为了获取敌军情报,本所将侦察并破译日海、陆及空军情报。美方应派至少60-100名密码专家到中国参与指导侦译工作。为保守机密,只有本所的相关部门从事敌军密码侦译工作。"

中美合作协定草案交由不知其名的联合参谋部参谋们会议审阅。1943年2月23日,他们上交美海军上将参谋长威廉·D. 利上将(Navy Chief of Staff Admiral William D. Leahy)、陆军上将参谋长乔·C. 马歇尔(Army Chief of Staff General George C. Marshall)、美国海军作战部长欧内斯·J. 金上将(Admiral Ernest J. King)一份"特殊备忘录"。在他们的"问题陈述"中,参谋们指出"此协议涵盖与中国秘密警察对日破坏、颠覆、游击战的合作"。作为历史见证,他们指出"友谊"计划按1942年马歇尔将军(General Marshall)与金上将的私人协议起动,但"后来变成梅乐斯上校口授金上将的命令了"。因"友谊"顺利地发展,"已危及到处于同样角色的新成立的战略情报局的前景"。这个难题只有通过"与邓诺凡上校签协议,任命梅乐斯上校为战略情报局亚洲战区参谋"

来解决,这种解决办法成为建立战略情报局亚洲战区的基石。随后等待参谋首长联席会议同意。参谋们评述道"此项协定是在这场战争中开拓强大的中国秘密警察机构资源、联合抗日、获取有用情报的唯一途径",批准中美合作所协定是"当务之急"。此外,建立驻华海军组是一个"在情报、气象情报、经济和心理战成功运作上扩展与兴旺的有效方法"。蒋介石信任梅乐斯,希望能保持现有的统领结构,即"在委员长的领导下得到海军部和战略情报局的支持"。在中美合作所协定中描述信号情报的独特地位的一段冗长段落如下写道:

"侦译敌情报是每一战斗机构必备的功能,因此,制定本协定的第18条。然而,影响到美方主要无线电情报系统明文规定的或暗指的单方事务单方处理的承诺或限制,另一方不能干涉。但既然美海军的无线电情报组现正在中美合作所司令部内开展工作,在这方面必须在第18条协议中阐明。"

参谋长联席会议原则上赞同"中美合作协定并把协定呈给总统以得到他非正式的书面批准,批准梅乐斯进行细节谈判并签署协议"。参谋们还要求参谋首长联席会议"在签署中美合作协定前,指导梅乐斯在谈判中阐明第18条的具体观点和意图。如果有可能的话,在现有的基础上,将中美合作所与美国无线电情报合作持续并有所增长"。最后,梅乐斯得到"关于美国无线电情报方面他没有被授权作出任何承诺或保证"的指示。

1943年2月24日,温格递交给海军作战司令部办公室海军通讯安全处一份备忘录,重申并详细表明他坚持反对第18条所列与中国合作的立场。他辩称:"近期我们有与英国协定,在基林地里获得情报,与中国的合作对我们美国来说似乎没什么意义。"在空白处批注:"现在(1944年6月30日),英美签署了通讯情资交换协定——布鲁沙协定并建立了情报线。"温格还指出,如果中国"得到了无线电情报方面的援助并加以利用,他们必须为此进行通讯"。"而面对日本的攻击,密码通讯系统安全性没有任何保障"。

1943年4月1日,中美合作协定草案得到了马歇尔,金上将,富兰克林·罗斯福的同意。1943年7月4日,海军部秘书普兰克·诺克斯(Prank Knox)、战略情报局威廉·邓诺凡,中方宋子文博士、戴笠签署了中美合作协定。

第18条最终协议如下:

"本所为侦察敌情,对于敌电海陆空三部分之密码,均实施侦收,研译工作由美方派员负责设计指导,由华方派员参加工作。侦收与研译之敌码应由本所之主管部门在本所办理以免泄漏。本所侦译各种密电码之结果有呈报两国军事当局参考之必要者,须经主任、副主任审核决定后分报之。"

最后这一句引发了严重的安全忧虑。

1942年6月1日,早在第一批分遣队到重庆之前,约瑟夫·温格上校便开始着手建立他的"友谊安全档案",长年积累了中美合作的利弊及注意事项。备忘录写道:

3月29日(1943年),中国驻华盛顿海军部代表急电重庆,大意为,"美国人在敌占区加强了空中运输力量,应对范围从帝汶岛(Timor,马来群岛中一岛)扩展到89466(尽管我们现在还没破

译此单词,但是肯定是5个英语字母的地方)的进攻。"

显然,这不足以证明中国密码不安全,需要提供更直接的证据。很快机会来了,霍尔科姆一到重庆便发电报要求担任"友谊"的指挥。他要求"破译JN-20的方案",以便向"长江和中国沿海"提供"更有价值的情报"。尽管是"小型系统",温格指出"进出特鲁克岛(Truk)的所有船只活动都能监测,它甚至还可帮助破译其他系统[JN-25]"。起初,他想算借此机会,用JN-20"作实验"取得测试中国密码安全性需要的相关证据。在同一备忘录里,他提醒海军作战司令部办公室海军通讯安全处斯通"对中美合作协定关于'友谊'机构获取的情报需经中国特工戴笠和梅乐斯上校的联合签署一条还需深入探讨"。6月16日,温格说"就我们与中国的协定来看,有潜在危险","需汇报商榷"。

斯通给海军通讯局局长的备忘录中论述道:

考虑到霍尔科姆在重庆得到的情报安全性,我们需要思考的是,用可能损失特鲁克岛(Truk)地区的航运资料的代价来获取中国长江和沿海的航运资料是否划算。

本页底草草地写着注解"现暂时搁置"。

6月21日,一份指出有潜在渗透可能的电报称"中国的特工小组和中国无线电情报工作由行政机要秘书决定。该秘书显然是一名受雇于日本的间谍"。温格指出这与梅乐斯的"中国特工头子戴笠只向委员长报告工作,中美合作所的运作细节对其他中国官员高度保密"的保证抵触。

截获的3页日期为1943年6月10日的日军从南京至广东(Canton)的情报同样令人不安,情报用墨水笔着重画线:

"军事情报调查统计局的情报网工作非常高效。这个网把有关日军对大英帝国与美国作战行动、设备等所有情报收集后送出。不断监听日军组织之间的无线电情报。他们破译70%的日本外交部电报,不停地截获战舰、特别是航母情报。"

温格当然在他不断扩大的"友谊安全档案"中记录下这些以及其他事件。在随后的几个月他增加了更多的:

1943年6月10日,日军从南京至广东的情报表明重庆行政院无偿向日本提供关于国民党和军统的无线电情报网的情报。

1944年4月8日,驻华大使克劳伦斯·E.高斯(Ambassador to China Clarence E Gauss)指出需在中国建一条特别小心仔细的渠道来处理事务。

1944年5月4日,日军从广东至仰光的情报表明中国情报被破译。

日本战俘陈述"中国无线电情报是最早被破译的,因为密码方式与日本的密码方式相似"。

1943年6月24日,梅乐斯收到一份通知行政院的背叛行为的特别情报。有没有人告诉他日本正在有条不紊地破译中方密码一事不太清楚。但他确实收到最新有关日军渗透到重庆军事委员会的情报,情报称"为建立无线电间谍系统,中国在桂林的通讯官员已被贿赂"。

海军作战司令部办公室海军通讯安全处对重庆的情报安全性有些谨慎,因为美方承诺的在中美合作所开展密码分析培训计划被延迟,中方不耐烦了。他们关注在中美合作所框架外另建立一个开展密码分析的独立机构。在戴笠的提议下,为解决此事,在12月召开了一个"特别会议"。

J. S."旗帜"霍尔特委克中校于1943年12月14日到达重庆,他的任务是建立一个独立的,在海军和中美合作所内的无线电情报组。霍尔特委克与梅乐斯、霍尔科姆、威廉·希吉中校、戴笠特使萧上校会见后,再次返回中国时,立即给海军作战司令部办公室海军通讯安全处斯通上校发出一份警告性的电报:

"萧上校否认他知道在我们离开华盛顿前有两个独立的组(肯定不实),他申明中国不'允许'2个组的存在,一旦我的组建立了,霍尔科姆的就不能存在了。"

另外,他提出,中国是"利用在第18条中我们合作的不足作为一枚烟雾弹来掩盖他们在其他大部分条款中完全缺乏的利益互惠"。他们愚弄梅乐斯,使之坚信"完整的中美合作计划是否继续取决于我们对第18条的彻底实施"。对海军作战司令部办公室海军通讯安全处提出的"中国为坚持合并霍尔科姆和霍尔特委克的小组还会做些什么"的问题,霍尔特委克含糊其辞,他问海军作战司令部办公室海军通讯安全处是否"准备在珍珠港和墨尔本建立两个中国的联络办事处,在与英国合作的同等情况下,让中方的触角向各方扩展,选物资转给重庆机构和中国情报人员"。霍尔特委克感觉中美合作所是让他们处于"戴笠局长的政治腐败领导下"。他建议与中方的合作要"行政上在海军部或第14航空队的指导下,由国民党建立"或"与英驻科伦坡(斯里兰卡首都)的机构共同建立"。

1943年12月28日,梅乐斯,霍尔特委克,霍尔科姆,泰勒中尉[Lt.(jg)Taylor]与戴笠方代表会晤,中方代表提出六点提议:

1. 共同合作;

2. 所有截获的破译的密码范围的合作;

3. 美方军官任科长,中方作为副科长。中美双方同等数量配置其他的人员。

4. 所有截获的原始数据和情报都无限地提供给合作双方以便共同分析破译。对本所以外的情报传送必须通过中美双方共同批准。

5. 海军、空军和陆军系统中,将主要采用哪一种方式,依照美方主任和中方副主任的共同决定。

6. 拟在最终的无线电情报工作在办公地点解决之前,在戴公馆开展工作,白宫(霍尔特委克的组)维持现状。中方随时准备接受美方指示。

霍尔特委克同意第一至四点。对于第五点,他说海军人员的经验仅限于海军系统内。第六点有些争议。12月19日,海军作战司令部办公室海军通讯安全处给他的信中说"如果海军确保代号为Ultra的军事情报(译注:指来自于英格兰布莱切利园所收集到的军事情报)秘密不被泄漏,合并不会造成大影响。如果不能,除中美合作所之外的任何其他机构的通讯工作都应停止"。霍尔特委克相应告诉中方"他的意思是为保证18条的实施,在霍尔科姆的组外独立设一机构。与霍尔科姆的合并'需要得到华盛顿的认可'"。萧坚持"第18条授权的唯一机构是一个联合机

构,一个单独的机构不合法"。

显然,中国从与俄国的类似的协议"送至莫斯科的无线电情报程序上不必通过中国"中吃了大亏,中国根本没收到什么情报。霍尔特委克需要得到一个"如果建立一个统一的无线电情报小组的计划得到华盛顿的批准,那么现有的截获原始数据至华盛顿的实际操作仍将继续"的承诺。

为表真诚,美国人开始培训26名中国人,其中5名从事信号破译工作,21名从事窃听工作。中方同意采用戴笠的提议。一份关于会议与戴笠答复的报告由即将于12月31日离渝的霍尔科姆和泰勒带至海军作战司令部办公室海军通讯安全处。

关于这次会议的最初报告分为3部分,电报至海军作战司令部办公室海军通讯安全处。12月30日,珀勒尔给梅乐斯发去电报称海军作战司令部副总司令已在认真考虑霍尔特委克对6点的提议解决方式。霍尔特委克建议霍尔科姆方"建立一个与第14航空队克莱尔·陈纳德将军领导下的海军通讯部司令官有正常联系的破译无线电情报机构"。贝克(Baker)与霍尔特委克两边的大部分海军组按第18条规定在中美合作所建立中美方情报侦查、分析和破译机构。通讯情报机构必须建立在陈纳德作为核心领导的前提下,以便将来建立美陆海军情报截获机构更为方便。如果陈纳德同意,这个建立为陆军服务的海军秘密机构的提议还须获得陆军部的批准。梅乐斯被告知,最后的决策要等到霍尔科姆到华盛顿时,他能"提供给霍尔特委克的组一些时不时从霍尔科姆手上退下的人"。

1944年1月3日,梅乐斯和霍尔特委克通知海军作战司令部办公室"中国显然对情报通讯分析不感兴趣,对解决破译密码所遇到的问题也不买账"。他们仅喜欢"破译密码"。他们"看起来没有人力成本、原材料需求数量的概念"。中方相当"期待我们传授立竿见影的神奇方法"。1938年至1940年与戴笠共同工作过的赫伯特·O.雅德利(Herbert O. Yardley)很支持这些不切实际的幻想"曾给他们留下美国的密码专家给其他国家传授了神奇的'水晶球'般破译密码方法的印象"。梅乐斯害怕破译密码的缓慢进程会"增加我们之间真诚度的嫌疑"。

中方谈判者们相信"本地的情报"截获极为重要,可防止重蹈以为华盛顿非常需要原始资料情报而冒着丢失情报的危险把它们报至华盛顿的覆辙。我们不得不给这个联合机构提供帮助,充分挖掘当地的技术情报潜力。同时,他们也认为他们的情报网阻止了努力创建"陈纳德小组或在他们范围之外更进一步的情报机构的可能性"。他们预想,成立的第二个机构会在中国之外处理"真正的工作"。而"联合机构只是个摆设"。

有可能是为了减轻中方的怀疑,梅乐斯交给戴笠一份备忘录,说"中美合作所派出一个由一名中国人与一名美国人组成的小型调查组"考察推选情报截获工作站的位置。

1944年1月21日,美国海军观察员收到一份令人烦恼的电报,称"以广东为中心的日本间谍活动已找到重庆军事委员会的突破口,中国桂林通讯官已受贿,即将建立一个无线电间谍活动系统"。

谈判继续至1944年1月末,当时梅乐斯正从华盛顿赶往中国,美舰队总司令授权霍尔特委克合并现存机构。霍尔特委克被告知,除中方条款外没有太大问题,"必须搞清楚,中美合作所是独立于美海军组的机构,因为工作很艰苦,工作进程缓步开展,受训人员短缺,没有其他海军系统的经验丰富"。对中美合作所第5条的折中提议是"给中美所主任绝对权力决定中美合作所要采用的系统,如果有可能,为交换,中方同意中美合作所的一部分海军情报可传送给美方作研究,向中方提供中美所的全部情报"。

1944年2月,起草了一份"中美合作所协定第18条附加协定"。为中美所第18条协定的开展,在附加协定中新建中美合作所第六科,"中美合作所第六科由美方任科长,中方任副科长"。美海军有权力"决定最终到六科的美方人员数量"。原本人员编制拟为30人左右。六科的总部应设在重庆,分部的位置由科长和副科长协商一致决定。第6科的主要职责是管理、密码术培训、"研究破译日密码"。外围的站点要截获情报、测位侦探、分析情报流量、观察天气及沿海情报。从如下的条款中可看出海军作战司令部办公室海军通讯安全处对日海军情报工作安全性的关注:

为了对抗战的日本战区美方机构提供援助,本条款载明分派一部分美国人员和物资到第六科,数量和具体位置由第六科科长决定,但不超过美国人员总数的一半。日本海军无线电情报的截获与分析,传递情报至美当局由该科科长决定。为方便双方研究和使用,向总部提供所有情报的副本,情报分析的副本。在人员数量上不要求中方匹配。

本协议授权第六科科长建立独立的中美合作所和美国海军机构。中方对此不满意,但,正如霍尔特委克所写:

"有迹象表明中方为了面子不会正式同意附加的协议,也不会表示明确的不同意,而会悄无声息地接受第18条的现实状况,按第18条所描述的开展工作。"

霍尔特委克和前往华盛顿观光的梅乐斯代理戴维·怀特中校(Commander David Wight)开始了机构合并工作和中美合作所人员扩充工作。第六科由霍尔特委克领导,有20名中方截获情报人员和4名助手上任工作。

海军作战部长助理采用了机警的折中方案,他告诉霍尔特委克"制定的政策是'友谊'与其他海军部门没有技术上的交流"。

虽然中方仍未签署补充协议,福州站却提供给了海军作战司令部办公室海军通讯安全处电话信号识别和对太平洋舰队无线电班(FRUPAC)极有价值的日陆、空军监测周报。

3月末或4月初,陈纳德要福州站的某些通讯情报,霍尔特委克给海军作战司令部办公室海军通讯安全处建议"建立小型的通讯情报机构""以处理通讯情报和保证绝对安全"。在给海军作战司令部办公室的备忘录中,温格同意霍尔特委克的建议"能降低安全风险"。他建议,由于此事涉及到近来的"陆军空军分配协议",应获得信号安全局的卡特·克拉克上校(Colonel Carter Clarke)的赞同。

1944年5月,由"蜘蛛网"D. W. 希吉少校(lieutenant Commander D. W. "Web" Heagy)负责的第六科(中美合作所)在重庆成立了驻华舰队无线电班(FRUCHI)。在霍尔特委克短暂地领导了无线电班后,由少校T. W. 乔伊斯(T. W. Joyce)接管工作,于6月把无线电班迁至桂林,9月移至昆明。1944年11月，乔伊斯的团队有7名官员、54名士兵。希吉把中美合作所的花名册削减至4名军官、20名士兵。海军驻华组的花名册记录了驻华舰队无线电班的剥离和往昆明的迁移。它们还显示乔伊斯经常到第14航空队总部。1945年2月10日，美国国际商用机器公司（IBM）名册卡上，第一个孔的位置就是"驻华舰队无线电班"。

驻华舰队无线电班（FRUCHI）识别目标位置的能力得到了第14航空队第68混编队克林顿·文森特将军（General Clinton D. Vincent, 68th Wing, 14th Air Force）的赞扬。美国社会保障总署的克拉克（Clarke in SSA）抱怨说他们的信号情报工作使美国陆军工作陷入困境，"与他们的陆军上司研究问题时很有些尴尬"。更多地为安全考虑，驻华舰队无线电班从第六科分离出来，使国民党"在情报截获工作方面处于不利地位"。温格注意到"由于我们最近在关岛（Guam）的窃听行动和与英国在科伦坡合作联络条件的改善，使得驻华'友谊'机构截获情报的优势大大减小了"。

驻华舰队无线电班的起源可追溯到海军作战司令部办公室海军通讯安全处给中方的第18条，使之陷入两难境地的承诺。为避免对日海军情报破译的风险，必须建立一个独立的海军机构，以它出色的工作为陈纳德的第14航空队效力。中美所的第六科在战争结束前一直作监测并给中国游击队作周报。

对驻华海军组在完全共享密码破译方法和成果上的失败，批评家认为是忽视了截获的情报因不安全的中国密码可能会泄漏给日方这一有充分证据的隐患。俞茂春（Maochun Yu）认为"对中方密码安全能力的完全不信任产生了深远的影响"。其中，"几乎给中美所有重要的情报合作计划笼罩一片乌云"。导致中国被排挤在"联盟战略政治情报计划"之外，特别是在雅尔塔（Yalta）。正如我们所知，中国主要是对日陆军密码很有兴趣，他们正从中得到帮助。中国没有海军，所以，不必知道JN-25或其他海军密码。中美所协定看起来是分辨"有权利知道"和"必须知道"的一个极好的例子。

著名史学家魏斐德（Frederic Wakeman, Jr.）在他权威性的《间谍组织的首脑》一书中写道："戴笠和中国特务机关描述英国关注'与戴笠分享信号情报''担心情报落入敌军手中'。"魏斐德在1943年12月写道："联盟情报机构已制定一项政策，在抗战中期，只对中方提供能及时帮助中国抗战的军事情报。"他驳回这个政策是"完全建立在种族主义者怀疑的基础上的"的观点。正如我们所知，由于不安全的中国密码的原因，情报可能会、曾经也泄漏给日本的共同隐患，从韦格纳（Wegner）的一份冗长的文件可见一斑。日本人能读出中国驻华盛顿的海军代表团发至重庆的电报。日本在北京与广东的窃听机构均能读出"重庆通讯"。同时，不管怎么说，必须承认日本"破译驻华美空军气象情报方面很成功"。日本人不仅能读出中方情报，大量值得注意的证据表明他们也分享代号为Ultra的军事情报。同时，第六科与中方一起破译日陆军密码，支持中国游击队活动，也许他们并未得到所有他们想知道的，但他们确实有所收获。

[作者简介：Lee A. Gladwin先生原是美国国家档案馆马里兰州大学公园市（the National Archives in College Park MD）电子和特殊媒介资料部的一名档案保管员。现已退休。工作期间，他从研究美国国际商用机器公司（IBM）花名册开始，对驻华海军组，特别是驻华舰队无线电班很有兴趣。这些名册卡有驻华海军组人员的信息资料。包括他们所在地，远东各地及华盛顿地区任职时间。这些资料可通过档案库阅读。］

（译者：杜娟，职称：文博馆员；职务：重庆红岩革命历史博物馆历史研究部翻译）

# 红岩文化与重庆城市精神

李 武

重庆这座历史文化名城,在3000多年的历史长河中,以巴文化为代表的巴国文明、社会变迁、战争战事、风云人物等积淀着丰富的、光辉灿烂的历史文化痕迹,其优秀的人文精神激励着3000多万市民勤劳、朴实地耕耘建设着巴渝大地这片热土。今天,红岩是重庆这个历史文化名城的标志;也是重庆近代历史文化中具有成长性和现实性的主流;更是重庆这座历史名城享誉全国的名片。这是因为红岩精神、红色重庆、英雄城市是重庆近现代人文历史中最具有代表性的概括,红岩文化与重庆城市精神更加紧紧相依,并融入、丰富、提升、拓展了重庆文化,同时也提升了重庆城市精神。

## 一、红岩文化融入了重庆城市精神

红岩文化的产生,理所当然地融入进了重庆城市精神。忠诚于自己的政治选择,坚定不移的理想信念;坚持抗战、反对投降,坚持团结、反对分裂,坚持进步、反对倒退的政治原则,坚持对先进文化的把握和追求等,是红岩精神的集中体现。这些坚定的政治信仰和理想追求,源于20世纪中叶,其时代背景是在抗战时期,国共两党共赴国难,组成抗日民主统一战线,重庆在反法西斯战争中成为远东的指挥中心。特别是国共两党长达八年的合作,为赢得反日本帝国主义侵略战争的胜利奠定了政治基础。在这八年中,中国共产党以国家、民族利益至上,实行"坚持抗战、反对投降;坚持团结、反对分裂;坚持进步,反对倒退"的三大政策,不断与国民党进行谈判合作,并积极参加、推动抗战。在历经艰难、艰苦、艰险的岁月中,多少共产党人被国民党顽固派屠杀,多少革命志士被清剿,多少为了争取民主革命胜利的先贤牺牲。在这极为复杂、极为艰苦、极为不平静、极为危险的岁月中,重庆以周恩来同志为代表的中国共产党人用他们的思想、品行和作为,以共产党人的胆略和智慧,坚持建立广泛的民族统一战线,坚持与爱国知识分子、工商实业界、海外华侨等亲密合作,推动抗战阵营的壮大,且争取抗战的物资援助,最终赢得了抗战的胜利。其中值得大颂大扬的就是形成了伟大的红岩精神,这种精神已不可置疑地发展成为重庆城市精神。

伟大的红岩精神,根植于重庆这座历史文化名城,是因为她使一个地名上升为与政治历史联系在一起,与中国共产党最后夺取政权建立新中国的历史密不可分。由此在特殊的历史背景中产生了红色文化。小说《红岩》,电影《烈火中永生》,歌剧《江姐》及近20多年来编研创作的《红岩魂》展览、报告、展演等,极大地支撑和扩展了红岩精神的影响。比如,江姐、许云峰成为红岩精神的形象标志,红岩成为重庆的代名词,红岩文化更是在全国形成了一种文化现象。特别是近年来,随着关于中共中央南方局、抗日民族统一战线历史的研究不断深入;周恩来、董必武等老一辈革命家和民主人士张澜、李济深、许德珩等人物研究的专题化推进;《魔窟》、《红岩档案解密》、《厉华说红岩》等研究成果的陆续问世,红岩文化的研究宣传达到了一个崭新的高度,伟大的红岩精神以其独特的魅力融入了重庆文化,形成了重庆城市精神。

红岩文化融入进重庆城市精神,不是一般意义上增加其城市文化内容,更主要的是使这座城市以其英雄的独特魅力而提升了精气神。且这种精气神变成了人们的一种文化赏析、一种文化追求。不管是广大的市民,还是来自全国、全世界的旅游者,都会把红岩联线的主要参观接待馆作为首选参观点,对先贤的敬仰、历史的回忆、气节的熏陶、警示与启示,使人的心灵受到震撼,受到教育与启迪。尤其是当今天国家进入全面建设小康社会,构建和谐社会的新时期,需要中华民族光辉灿烂文化的传承与发扬,更需要近现代文明的发扬光大。红岩文化融入重庆城市精神,恰恰是给这座城市树立了英雄的形象,给这座城市,乃至为中华民族昂奋达观、坚毅内忍、弃旧图新、勇于奉献的精神起到了延伸作用。因此,红岩精神不是简单的一种文化现象,而是建设中国特色社会主义、构建和谐社会、构建和谐重庆中不可缺失的一种精神支柱。

## 二、红岩文化丰富了重庆城市精神

重庆虽然历史悠久,远古巴文化的脉络一直延续至今,其文化内涵源远流长,特别是人们对重庆的佛教文化(大足石刻)、鬼文化(丰都鬼城)、巴文化(巴蔓子)、水文化、近现代的码头文化、抗战文化和现代的都市文化都赞赏有加,形成了重庆独特的文化魅力。但是,红岩文化更是具有独特的精神力量,更加丰富了重庆文化。这主要体现在三个方面:

第一,红岩精神的影响力大,丰富了重庆文化。提起重庆就要说红岩,讲到红岩就要提到重庆,这本身就是重庆城市精神最为突出的表现。在中国,几乎所有的文艺、文学形式,都以红岩为题材进行过作品的创作,这些作品观众量很大,激励和影响着一代又一代的中国人。因为,红岩精神是革命前辈用自己的热血和生命铸就而成的,每个走进重庆的人都会感到"红岩"的分量!红岩联线现在每年以350多万观众的参观量,使参观者接受教育、启迪灵魂、受到感染,为构建和谐社会发挥着越来越直接的、重要的作用。如《红岩》小说的影响力教育了几代人,江姐这位中华民族伟大的女性英雄形象几乎人人皆知,重庆歌乐山几乎已不是古人对这座山的定名,而成为人们追求真理的理想之山、信念之山、英雄之山、魂魄之山,重庆这座历史文化名城也理所当然地获得了英雄之城的美誉。特别是十多年来,获中宣部"五个一"奖的《红岩魂形象报告展演》,用展览

的直观、报告的说明、表演的鼓动等,形成独特的边展边演、边说边看的表演风格,《展演》生动形象、感人肺腑、催人泪下,在全国引起了空前的反响,这些都是因为红岩文化思想价值高,意义深刻,内容博大精深的原因。

第二,红岩精神的崇高,更是一种先进文化。精神是存在于物质基础之上的一种信念追求,也是力量的源泉。红岩精神的崇高,关键在于这种精神是产生于中华民族生死存亡和中国该向何处去的危急关头。从1939年国民党五中全会一直到1944年参政会,国共两党公开谈判为止,六年时间里斗争的焦点是共产党坚持、团结、进步,而国民党则要妥协、分裂、倒退;从1944年中共提出联合政府主张到内战爆发,在这一段艰苦、残酷的岁月中,一大批共产党人、爱国人士、革命志士遭到逮捕、关押、迫害、屠杀,形成了为真理而奋斗的革命英雄气概和"不怕把牢底坐穿"的革命气节。这些无数革命者的情怀和为真理献身的精神,凝聚成为红岩精神,也理所当然地成为永远绽放着光芒的红岩文化。

第三,崇高的精神必然是文化的一种表现。新中国成立以来,红岩文化的不断研究、挖掘,对重庆文化的繁荣与发展起到了巨大的推动作用,也为中国现代文化的发展增添了更多、更丰富的内容。在重庆,机关、团体、企业、事业单位,人们最爱唱起的主旋律歌曲一定是《红梅赞》;在各种文艺演出活动中,"江姐"的英雄形象总是最能打动人心;各种报刊媒体报道的红岩故事激励了一代代的巴渝儿女,先烈们"愿以我血献后土、换得神州永太平"的豪言壮语历历在耳。集中体现这些的红岩精神,是重庆文化的极大丰富,是重庆社会经济发展的精神支撑。

## 三、红岩文化提升了重庆城市精神

社会每前进一步都伴随着对传统文化的反思,而进步的步伐愈大反思传统的热情就愈高。随着我国经济社会的快速发展,这些年来一些传统文化,特别是革命传统文化曾一度遭到冷落。然而,当社会矛盾的日益显现,党风问题,社会风气问题,社会道德问题等等,对构建和谐社会造成影响,社会道德观念被打破,就自然而然地感到文化建设的极端重要性,在文化中去寻求现代化进程中不可或缺的思想资源和精神动力,用高尚的精神来凝聚世道人心。重庆市着力树立、打造红岩文化,根本目的就是用红岩文化提升重庆城市精神,用优秀的、先进的红岩文化丰富重庆文化,使重庆城市精神更具独特的气节。

众所周知,重庆意识形态领域中在全国叫得应、叫得响的,红岩精神应榜上有名。是因为:红岩精神的历史范畴和现实载体都是值得重庆这座英雄城市为其骄傲。因此,要清楚关于红岩精神的三个历史范畴。一是要清楚川东地下党这个概念是历史形成的。早在第二次国内革命战争时期,曾两度设立属于四川省委领导的川东特委,但均为时不久就撤销了。三度成立川东特(临)委,即1938年11月至1943年9月的川东特委;1947年10月至1948年12月的川东临委和1949年11月至重庆解放的川东特委,与四川其他党组织有着密切的历史渊源与工作关系,但又是一个独立的组织系统。二是1939年中共中央南方局在重庆建立。南方局在周恩来、董必武等老一辈革命家的领导下,八路军办事处、《新华日报》报馆、《群众》周刊社这些机构除以合法名义进行公开活动外,还曾掩护秘密机关和地下党组织。三是抗日民族统一战线。在8年的抗日战争中坚持对内协调团结,对外联合抗日,争取民族团结胜利。

红岩精神的形成,是中国共产党人以及革命民主人士救亡图存、革命奋斗的创新和追求。重庆有大量的遗迹和文献保存,记录红岩历史文化,最为著名的是红岩革命纪念馆、歌乐山革命纪念馆和中国民主党派历史陈列馆。正是中国共产党以及革命民主人士救亡图存、革命奋斗的英雄伟大形象提升了重庆的文化内涵,坚强、忠诚、团结、勇敢的意志将激励着重庆人坚持不懈为重庆建设作出更大的贡献。

**四、红岩文化拓展了重庆城市精神**

红岩,是一个史诗般的称号,她是历史文化名城重庆的光荣象征,她是重庆人民革命历史的概括,她是重庆革命文化历史的见证,她是重庆经济社会发展的精神动力。红岩精神一直鼓舞和激励着一代一代、许许多多的中国人。红岩文化在融入、丰富、提升重庆城市精神的基础上,随着研究开发的进一步深入,进一步拓展了重庆文化,进一步延伸了重庆文化,这种文化是最积极向上的、最具影响力的一种民族自强奋斗精神。

可以说红岩文化拓展了重庆城市精神,是因为有了1941年10月至1945年4月的近五年时间在重庆,戏剧界组织开展了以话剧为主要形式的"雾季艺术节",上演了100多部进步的大小剧目,其中包括阳翰生的《天国春秋》、郭沫若的《棠棣之花》和《屈原》等具有强烈爱国主义思想的历史剧,产生了强烈的社会反响。尤其是南方局领导下的抗战进步文艺运动,更是抗战文化中的一枝奇葩。郭沫若的《十批判书》、《甲申三百年祭》,翦伯赞的《中国史纲》,侯外庐的《中国古代社会史论》,邓初民的《中国社会史教程》等一批重要著作,用马克思主义历史观研究我国的历史和文化,批判封建法西斯文化,不仅起到了教育团结人民的作用,更重要的是奠定了中国马克思主义史学的基础。这些文化革命的意义,不仅为红岩精神的形成与发展奠定了重要基础,更重要的是使重庆这座历史文化名城焕发出了力量,凝聚了一种精神,为重庆文化的拓展积蓄了力量,提供了源泉。

随着应用开发项目、展览展示项目的增多,随着联点成线范围的扩大、红色文化旅游产业发展,随着"红岩情景剧"的打造及社会活动的策划与组织等,红岩联线将为重庆的文化建设注入更多、更新、更精、更好的内容,红岩文化必将更加深入到重庆社会生活的方方面面,使重庆这座历史文化名城更富有时代的音符,更具有现代文明的标志,更增加其文化的底蕴,更能聚集四海宾朋。

(作者简介:李武,历华的笔名,职称:文博研究馆员;职务:重庆红岩联线文化发展管理中心主任、重庆红岩革命历史博物馆馆长)

# 积极探索法人治理结构
# 稳步推进红岩联线文化事业科学发展

**重庆红岩联线文化发展中心**

重庆红岩联线文化发展中心(简称红岩联线)是在重庆红岩革命纪念馆等单位合并的基础上组建的。近年来,红岩联线积极探索管理方式、工作模式、运行机制和相关制度改革,在建立健全法人治理结构方面取得新进展,促进了公益性事业单位自身的科学发展。

## 一、建立以红岩联线理事会为核心决策层的法人治理组织机构

从 2004 年红岩联线在参观接待中心试行建立理事会到 2007 年正式在全联线范围建立理事会,积极探索和推进法人治理的系列基础性工作,建立了以红岩联线理事会为核心决策层、联线主任办公会以及各处室负责人为执行层、职工代表大会为监督者的分权制衡,即决策者、执行者(管理者)、监督者之间能够通过法人治理组织机构,建立相互独立、相互制约、相互配合的制衡机制。理事会的建立,对于调动职工关注单位事业发展,坚持公平、公开、公正,对于调动社会各方面支持红岩联线事业发展,坚持公共文化服务职能作用的发挥,协调各种关系,起到了积极的作用。2011 年红岩联线又建立了专家委员会,对单位事业发展的项目进行论证、把关和对单位各种学术业务活动进行咨询建议,为发展项目的效益保证和可持续性提供了智力支撑,有力地推动了职工队伍的建设。

(一)红岩联线理事会。坚持改革创新是红岩联线各项事业建设和发展的根本所在。为进一步深化联线内部改革,推动红岩联线事业发展重大决策的民主化、公开化、科学化和程序化,红岩联线引入现代管理科学理念,创新事业单位法人治理结构,在征求各方意见的基础上,2007 年经过职工民主推荐成立了由 21 名同志组成的红岩联线第一届理事会。理事会作为议事和决策机构,是红岩联线推行民主管理、依法管理、科学管理,调动职工积极性,集中研究和设计红岩联线

事业发展与红岩文化产业发展等重大工作事项的组织机构。有利于推动联线事业和产业的协调发展,有利于广大职工参与管理、参与改革,以保证红岩联线的事业健康发展。由于理事会集各方意见,大大提高了决策的科学性和发展运作的效益,从2004年到2011年,单位总资产由5600万增加到4.1个亿,职工的收入由人均2500元增加到人均5000元,公益性的纪念馆由两个发展到三个,职工队伍由300多人发展到现在的500多人。

(二)红岩联线理事会的组成。2010年5月,在第二次理事会上,经过推荐和审核,按照联线的组织机构和人员结构的情况,确定了由联线各类人员代表、上级职能部门和单位所在地区人大代表、政协委员及所在地区代表人士共同组成的理事会成员,通过选举,产生了理事长、副理事长、各位理事21人,真正做到了理事会在结构上的社会参与性,职工代表的广泛性,推进红岩联线全面建设法人治理结构的改革创新之路。理事会在民主决策上按照公正、公平、公开的原则,发挥其决策和监督权利。审议决定红岩联线的发展战略和发展规划、基本管理制度、年度工作计划和工作报告;审议人员考核及薪酬分配方案和财务预决算;任免或提名红岩联线管理层人员、专业技术人员职称评定和聘任;聘任和更换学术委员会、专家决策咨询委员会组成人员;在促进红岩联线与政府、社会公众部门的沟通等方面发挥了积极作用。

(三)建立红岩联线职工代表大会。红岩联线职工代表大会是红岩联线党委领导下的监督机构。经联线职工大会推选,由15人组成。职工代表大会对红岩联线年度工作计划和年度完成执行情况进行审议,是红岩联线职工民主管理的基本形式,与红岩联线专家委员会成为红岩联线法人治理的重要组成内容,职工通过单位内部网络形式、手机短信、书面意见方式及时表达各种诉求及有关单位事业发展的各种建议,单位行政也及时发布各种信息,有效地沟通上下情况,保证了掌握信息的公平。

## 二、建立健全红岩联线法人治理相关制度准则

为了更好地发挥法人治理职能,红岩联线积极组织相关人员完善了法人治理相关制度准则,建立健全了法人治理结构。

(一)制定《红岩联线理事会章程》和《红岩革命历史博物馆章程》。红岩联线按照国家对文物、博物馆的保护有关规定和法人治理准则的基本原理,结合红岩联线实际,制定了《红岩联线理事会章程》和《红岩革命历史博物馆章程》,明确了理事会的职责、构成、权利和义务、议事规则等等。如对理事会的定位,在红岩联线章程中规定:红岩联线的基本组织构架为党委会、理事会、管理层,党委发挥政治核心作用,理事会行使决策、监督职能,管理层执行党委和理事会的决定,完成各项工作任务。体制上的创新保证了红岩联线事业的发展,从2008年免费开放以来,每年观众大幅度提高,2010年参观人数达到670万。

(二)建立健全相关治理准则。一是为了确保理事会重大决策的科学性和准确性,建立了决策失误追究制度。二是为提高红岩联线公共服务管理水平,服务质量和产出效益,建立了红岩联线审计和绩效评估制度。三是为保证以公开透明的方式向社会发布红岩联线公共服务信息,建

立了红岩联线年度报告制度。四是为了加强红岩联线遗址、文物、文献利用和观众服务的公开性、透明性,保障公众知情权,建立规范有效的社会监督机制,建立了红岩联线信息公开制度。如在章程第23条中规定:理事在审议理事会各项议案前,应做好充分的调查研究,重大专业事项应向有关专业机构或专家进行咨询;如红岩联线理事会决策失误追究制度中规定了予以追究责任的五个方面内容;再如,在红岩联线信息公开制度中规定了需要公开的八个方面的信息内容。管理机制的创新,促进了红岩联线公益性事业和红色文化旅游产业的协调发展,近几年来,推出了大型历史展演剧《我们共同走过的路》、《红岩风》、《天下为公》、《红色浪漫》,京剧《张露萍》,话剧《小萝卜头》等,得到各方面的充分肯定和称赞。

(三)坚持法人治理结构中的三位一体。理事会、职代会、专家委员会三位一体,保证民主决策、保证科学发展、保证提高效益。理事会对年度工作的项目作出设计,对职工的收入作出预案,职代会对保证职工权益和对单位事业的发展实施监督,专家委员会对单位的重大业务项目和管理措施进行科学论证,形成了上下齐心协力、同谋事业发展氛围,职工在单位事业发展中得到充分的荣誉感,管理层运作发展红岩文化事业也得到职工的认同感,凡是涉及到职工切身利益的问题,充分尊重职工的民主权益,如:2008年针对红岩联线文化旅游车辆与行政车辆使用的突出矛盾,联线决定实行车改,在各类人员车改补贴问题上,理事会否定了联线作出的分配方案;2010年,在职工分配问题上,出现了联线与职工在分配数量上认识不一的差距,最后联线服从了理事会的决议,尊重了广大职工的意愿,使理事会的作用在单位日常管理过程中凸显出来。

## 三、加强和巩固理事会在单位事业发展中的地位和作用

充分发挥红岩联线理事会的决策作用和红岩联线专家委员会论证作用是制度创新的关键之举。针对目前存在的问题,我们将继续探索和完善。

(一)坚持完善治理结构。从2004年建立理事会运作的情况看,首先要进一步明确理事会在单位的定位,理清党委会和理事会、行政管理层的关系。党委作为政治核心,行政作为管理核心,理事会作为决策核心,形成一种协调机制相互制衡关系,这在完善法人治理结构中需要继续探索和实践以及总结经验。同时,在如何进一步发挥和调动单位外理事会成员的作用方面,也需要进一步地探索工作机制和提高他们对理事会的关注程度、发挥他们的决策质量水平。

(二)加强理事会的制度性建设。红岩联线理事会的建立得益于红岩联线持续不断的改革创新发展,得益于公益性和产业性的两分开,得益于广大职工在改革发展中满足感的不断提高和使命感的不断增加。随着红岩联线事业的发展壮大,红岩联线理事会在运作过程当中,也遇到一些问题,如:红岩联线作为一个公益性的博物馆,具有文物资源保护、学术研究、红色文化传播的特性。从2004年起,红岩联线是在一个无级别的条件下运行的,所受的行政限制相对较少,发展的速度也较快,仅以固定资产为例,从2004年的5600万总资产增加到2007年的2.4个亿。2007年红岩联线确定了行政级别为正厅级单位,在领导管理层中,专业人员只占六分之一,行政化趋向

明显,党委、理事会、管理层在组织指挥管理中的权力矛盾凸显官本位现象严重。因此,逐步取消公益事业单位的行政级别,加强理事会制度建设并通过法律的形式明确其地位,有利于发挥和强化红岩联线公益性文化服务功能,促进博物馆事业的发展。

# 红岩魂
## ——革命纪念馆的管理与创新(一)

厉 华

革命文物凝结着中华民族优秀的思想和光荣的传统,作为拥有大量革命文物的纪念馆有着为社会共同理想的形成,共同目标实现的过程中提供强大的精神动力的社会功能作用。如何在人民中形成吸引力?如何在思想道德建设中发挥作用?如何在经济建设中产生影响?革命纪念馆必须要创新管理机制,以期达到提升为社会服务的能力,突出特色强化效益,发展红色文化旅游产业的目的。革命纪念馆在今天不可忽视的有两个问题:一是市场,二是服务。为了更好地适应市场、提升服务能力,歌乐山革命纪念馆持续不断地进行了改革的探索和实践。

新中国成立五十多年来,围绕白公馆、渣滓洞革命烈士斗争事迹的文艺、文学创作层出不穷,小说《红岩》、电影《烈火中永生》、歌剧《江姐》等形成了具有十分明显成长性的红岩文化。围绕红岩这一文化资源,作为全国爱国主义教育示范基地的重庆歌乐山革命纪念馆,坚持保护文物、利用文物,传播革命烈士的精神,不断地向社会提供精神产品,形成了"红岩魂"——展览、报告、形象报告展演、生命作证夜游、系列图书音像制品、文化旅游车队、工艺旅游纪念品、不朽红岩网站为品牌的八大系列产品。从1990年到2004年,基地共接待中外参观者2784.5万人次(其中青少年718.5万人次);在全国299个城市举办《红岩魂》展览,观众3500多万;在全国36个城市进行《红岩魂》巡演770场;在全国各地作《红岩魂》报告670多场;发行销售《红岩魂》书刊光碟资料4289万册(盒)。在博物馆的事业发展中,歌乐山革命纪念馆以保护文物、利用文物、发展博物馆文化为主线,开拓进取,锐意改革,积极创新,持之以恒,充分发挥"红岩"文化的资源优势,挖掘革命文物的内在价值,不断地探寻革命文物内涵外化的手段,开发出"红岩魂"品牌系列产品,走出了一条社会主义市场经济条件下经营管理和发展建设爱国主义教育基地的新路子。

## 一、坚持"使命第一",履行博物馆文化的社会职能

"今天的中国是昨天中国的发展,今天的历史是昨天历史的延续。作为历史的见证,革命文物有着无可替代的重要作用。"(李铁映)歌乐山革命纪念馆守护和保藏着大量的文物旧址和烈士遗物,充分利用这些作为博物馆文化载体的旧址、遗物,对广大人民群众开展爱国主义教育和革命传统教育,为建设中国特色社会主义现代化服务,是我们发展博物馆文化最根本的社会职责和历史使命。

我们通过强化基地建设,组织青少年到基地来开展党、团组织生活,少先队活动和各种主题征文比赛,烈士诗文朗诵比赛,评选"红岩好教师"、"红岩好少年"等活动;还结合业务研究工作,编辑、出版了大量在书店难以买到的"红岩魂"系列图书、VCD等音像制品,1990年至2004年发行销售约4500万册(盒),深受广大青少年喜爱。《中国青年报》曾报道,记者到北京图书大厦采访北京市学生暑期生活情况时,发现就有学生"正靠墙坐在地板上读着《红岩魂》,还不时地在笔记本上写着什么"。

我们还在部分大中小学校中开展争创"红岩班(队)"的活动,倡导读红岩书籍、写红岩日记和开展社会公益活动,收到良好的社会效果,如重庆市第29中学的"红岩班",届届被评为重庆市先进班集体;解放军后勤工程学院的"红岩队",毕业后主动申请分配到边远地区的学生人数,远远高于非"红岩队"的学生比例;公安部一级英模卢振龙烈士生前在西南政法大学读书,经常参加学校组织的学英烈活动,深受影响;受教育部表彰的少年救人英雄陈渝,也谈到红岩英烈对她的思想的激励。

通过强化基地建设,歌乐山革命纪念馆显示出了博物馆文化强大的社会教育功能,为了进一步凸显这个功能,使其在更广大的范围内影响社会,我们从1988年开始,进行了《红岩魂——白公馆、渣滓洞革命先烈斗争事迹展览》(原名为《歌乐忠魂,世代英华——中美合作所集中营史实展览》,1996年更名)的全国巡回展出工作,迄今已在全国300多个城市进行展出,各地共接待观众约3500万人次。

北京清河中学的一位同学看了《红岩魂》展览后在留言簿上写道:"观看了展览,感想深刻。每个人都有自己的价值所在,我们的价值何在?奋斗,还是彷徨?"长春市103中学的一位同学留言道:"人生只有一回,我一直为人生的意义是什么而迷惑。今日看了红岩魂展览,我终于明白了,人生贵在奋斗,人生贵在奉献。"还有观众说:"为什么观众会这样多?说明人民是爱国的。烈士的鲜血没有白流!在这些光辉的形象下,我们每一个人都太平凡了。我们应该去沉思如何选择自己的道德评判准则,如何去坚持自己的是非观念?希望烈士的鲜血和生命能够唤醒那些至今仍为权力和金钱而自我追求的人的心……"

配合全国巡展,我馆还组成由主要领导亲自宣讲的《红岩魂·中国魂·民族魂》报告团,先后在各地向各阶层群众宣讲700多场,直接听众近800万人次,广泛传播了红岩精神。现在,报告会成为众多单位职工思想政治教育、党课培训的重要内容,显示了革命纪念馆博物馆文化建设的独

特优势。

在使命第一的原则下,只要是爱国主义教育的题材,我们就纳入自己的工作内容。20年来,共引进中国革命博物馆的《祖国在我心中》等展览20余个;自筹举办各类爱国主义教育展览10余个。

## 二、坚持"创新第一",探索发展博物馆文化的新路子

"创新是一个民族进步的灵魂,是一个国家发达的不竭动力。"(江泽民)革命纪念博物馆是通过吸引最广大的观众参观来实现自己的社会职责和历史使命的,要保持自己对观众的吸引力,在发展博物馆文化的实践中就必须年年有新招,不断开发爱国主义教育内容与艺术形式有机结合的博物馆文化精品项目,做到一年一个新景观,一年一种新形式。

在着力推出《红岩魂》巡展并在巡展过程中对其加以锤炼的同时,我们还于1992年修建了《"11·27"大屠杀》半景画馆;1993年尝试在遗址现场演出歌剧《江姐》片段;1997年开发了"夜游白公馆、渣滓洞";1998年又建成了《红岩魂》多媒体影视合成演播室等。其中,"夜游白公馆、渣滓洞"将声光技术运用于文物遗址现场,利用夜间特有的环境氛围,加上特定的情节表演,具有真实的体验感、强烈的现场感和无与伦比的文物性。2003年,我们又投入上百万元,对"夜游"项目进行全面改版,使其更贴近实际、贴近生活、贴近群众,成功地把原来的"夜游"参观项目提升为全国首部现场情景剧《生命作证——风雨歌乐山》。

1999年11月,"11·27"烈士殉难50周年之际,在市委宣传部、市文化局领导的直接策划和支持下,在中央电视台和中央戏剧学院有关专家的帮助下,我们又推出《红岩魂》形象报告展演。2005年又推出《历史人物报告展演——血铸红岩》,开拓展览外延,探索发展博物馆文化的新形式。

新中国成立以来,产生了小说《红岩》、歌剧《江姐》等大量反映红岩烈士的文化艺术作品,我们推出的项目怎样体现博物馆文化的特色?唯有创新!革命纪念馆、博物馆文化的一个特色就是在真实的历史叙述中展示精神的不朽,我们要在客观的历史中展现人民心中刻骨铭心的红岩英烈形象,使众多艺术化的红岩烈士形象在历史的真实情景中再现,努力让每一个情节、每一个人物的展现都有博物馆文化语言的特色,在艺术上对现场观众产生撞击力和震撼力,在形式上充分发挥博物馆文化的表现特点。因此,我们大胆地在《红岩魂·中国魂·民族魂》报告会的基础上创作了《红岩魂》形象报告展演,有机地嵌入由演员塑造的人物形象的情境表演,并通过舞台、灯光、布景、幻灯、投影的综合运用,引发观众的激奋情绪。它格调新颖,内容与表现形式高度和谐,追求现场的感染力、震撼力、撞击力,同时具有强烈的博物馆文化的文物展示特性。

目前,歌乐山革命纪念馆白天可以参观,晚上有情景剧,对外常年有展览、展演、报告在馆外巡回,为歌乐山革命纪念馆红色文化影响力、号召力的形成奠定了坚实的基础。

### 三、坚持"观众第一",把握发展博物馆文化的正确方向

吸引更多的观众参观,是革命纪念馆在发展博物馆文化的实践中要解决的最根本的问题。观众量的多少,直接关系到革命纪念博物馆的存在价值及其博物馆文化发展的成败。革命纪念馆发展博物馆文化的实践,要充分认识和把握时代的特点和广大群众的需求,增强预见性和主动性,积极探索新时期面向现代化、面向世界、面向未来的,民族的科学的大众的社会主义文化的主旋律和发展多样化的规律及方法,发挥革命文物的时代作用。

我们始终坚持这样的观点:一个革命纪念馆,其博物馆文化发展建设成就的水平,不仅仅是看其馆藏品的数量多寡和价值高低,更重要的是要看其吸引了多少观众和对观众的教育作用的大小。同时,我们认为,博物馆文化是大众的文化,有价值的文物必须走近大众,文物所蕴涵的思想性和历史价值,必须以大众易于接受的方式外化出来。因此,我们在发展博物馆文化的实践中始终坚持"观众第一"的方向,任何一个项目的推出以及内容的设计,都建立在观众信息反馈或站在观众的角度来思考的基础上。

白公馆、渣滓洞等文物遗址在国内外享有较高知名度,但在改革开放初期却观者寥寥。通过建立观众信息反馈机制进行调查,观众说:

"远道而来,间间空屋,既无史料,又无实物,令人十分失望。"

"我们仰慕烈士英名而来瞻仰烈士陵园,但什么也没有,令人大失所望,实为遗憾。"

这说明,不是人民群众不需要烈士精神,而是我们没有提供人民群众所需要的充分的精神养料。随后,按照市里提出的建设第一流爱国主义教育基地的要求和"净化环境、突出主题"的原则,我们对旧址、遗址进行了一系列修复整理和复原改陈,在参观区塑造了形态各异的烈士雕像和烈士诗文碑林,同时按功能特点把参观区划分为几大片区,渣滓洞、白公馆区域主要突出文物的遗址性,尽量做到保持原貌,使观众有一种身临其境的感觉;烈士墓区域主要突出纪念性功能,为党团组织生活和各种集会提供场所,同时配合园林绿化的建设,突出启迪性功能,从而使观众在不同的区域有不同的感受,不同的区域有不同的参观效果。

这一系列措施和方法,使歌乐山革命纪念馆成为一个纪念性、启迪性、园林艺术性相结合的开展爱国主义教育和革命文物旅游的场所,成为闻名全国的爱国主义教育基地,极大提高了对观众的吸引力。如今,每一个走进歌乐山参观渣滓洞、白公馆的人,灵魂都要受到强烈的震撼;每一个在烈士陵园瞻仰的人,心灵都会得到深深的净化!

留名"一群流浪者"的观众说:"我们是一群结伴而行的流浪儿,一路唱着歌来到了烈士墓,驻足仰望云雾里的山,从此,我们不再流浪……"

一位观众说:"从海南回来,我从不忘到烈士墓走一走,就好像从凡尘中又找到一片净土,一片清新的空气,从中吸取智慧和力量。"

## 四、坚持"市场第一",突出博物馆文化的社会性

在社会主义市场经济条件下,文化领域被深深地打上了市场的烙印,博物馆文化也不能例外。因此,革命纪念馆的博物馆文化发展与建设,就具有自身的市场经营特性。歌乐山革命纪念馆始终以产业经营观念来发展博物馆文化事业,把基地建设看做是工厂生产,把推出项目看做向社会提供产品,并为营造"品牌精品"而不懈努力。

在市场运作中我们按照市场要求调整纪念馆的组织结构,把机制创新与探索适应市场结合起来,为我们的市场运作提供了组织保证。

一是按照结构决定功能的原理调整组织机构,以适应面向市场发展的需求。歌乐山革命纪念馆作为保护开发型的露天文物遗址,必须要使自己的组织结构符合市场的需求。我们在单位内部将参观接待服务等工作划分为一线,按照景点的区域建立片区,实行目标责任承包制;将业务、行政、后勤划分为二线,按照工作项目的性质,实行目标责任课题制。为了与市场接轨,原馆里的陈列部改为设计室实行公司化的管理运作;接待中心采取二次分配制;旅游车队实行效益工资公里化;服务公司建立利润分配制。这些改革有效地保证了纪念馆在市场运作中的快节奏、讲效率,为单位内部调动职工积极性建立新的分配机制提供了可靠的基础。调整组织机构,实行目标责任管理,是歌乐山革命纪念馆不断深化改革的追求目标。从80年代建立烈士墓、白公馆、渣滓洞等参观片区实行区域中心责任制,到90年代实行目标责任承包管理,加强工作效绩和各种考核对个人收入的影响力度,再到2000年的全员聘用合同制的管理,我们确定了按劳分配、效绩优先的分配原则,营造了一个竞争取胜的运行环境,为单位事业的健康发展提供了一个新的运行机制。

二是在"红岩魂"品牌的市场运作过程中探索各种管理方式总结经验,形成了共事合作的双赢发展模式。为了摸索"红岩魂"在市场运作中的管理经验,我们从部门承包营销到个人承包经营中总结出了"风险利益共担"的合作模式、"保底承包"的直销方式、"突出社会效益包直接费用"、"资助扶持贫困边远地区"的四种方法,并且将合作文本规范制作。由于充分考虑了合作者的利益,我们在开拓发展市场上取得了明显的效果,最多的时候有22个巡回展览同时在各地展出。当我们开发出新产品《红岩魂形象报告展演》剧后,为了满足市场的需求、减少成本、加快运行速度,我们充分地利用各地的社会资源,组建宝鸡话剧团为演出第二团、重庆话剧团为演出三团,采取保底付费的方法,连续五年来,在全国各地演出了770多场。

三是在"红岩魂"品牌的市场运作中不断提升职工的技术能力。无论是展览的设计制作,还是演出的演员、灯光、音响的操作,无论是项目的策划和创作,还是电视采访、拍摄和后期制作,我们都非常重视培养职工在业务研究开发中的技术力量。有计划、有目的地送职工到学校参加技能培训,发挥职工在研究开发过程中的自主能力。比如"红岩魂"系列产品的90%的创作、设计、制作都是职工亲自参加的,低成本的运行加强了"红岩魂"品牌扩展市场、发展市场的能力。同时,我们还利用自己的技术优势,承接了《张自忠将军展览》、《刘伯承展览》、《中国革命之路展览》等10多项业务。

四是在"红岩魂"品牌的市场运作中加强研究开发,不断推出新产品形成可持续性发展。要不断变化、创新方法。如何吸引更多的观众?这是我们永远都不能放弃思考的问题,可以说是我们的事业不断发展的动力之一。歌乐山革命纪念馆在管理和经营爱国主义教育基地发挥现实作用方面,始终坚持面向市场突出"四个第一"即:在把握社会定位上坚持"使命第一"、在发挥作用的手段上坚持"创新第一"、在市场策划和运作上坚持"观众第一"、在经营管理的策略上坚持"效益第一"。坚持"四个第一"的管理经营策略,不断扩大红岩魂的外延,面向市场追求创新。从1988年开始的《歌乐忠魂》到《红岩魂》巡展、从《红岩魂》的报告到《红岩魂形象报告展演》、从《红岩魂》的夜游到《红岩魂生命作证》的电视篇、从《红岩魂》的书刊音像制品到《红岩魂》的文化旅游车队,连续10多年来我们不停地研究开发新产品,使红色文化旅游产业保持了强劲发展的动态趋势。

五是在"红岩魂"品牌的市场运作中不断地增加固定资产以形成规模效应。我们非常强调在文化产业的经营过程中提高对资产的利用率和增加固定资产。在"红岩魂"品牌的市场运作中我们通过收入投资购置了1560平方米的展览厅,新建立了"重庆对外文化交流中心",极大地延伸了革命纪念馆的外延;我们投资400多万元,组建了"红岩文化旅游车队",提高了纪念馆服务观众的能力;我们投资150多万添置各种技术设备,加强了我们在市场中的竞争活力;我们不间断地投资对职工进行各种技术培训,加强了职工在研究开发新产品中的技术能力;我们投资1300多万元修建职工宿舍解决职工住房问题,有效地调动了职工走进市场的积极性。我们每年对固定资产的投入都占总收入的15%以上,我们利用自己的技术能力承接市内外各类带有教育性的展览工程,为单位的发展提供了物质基础。

实践证明,歌乐山革命纪念馆通过盘活革命文物资源,已走出了一条以红岩精神为核心内涵的,营造博物馆文化精品的,发展博物馆文化的道路,开发出了展览、报告、展演、夜游、出版物、红岩文化车队、工艺旅游纪念品、红岩网站等"红岩魂"八大系列产品。"红岩魂"已成为中国博物馆文化市场以及爱国主义教育领域中有影响的名牌精品的标志,歌乐山革命纪念馆也已成为全国极具参观价值和极富感召力的爱国主义教育基地。"红岩魂"品牌的成功,充分表明革命纪念馆发展博物馆文化有着深厚的社会基础,博物馆文化产品有着广阔的市场前景。

(作者简介:厉华,职称:文博研究馆员;职务:重庆红岩联线文化发展管理中心主任、重庆红岩革命历史博物馆馆长)

# 路在脚下　持之以恒

厉　华

**从展览到报告再到展演——红岩品牌的树立**

1985年12月30日,我被宣布为重庆歌乐山烈士陵园管理处的副书记、副馆长,负责主持全面工作。在我的日记中记录了我的感受:"我被推上了历史舞台。我从小希望当一个演员,今天我成了一个更大舞台上的演员。我相信我是一级'演员'。改革的年代为有志干一番事业的人创造了极好的条件。舞台大小不在乎,关键看你演技如何,要看你的艺术修养及文化素质如何。虽不可等待这一切都具备了后再上台,但是在舞台上没有本事,就会被轰下台。"我是一个有政治信仰和事业追求的人,把个人价值与社会价值紧紧地结合是我世界观的支撑,坚定的事业心和进取之心是我忠诚自己的政治选择人生观价值的体现。不辱使命的事业心和创新发展的进取心是我从一个行政干部逐步转变成为一个专家型干部的推动力。

22年来,我痴情不改地守护烈士墓与长眠于歌乐山的英烈朝夕相处,思想灵魂不断地被净化,改革创新的动力不断地增强;

22年来,我顽强奋斗在红岩文物遗址中仔细感悟先辈丰功伟绩,世界观人生观不断地被升华,探索纪念馆发展新路子的志气越来越高;

22年来,我持之以恒,认识自己、总结经验、战胜自己、扎根红岩,研究开发红岩历史文献资料档案,推出了红岩魂展览、报告、展演系列作品。

第一,坚定的事业进取之心和创新精神

我是从党校毕业后到烈士陵园任职的,当时市文化局、市委宣传部给我的要求是:扭转单位的落后面貌,把业务工作搞上去,大胆地去做,错了纠正再做。

从1985年到1992年我采取先做、再修正、再尝试的原则,奉行说实话、办实事的工作作风,敢为天下先,在上级党组织坚强有力的领导下扭转了单位的落后面貌,打造出了红岩魂品牌。

我抓住改革开放这个历史机遇,认真思考在市场经济条件下革命纪念馆如何发展?仔细研究面对变化了的社会和人们的思想价值观念,如何有效地发挥革命传统教育的作用?提出了认识市场、了解市场、占有市场的工作方针,提出了开门办馆走出去的工作思路。1988年我策划了开始在全国开展大规模宣传红岩烈士精神的《歌乐忠魂世代英华》巡回展览,有效地避免了门庭冷落车马稀的被动局面,走出了新时期条件下革命纪念馆建设发展的新路子,为红岩文化事业发展打下了一个坚实的基础。

1990年,我第一次组织《歌乐忠魂世代英华——中美合作所集中营史实》展览去北京展出的时候,北京市教委提出了馆长为学校举行报告会的要求。我立即意识到这是一个强化巡回展览效果、扩大宣传的绝好时机!我在自己学习研究红岩历史的基础上整理出《歌乐忠魂世代英华》报告稿,为了加强历史与现实的结合,我到监狱、街道、学校作过许多的社会调查,为了使报告会有强烈的震撼力,我坚持语言、语速、情绪的自我训练,做到没有多余的一个字。10多年来在全国各地作报告600多场,春夏秋冬,听众达几十万人。我最多的一天连续讲了五场报告;在深圳为满足需求我早去晚归,连续作报告十多次。做到了无论单位大小、无论听众多少都有求必应。

由于全国巡展和报告产生的影响,纪念馆参观人数从1986年的110万人上升到1992年的213万人,单位的固定资产比1986年增加了318.6%。

尽管思想观念的冲突伴随着这7年,有时甚至是激烈的较量,但是顽强的事业心和进取心使我义无反顾;尽管扭转局面的困难痛苦始终伴随着我的工作生活,但是共产党员的信念支撑我百折不挠坚持路在脚下;尽管在诸多矛盾和纷繁复杂的情况下我也产生过离开重庆的想法,但是市委领导的"告诉厉华事业在重庆"的一句话使我坚定了要知恩图报的决心。所以坚定的事业进取心使我党性不断得到增强、使我人生观不断明确清晰,更使我"敢为天下先"改革创新的内在动力不断积聚。

第二,顽强的学习钻研精神勇于不断追求

从1992年到1999年,在上级党组织"加大改革力度、探索革命纪念馆发展的新路子"的要求下,我更加明确了自己的发展定位:把自己转变成为文化经营管理和红岩文化史料研究开发专家型干部。"决不玷污职位、抓工作有成效"这是我做官做事和忠诚党的文博事业的座右铭。1996年我将红岩的一些研究成果充实到展览和报告当中,将《歌乐忠魂世代英华》巡回展览和报告"升级换代"为《红岩魂——白公馆、渣滓洞革命先烈斗争史实》展览和《红岩魂演讲报告》,在全国形成了前所未有的"红岩魂现象"。我没有去享受红岩魂展览、报告引起全国轰动后,带来的一系列荣誉和成功的喜悦而是一鼓作气从市场反馈意见出发,将自己的报告改写为情景剧,推出了《夜游白公馆、渣滓洞》项目,随后在文化局和北京专家的帮助下将夜游改编为《红岩魂形象报告展演》。当年被评为中宣部十大盛事,后又获五个一工程奖、国家文化部创新奖,在全国演出了900多场。

在这个阶段我最感欣慰和自豪的是完成了四个作品和二本专著:《红岩魂》展览、《红岩魂》报告、《红岩魂》展演、《夜游白公馆、渣滓洞》和《中美合作所集中营史实研究与保护利用》、《红岩魂

纪实——来自歌乐山的报告》。歌乐山革命纪念馆被文化部、人事部授予全国先进单位称号。

在经营管理革命纪念馆的过程中,从抓红岩文化产品到树立红岩文化精品意识,自己坚持忠诚党的文博事业,为革命纪念馆发展积极有效地探索新路子。尽管自己面对各种非议、甚至被说成是"有争议的干部"、个人和家庭要承受许多压力,但是我在改革探索的实践中看到了希望,在学习钻研红岩文化史料中得到了宽慰!与我研究、宣扬的红岩英烈人物相比较,一切的一切都显得微不足道,重要的是我在经营管理、学习研究中能够不辱使命,有所作为,也是我对自己党员干部形象的自我塑造。

第三,持之以恒和不怕困难压力的工作状态

从2000年开始,按照市委、宣传部、市文化局的总体要求,纪念馆加大了文化体制改革的力度。从2000年到2007年形成了"整合资源、面向市场、研究开发、联点成线"新的发展思路。当然压力和困难也是前所未有的。但是党组织的信任是我最大的工作动力,上级对我委以重任是对我最大的肯定,使我有了持之以恒和不怕困难压力的最佳工作状态。在7年中,依靠文化体制改革的动力,形成了从红岩—红岩魂—红岩联线的发展格局。

我是一个从不愿意在组织面前讲条件的人,对于上级组织交代的任务我历来认为是组织对我的一种高度信任、对自己人生更是一个难得的锻炼机会。而且所有的任务执行都是推动发展的最根本动力。在文化体制改革过程中,原歌乐山革命纪念馆与红岩革命纪念馆以及陈独秀、郭沫若等纪念馆整合建立红岩联线,2007年重庆京剧团、重庆话剧团又整合到联线。面对压力我花了大量的时间研究新时期的文化和产业问题,在学习了解国内外文化和产业实践经验基础上,撰写了《红岩联线的发展和运作》、《文化事业单位的管理与运作》论文,从思想和理论上理清了思路。在经营管理上,我建立红岩联线理事会,完善事业单位的法人治理结构;按照公益性与产业性两分开的原则将单位的可经营性资产授权给公司独立经营;为了促使京剧、话剧两团的健康发展,我组织研究人员加速应用性的研究开发,创作京剧《江姐的故事——我们曾经爱过》、话剧《最小的政治犯——小萝卜头》。经过深化改革和调整,从2004年到2007年红岩联线建立以来,接待参观者1100万人次;门票收入6039万元,资产总额从5400万元增加到1个亿,固定资产增长比例为179.6%,资产增长比例为87.9%。

在持续20多年的改革创新发展过程中,我用三句话总结自己的经历。

第一句话是:作为一个公民,自己信奉国家利益至上!作为一个有政治信仰的人,自己坚持党性高于自己的一切!不论在任何情况下自己都明确是在为党和国家工作,要摆正个人与组织的关系,绝对不可妄自尊大!没有国家、党组织的培养教育关心支持,就不可能有自己的一切作为。

第二句话是:个人价值要与社会价值紧紧地结合,在追求社会价值目标实现的过程中体现自己的人生价值。有政治信仰的人最大的社会诚信是忠诚自己的政治选择。人的一生要有所作为,不虚度人生,最根本的就是要把个人价值取向定位在牢固树立立党为公上。

第三句话是:认识自己、战胜自己、超越自己。认识自己的关键是自立自信、看准目标、敢于追求;战胜自己的关键是持之以恒、脚踏实地、不徒有虚名;超越自己的关键是胸怀宽阔、大度大量、志存高远。

在红岩精神的感召下,我非常热爱自己的本职工作。工作在红岩这块圣地是我人生的光荣、职业的骄傲!我将活在先辈未竟的事业中,积极作为,报效祖国告慰英烈,做一个对国家、对民族有贡献的人,为我们的党旗增光添彩!

(作者简介:厉华,职称:文博研究馆员;职务:重庆红岩联线文化发展管理中心主任、重庆红岩革命历史博物馆馆长)

# 南方局与抗日民族统一战线

古 风

1937年,抗日战争爆发,国民党迫于全国人民要求抗战的呼声和日寇对我东南地区大举进攻的威胁,接受了中国共产党关于团结抗战的主张,宣布实行自卫抗战。9月22日,国民党中央通讯社发表了《中国共产党为公布国共合作宣言》以及蒋介石的谈话,全国范围内形成了国共两党第二次合作和抗日民族统一战线的政治局面。

为了履行国共谈判达成的协议,1937年8月中国工农红军主力部队改编为国民革命军第八路军,朱德任总司令、彭德怀任副总司令,9月,组成战时序列第18集团军。10月,分散在南方8省13个地区的红军整编为国民革命军陆军新编第四军,叶挺为军长。同时,八路军、新四军在一些地方设立办事处、联络通讯处等。

1938年1月11日,在国民党统治区武汉公开出版了中共中央机关报《新华日报》,在此之前,出版了党的机关刊物《群众》。

1938年10月,华北、华中、华南的大片国土相继丧失,10月21日日寇占领广州,进逼武汉。国民政府军事当局下令武汉实行紧急疏散。中共驻武汉代表和八路军驻武汉办事处、《新华日报》总馆决定西迁重庆。18集团军在重庆机房街70号建立了办事处。身兼国民党军事委员会政治部副主任的中共代表周恩来,18集团军参谋长叶剑英,中共参政员董必武、吴玉章、林伯渠、秦邦宪、陈绍禹、邓颖超等先后到重庆。

为了动员全民参加抗战,为了推动国统区的抗日救亡运动,1938年12月18日,周恩来为《新华日报》撰写评论《论今后敌人的动向》从政治上、军事上分析了抗战相持局面到来的趋势;12月18日、20日《新华日报》在重庆各区同时举行声势浩大的"义卖献金日"活动;1939年1月周恩来、邓颖超在沙坪坝南开中学参加校友会,周恩来应邀在会上就统一战线、抗战形势与前途及青年在抗日民族战争中的责任等问题作了长篇发言。

1月7日,周恩来到重庆市重属联中就抗战形势和坚持持久战问题作了演讲,并题词:"伟大的抗战时代,不要使它空空过去。青年们,要努力学习,学习,再学习!"

1月13日,中央书记处致电南方局,批准周恩来、博古、凯丰、吴克坚、叶剑英、董必武为南方局常委,以周恩来为书记,机关设立在重庆。南方局管辖华南、西南各省。由于南方局是秘密机关,因此与公开的八路军办事处合署办公。

1939年日机大轰炸,机房街70号八路军办事处被轰炸后,南方局和八办另找办公地址。在红岩革命纪念馆里保存着一份文件档案,这是重庆地下党特委书记廖志高为南方局寻找办公地点的一份报告:

"饶国模,广州黄花岗七十二烈士之一饶国梁的妹妹,本人思想上进步,同情革命,支持共产党。其大哥饶国栋,老同盟会员,后转国民党,现时在重庆大足县党部任职。其丈夫刘国华,国民党员,历任长寿县长、刘湘经济顾问等职,有过同情革命的履历,自刘湘受蒋介石排挤后,即去职,情绪消极,花天酒地,不再热心政治。其弟饶国材,一九三六年在成都加入我党;饶国材女友饶友瑚、家侄刘文化,抗日战争爆发,也在上海、成都先后加入共产党,系我党新发展的党员。饶国模、刘国华的婚姻,实际上名存实亡。红岩嘴农场,地处市郊,宽敞偏僻、安全、无干扰。无论租借现房或新修住房都极方便,且有较好的两面政治的掩护色彩。是否以此为目标解决南方局机关住址,请组织考虑。"

从1939年5月3日,八路军办事处和中共中央南方局搬进红岩农场后,红岩这个名字就紧紧地同中国革命的历史联系在一起了。以周恩来为首的中共中央南方局,是抗日战争时期和解放战争初期中国共产党中央派驻在南方国民党统治区的代表机关,是国共两党联系的枢纽和中国共产党同国内外各方面人士直接交往的主渠道。

南方局统一战线工作的根本任务,在抗战时期是高举抗日民族统一战线的旗帜,遵循"坚持抗战,反对投降;坚持团结,反对分裂;坚持进步,反对倒退"三大政治口号,贯彻"发展进步势力,争取中间势力,孤立顽固势力"的方针,坚持国共合作,巩固扩大抗日民族统一战线,争取抗日战争的最后胜利;在解放战争初期,是高举和平民主团结的旗帜,反对国民党的内战、独裁政策,发展壮大人民民主统一战线,为建立独立、自由、民主、统一和富强的新中国而斗争。

一

1938年12月12日,蒋介石会见王明、博古、董必武、吴玉章等中共参政员,拒绝了中国共产党六届六中全会提出的处理国共两党合作关系的跨党解决办法,而坚持其将国共两党合并为一个大党,以他为主席,有最后决定权的主张。他说:"我的责任是将共产党合并国民党成一个组织。……此目的如达不到,我死了心也不安,抗战胜利了也没有什么意义。"对于蒋介石的这一"溶共"主张,王明、博古等当即予以严词拒绝。

1939年1月20日,国民党召开五届五中全会前夕,蒋介石又约见周恩来。重提统一国共两党之事,并要求将其意见电告中共中央。中共中央根据周恩来的建议,于1939年1月25日为国共关系问题致电蒋介石,明确表示:"共产党诚意的愿与国民党共同为实现民族独立、民权自由、

民生幸福之三民主义新中华民国而奋斗。但共产党决不能放弃其马克思主义之信仰,绝不能将其党的组织合并于其他任何政党。"同日,周恩来将中共中央上述电报转交给蒋介石,同时复信给他,希望改善两党关系,减少摩擦,贯彻合作到底。既拒绝了蒋介石的"溶共"主张,又表明了合作诚意。

1939年冬至1940年春,陕甘宁边区和华北抗日根据地军民粉碎了国民党顽固派的军事进攻。1940年3月,蒋介石在全国军以上参谋长会议上颠倒黑白,反诬八路军"游而不击"、"袭击友军","破坏抗战,制造摩擦"。叶剑英据实争辩,力破谎言,揭穿了蒋介石借此再次进行反共军事摩擦的阴谋。同时,为了团结抗战,中国共产党相忍为国,建议两党进行谈判,共商抗日救国大计。谈判初始,周恩来即向国民党方面递交中国共产党关于解决目前危局,加强团结抗战的提案。国民党代表却于7月16日以最后决定方式提出《中央提示案》。提出取消陕甘宁边区;缩编八路军、新四军;限制其防地,并规定八路军、新四军在一个月之内开到黄河以北,不得越地域作战。两党代表为此发生了严重争论,并于9月初停止谈判。

1941年初,国民党顽固派蓄谋制造的围歼新四军9000余人的皖南事变发生,国民政府军事委员会随即发布取消新四军番号,"审判"军长叶挺的"一·一七命令",掀起了第二次反共高潮。皖南事变发生后,南方局全面分析了当时形势,认为存在着两种可能:一是国共合作完全破裂;二是国民党尚不敢全面反共,在经过我们斗争之后,国共两党可能继续维持合作抗日关系。并做出了从最坏的可能准备,争取最好结果的全面部署。根据对形势的分析和工作需要,周恩来向中央反复力陈自己的意思,经中共中央同意,决定周恩来、董必武、邓颖超率领一批干部坚持留在重庆工作,叶剑英率部分干部回延安。这一重大决策,保存了中国共产党在国统区工作的指挥中心和国共联系的主渠道,对继续直接同国民党中央当局打交道,维护国共合作,巩固发展国统区党组织,团结各方面抗日民主力量,巩固与扩大抗日民族统一战线都起了重要作用。

1943年3月,蒋介石发表《中国之命运》,诬蔑中共领导的军队是"军阀",抗日根据地是"封建割据",声称这是今后中国之命运要解决的"主题"。1943年5月,共产国际宣告解散。周恩来于6月4日致电中共中央,根据南方局对共产国际解散后国内形势的分析,预料国民党将利用这一时机加强反共的政治攻势和军事压迫,并提出加强宣传、统战等各方面工作的相应对策。七八月间,蒋介石果然再次掀起反共高潮。一方面发动宣传攻势,声称"马列主义已经破产",要求"解散共产党","交出边区",妄图从政治思想上动摇中国共产党;同时先后调集四五十万大军包围陕甘宁边区,并作了几十次试探性挑衅进攻,力图以军事压迫逼中共就范。由于中共中央准确地判断形势,制定了正确的方针、政策和措施,公开揭露了他们的阴谋,南方局配合边区的自卫斗争在国统区发动了卓有成效的政治攻势,争取了国内外各方面对国民党的反共活动施加压力,从而迅速有效地遏制了国民党顽固派掀起的这次反共高潮。1943年9月,国民党五届十一中全会不得不声明要用政治方式解决中共问题。国共关系再次趋向缓和。

自1939年初南方局正式成立至抗日战争胜利的长时期内,在国民党实行消极抗战、积极反共政策,不断制造摩擦和反共事件的艰难危险条件下,南方局根据中共中央的方针政策,用最大的精力不断地同国民党当局打交道,表明了中国共产党坚持团结合作的诚意;同时配合根据地的武装自卫斗争,与国民党的反共分裂活动进行坚决而又有分寸的斗争,挫败了顽固派掀起的一次又一次反共高潮,迫使他们不得不一次次坐下来谈判。从而,在尖锐复杂的斗争中,挽救了抗日民族统一战线内部由国民党顽固派制造的危机,保持了第二次国共合作的局面,对夺取抗日战争的最后胜利起了重大作用。

## 二

南方局成立后,在原有的基础上进一步开展了交友工作。对于在民族危亡中反应最敏感的文化知识界的先进人士,南方局十分重视。周恩来、董必武经常与他们交往,共商抗日民主大计,并通过知识界一批有学术专长、在海内外有重大影响的党员骨干和党外先进分子广泛联系各地、各界朋友。特别是通过由周恩来实际领导、郭沫若具体负责的国民党军事委员会政治部第三厅和文化工作委员会,团结、聚集了大批革命知识分子,使之成为国统区文化和知识界抗日民族统一战线的核心力量。对于其他各界、各方面的人士,南方局也通过各种形式,利用各种关系同他们建立了密切联系。

1939年9月,在一届四次国民参政会期间,中共参政员与参政会中的中间党派、团体和无党派人士之间进一步加强了联系和配合。会前,董必武与他们多次会商提案;会议期间,经过共同努力,使会议通过了请政府明令定期召集国民大会,制定宪法实施宪政,以及声讨汪精卫叛国投敌等提案;会后,国统区掀起了第一次民主宪政运动的高潮。1939年10月,董必武又积极帮助沈钧儒、邹韬奋、张澜、黄炎培、梁漱溟、章伯钧、罗隆基以及青年党、民社党负责人发起组织"统一建国同志会",将参政会中热心国事,主张团结抗战实施民主宪政的人士初步组织起来。

1940年3月毛泽东提出"发展进步势力,争取中间势力,反对顽固势力"的统一战线策略方针后,周恩来随即多次召开南方局会议,传达中央的指示,并就国民党顽固派制造摩擦事件应采取的方针和策略等问题作了一系列讲话,强调要切实加强对中间势力的统战工作。这一时期,周恩来、叶剑英在同国民党进行谈判、交涉的同时,与博古等一起频繁地会见中间党派的负责人,商谈时局问题;广泛地同国民党内的抗战派、元老派、黄埔系爱国将领以及地方实力派人士交谈,共商制止顽固派挑动内战的办法。通过这些活动,阐明了中国共产党坚持团结抗日的立场,争取了中间势力共同进行坚持抗战、团结、进步的斗争。

皖南事变之后,南方局进一步动员所属党组织,依靠广大党员和党外先进分子大力加强对中间党派、民族工商界、宗教界以及港澳同胞和海外华侨等各方面的工作,使得南方局的统一战线工作得到更加广泛而深入的发展。

抗战期间,一贯坚持革命,坚持孙中山"三大政策"的国民党元老中的先进代表宋庆龄、何香凝、柳亚子、谭平山等继续同中共同舟共济,患难与共,坚决主张团结抗战到底,反对顽固派的倒行逆施。对他们,周恩来等引为同志、知己,十分尊重,经常征询他们的意见,依靠他们开展对各个方面的工作。宋庆龄在香港创办的"保卫中国同盟"向全世界和海外华侨广泛宣传中国共产党

团结抗战的主张,并在人力、物力上积极支援八路军、新四军的抗日武装斗争。

皖南事变后,蒋介石加强了专制独裁统治。在当时极度困难的情况下,为了有组织地对国民党上层人士进行工作,周恩来提议由一部分中共党员、爱国进步人士、国民党民主派以及一些在国民党政府中担任较高幕僚职务的进步人士,组织成立一个秘密政治工作团体,以配合南方局贯彻抗日民族统一战线政策。经王昆仑、王炳南、许宝驹、屈武等筹划酝酿,1941年夏,在重庆秘密成立了中国民族大众同盟。一年后改称中国民主革命同盟(习惯称"小民革")。该同盟自成立至1949年宣布结束,盟员由几十人发展到200多人。除重庆外,在西安、成都和北平沦陷区也建立了组织,分别开展工作。同盟成立后,从政治见解到具体斗争行动始终与共产党保持一致,在具体政策和作法上处处同共产党紧密配合。它的不少成员后来成为一些民主党派的重要骨干。他们所进行的革命活动,对于巩固发展统一战线,坚持抗战、团结、进步,壮大进步力量,团结争取中间力量,孤立顽固派,以至对于动摇国民党的独裁统治,都发挥了重要作用。

国民党在逐步推行消极抗日、积极反共政策的同时,对抗日民主力量的压制也步步加紧。1940年12月,国民党改组国民参政会,取消了张申府、章伯钧、杜重远、章乃器等参政员资格。大批国民党反共分子进入国民参政会,参政会被他们左右,进步性日益消失。

在变化了的形势下,组织松散的"统一建国同志会"已不能适应需要。黄炎培、梁漱溟、章伯钧、张君劢、左舜生等多次秘密集会,酝酿将"统一建国同志会"改成中国民主政团同盟,以团结中间党派进行争民主反内战活动。他们与周恩来会谈,要求中共给予支持合作,共同抵抗国民党的压迫。周恩来、董必武对此极表赞赏,坚决支持。在南方局的帮助下,通过救国会中人士的积极工作,第三党、青年党、国社党、职教社、乡村建设派等三党三派的领导成员经过酝酿、筹备,于1941年3月19日在重庆特园秘密召开了中国民主政团同盟成立大会。

## 三

太平洋战争爆发后,原在香港的一部分国民党爱国民主人士陆续到达桂林。在南方局的帮助下,李济深、何香凝派人同冯玉祥、龙云以及广西、湖南、广东等地的地方实力派取得联系,争取一致行动。这些活动,为以后中国国民党民主促进会(简称"民促")的成立奠定了基础。1943年2月,在南方局的支持下,谭平山、王昆仑、陈铭枢、杨杰、郭春涛、朱蕴山等在重庆又在国民党内发起组织成立了民主同志座谈会。它以经常性的时事座谈形式,联系团结国民党上层人士,抨击国民党的反动政策。1943年9月,该会定名为三民主义同志联合会。1944年上半年起,便开始以"民联"名义吸收成员,开展活动。以后,"民促"、"民联"成为中国国民党革命委员会(简称"民革")的一个重要组成部分。

在重庆的部分自然科学界人士,早在1939年春就建立了不公开的组织"自然科学座谈会"。它的成立和活动,始终得到周恩来的指导和帮助。《新华日报》社长潘梓年同座谈会成员保持经常联系,《新华日报》的《自然科学》副刊由座谈会成员负责编辑。这个座谈会对宣传科学,团结自然科学工作者起了积极作用。1944年底,在周恩来的倡导下,许德珩、潘菽、黎锦熙、劳君展、涂长望、张雪岩、诸辅成、税西恒等发起组织"民主与科学座谈会",成为爱国的科学工作者的政治组织——九三学社的前身。

1941年11月14日,在冯玉祥六旬寿辰之际,《新华日报》特出专刊祝贺。周恩来撰写专文,高度评价了他的革命活动。即使对国民党的谈判代表,周恩来也以广阔胸怀尽力争取。经过长期、细致的工作,周恩来与张冲建立了良好的关系。皖南事变后,张冲积极调停国共关系。1941年11月,张冲病逝,《新华日报》发表悼念文章,周恩来、董必武、邓颖超、钱之光、潘梓年等出席追悼会,周恩来并致送了"安危谁与共,风雨忆同舟"的挽联。这件事在国民党上层人士中影响很好。张治中一贯主张国共合作,抗战建国,反对内战,在国共谈判中起了积极作用。他也是周恩来的知心朋友、中国共产党的好朋友。

1941年至1943年的几年中,周恩来广泛、频繁地会见文化知识界朋友,给他们指明政治方向,鼓励他们努力从事科学研究,关心他们的生活,发生危难时及时予以帮助,并反复教育党员干部正确执行统战政策和学术理论政策等等。从而,在进步文化界中创造了一个方向明确、学风正派、同舟共济、脚踏实地的研究环境,并培养锻炼出了一支坚强的革命知识分子队伍,冲破国民党文化专制统治,使进步思想文化在国统区占了优势。

对于民族工商界,1940年冬,南方局经济组成立后便与之建立了广泛经常的联系。并不断通过《新华日报》反映他们的呼声,抨击官僚资本的掠夺。周恩来曾先后会见了胡子昂、胡厥文、古耕虞、刘鸿生、康心之、康心远、康心如、范旭东、吴蕴初、余名钰、吴晋航、卢作孚、吴羹梅等工商界著名人士,倾听他们的意见和要求,并希望他们联合起来,抵制官僚资本的掠夺、支援抗战,有利民生。

南方局还通过廖承志、潘汉年等领导的八路军驻香港办事处和进步团体、党外进步人士同海外华侨和港澳同胞保持着广泛接触和联系。皖南事变后,南方局还组织由重庆、桂林等地撤退到香港的夏衍、茅盾、宋之的、章泯、叶以群等文化、新闻界著名人士建立了对外宣传据点,进一步加强了对华侨的工作。

南方局对宗教界著名人士的工作也十分重视,如对吴耀宗,周恩来、董必武等于1941年和1943年两次同他进行了长谈。详细介绍了国内外形势,抗日民族统一战线的意义和中共的宗教政策。对动员基督教群众参加抗战起了积极作用。

## 四

"出污泥而不染,同流而不合污",这是以周恩来同志为首的南方局及其领导下的革命志士在恶劣艰险的政治环境中与国民党顽固派作斗争的一个战斗原则和显著特点。红岩精神的最大吸引力和感染力也在于此。处在国统区的南方局的负责同志都是以中共代表或国民参议员的公开身份同国民党中央当局打交道,面对敌人的各种方式、各种手段,在尖锐复杂的斗争中保持"荷花出于污泥而亭亭玉立"的精神气度,与国民党保持国共二次合作局面,维护抗日民族统一战线,为在国民党统治区形成第二条战线奠定了基础,为解放战争胜利和新中国建立创造了有利的条件。

无论是在抗日战争中遵循中共中央"坚持抗战,反对投降;坚持团结,反对分裂;坚持进步,反对倒退"的三大政治口号,到解放战争中贯彻"隐蔽精干,长期埋伏,积蓄力量,以待时机"的方针,南方局始终坚持"出污泥而不染,同流而不合污"的原则,绝大多数同志表现出了崇高的革命精神和高尚品德,经受住了严酷斗争的考验,作出了贡献,不少共产党员和党外革命志士还英勇地献出了自己的生命。红岩精神是中华民族昂奋达观、坚韧不拔、弃旧图新、勇于奉献精神的延伸、沉淀和升华。红岩精神是富贵不能淫、贫贱不能移、威武不能屈的伟大气节的集中体现,是对人生最大的理性认识。

在周恩来、董必武等老一辈无产阶级革命家的领导下,共产党人和革命志士长期战斗在国统区同国民党顽固派进行了艰苦卓绝的斗争。在国统区,南方局执行中共中央和毛泽东同志制定的路线政策,推行统一战线的工作方针,团结各阶层的人士组成抗日民族统一战线,在抗日救亡运动中,在打退国民党顽固派多次反共高潮中勇敢战斗,积极工作,前仆后继,为中国人民解放事业作出了不可磨灭的贡献。

(作者简介:古风,厉华的笔名,职称:文博研究馆员;职务:重庆红岩联线文化发展管理中心主任、重庆红岩革命历史博物馆馆长)

# 浅谈博物馆的展示空间设计

刘媛媛

社会日新月异的发展变化,人们物质生活水平的提高和对知识文化需求的扩大化,需要社会提供更多更好的知识文化平台来满足人们日益增长的文化需求。而博物馆就是其中能够提供给广大观众了解历史科学文化的一个交流平台。

首先,让我们来了解一下博物馆的性质。博物馆是征集、典藏、陈列和研究代表自然和人类文化遗产的实物的场所,并对那些有科学性、历史性或者艺术价值的物品进行分类,为公众提供知识、教育和欣赏的文化教育机构、建筑物、地点或者社会公共机构。博物馆是非营利的永久性机构,对公众开放,为社会发展提供服务,以学习、教育、娱乐为目的。从某种角度上说,了解一个地方的过去和现在是从博物馆开始的。一座博物馆就是一部物化的发展史,人们通过文物与历史对话,穿过时空的阻隔,俯瞰历史的风风雨雨。

博物馆既然肩负着历史的使命,我们就要把它陈列得让广大群众容易了解、接受和看清社会发展的进步。博物馆的内部结构就是一个大型的展览空间,展览空间的整体艺术构设非常重要,也比较难把握。设计者怎样从大的空间里去把握显得尤为重要,从大的空间氛围来看,运用艺术的形式规律与法则:整齐、对称、调和、对比、节奏等,使展览产生形式美,通过空间造型语言这种媒介使人体会到不同的感受。展示设计包括物、场地、人和时间四个要素,这四个要素实际上构成了"空间"。在一个空旷的空间里,要想在这个空间里放入各种内容和材料来使之丰富和生动,就要思考如何使各个部件都安排得合理。展览空间里有优势的地方也有不太好设计的地方,巧妙运用材料结构和布局使整体空间显得大气而雅致是我们不断学习的方向。

博物馆的制作流程:在布置整个展厅前,我们要安排好整个设计制作工程的流程。在确定了展厅的陈列主题和方式后,按照博物馆通常的陈列设计工作程序,编研室人员随即展开陈列内容的编写。在内容编写的初稿形成后,陈列设计人员开始形式设计工作,绘制效果图、施工图。在随后的陈列设计方案完善过程中,面对陈列空间,陈列设计室、编研室、文物保管部、技术部等专业人员一起共同探讨更加合理和完美的空间布置：例如根据展览陈列大纲，综合内容和形式因素，几个部门的同志联合对展厅的陈列设计进行再创作。对照文字内容，配合相应的效果图和施工图，对陈列设计的全貌有一个大致的理解，在脑海中形成具体的多维景象，经过不断地修改和调整，就达到了展示空间里设计内容与形式上的统一。接下来各部门人员开始分工合作：编研室人员对文字内容再进行补充和核实；设计人员根据制定好的形式开始分细节地设计，将展墙上的内容联系各个制作单位来配合安装；文物保管部的人员将提纲内容里需要的文物收集、整理、分类，在展厅里根据内容的安排进行文物的摆放；技术部人员合理安排多媒体在展厅内容需要的位置进行安放。所有做的一切都是为了使展厅空间更加的丰富和生动。

　　空间是展览设计的核心因素，展示艺术就是对空间组织利用的艺术。在做一个展示设计时对空间进行功能分区是首要任务，也是能顺利圆满地完成整个展示过程的基本保障。功能分区是对展示活动的各种功能及其它们之间相互联系进行空间分析，使空间分区满足功能的需要。展厅的功能分区大致分为三类：(1)公共空间：是供公众使用和活动的区域，要有足够的面积便于进出，在停留交谈时又不影响其他人出入，必要时还能提供休息的空间。(2)信息空间：是陈列展览内容的主要展示区域，要有正确的引导观众参观走向的路线，并采用动态的、序列化的、有节奏的空间展示形式。(3)辅助空间：是指参观者不容易觉察的地方，具隐秘性或半隐私性。如储藏间、工作间、接待间和会议室。常被安排在信息空间的结尾处，用与展示活动相统一的道具搭建，风格也相互和谐统一。

　　展览展示既然是给观众展出的，那么空间所对应的是"人"，在空间设计中考虑人的因素，使空间更好地服务于人。展示设计需要满足人在物质和精神上的双重需求，这是在进行展示空间分析时的基本依据。人类需要舒适和谐的展示环境，声色俱全的展示效果，信息丰富的展示内容，安全便捷的空间规划，考虑周到的服务设施等等，这些都是人类在精神上对展示设计提出的要求。这就需要设计师仔细地分析参观者的活动行为并在设计中以科学的态度对人体工程学给以充分的重视，使展示空间的形状，尺寸与人体尺度之间有恰当的配合，使空间内各部分的比例尺度与人们在空间中行动和感知的方式配合得适宜、协调，打造一个充满人性化的展示空间才是一个"合情"、"合理"的设计。社会的进步，物质的发展，人们素质的提高，对展览的要求也越来越高。展示空间不仅仅表现在让人们直观地看到内容的介绍和平面的布局，而是让大家能置身于整个空间环境内，体会、感受甚至触碰，参与到我们的展览里面来。"互动"就是让观众与我们的展览内容可以进行面对面的交流，让观众感受到我们所要讲述的深刻内涵。在多媒体的技术上，我们已经逐步做到了在展厅里安放视频(可以给观众讲解我们的采访资料，了解当时的社会背景，人们的生活学习工作状态等等)。触摸屏、投影等科学技术手段(让观众有选择性地分类了解他本人想了解的某些人、历史事件、背景资料，甚至可以进行知识问答，提出对展览更多的期望和建议)。其中，全息投影以一种全新的事物改变着人们对那些传统声光电技术的审美态度，使展示内容生动化，让观众的主动、兴趣提高，全息投影技术是近年来兴起的一种高科技技术，它是一种利用干涉和衍射原理记录并再现物体真实的三维图像。最大限度地吸引了观众的眼球，并针对展览展示实时展示360度的幻影成像,将三维画面悬浮在实景的半空中,营造亦幻亦真的氛围。当然,我们也将更加努力地学习和掌握更加优秀、先进的科学技术,以使以后的展览展示空间艺术得以更好的体现。

博物馆是以信息传达为目的的空间设计形式,现代展示是一个有着丰富内容,涉及广泛领域并随着时代发展而不断充实其内涵的课题。展示环境的空间设计也是一个以环境艺术设计学科为主,涉及其他多种相关学科的设计领域。在设计方法和设计程序上,展示环境设计具有环境艺术学科的相关领域,如室内设计、公共空间设计、景观设计及视觉传达设计等方面的特点,同时又兼有自身的专业特征。从展示的角度而言,展示空间艺术设计通过设计,运用空间规划、平面布置、灯光控制、色彩配置等手段,营造一个富有艺术感染力和艺术个性的展示环境。这里我们来谈谈展示设计的灯光,在整个展厅空间里,颜色的心理作用是很明显的,当展览的内容指导观众走向某个段落的时候,灯光颜色的转变会让人的心理产生微妙的心理暗示和引导,让所处的环境氛围呈现出另一个境界。环境照明设计的技术手法,用光线来强调墙面和顶棚,会使小空间变大。用灯光强调浅色的反向墙面,会在视觉上延展一个墙面,从而使较狭窄的空间显得较宽敞;而采用深色的墙面,并用射灯集中地照射展品,会减少空间的宽敞感。局部照明,通常包括橱窗、陈列架及展示柜台的照明。展厅里的局部照明我们多用于对特殊文物的展示,射灯因其灵活性,常被当做完成此类照明的主要灯具。射灯的光柱以不同的角度照射物体,会产生不同的效果。一般来讲,从一侧射来的光,比从正前方或后方射来的光能更好地反映物体的结构、肌理和色彩。根据不同的色彩需要,灯具位置(墙面或顶棚)以及照度,选择合适的灯具是设计师最重要的任务之一。在展厅里由灯光和音乐互相配合而创造的综合艺术在现代环境艺术中运用得尤为广泛,对环境艺术气氛的渲染,运用计算机控制灯光和音乐编制的程序,使音乐的节奏同步配合灯光的强弱和摇曳,从而获得声、光、色的综合艺术效果。

总的来说,空间展示设计是一个有着丰富内容、涉及广泛领域并随着时代发展而不断充实其内涵的课题,还有很多我们需要学习、了解和探索的空间。我们应随时了解市场的新型材料、科学技术的发展、社会时局的变化,充实自身的文化内涵,获取多方面的学科知识为空间展示设计提供更全面的服务。

(作者简介:刘媛媛,职称:文博助理馆员;职务:重庆红岩革命历史博物馆统一战线史研究部职员)

# 浅谈南方局青委及其开展的工作

唐振君

中国的抗日战争既是一场伟大的民族解放战争,又是世界反法西斯战争的重要组成部分。在抗战期间,中国共产党提出并始终坚持全面抗战的路线,坚持持久战,积极推动全民族抗日救亡运动。1939年1月,以周恩来为书记的中共中央南方局在重庆成立。南方局是中共设在中国南部国民党统治区和部分沦陷区的领导机构,为了不断发展党的组织,壮大党的力量,加强党对青年救亡运动的领导,南方局设立了青年工作委员会(简称青委),青委通过创办《战时青年》杂志,开办青年训练班,建立青年联络"据点"等方式,使南方各省成千上万的爱国青年,奔赴民族解放战场,在艰难困苦的革命斗争锤炼中成为优秀的共产党员。

## 一、南方局青委工作领导机构历史沿革

1937年11月,淞沪会战失利,中国军队西撤,上海沦陷。国民政府军事委员会转进武汉。1937年12月,中共中央决定在武汉组织长江局,统一领导南中国地区党的工作,巩固和发展抗日民族统一战线。1938年10月,广州、武汉相继失守。国民政府和国民党中央机关全部迁至战时首都重庆。根据中共中央决定,由周恩来率领中共代表团和长江局分水陆两路西迁重庆。1939年,在重庆成立了以周恩来为书记的中共中央南方局。根据青年运动工作的需要,中央青委决定派蒋南翔到重庆组建南方局青委,并负责青运工作。南方局青委建立时,由青委书记蒋南翔,委员何礼、杨述、郑代巩、袁汝镛五人组成。其中杨述兼川东特委青委书记,郑代巩负责全国学联,袁汝镛分管《战时青年》。

1940年5月,中共中央青委决定派刘光到重庆协助蒋南翔工作,并担任南方局青委副书记。1940年冬,南方局在统委之下设立青年组,青委书记即兼青年组组长。1941年,"皖南事变"后,根据中共中央青委决定蒋南翔回到延安,南方局青委和青年组的工作由刘光负责,成员先后亦有变动。但从这时起,南方局青委亦称南方局青年组。

## 二、南方局青委的基本工作任务

1940年12月12日,中央青委发出《关于青年统一战线的指示》,提出了国统区青年工作的基本任务:"一是长期埋伏,积蓄力量,一是开展统一战线扩大政治影响,两者不可偏废,而其统一的中心一环,就是党员必须加强社会活动,取得社会地位。"

南方局青委根据实际提出:一是在国统区坚持贯彻执行党中央的抗日民族统一战线路线、方针、政策。时时刻刻求进步,时时刻刻把握住青年运动工作是抗战工作的一部分,时时刻刻要以越战越强的精神来开展工作。二是在国统区进一步广泛动员进步青年投入到抗日救亡运动中,积极援助抗战前线。三是在国统区组织和团结进步青年,使他们去认真亲近国民党干部及党员,使他们有计划有步骤地去影响和接近国民党嫡系非嫡系以及非国民党的各个重要党政军领导人,诚意地帮助各种赞成抗战和民主的人们,形成有组织的力量,建立广泛的抗日民族统一战线,同日寇进行英勇顽强的斗争。四是在国统区号召进步青年一定要关心民族的存亡,在中华民族面临生死存亡的历史关头,要把"天下兴亡,匹夫有责"担在肩上,要把民族的利益看得高于一切。五是在国统区要宣传和教育青年凡是有利于抗战的事都要支持拥护,凡是不利于抗战的事都要抵制反抗。

## 三、南方局青委(青年组)开展的主要工作

成立全国学联。在中共中央及其南方党组织的领导下,成立了全国学联。"皖南事变"前,全国学联与沈钧儒救国会保持着密切的联系,派郑代巩和李庚两人参加救国会。南方局通过这个渠道,对国民政府有关上层开展了卓有成效的统战工作。

创办16开本的《战时青年》杂志及在《新华日报》开辟《青年生活》专栏。在武汉,《战时青年》杂志国民党当局不让公开出刊,全国学联通过沈钧儒请国民政府主席林森题写刊名,审查当局慑于国府主席林森的权威,这才准其公开出版。蒋南翔担任《战时青年》的主编,何礼担任公开发行人,一共出了八期。《青年生活》由南方局青委(后为青年组)主编,每两周出刊一期。《战时青年》杂志和《青年生活》专页,积极宣传共产党的主张,宣传抗日根据地军民抗日斗争战绩和各项建设的成就,切实反映青年要求抗战的呼声,揭露国民党顽固派的反共阴谋。

开办青年训练班。1939年6月13日,毛泽东在延安高级干部会议上明确提出:"去年三月会议以来,党已在全国有了大数量的发展。现在的任务是巩固它。"8月25日,中共中央政治局作出《关于巩固党的决定》,进一步提出:今后一定时期的中心任务是巩固党的组织。而巩固党的中心一环,是加强党内的马克思列宁主义教育、阶级教育和党的教育。1939年暑假时,南方局青委根据中央决定在红岩农场刘太太的草棚里办了个青年训练班,训练班有何康、袁永熙、胡绩伟、刘圣化、徐鸣等,共有二三十人,主要学习政治形势和党的方针任务、马列主义基本理论、社会发展史、党的组织建设、宣传工作、青年工作和秘密工作等有关内容。博古、凯丰、董老、林老等南方局领导同志和部门负责人为学员们讲课。国统区党的青年工作在隐蔽中得到进一步发展。

组织召开南方局青委工作会。1939年8月，中共中央青委决定由南方局青委在重庆召开大后方青年工作会议。中央青委副书记冯文彬和中央青委委员胡乔木从延安赶来参加了会议。南方局青委全体成员和各级青委领导，如韩天石、吴华、李锐、何功伟等出席了这次会议。会议期间，冯文彬作了《形势报告》、胡乔木作了《宣传工作报告》、蒋南翔作了《学校工作报告》，传达了中央关于精干组织、隐蔽力量的方针，研究了在国民党加紧反共活动形势下如何开展党的青年工作等问题，强调克服"救亡作风"，合法保存青运骨干。会议利用《新华日报》作舆论宣传，扩大了影响。在《群众》上，蒋南翔还以余莫文的笔名，写了一篇论述学生运动的文章。

介绍青年学生到延安学习。南方局青委对学生和职业青年，积极开展爱国主义教育和统战工作，输送大批优秀青年前往延安学习工作。当时还有不少爱国华侨青年从香港到重庆被安排赴延安参加抗战。

南方局刚成立时，国民党对去延安的青年尚未实行公开的禁止政策。很多青年是南方局以八路军办事处的名义介绍去的延安。国民党五届五中全会炮制《限制异党活动办法》以后，国民党为了同我党争夺青年，开始封锁延安，在陕甘宁边区的周围设立了许多关卡，胡宗南还在三原设立了所谓"青年招待所"，实际是个集中营。国民党军队在各关卡以盘查为名，借故把许多投奔延安的青年弄到了集中营去。许多渴望去延安的青年被滞留在途中。南方局为保护青年的抗战热情，为了敌后抗战的发展需要，坚持向延安输送青年和技术人员。为了躲过国民党军警特的盘查，南方局安排去延安的人员穿上八路军军服，改名换姓，或作为随车押运人员，或以八路军家属的名义，坐上办事处的军车公开走。这样，国民党的关卡就"卡"不太住了。八路军驻重庆办事处是得到国民党政府军事委员会承认的公开合法机构，其军人、家属和押运军需物资人员去延安是合理合法的。尽管国民党千方百计地刁难阻挠，南方局青委还是源源不断地向延安输送去了青年学生、医务人员和技术人员。从1939年开始，南方局青委向延安输送青年学生和各种技术人员合计达2000人以上。1941年"皖南事变"后，办事处从重庆至延安的交通线被国民党当局阻断。

动员和输送革命青年开赴抗战前线。1938年武汉沦陷，国民党军队畏敌如虎，望风而逃。为巩固和发展中原解放区，粉碎日蒋汪的联合进攻，李先念率新四军我部在敌后战场浴血奋战，需要大批军政干部，他们向南方局提出请求，希望从大后方动员和输送大批有政治觉悟、有工作能力和理论水平的革命青年，到那里去参加抗日武装斗争和民主政权的建设工作。1941年2月1日，中央致电周恩来，称李先念部队有绝大的战略意义。要南方局将办事处，《新华日报》及重庆、桂林、贵阳各地疏散的党与非党干部尽可能地送到那里去。周恩来把这个光荣而艰巨的任务交给了南方局青委。青委根据周恩来同志的指示采取了"公开号召和秘密进行组织的工作相结合"的方针。其间，《新华日报》发表文章号召革命青年到抗日前线去，到解放区去。张黎群以"革命青年的岗位在前线"为内容写了一篇文章，发表在《新华日报》的《青年生活》专栏上。文章提出"什么地方最迫切需要我们去工作？在什么地方的行动才算对民族和人民的解放事业有决定的意义？在今天，我们应该肯定地说，第一是敌后解放区……"，"目前应该有成千上万的知识青年，去参加解放区的巩固与发展的工作，来争取胜利的早日到来，来保证人民享受胜利的果实"，"勇敢地到解放区去,走上真正的抗日的前线……","敌后战场正需要无数英勇的进步青年到那里去参加'扩大解放区,缩小沦陷区'的解放中华民族的神圣事业","我们应当把自己放在民族解放战争中最好的岗位上,那就是参加解放区的工作"。这些文章,给大后方革命青年公开撑腰壮胆,鼓舞他们发扬大无畏的革命精神和爱国主义热情,昂首挺胸地走上抗日第一线。

在做舆论工作的同时,对大后方党组织所团结和联系的大批进步青年进行了非常秘密的组织工作,帮助即将出发的青年以赴外地探亲为借口,取得国民党当局签发的正式通行证,教会他们记住接头暗语,熟悉沿途路线;并按打麻雀战的办法,将他们编成小组,不成群结队,但能互相照应,以便和敌人进行机动灵活的斗争。南方局青委秘密巧妙的安排,让一批又一批的革命青年从国民党顽固派的眼皮底下,大摇大摆地登上东去的轮船,到达巫山,然后下船上岸,又经长途跋涉,翻山越岭,通过国民党统治区、突破日伪占领区,最后全部胜利到达中原解放区,为我中原解放区注入了大量新鲜血液,壮大了敌后抗战队伍。

组织革命青年到农村去。1944年秋,日军侵入贵州独山,威胁陪都重庆。南方局青年组根据国统区的实际情况向大后方青年发出了"革命青年到农村去"的战斗号召,号召一切有觉悟的青年应该到广阔的农村去,与农民群众相结合,深深地扎根到群众之中。当时,张黎群在《新华日报》上发表一篇文章《知识青年到农村去》,文章写道:"'到工农群众中去',成为目前大后方革命知识青年行动的具体要求了,……这样做,就是在根本上解决了革命知识青年的工作岗位,群众观点以及有力量实现崇高理想的问题。也只有这样做,我们才能够在敌人的铁蹄踏上它曾经没有蹂躏过的地方的时候,赶走它,有办法把民众动员起来,为争取抗战胜利和实现彻底的民主政治而奋斗。"南方局青年组有计划、有组织地发动革命青年下乡上山去开展革命工作。下乡的主要地区是嘉陵江中上游的达县、合川、岳池、南充、西充一带。青年组动员、组织了一批同志到那里建立据点,团结当地进步青年、发动基层群众,结识上层人士,发展统一战线,准备积蓄力量,开展游击战争,建立农村基地,开展抗战活动。在周恩来的关怀下,南方局选择育才学校开办了一个青年农村工作训练班,给积极响应号召的革命青年讲农村工作的方针、政策、策略和工作方法。周恩来当时曾说过:"青年是争取和平民主的先锋队。谁有青年谁就有将来。国民党顽固派残杀青年,压迫青年。共产党则爱护青年,培育青年。"这些青年都纷纷投入到大后方的广大农村,走上了与农民群众相结合的道路,进行艰苦的革命工作,发动农民群众,组织农民群众,为迎接全国解放争取群众,作出了很大的贡献。许多同志在斗争中成长为优秀的革命者。

开展"据点"的建立工作。1940年6月3日,中共中央发出《关于目前国民党区学生工作的几个决定》。决定指示,今后我党在国民党区域学生运动的根本方针是:"长期的潜伏发展,积蓄力量,争取人心。"工作中心由校外的救亡工作立即转为校内学生工作。1942年5月25日,周恩来致电中央青委:南方局青年组现有非常关系150人(其中包括大、中学生和文化、教育、军事、政府、经济等机关的青年)已建立"据点"四个。今后工作主要是巩固现有"据点"和联系的关系,同时利用学生暑假开展调查,对留校同学进行启发教育。南方局青委坚决贯彻执行这一根本方针,使南方广大地区青年工作从组织上、作风上、思想上迅速实现了转变,适应了急剧变化的新形势。

所谓"据点",实际上是在进步青年和学生中建立一个系三五人组成之不定型的小组,以学习职业为主,附带研究时事问题和重要政治文献,并作调查与通讯工作。没有固定名称跟活动方式,又能团结在党的周围、具有一定战斗力的组织。是抗战时期,在国民党统治区南方局青年组为领导和联系进步青年而建立的联络网点。因为当时国民党特务盯梢很厉害,许多青年同志到八路军办事处、《新华日报》报馆极不方便,尤其"皖南事变"后,国民党的反共活动加剧。《中央日报》等反动报刊对中共改称"奸党",在渝学校、机关团体"以共党嫌疑"被逮捕的就有40多人,其他国统区情况比重庆还要严重。虽然反共浪潮来势汹汹,但是进步青年依然坚持斗争。根据斗争的需要,1944年5月,南方局青年组领导建立了管家巷28号(即"管二八")育才驻渝办事处,1942年下半年,建立了中央大学"据点"。在沙磁区其他大专院校也建立了一些进步学生的工作关系,如重庆大学有倪代庚(倪立羽)、张现华,四川教育学院有刘德斌、赵敦健(赵仲强),湘雅医学院有兰维廉,中央工校有赵庆辉、吕贻德,造纸学校有李向农、王广仁(王宪真)等。到1945年初,与远在李庄的同济大学的万孝信、邓祖山等建立联系。通过这些分散的秘密联络点,开展对青年的联络工作和组织发动。

联络点主要工作就是在青委的领导下,为解放区输送干部。较大规模地向解放区输送干部是两次。一次是到中原解放区,一次是到延安。在重庆,曾设立了三个联络输送点,一个是复旦大学,由杜栖梧负责,主要动员组织复旦大学的学生和周围的进步青年。一个是中央大学,由吴佩纶负责,主要动员组织中大的学生和周围进步青年。再一个是育才驻渝办事处,由金秀堤负责。

## 四、南方局青运工作的基本意义

南方局青委(青年组)在国统区革命实践活动的历史内容十分丰富,这些丰富的革命活动是南方局领导国统区抗日民主革命斗争历史内容的重要组成部分。在国民党统治区,南方局青委根据环境实际,以特有的形式,联系、教育、培养了国统区的进步青年,以灵活多样的宣传教育活动,启发国统区广大青年的觉悟,带领青年学生团结起来,勇敢地同黑暗势力作坚决的斗争。青委通过秘密交通线向八路军、新四军和抗日根据地输送青年干部。在国共关系处于紧急时刻,安全转移和撤退隐蔽了革命力量,保存了党的骨干。青委还组织领导沦陷区进步青年开展多种形式的抗日斗争,极大地振奋了沦陷区广大青年的爱国热忱,团结他们坚持抗战直到胜利。南方局青委在国统区的工作,为加快夺取抗战的最后胜利,为推动国统区的民主爱国运动,作出了历史性的重要贡献。

(作者简介:唐振君,职称:文博副研究馆员;职务:重庆红岩革命历史博物馆党史研究部副科长)

# 社会主义核心价值体系引领
# 红色文化发挥社会职能作用

唐振君

中国特色社会主义核心价值体系与红色文化都是社会主义意识形态的本质体现。社会主义核心价值体系以马克思主义为指导思想,追求中国特色社会主义共同理想,弘扬民族精神和时代精神,倡导社会主义荣辱观,集中反映了当代社会最基本的价值取向和行为准则,构成了一个完整的理论体系,对社会主义意识形态具有明确的主导性、现实性、时效性。红色文化则矢志不移地以社会主义核心价值体系为理论基础,坚持红色的、先进的文化发展方向,为社会、为人民大众提供丰富多彩的精神文化食粮。

本文主要通过社会主义核心价值体系引领红色文化发挥主导、教育、宣传、美育四个方面的作用谈点认识。

## 一、社会主义核心价值体系引领红色文化发挥主导作用

社会主义核心价值体系在社会主义红色文化中显现出主导和引领的作用。随着改革开放的进一步深入,现代社会生活的多样性为每个人提供了更多选择的权利,但这种选择是受一定核心价值观规约的。如果社会主义核心价值体系起不到应有的主导和引领作用,整个社会就会陷入无序或混乱。红色文化在社会主义社会里,旗帜鲜明提出要用"红色"的主旋律来占领社会主义文化宣传阵地,来传承和弘扬中国共产党在领导中国革命的征程中所形成的井冈山精神、长征精神、延安精神、红岩精神和西柏坡精神,使这些红色文化的精髓,成为激励人们开拓进取、矢志不渝的强大精神支柱,成为人们辨别是非曲直、惩恶扬善、分辨美丑的道德标准,回答了人们应该坚持什么、反对什么,倡导什么、抵制什么的行为标准。从而显现社会主义核心价值体系领理想、精神、道德的主导作用,使红色文化更加健康有序地发展,为实现中华民族的伟大复兴奠定坚实

的基础。

## 二、社会主义核心价值体系引领红色文化发挥教育作用

社会主义核心价值体系引领社会主义红色文化发挥教育功能的作用。社会主义核心价值体系以马克思主义指导思想为价值核心。马克思主义的产生与发展是在研究和总结世界各国的无产阶级革命的成功经验与失败教训的基础上，形成的一套完整的理论思想。列宁指出："马克思和恩格斯的具有世界历史意义的伟大功绩，在于他们用科学的分析证明了资本主义必然崩溃，必然过渡到不再有人剥削人现象的共产主义。""在于他们向各国无产者指出了无产者的作用、任务和使命就是首先起来同资本进行革命斗争。"马克思主义理论在中国得到活的运用。在"五四"新文化运动时期，马克思主义思想在中华大地得到广泛的传播，中国共产党不仅接受马克思主义这一先进的理论思想，而且用马克思主义理论思想来指导中国革命。在新民主主义革命时期，中国共产党运用马克思主义理论，创造了毛泽东思想。在社会主义革命建设中，中国共产党运用马克思主义理论，创造了邓小平理论、"三个代表"重要思想、科学发展观，这些具有中国特色的理论思想，不仅大大地丰富了马克思主义理论思想，而且成为中国特色社会主义核心价值体系的核心思想，也成为红色文化的思想精髓，并指导红色文化在社会主义革命与建设中发挥教育职能作用。其主要表现为：一是为红色文化发挥教育功能提供了坚实的理论支撑。马克思主义思想在中国人民中获得很高的威信，被接受为宣传、文化、教育等各项事业的指导思想。新中国成立初期，刘少奇在全国宣传工作会议上指出："用马列主义的思想原则在全国范围内和全体规模上教育人民，是我们党的一项最基本的政治任务。"这一指示明确了马克思主义的指导地位，为马克思主义思想在社会主义红色文化中开展全民教育发挥作用奠定了理论基础。二是为红色文化发挥教育功能提供丰富的内容。随着社会的进步与发展，马克思主义思想内容进入红色文化教育领域中。红色文化秉承毛泽东《在延安文艺座谈会上的讲话》提出的"文艺为人民服务、首先为工农兵服务"的方针，倡导继承和发扬民族文化中的优良传统，把表现民族、科学、大众的红色文化主题，汇集到红色文化教育中。如一大批以反映革命战争、民主改革为题材的话剧《万水千山》、歌剧《江姐》、小说《保卫延安》、电影《日出》、歌曲《十送红军》等经典作品都成为教育和启迪人民形象、生动的教材。抗战时期，许多昔日的抗战主战场，解放后被修建成了博物馆、纪念馆，这些纪念性革命遗址，所展示的是革命战争和解放战争时期，中国共产党领导中国人民浴血奋斗抗击外来侵略，争取民族解放的革命斗争历史，所讲述的是重要历史人物和重要历史事件，这些事件和人物都在不同方面、不同程度上推动社会的进步，为中华民族作出了重大贡献，在人民的心目中产生了广泛而深远的影响，深受人民的爱戴和崇敬，成为民族的光荣和骄傲。这些鲜活的教材不仅充实了红色文化丰富的内容，而且成为教育人民群众建设社会主义新中国的生动课题。三是为红色文化发挥教育功能提高广泛社会性。当今社会的现代化程度越高，人们分享社会主义文化成果的社会性体现就越充分。红色文化成为人们追求和谐生活，创建和谐社会的精神慰藉品。以革命纪念地所承载的革命精神为主题的红色旅游，如"重走长征路"、"再上井冈山"及以全国各纪

念景区为主线30条"红色精品线路"推出,已成为社会推进思想道德建设和思想政治教育的社会实践活动,被广大民众,特别是青少年所广泛地接受与推崇。红色文化如春风袭来慰藉着广大民众情感和灵魂托付,并鼓舞和昭示着人们坚定不移地走中国特色社会主义道路,使中华民族五千多年辉煌灿烂的历史文明生生不息、薪火相传。

## 三、社会主义核心价值体系引领红色文化发挥宣传作用

社会主义核心价值体系是追求中国特色社会主义共同理想,弘扬民族精神,反映当代社会最基本的价值取向和行为准则。红色文化的核心是大力弘扬爱国主义、革命传统、共产主义理想与信念,特别是在当今各种思潮相互激荡、各种文化相互交融、各种观念相互碰撞的时代。如,西方意识形态及文化附着在中国对外开放形成的经济流、物质流之上汹涌进入华夏大地。曾一度掀起的"文化热",以引进的西方自由主义的历史观、价值观批判中国历史、中国文化和中国的现实。一时间,大量的美国大片占领中国影视市场。这里有几组数据:2000年至2004年,中国从各种渠道进口的影片4332部,其中,美国影片占到40%到50%;中央电视台和各地电视台播放的外国影片4000余部,40%以上是美国的;在电影院放映的221部进口影片中,53%是美国影片。中国影片市场被戏称为"美国主菜,英国甜点"。此时,美国战略家兹比格涅夫·布热津斯基在《大抉择——美国站在十字路口》中在有关亚洲和中国的论述中,特意提到《中国可以说不》和《全球化阴影下的中国之路》,他指出:这两本书反映出基本的看法是,"全球化是美国政治霸权和文化霸权的延伸"。无论是"全球化"还是"全盘西化"都说明国际霸权主义,企图借助中国对外开放时机,利用各种文化手段大肆侵蚀,进行文化渗透妄想引领中国主流文化,消退中国人民培育已久的民族文化,动摇人民坚持走中国特色社会主义道路,实现中华民族的伟大复兴的共同理想。因此,社会主义核心价值体系引领红色文化发挥宣传作用尤为重要。一是社会主义核心价值体系促进红色文化宣传阵地的建设。随着社会进步与发展,人们追求物质生活的同时,不断追求精神文明。人们热衷于休闲、旅游、观光等活动,为了满足人们对精神文化的追求,近年来,国家加大对文化设施建设与投入,文化基建投入1985年为6.45亿元,2007年增加到40亿元。在"十二五"规划中,已将(1)公共文化服务体系建设工程;(2)文化和自然遗产保护工程;(3)传播体系建设工程;(4)重大文化设施建设;(5)红色旅游重点景区建设列为全国文化事业重点工程,一批有影响的文化设施相继建成,文化建设的物质基础日益巩固,为红色文化发挥宣传阵地作用打下坚实的基础。二是社会主义核心价值体系夯实了红色文化宣传基地的建设。许多纪念性博物馆创新思路把博物馆作为社会主义意识形态领域战线的前沿阵地,作为传播先进文化、构建社会主义核心价值体系的主阵地,作为进行爱国主义教育、党员干部教育和警示教育的重要基地。从1997年7月至2009年5月,中宣部向社会先后公布了四批353家全国爱国主义教育示范基地,在全国划定了十二个重点"红色基地区域"、在全国命名了208个红色教育基地。以此影响和带动了全国爱国主义教育基地的建设,使一大批革命纪念馆能更好地发挥爱国主义教育基地作用,更加深入地开展群众性爱国主义宣传教育活动,激发爱国热情、凝聚人民力量、培育民族精神。三是社会

主义核心价值体系促进红色文化创新宣传形式。党的十七大报告深刻指出："在时代的高起点上推动文化内容形式、体制机制、传播手段创新，解放和发展生产力，是繁荣文化的必经之路。"近年来兴起的红色小说的再版，红色电影的播放，红色之旅的推出，红色歌谣的传唱，红色文化展览、演出、论坛、讲座等唤起人们对那段红色年代充满向往，那些为理想信念不惜牺牲生命的人与事，激励和感动着后人。红色经典进高校巡演活动，唱响主旋律，提振精气神。用健康高雅的文化活动占领高校文化阵地，使红色文化成为高校大学生的精神财富。首都北京创新宣传模式，把红色景点与文化演艺相结合。在李大钊的故居，实景剧《父亲·李大钊》吸引了众多的游客。利用重大节日和传统节庆开展爱国主义、革命传统教育、共产主义理想、信念等红色文化主题宣传活动，通过丰富多彩主题活动引导全社会树立建设中国特色社会主义的共同理想，把人民凝聚起来，形成万众一心。

## 四、社会主义核心价值体系引领红色文化发挥美育作用

社会主义核心价值体系与红色文化都是社会发展的产物，也是社会需要的产物。正如马克思《资本论》中说："需要是与满足需要的手段一同发展，并且是依靠这些手段发展的。"中国的现实表明，中国要立足时代发展要求，反映时代发展特点，针对社会发展中存在的实际问题，中国共产党适时提出建设社会主义核心价值体系来主导和引领社会主义意识形态。胡锦涛同志在十七大报告中指出，要"积极探索用社会主义核心价值体系引领社会思潮的有效途径，主动做好意识形态工作，既尊重差异、包容多样，又有力抵制各种错误和腐朽思想的影响"，这是社会主义核心价值体系为红色文化的兴起提供的社会条件，并引领红色文化发挥美育作用。一是社会主义核心价值体系为红色文化提供物质载体。社会价值观的多样化为促进创造活力的迸发提供了条件，而"红色文化热"的兴起正是在这样的社会背景下产生的，至于"红色文化热"兴起则满足了人们心灵的需求。唤醒人们心底美好的记忆，为红色文化作为美育教育提供了鲜活的物质载体。二是社会主义核心价值体系为红色文化提供展示空间。社会主义核心价值体系源于一般价值体系，又高于一般价值体系，是对社会主义一般价值体系的哲学概括和理论升华。作为社会主义核心价值体系构成要素的马克思主义指导思想、中国特色社会主义共同理想、民族精神与时代精神、社会主义荣辱观，都包含着对现实生活的超越，从而标识社会主义核心价值体系的基本特征。这一基本特征，为红色文化提供了坚实的理论支撑，而社会主义核心价值体系构成要素中民族精神与时代精神正是红色文化弘扬的主流文化精神之一，红色文化再现了在革命战争年代，中国共产党带领中国人民抗击帝国主义，推翻封建统治，取得新民主主义革命胜利这段时期所创造丰富的革命精神和厚重的历史文化。新中国成立后，革命历史博物馆像雨后春笋般发展壮大，革命先辈崇高理想、坚定信念、爱国情操都成为红色文化的主题在这里得到广泛的传播，每一处革命遗迹、每一件珍贵文物、每一堂传统课都是鲜活的教材。这些积淀的历史文化为红色文化德育教育提供了广阔的空间。三是社会主义核心价值体系为红色文化提供价值坐标。三十年的改革开放，为中国社会发展带来了机遇的同时，也给中国社会文明带来了挑战。随着人们对物质文明的

追求,对物欲的贪婪,社会出现了金钱万能的拜金主义;唯我自大以个人自由高于组织纪律,个人意志高于集体意志,个人利益高于集体利益的无政府主义、自由主义,使国人的世界观、人生观、道德价值天平逐渐地倾斜。面对一批乘船溺水的大学生,跪请船主施救时,船主回应先付钱,再救人,那种置生命于冷漠的态度令人发指。苏州太湖的快艇惨案,事故发生后驾驶员面对学生哀求拒绝搜救,那些"潜规则"和"钱规则",让世人面对生命的价值变得麻木而冷漠。如今社会一次次呼唤着在革命战争年代,舍己救人的"阿庆嫂",沂蒙红嫂明德英,以及那些舍生忘死为人民群众奋斗、牺牲、救中国的革命烈士群体。他们虽死但精神永存,红色文化用鲜活的历史告诉人们,老一辈革命家他们用生命谱写出对人民的爱,对祖国的大爱。一个人对祖国爱得越深,历史的责任感就越强烈,人生目标就越明确,人生信念就越坚定。古往今来,彪炳史册的无一不是忠诚的爱国者。红色文化唤醒人们世界观、人生观、道德观的价值回归。每当我们置身于革命旧址,重温历史事件,感悟伟人风范,我们感到作为党的后备力量的荣誉感和责任感得到了进一步的激发和升华,更加坚定了我们的共产主义信仰。我们要继承先烈们的遗志,坚定不移地跟着中国共产党走,把建设中国特色社会主义的伟大事业不断推向前进。

**参考文献:**

(1)《列宁选集》第 3 卷,人民出版社 1972 年版,第 603 页。

(2)《中国共产党历史》第 2 卷(1949—1978)上册,中央党史出版社 2011 年版,第 147 页。

(3)《文化价值》,文物出版社 2008 年版,第 29 页。

(4)《文化价值》,文物出版社 2008 年版,第 24 页。

(5)《中国文物报》,中国文物报社 2012 年 3 月 23 日,总第 2017 期。

(作者简介:唐振君,职称:文博副研究馆员;职务:重庆红岩革命历史博物馆党史研究部副科长)

# 试论江竹筠姓名音读

张正霞

**【摘要】**多年来,红岩英烈江竹筠的姓名音读一直困扰着人们,有人主张读"Jiāng Zhújūn"(音),有人主张读"Jiāng Zhúyún"(音)。本文依据"名从主人"的学术通则,以丰富的口述资料、档案史料为据,翔实考证了江竹筠烈士姓名音读为"Jiāng Zhújūn"(音),希望了却人们的困扰。

**【关键词】**姓名　读音　名从主人

江竹筠(1920—1949)系中共四川下川东工委党员,中共川东临委委员兼下川东地工委副书记彭咏梧的妻子。因叛徒出卖,江竹筠于1948年6月14日在万县城(今重庆万州区)被捕,囚禁于重庆绥靖公署二处第二看守所。1949年11月14日被国民党特务枪杀于歌乐山电台岚垭。同年11月30日,重庆解放。1950年被评为革命烈士,为中共重庆市委长期宣传的革命英雄人物。可是,长期以来,江竹筠烈士姓名的音读却存在分歧,有人主张读"Jiāng Zhújūn"(音),有人主张读"Jiāng Zhúyún"(音),尤其是随着现代京剧《江竹筠》的上演,分歧尤为尖锐。本着正本清源,存史资政的目的,本人试从以下方面予以讨论,以期抛砖引玉。

## 一、始作俑者

关于江竹筠烈士姓名音读分歧的起点在于一张"被难烈士登记表",此表是重庆各界追悼杨虎城将军暨被难烈士筹备委员会用来登记烈士基本情况的表。1950年1月9日,谭竹安同志填写了此表,表中烈士姓名一栏,赫然写着"江竹筠",自此,就埋下了音读分歧的隐患,这是填写者谭竹安同志始料未及的。如今,他亦不在人世,无从求证当初为何如此写的缘由。其实,从史料分析可以知道,谭竹安应该没有看见过江竹筠烈士姓名的亲笔墨宝。虽然,他作为彭咏梧前妻谭正伦(谭正裂)的亲弟弟,与江竹筠交往过从甚密,但是,他应该没有亲见过江竹筠自己写下的名字。理由在于:

第一,唯口耳相传,未见书面姓名

1947年11月7日,公开的中共四川省委和地下重庆市委在重庆国泰电影院举办了一场庆祝俄国十月革命胜利二十九周年的电影晚会,那晚,谭竹安意外邂逅姐夫彭庆邦(彭咏梧),谭竹安从彭咏梧处确证有一个叫"江竹君"的女子已经取代了他姐姐谭正烈的位置。不久,地下党组织为了化解谭竹安对江竹筠的芥蒂,特意安排时为进步青年的谭竹安与江竹筠见面,谭竹安目睹了江竹筠的热情和干练,尤其是江竹筠通情达理的一席话,解开了谭竹安心中的怨恨,二人化干戈为玉帛,成为关系亲密的姐弟。《红岩恋——江姐家传》的作者丁少颖先生曾经采访过谭竹安,书中追述了这次见面,文中使用的名字是"江竹君"。因此,可以断定,谭竹安只知口耳相传的姓名,而未见书面的姓名。

第二,书信往来

1948年2月27日,江竹筠只身回到万县,伺机到丈夫彭咏梧牺牲的游击区继续工作,由于敌人清乡围剿很频繁,江竹筠只好暂时滞留在万县地方法院,直到6月14日被捕。其间,她与谭竹安有过长时间的通信联系,保存至今的信件有8封。这些信,都是让谭竹安邮寄到万县地方法院廖荣转江竹筠,信中落款都是竹姐。江竹筠被捕关押在行辕二处看守所渣滓洞监狱,曾经与谭竹安有过通信,署名也为"竹姐"。由此可见,谭竹安只知"江竹君"之音,而未见其姓名的文字。尽管谭竹安将烈士江竹君的名字书写成"江竹筠",但他自己称呼其为"Jiāng Zhújūn"(音)。

## 二、"筠"的语音流变

《说文》本无"筠"字,为后起之俗字。宋徐铉校《说文解字》,凡经典相承及时俗要用之字而皆新附于每部之后,故小徐本收录"筠"。《说文新附·竹部》:"筠,竹皮也。从竹,均声。王春切。"清段玉裁之《说文解字注·竹部》:"筼,竹肤也,肤皮也。竹肤曰筼,亦曰筍,见礼器,俗作筠。"后世皆习用"筠"而罕用"筼"。"筠"之音读,见于郭锡良先生《汉字古音手册》,郭书收录的是北方音系的语音。"筠,(古)匣真;[ɣǐwen],(广)为赟切,云真开三平臻。[jǐwěn]"即上古音为匣母真韵,中古语音为云母真韵,匣母与云母皆属于喉音,发音部位相同,韵部相同。可见,上古到中古,北方语音中的"筠"语音变化不大,仍然读作 yún。《说文新附》之俗字"筠",其声部为"均",较早地记录了"筠"之民间语音"jūn"。由此可知:许慎所在的东汉时期没有"筠"字,到宋代时,民间已经有"筠"字出现,其读音为"jūn"。而记录中原音韵的《广韵》注其读音为"yún"。即俗字"筠",在中原音系中,读音为"yún",在民间读音中为"jūn"。

## 三、名从主人的学术通则

名从主人即事物以主人所称之名为名。《穀梁传·桓公二年》:"夏四月,取郜大鼎于宋……孔子曰:'名从主人,物从中国。'故曰郜大鼎也。"[1]自此以来,无论语音发生何种变化,一些国名、

---

[1] 汉语大词典[M],湖北汉语大词典出版社。

族名、地名和人名姓氏的读音皆约定俗成,尊重当地民俗的语言习惯,而与一般常见的读音不同。如此例证俯拾皆是。例如:国名中的"龟兹(Qiūcí)"不读 guīzī;族名中的"吐谷浑(Tǔyùhún)"中的"谷"不读"gǔ";地名中的"番禺(Pānyú)""番"不读"fān";新疆的尉犁县,只能读成"yú lí",而不能读成"wèi lí";人名中"伍员(Wǔyún)""员"不读"yuán";姓氏中的复姓"尉迟(Yùchí)",不读"wèichí"。

上述特殊读音,相沿已久,有的是保留了古音,有的是外来语的对音,有的是方言语音,因此,在遇到上述特殊的语音情况时,就得根据语言是人类社会的交际工具,是约定俗成的规则。尤其是遇到人名、地名时,不仅要知晓语音,更要懂得名从主人的学术通则。我国著名国学大师陈寅恪(Chén Yínquè)先生的名字便是最好的例证。先生名字中的"恪"在普通话语音为"kè",如"恪守"、"恪遵",但是,"恪"在先生的家乡,方言语音为"què"。因此,先生的弟子们遵从先生的习惯,以先生的家乡话为语音,而不是普通话语音。

江竹筠烈士名字中的"筠"字是一个多音词,有"jūn"和"yún"两读,如仅仅从语言学的角度,将"筠"读成"jūn"或"yún"都无可厚非。但是,当面对江竹筠的亲人、战友、同学都一致称呼其为"Jiāng Zhújūn"(音)时,如仍固执己见地称呼江竹筠烈士为"Jiāng Zhúyún"(音),这未免有些不妥。

## 四、丰富的档案史料

重庆红岩革命历史博物馆(前身是重庆歌乐山烈士陵园和红岩革命纪念馆)是一家专业研究重庆近现代革命史的博物馆,该馆庋藏着丰富的革命档案史料。江竹筠烈士是中共重庆市委重点宣传的革命英雄人物,其档案有着厚厚的几册。围绕着江竹筠烈士姓名的问题,本人从证件、亲人、同学、战友、特务等方面亲笔档案摘录相关史料。

第一,江竹筠烈士的学籍证明书

学籍档案真实地记录着学生的学籍情况,是学生最真实的档案史料之一。我馆庋藏有江竹筠烈士小学、中学、职业学校的学籍档案。

1932年2月,在李义铭(江竹筠的三舅)的帮助下,江竹筠以"无父为孤"免费入学重庆市私立孤儿院学校,《重庆市私立孤儿院院务纪实》一书详细记载着江竹筠入学时的情况。

**本院在院院生一览记载**

| 姓名 | 何淑富 | 江竹君 |
| --- | --- | --- |
| 性别 | 女 | 女 |
| 年龄 | 13岁 | 12岁 |
| 籍贯 | 巴县 | 富顺 |
| 介绍人 | 何鼎臣 | 李树荣 |

续表

| 保证人 | 何鼎臣 | 李树荣 |
|---|---|---|
| 入院年月 | 1930年2月 | 1932年2月 |
| 学程 | 同 | 初八学期 |
| 家庭职业 | 商 | 工 |
| 备考 | 附通 | |

1939年寒假，江竹筼投考何鲁办的中国公学附中，同年，以优异成绩被该校录取。在校期间，江竹筼积极追求进步，在同班同学、地下党员戴克宇的引导下，1939年夏，江竹筼加入了中国共产党。1940年夏，中国公学附中停办，江竹筼失学，江竹筼有一张肄业证明书。档案A291第000109页是江竹筼1941年7月在中国公学附属高中的肄业证，证明上的名字就是"江竹君"三字。为忠实史实，照录证明全文。"查学生江竹君年廿岁四川富顺人曾在本校高中一年级修业期满特此证明□淞中国公学附属中学校长唐国栋中华民国三十年七月"。①

1941年7月，江竹筼从中国公学附中失学后，报考了黄炎培先生的中华职业学校会计班，以优异的成绩入学。会计专业是战时重庆最好就业的专业，1942年，江竹筼从中华职业学校毕业，该校的毕业生名录，也是"江竹君"三字。

第二，亲人的回忆

我馆皮藏很多江竹筼的亲人的采访资料，但大多数非亲笔材料，唯有杨蜀翘提供的史料为亲笔撰写。杨蜀翘是江竹筼烈士的表妹，原四川成都锦江中学校长，现已离休。江竹筼烈士是她革命的引路人和入党介绍人，也曾经是她的领导人。档案A291第000057－000072页《杨蜀翘回忆江竹君在重庆国立女师学院》，在000058页第4行："1947年年底以前是江竹君同志，当时彭咏梧同志也经常听取我们的汇报，和我们研究工作……"000059页第4行："彭咏梧、江竹君……"000060页第2行："江竹君同志和支部同志研究……"同页末倒数第2行："……江竹君……"全文皆使用的是"江竹君"而非"江竹筼"。杨蜀翘与江竹筼关系一直很密切，她应该清楚江竹筼烈士姓名的书写形式。2008年春，本人曾经采访过杨蜀翘校长，在采访中，她一直亲切地称呼"Jiāng Zhújūn"同志或者江姐。

第三，战友的回忆

上世纪七十年代末，我馆为了写作《江竹筼传》，曾经参访了江竹筼身前的许多战友，何理立、杨建成、戴克宇、王珍如、李治平、蒋一苇、刘熔铸、盛国玉等，其中，何理立与江竹筼相交最久，相知最深。何理立是江竹筼烈士的老同学和老战友。1932年2月，江竹筼以"无父为孤"免费进入观音岩私立孤儿院上学。因成绩优异，三次跳级，与何理立（何淑富）成为同班同学及好友，两人

---

① □，表示无法补出或不能辨识的残缺字。

一直同学到南岸中学。1939年,因为南岸中学迁校江津,何理立转学到铜梁,江竹筠考入北碚兴隆场中国公学附中,二人遂分开,但一直有密切的书信联系。1940年夏,两人又考入中华职业学校会计班,又成为同班同学,但不属于一个党组织。1941年夏,两人自中华职业学校毕业,步入社会,一面从事秘密的地下工作,一面从事公开的社会工作。虽然两人不属于同一个党支部,但私人关系仍然亲密,无论是血雨腥风的日子,还是风和日丽的岁月,两人的友谊坚贞而炽烈。江竹筠牺牲后,原歌乐山烈士陵园馆长卢光特(也是江竹筠生前战友)为了撰写《江竹筠传》,与何理立有过多次通信,何老也提供了许多史料。在她所有的亲笔材料中,都是使用的"江竹君"三字。如1977年,何理立写下的《我所知道的江竹君同志一些情况》全文中都是用的"江竹君";又1979年2月28日(农历初一),何理立与丈夫仲秋元(原文化部副部长)致信重庆美蒋罪行展览馆(重庆红岩革命历史博物馆前身),信中使用的亦为"江竹君"。而且,为了江竹筠的姓名,她还曾致信歌乐山烈士陵园,强烈提出自己的意见,现将全文摘录如下。

负责同志:

　　江姐材料前段较详,因知道人较少,后段较略,因知道的人较多。勿於收集。

　　有一事请研究,江姐一直用江竹君名,从未用过"竹筠"两字,同志们为尊重她,均叫"江竹",年青的同志则尊称她为"江姐"。竹筠一名,不知从何而来。请考正。

　　致

　　敬礼

何理立

77.10.11

又我馆皮藏一批采访录像带,其中有脱险志士盛国玉的采访录像。盛国玉是江竹筠烈士被囚西南军政长官公署第二看守所(渣滓洞监狱)的同室难友,1949年11月27日夜大屠杀的时候,从渣滓洞监狱脱险。解放后,在重庆垫江工作,现在还健在。盛国玉同志回忆说,在渣滓洞监狱,特务规定不能称呼囚犯姓名,只能叫号。为了抗议特务的专制,背地里,难友们彼此仍然称呼姓名,只是为了减少麻烦,女牢中约定一些代称,如称呼胡其芬为"大胡",胡芳玉为"二胡",马秀英为"马儿",李惠明为"公主",张静芳为"张大",JiāngZhújūnr(音)为"江姐"或"江竹"。盛国玉不仅直称呼"Jiāng Zhújūn"(音),而且如地道的重庆人一样,将其姓名儿化为Jiāng Zhújūnr(音)。

第四,特务的回忆

黄茂才是原西南军政长官公署第二看守所(渣滓洞监狱)的看守,受到狱中革命者的教育和影响,十分同情革命,为狱中的革命者做了许多工作,为江竹筠送信,为难友购买药品,传递狱外情况。解放后,得到人民政府的宽大处理,回老家务农。档案A291第000006页为黄茂才的亲笔材料。1966年9月21日,《市公安局关于匪渣滓洞看守所调查材料二》中,黄茂才亲笔写道:"在看守所时,据我知道表现得好的人有女室的江竹均、曾紫霞、柏汉秀①、李青林、胡其芬。"又1981年6月2日,黄茂才亲笔写下《我同江竹均关系》,文中出现"江竹均"的姓名计五次,虽然黄茂才笔下的"江竹均"三字与"江竹君"书写形式不同,但是语音却是完全相同的,因此,可以断定,江竹筠烈士的姓名无论是书写成"江竹君"还是"江竹筠",其姓名音读仍然是"Jiāng Zhújūn"(音),而不是"Jiāng Zhúyún"(音)。

综上众证,本人认为:江竹筠烈士的姓名音读应毫无疑问为"Jiāng Zhújūn"(音),而非"Jiāng Zhúyún"(音),而且,为了更好地宣传江竹筠烈士的革命精神,重庆的宣传机构宜统一江竹筠姓名的音读或者还原于烈士的真实姓名"江竹君",无疑,这将是对烈士最好的慰藉,对革命历史的真诚敬畏。

(作者简介:张正霞,职称:文博副研究馆员;职务:重庆红岩革命历史博物馆统一战线史研究部科长)

---

① 柏为杨之废弃简化字,柏汉秀即杨汉秀烈士。第三批简化字楊简化为柏。

# 释"大有农场"

## 张正霞

"大有农场"位于今重庆市化龙桥红岩村52号。1931年,饶国模同志购买了重庆市郊红岩嘴200多亩荒地,办起了以种植果品花卉为主的"大有农场"。1939年5月3日和4日,日本帝国主义连续对重庆进行无区别的大轰炸,中共在重庆机房街的八路军办事处被炸毁,棉花街的宿舍被烧,办事处就搬迁到饶国模的"大有农场"。从此,饶国模、"大有农场"在中共历史上便占有举足轻重的地位。抗战胜利后,国民政府还都南京。1946年5月,周恩来、董必武率领中共代表团、南方局和办事处迁移南京。临别时,农场主人饶国模请董必武同志为农场题名,董老欣然挥毫,题写"大有农场"。1950年6月,饶国模同志将"大有农场"近300亩土地和农场内的房屋全部无偿捐献给共产党和人民政府。1958年5月1日,党和人民政府将其作为革命遗址对外开放。从此,"大有农场"亦备受关注,但其含义因无史料记载,语焉不详,众人对其含义说法不一。其中以《饶氏兄妹》一书的作者陈先学先生的"大家所有"之说最为影响深远。然本人窃不以为然,本文拟对其含义予以探讨,以期抛砖引玉。

"有"始见于甲骨文ᄇ,《甲骨文合集》11480:"▨"释文为"贞,日有食。"《说文·有》:"▨,不宜有也。《春秋传》曰,'日月有食之。'从月,又声。凡有之属皆从有。"林义光《文源》:"按,有非'不宜有'之义。有,持有也。古从又持肉,不从月。"即"▨"为手里拿着肉,其本义是与"无"相对,引申义为多、丰收、富足。《诗·鲁颂·有駜》:"自今以始,岁其有。"毛传:"岁其有,丰年也。"《诗·大雅·公刘》:"爰众爰有。"朱熹集传:"有,财足也。"《列子·说符》:"羡施氏之有,因从请进趋之方。"张湛注:"有,犹富也。"

"有"之词性为动词(本文不讨论)、形容词。形容词"有"可与形容词搭配。如《镜花缘》第四十回:"今登极以来,十又馀年,屡逢大有,天下太平。"又《聊斋志异·嫦娥》:"实告卿,年来颇称小有。""有"与形容词"大"搭配,最早始见于《易·序卦》:"与人同者,物必归焉,故受之以《大有》。"高亨注:"《大有》,所有者大,所有者多也。"发展到近代汉语,"大有"渐凝固为固定词语结构。如唐储光义《观竞渡》诗:"能令秋大有,鼓吹远相催。"明徐渭《先除夕二日雪甚如婴儿拳》诗:"明年从大有,连岁却馀殃。"清潘荣陛《帝京岁时纪胜·立秋雨》:"若立秋之日得雨,则秋田畅茂,岁书大有。""大有"在逐渐凝固时,发展到其后可以跟单音的名词或动词。"大有+单音名词",始见于《春秋·宣公十六年》:"冬,大有年。"《穀梁传》:"五穀大熟,为大有年。""大有+单音动词"始见于《孟子·公孙丑下》:"故将大有为之君,必有所不召之臣。"到庄子时期,便发展到与复音词搭配,如《庄子·逍遥游》:"肩吾问于连叔曰,'吾闻言于接舆,大而无当,往而不返;吾惊怖其言,犹河汉而无极也,大有迳庭,不近人情焉。"王先谦集解引宣颖云:"迳,门外路;庭,堂外地,大有,谓相远之甚。"后称彼此差异很大为"大有迳庭"。因"大有+双音词"这种四字格结构构词能力强,意义完整,表达精练,含义丰富,逐渐成为固定结构,如《续资治通鉴·宋理宗景定四年》:"神宗大有作为。""大有作为"谓能充分发挥才能,做出很大成绩。又见清宣鼎《夜雨秋灯录·雪里红》:"不言其师,而师自大有人在。""大有人在"指某一类人为数很多。如今,这种四字格的构词法仍然为人们相沿习用,如"大有径庭"、"大有作为"、"大有可观"、"大有人在"、"大有希望"、"大有文章"等。因此,以此结构构词的"大有农场",其含义便是农场大丰收的意思。"大有"与"农场"搭配,符合形容词"大有"的语义场,表达了场主祈望农场丰收的愿望。不能凭借一句"红岩即是众人家"(饶国模《除夕送友人》),便望文生义,将"大有农场"解释为"大家所有的农场"。

"大有农场"作为场名早就有之,并非董必武同志取名,有诗为证。1942年,董必武同志的《和饶国模》诗序:"红岩嘴原系渝郊外一荒谷,刘太太饶国模女士经之营之,名大有农场,花草竹树一时称盛。……"1943年6月,饶国模赠诗给即将回延安的孔原。龙潜见后,作《和赠坤诗》,第一句便是"大有一主贤,红岩数峰雄"。1946年5月,中共代表团和南方局(重庆局)迁移南京,临行前,饶国模恳请董必武给农场题词纪念,董必武同志欣然挥毫,留下"大有农场"墨宝。

总之,"大有农场"的真正的含义并非"大家所有的农场",而是"农场大丰收"之意;场名亦非董老取名,只是董老题词而已。

(作者简介:张正霞,职称:文博副研究馆员;职务:重庆红岩革命历史博物馆统一战线史研究部科长)

# 爱国主义是革命纪念馆永恒的主题

唐振君

爱国主义教育,是社会主义精神文明建设的一个重要内容,要贯穿社会主义现代化建设的整个过程。革命纪念馆是弘扬和实施爱国主义教育的重要场所,是社会主义精神文明建设的窗口。

如何使爱国主义内容贯穿到纪念馆的宣传工作中,从而真正激发人民群众的爱国热情和民族自豪感,达到爱国主义教育的目的,是革命纪念馆必须研究和探讨的一个课题。

## 一、明确性质,发挥特点

革命纪念馆是中国博物馆事业的组成部分之一。它具有中国博物馆共有的性质。即:"是文物和标本的主要收藏机构、宣传教育机构、科学研究机构,是我国社会主义科学文化事业的重要组成部分。"[①]简称"三重性"。即:一是作为文物和标本的主要收藏机构,博物馆必须收集和收藏文物、标本,管理和保护好这些珍贵的文物遗产,使它们不致遭到破坏和散失。二是作为宣传教育机构。博物馆必须发挥政治思想教育和传播科学文化知识的作用。三是作为科学研究机构。博物馆必须开展科学研究活动,要研究文物收集的范围、收集的方法和藏品内容,研究陈列内容和陈列形式,研究宣传教育内容和群众工作的方法。"三重性"之间相互联系,不可分割,它们辩证统一,从而构成博物馆的全部业务工作。只有明确博物馆三重性,才能促进博物馆事业健康的发展,才能推动革命纪念馆各项工作正常的运转。

世间万物,虽各从其类,既有共性,又有个性,其差别就是由性质所决定。事物的性质是由事物本质的东西决定。革命纪念馆,是纪念重要历史人物和重要历史事件的专题性博物馆,它们一般以特定的纪念性遗址、遗迹的原貌作为自己存在的条件,有别于其他博物馆,而成为一个具有自己特点的博物馆类型。[②]革命纪念馆是社会主义博物馆,应运用马克思主义观点来指导各项工作,以研究和反映社会历史的发展过程、发展规律,以及历史上重要事件和重要人物为主要内容。它的个性既鲜明又突出,其表现为:一是以陈列展览的方式将特有的社会历史贯穿在陈列的内容中。二是用实物给人以启迪。三是以文物为基础组成展览。四是通过展览开展宣传教育活动。因而人们对革命纪念馆产生了一个普遍概念:以实物为基础,利用宣传为目的,以观众为对象,向人们传播革命传统教育、爱国主义教育、社会主义教育。简称"三大教育"。

革命纪念馆所陈列展示的纪念对象都是属于在我国历史上已经肯定的一些重大事件和重要人物。这些事件和人物都在不同方面、不同程度上推动社会的进步,为中华民族作出了重大贡献,在人民的心目中产生了广泛而深远的影响,深受人民的爱戴和崇敬,成为民族的光荣和骄傲。革命纪念馆的产生和发展,有机地把博物馆的共性和已知的个性融为一个完美的整体。

爱国主义教育已成为革命纪念馆宣传教育的重要内容之一。爱国主义是一个历史范畴,是中华民族在几千年的历史长河中自身发展起来的。中国数千年的文化,培育了中华民族一种对自己祖国的深厚而朴实的感情。这种感情赋予我们先辈巨大的精神力量和无穷的创造力,使他们创造了中华民族辉煌灿烂、独树异彩的古代文明,这种感情赋予中华儿女酷爱自由、坚毅勇敢的个性,使他们为民族救亡图存,为争取独立、自由、幸福而顽强战斗,一次次地把自己从强权压迫的桎梏中解放出来。爱国主义丰富的内涵贯穿在革命纪念馆的陈列展览中,这也是纪念馆在传播爱国主义教育过程中所展现的一种特殊功能。

爱国主义在社会主义发展的不同阶段、不同时期,赋予革命纪念馆不同的展示内容。在新民主主义革命时期,爱国主义主要表现在致力于推翻帝国主义、封建主义和官僚资本主义反动统治,把旧中国改造成为新中国。在现阶段,爱国主义主要表现在献身建设和保卫社会主义现代化的事业,献身于促进祖国统一的事业。因此,爱国主义应该成为革命纪念馆陈列主题思想。正如邓小平指出:"中国人民有自己的民族自尊心和自豪感,以热爱祖国、贡献全部力量建设社会主义祖国为最大光荣,以损害社会主义祖国利益为最大耻辱。"[3]

爱国主义的内容,定格在革命纪念馆的陈列展览中,通过不同的宣传形式得到淋漓尽致的发挥。每当人们在参观展览时,都会在历史与文化、时间与空间、人物与事件交织中,去感受那些蕴藏在陈列展览的文物、图片、文字背后所发生的历史,体验其中折射出的爱国之情。

## 二、明确职能,弘扬正气

社会主义制度确立以后,革命纪念馆被定位在促进精神文明建设的行列中,以其独特的存在方式,有效地发挥着"为社会服务"、"为人民服务"的社会宗旨。

随着纪念馆的产生和发展,它与社会发展的需要及人类社会实践需要紧密相连。纪念馆不仅是社会发展的产物,也是社会需要的产物。正如马克思所说:"需要是与满足需要的手段一同发展,并且是依靠这些手段发展的"。[4]在社会主义的发展和建设中,人们的物质文化不断地提高,人们对精神文明需求更为强烈。纪念馆在一定的范围内满足了人们的需要。纪念馆为人们提供了认识、了解自己祖国的文化历史及社会历史知识。而社会也为纪念馆的产生和发展提供了丰富的社会、历史及文物等物质资料。纪念馆是社会和人民的需要,从而为纪念馆的发展奠定了坚实广阔的物质基础。

爱国主义作为民族精神,通过纪念馆的陈列展览得以传承和发扬。中华民族是一个具有悠久历史的伟大民族,自古以来就把爱国主义作为应当弘扬的正气,古言之:"我善养吾浩然之气。""一点浩然气,千里快哉风。"文天祥的一首《正气歌》,以及他的《过零丁洋》中所写"人生自古谁无死,留取丹心照汗青。"都被世人千古传颂。爱国诗人屈原的:"路漫漫其修远兮,吾将上下而求索。"民族英雄岳飞的"精忠报国",还有在民主革命中,无数革命先烈为挽救国家民族的危亡,为了新中国的建立,抛头颅、洒热血,用生命谱写崇高的爱国主义诗篇。

新中国成立以来,在各条战线上涌现出许多优秀的共产党员,他们是党的好干部孔繁森、张鸣岐,在洪水面前顽强拼搏、舍生忘死的高建成、李长志等,他们所表现出的可歌可泣的爱国主义举动,都为纪念馆提供了丰富的爱国主义题材。

正如时任中共中央总书记江泽民所说:"中华民族有着自己的伟大民族精神,这个民族精神,积千年之精华,博大精深,根深蒂固,是中华民族生命机体中不可分割的重要成分。中华民族在五千年的发展中,历经磨难而信念愈坚,饱尝艰辛而斗志更强,开发建设了祖国的大好河山,创造了灿烂的中华文明,为人类文明进步作出了不可磨灭的贡献。"⑤纪念馆营造了一个史料翔实,形象生动、知识丰富的文化氛围,让人们在纪念馆参观过程中,重温历史,从而激发人们爱国主义热情,使之转化为建设祖国的思想动力,有效地实现纪念馆的社会职能。

### 三、利用优势,建设教育基地

革命纪念馆是建设社会主义精神文明的教育基地。现阶段,爱国主义和社会主义在本质上是统一的。

纪念馆在弘扬爱国主义教育和社会主义教育上,占据了得天独厚的优势,它不仅拥有丰富的文物资源、广博的社会历史文化,而且还独据纪念性遗址、遗迹,使它成为以人类历史及其环境的见证物为资料的公共教育机构。它既能突出遗址或遗迹的时代背景,又能使参观者产生"如临其境"、"如历其事"、"如见其人"的感觉。通过教育,激发人们在现代化建设中,为建设一个繁荣昌盛的新中国而建功立业,为创造一个更加辉煌的新社会而努力奋斗。因此,纪念馆对培养社会主义新人,具有重要意义,它成为我们进行爱国主义教育的理想基地。

从1997年7月至2009年5月,中宣部向社会先后公布了四批353个爱国主义教育示范基地,并以此影响和带动了全国爱国主义教育基地的建设,使一大批革命纪念馆能更好地发挥爱国主义教育基地作用,更加深入地开展群众性爱国主义教育活动,激发爱国热情、凝聚人民力量、培育民族精神。

纪念馆是以实物为主的陈列展览向人民群众进行爱国主义教育的,具有直观、真实、形象、生动等特点,易于被人们接受和理解。因为,文物本身就代表一定历史时代文化,体现着时代气息。纪念馆本身就是一本活生生的爱国主义教科书,通过纪念馆陈列展览使人们受到启迪和教育,在情感上产生共鸣,从而更加热爱我们伟大的祖国。

## 四、弘扬爱国主义精神，唱响时代主旋律

纪念馆大力弘扬爱国主义精神是时代进步的内在要求，对繁荣社会主义文博事业具有重要作用。

一个前进的时代总要有一种向上的精神，一个发展的社会总要有一种积极的主旋律。主旋律代表时代精神，表达人类美好的情感。纪念馆传播爱国主义就是为社会进步提供精神动力，用爱国主义精神来教育人民，振奋精神，鼓舞斗志，凝聚民族力量，激发社会活动，给人民以积极进取、发愤图强的精神。纪念馆唱响爱国主义的主旋律，就是要面向社会，特别是广大的青少年。正如《爱国主义教育实施纲要》中指出："爱国主义教育是全国教育，重点是广大青年。"江泽民总书记指出："发展社会主义精神文明，核心是培养有理想、有道德、有文化、有纪律的一代又一代社会主义建设人才。"[6]

对青少年来说，纪念馆是立体的教科书，是历史教学的校外课堂。对广大人民群众来说，是认识祖国悠久历史和物质文明的课题，也是向社会传播历史知识的最好课堂。使爱国主义思想自然地融入陈列展览内容中，通过宣传教育引导人们了解祖国历史、文化，了解中华民族对人类文明的贡献，从而增强对祖国的深厚感情，增强民族自尊心和自信心，坚决维护祖国和民族的利益，引导人民了解和认识近百年来中国人民为争取国家独立和民族解放而坚持不懈的斗争历史，从而促使人民热爱我们伟大的祖国，热爱社会主义制度。

一个国家、一个民族，要走向现代化，走向世界，离不开爱国主义教育。特别是在改革开放的大潮中，整个社会主义经济建设有着突飞猛进的发展，物质的丰富，市场的繁荣，文化娱乐的多样，人们更需要健康的思想。纪念馆更应唱好爱国主义主旋律，充分发挥社会宣传职能的作用，建设好爱国主义教育基地，为社会培养更多有用之才，为国家的兴旺发达作出贡献。

因此，爱国主义是革命纪念馆永恒的主题。

**参考文献：**

[1]《中国博物馆学概论》，文化部文物局主编，文物出版社1985年12月版，第29页。
[2]《中国博物馆学概论》，文化部文物局主编，文物出版社1985年12月版，第45页。
[3]《中共中央关于在全党深入学习邓小平理论的通知》，中共中央1998年6月24日。
[4]马克思《资本论》，中共中央马克思恩格斯列宁斯大林著作编译局译，人民出版社2004年1月版，第一卷第559页。
[5]江泽民《在全党抗洪抢险总结表彰大会上的讲话》，《人民日报》1998年9月29日第1版。
[6]《关于加强社会主义精神文明建设若干重要问题的决议》（中国共产党第十四届中央委员会第六次全体会议一九九六年十月十日通过），2007年6月22日，新华网。

（作者简介：唐振君，职称：文博副研究馆员；职务：重庆红岩革命历史博物馆党史研究部副科长）

# 突出红岩特色　整合革命资源

李　武

重庆红岩联线文化发展管理中心(重庆红岩革命历史博物馆)是由原红岩革命纪念馆、歌乐山革命纪念馆和市内十来家景点整合而成,是一个正局级单位。年接待中外游客400多万人次,先后荣获"全国社会教育优秀基地"、"全国100个中小学爱国主义教育基地"、"全国百个爱国主义教育示范基地"、"全国精神文明建设先进单位"、"全国统一战线教育基地"、"全国廉政教育示范基地"、"全国十大红色旅游景区"等荣誉。

## 一、优化景区环境,不断完善教育基地设施建设

(一)加强基础设施建设

近年来,红岩联线先后完成了新华日报总馆、中共代表团旧址等10余处文物旧址的回收和人员搬迁工作,完成了歌乐山革命纪念馆红岩魂陈列馆、红岩魂广场二期主体工程、红岩村红色旅游工程建设等。在红岩魂广场规划设计和修建上,通过《红梅赞》、《水火相容》、《浩气长存》等寓意深刻的雕塑景观、音乐流水景观以及凝重的石梯和鲜艳的巨幅党旗、国旗、军旗、团旗、队旗,营造了庄严肃穆的氛围。红岩村的红岩广场和烈士墓的红岩魂广场已成为城市标志性景观建筑。

(二)优化服务设施建设

在烈士墓红岩魂陈列馆、红岩村红岩陈列馆、渣滓洞、白公馆景区四个主要景点修建游客接待中心。在红岩村、烈士陵园分别设立医疗室。完善景区参观标识及各种警示、提示标识等,为观众参观提供便利和保障。

## 二、突出红岩特色,不断开展丰富多彩的爱国主义教育活动

(一)充实红岩主题基本陈列

近年来,红岩联线策划制作了以《红岩魂》陈列展览、《千秋红岩》陈列展览等为主的基本陈列

展览,全面更新了《白公馆、渣滓洞复原陈列》、《张学良、杨虎城狱中生涯展览》、《中美特种技术合作所展览》等一系列展览。截至目前,我们策划制作的《红岩魂展览》连续18年在全国300多个城市巡展,共计380余场,接待观众3700多万人次;《红岩魂报告》连续18年在全国各地宣讲1000多场,听众达百万之多;《红岩魂展演》、《血铸红岩》连续8年在全国巡回演出877场,观众达400多万;《生命作证——夜游白公馆、渣滓洞》情景剧连续9年表演3600多场。

(二)举办形式多样的专题性附加临时展览

一是利用馆藏文物,举办《记忆重庆——世纪照片回顾展》、《巍巍丰碑·最忆是总理——唐双宁书画展》等历史文物、革命传统、书法及绘画艺术为内容的专题展览。二是开展馆际横向联系,与省内外兄弟馆相互交流,扩大宣传。今年年初与长春伪满皇宫博物院联合举办《从皇帝到公民——爱新觉罗·溥仪的一生》展览。

(三)建立红岩文化室、红岩班队和周恩来班队

自1992年在重庆通信学院建立第一个红岩班以来,我们在全国部分省市的大中小学开展了创建"红岩班"、"周恩来班"活动。目前已有"红岩班"、"周恩来班"近百个,让更多的青少年受到了红岩精神的教育和熏陶。从2003年7月23日全市第一个"红岩文化室"建立至今,红岩联线在14个区县建立了红岩文化室。

(四)开展社会公益主题活动

每年重大节日、纪念日都要广泛开展各种主题鲜明、形式多样的宣教活动。先后策划开展了"巧克力行动(苹果行动)"、"爱心相扣·牵手红岩"的主题宣传活动。每年定期举行"清明祭英烈·爱心助成长·共铸红岩魂"主题集会、"祖国在我心中·国旗在我心中"、"红岩书签笔·抒写红岩情"、"红岩精神照千秋·未成年人跟党走"宣誓仪式等活动;不定期举办"红蓝铅笔绘未来——我与小萝卜头的对话"、《拓展教育基地·弘扬红岩精神——红岩班、周恩来班、红岩文化室青少年爱国主义教育巡礼展览》等多种活动。这些主题活动的开展,进一步彰显了红岩魅力,宣传和弘扬了红岩精神。

## 三、规范管理服务,不断提高教育基地知名度

(一)加强基地人才队伍建设

我们采取送出去培训、请专家指导、开展岗位竞赛、以老带新等措施,强化业务培训。现有48名讲解员,其中23名分别参加过国家、省级导游和讲解员培训,多数受到国家、省市著名专家的讲解培训和指导。她们多次圆满完成接待党和国家领导人及社会知名人士、重大团体等重要任务。这支讲解员队伍每年都要完成3万余场的讲解服务,已成为红岩联线开展爱国主义教育的一支主力军。

(二)规范景区文明服务

一是建立五大片区。红岩联线将分散的各个景区统一划分为渣滓洞、白公馆、烈士墓、红岩村和城内五大景区,在工作人员中牢固树立"一切为了观众"的工作理念,抓好旅游行业内部建

设,培育"文明礼貌、诚实守信、热情待客、与人方便"的行业新风尚。二是强化服务职能。红岩联线积极拓展服务领域,创新服务手段,提供以标准化、规范化、形象化、人性化和特色化等"五化"为主的特色服务项目。

### 四、整合革命资源,不断构建爱国主义教育新平台

(一)实施"1142"发展战略

为做大爱国主义教育这篇文章,重庆市加强了对革命遗迹的保护和开发。红岩联线大胆探索市场经济条件下发展革命文化事业的方式,依托并做强红岩革命历史博物馆,整合10个卫星馆,建立40个区县红岩文化室,拓展周边省(区、市)20个红岩业务点,打造红色旅游精品线路。通过大力实施"1142"发展战略,整合和联合了全市各区县(自治县、市)以及周边地区的革命文化资源,整体打包出击市场。重庆市的红色板块"握指成拳"、"联点成线"。一个爱国主义教育阵地网络业已成形,爱国主义教育呈现出勃勃生机。

(二)整合剧团演艺资源

依托红岩联线红色旅游市场和红岩魂品牌的优势,加大红岩联线与重庆市话剧团、重庆市京剧团资源整合的力度,筹备建立重庆联创艺术传媒有限公司,打造红岩影视创作中心。最新创作排演的京剧《江姐》、话剧《小萝卜头》、展演剧《最后的57天》、情景剧《故事重庆》等红岩历史题材剧目,为人们提供了一个生动、深刻的教育载体。

(三)发展红岩文化创新产业

为贯彻落实中共重庆市委三届五次全会精神,红岩联线将在烈士陵园修建"红岩情景剧场"、红岩旅游产品"创新研发基地"、"红岩园林艺术中心",在红岩村打造"红岩文化活动营地"、"红色经典影剧院"、"游客接待中心"、"重庆红色文化项目研发基地"。重点发展红岩演艺业和创意产业,利用技术设备和联创影视中心的资源进行动漫、动画和相关衍生产品的研发、创作和生产,力争实现社会效益和经济效益双丰收。

(作者简介:李武,厉华的笔名,职称:文博研究馆员;职务:重庆红岩联线文化发展管理中心主任、重庆红岩革命历史博物馆馆长)

# 感受真善美的生命力
## ——红岩艺术现象研究

徐 康

**摘 要**:以红岩故事为题材的文学艺术作品层见叠出,感动了一代又一代中国人,具有经久不衰的美。红岩文学艺术作品可以统称为"艺术红岩",真善美是艺术红岩的审美价值追求。红岩文化并没有随着时间的流逝和时代的变迁而失去光彩,人们需要红岩文化,艺术红岩使红岩文化得到了充分的张扬和展示。艺术红岩旺盛的生命力有利于人们理性地对待当下的"戏说红色经典现象"。

**关键词**:红岩文化;红岩艺术现象;真善美;艺术红岩;红色经典

从20世纪60年代的小说《红岩》、歌剧《江姐》、电影《烈火中永生》到新世纪的京剧《华子良》、舞剧《红梅赞》、电视剧《周恩来在重庆》等,这些艺术作品产生的"红岩效应",显示了红岩题材旺盛的生命力。50年来,有关红岩的故事持续不断地被各类艺术演绎,它的魅力依旧,令一代又一代中国人感动唏嘘,这是一个值得深思和研究的文艺现象。艺术红岩让我们走近红岩文化,艺术红岩让我们看到高尚,艺术红岩让我们找回信仰,艺术红岩让我们体味真善美。

## 一、红岩艺术现象

20世纪60年代,小说《红岩》掀起阅读热潮,《红岩》被改编为歌剧、电影、话剧、川剧、评剧、越剧、潮剧、评书等艺术形式。改革开放以来,红色经典歌剧《江姐》四度复排,以红岩故事为主题的优秀艺术作品层见叠出,"红岩"依旧引人注目。红岩艺术作品表达的是对英雄人物、革命前辈深沉浓烈的情感,诠释的是关于人的信仰、生命价值的意识,点燃了人们心中的红色激情,成为当代艺术中一种具有普遍意义的艺术现象。

1961年12月,中国青年出版社出版了罗广斌、杨益言署名的小说《红岩》,该书讲述了重庆解

放前夕牺牲在国民党军统重庆集中营的革命志士的斗争史。这本革命历史题材小说不胫而走,成为1961年长篇小说中颇有分量的压卷之作,成为那个时代人们的精神堡垒。据中国青年出版社的统计,1963年《红岩》总发行量达400余万册;1985年《红岩》总发行量达710余万册;2000年《红岩》总发行量突破1000万册。《红岩》还被翻译为英、法、德、日、朝、越等十几种外国文字,有些国家还有几种不同的版本。《红岩》的发行量创下了中国当代小说之最。

20世纪60年代,小说《红岩》掀起的热潮冲击着话剧艺术,话剧工作者们满怀激情地把《红岩》搬上了话剧舞台。北京人民艺术剧院、中国铁路文工团、青岛市话剧团、国防文工团、复旦大学话剧团等专业及业余团体,以严谨的艺术态度演绎这部悲壮的史诗,传播红岩文化。1962年8月,青岛市话剧团率先将小说《红岩》改编为同名话剧,在青岛影剧院公演。10月,青岛市话剧团在上海大众剧场演出,引起轰动。1962年10月17日的《文汇报》发表文章《从〈红岩〉谈到现代剧》,报道了此次演出盛况:"最近青岛市话剧团来沪公演《红岩》,从10月1日至10月14日的票子,在国庆前夕就一售而空,上演半个多月以来,场场满座,观众达三万人。"继大众剧场之后,"青话"又在儿童艺术剧场、徐汇剧场以及沪东工人文化宫等处,连续公演近四个月,观众达十余万。《红岩》在上海演出的盛况,引起上海人民美术出版社的关注,该社抓住时机,与青岛市话剧团合作将《红岩》制作成连环画书。1962年9月至12月,北京人民艺术剧院先后在首都剧场、北展剧场、新北京礼堂公演话剧《红岩》,连续演出65场[1]。话剧团继北京人艺公演《红岩》之后,也在京演出话剧《红岩》。1962年11月,国防文工团和云南人民艺术剧院话剧团先后在昆明演出话剧《红岩》[2]。此时,南京市话剧团和扬州专区文工团也相继在南京演出话剧《红岩》[3]。1964年11月16日,日本东京"艺术座"排演的话剧《红岩》在东京都市中心剧院公演,吸引了众多日本观众。话剧舞台掀起的红色旋风,感动了每一位话剧工作者,也感动了每一位观众。

川剧、京剧、沪剧、越剧、黄梅戏、花鼓戏、评剧、快板等地方戏种和曲艺艺术,争先恐后地上演根据小说《红岩》改编的现代戏。用戏曲形式反映现实生活,很难;将篇幅巨大、原本震撼人心的小说《红岩》改编成戏曲,则更难。各地戏曲艺术家克服诸多难题,用各自传统的特殊形式反映现实生活,既保留了剧种独具魅力的艺术风格,又彰显其反映生活的特长。创作于60年代的潮剧《江姐》是新中国成立以来流传较广、影响较大的一个潮剧现代题材剧目,其中《江姐上山》单独演出,已成为潮剧保留的折子戏。李润杰1962年根据小说《红岩》改编的快板《劫刑车》脍炙人口,在舞台上久演不衰,后来还被改编为动漫快板,更有时尚青年将李润杰版《劫刑车》设为手机铃声。

1964年9月4日,空军政治部文工团创作的歌剧《江姐》在北京儿童剧场首次公演。《江姐》一问世,就受到了广泛的欢迎,出现了万人空巷看《江姐》的艺术效应。10月13日,毛泽东在人民大会堂观看《江姐》后,高兴地评价说:"这个戏很成功。"[4]《江姐》在京公演20多场,场场爆满,反响强烈。1964年9月12日,《人民日报》发表叶林的文章《革命英雄形象搬上新歌剧的舞台——看空政文工团演出歌剧〈江姐〉》;1964年9月15日,《光明日报》发表韦明的文章《一片丹心向阳开——赞歌剧〈江姐〉》;两篇文章都对歌剧《江姐》给予了极高的评价。此后《江姐》赴上海演出,1965年1月6日,《文汇报》刊登了新闻报道《空政歌舞剧一团结束在沪演出》。上海巡演结束后，《江姐》又在武汉、广州、深圳等地巡回演出，尤其是从2月28日至3月8日，歌剧《江姐》先后在深圳演出8场，场场满座，近8000多香港观众专程前往深圳观看，受到大陆同胞和香港同胞的热烈欢迎，香港电影、戏剧界的人士还曾同歌剧演员们举行了几次座谈，《文汇报》以及香港的《大公报》和《新晚报》刊登了很多文章和图片，对歌剧《江姐》给予好评。从1964年9月至1965年10月，《江姐》公演共257场，《江姐》主题歌《红梅赞》和《绣红旗》等唱段风靡全国。各地方戏剧种争相移植歌剧《江姐》。歌剧《江姐》由于历史原因被尘封13年，1978年再次公演，并由上海电影制片厂拍摄为歌剧舞台艺术片，歌剧《江姐》是中国民族歌剧的巅峰之作。

1965年夏公映的根据小说《红岩》改编的电影《烈火中永生》，当选为中国电影百年百部经典之一。早在1962年初，水华、于蓝、欧阳红樱（后因被调去拍《小兵张嘎》退出）就开始筹划将《红岩》拍成电影。《烈火中永生》云集各路名家，水华任导演，夏衍任编剧，赵丹饰许云峰，于蓝饰江姐，项堃饰徐鹏飞，王心刚饰刘思扬。1964年12月，电影《烈火中永生》摄制完成。这部影片注重挖掘生活细节，在真实感人的细节中展现英雄人物的精神风貌，是以革命现实主义为基调的含有革命浪漫主义色彩的一首壮烈颂歌。虽已时隔半个多世纪，现在看来，影片仍然让人热血沸腾，正气贯身。

改革开放以后，活跃在中国艺术舞台的各类红岩艺术作品使"红岩"的面貌更加丰满完整。电影《重庆谈判》、《雾都报童》、《魔窟中的幻想》，电视剧《周恩来在重庆》、《红岩》、《023档案》、《永远的音符》，京剧《华子良》、《江姐》，越剧《红色浪漫》，舞剧《小萝卜头》、《红梅赞》等作品，塑造了当代中国艺术画廊中极具震撼力的艺术形象。电影《重庆谈判》通过毛泽东和蒋介石的历史性会面，展现了两种人生信念和精神气度的较量，为观众带来不期而至的喜悦。2000年10月，以歌剧《江姐》的音乐为蓝本的大型交响清唱剧《江姐》在北京举行了首场演出，金曼、戴玉强、于文华、罗天婵、李杨等艺术家的联袂出演，以及"江姐"本身的感染力，使演出取得了轰动效应。随后，清唱剧《江姐》先后在北京大学百周年纪念讲堂、人民大会堂、香港演艺学院歌剧院上演，并在全国各大城市巡演。2008年3月，"西域歌王"刀郎大胆地将传统与现代结合起来，用通俗唱法演唱歌剧《江姐》的插曲《绣红旗》，别有韵味，不仅吸引了更多追求时尚的青年人，也让众多老歌迷回味无穷。京剧《江姐》演活了人们心目中的"江姐"，不仅使国人为之震撼，也感动了世界戏剧艺术家及德国观众。京剧《华子良》选择独特的视角切入红岩题材，具有极强的艺术感染力，其中的"耍鞋戏敌"、"挑篓下山"等脍炙人口的精彩片段成为戏曲院校的示范教材。河北梆子《江姐》在创作上努力强化了戏曲舞台的虚拟写意化风格，在音乐唱腔上也做了大胆改革，令人耳目一新。

红岩艺术长廊异彩纷呈，令人叹为观止。电影《烈火中永生》使献身成为一种至高无上的境界，歌剧《江姐》创造了恢弘壮美的生命乐章，电视剧《周恩来在重庆》使人们再次感受到周总理的人格魅力，舞剧《红梅赞》托起一座英雄的群雕，越剧《红色浪漫》讲述了浪漫温馨和革命激情的故事……当然，红岩艺术作品并不是完美无缺的，有的作品对人物的刻画也缺乏传神之笔，但瑕不掩瑜，总体来看，红岩艺术作品不仅带给人们以高尚的审美享受，更让人们的内在心灵在爱国主义和英雄主义的暖流中激荡。

## 二、感悟艺术红岩的真善美

人们走进艺术红岩，与英雄对话，获得生命的启悟。对红岩艺术作品的欣赏越是深沉和持久，愈能感受到它们的真善美。笔者统称红岩艺术作品为艺术红岩，并尝试对几部有代表性的红岩艺术作品进行分析，品味其真善美的生命力。

### （一）艺术红岩之真

艺术红岩真实地反映了那段波澜壮阔的历史，它塑造的艺术形象穿越历史时空释放出耀眼的生命华彩。艺术红岩反映的"历史真实"是诗意的"真实"，而不是刻板的、呆滞的平面"真实"，具有美学的意蕴。

比如电影《烈火中永生》中的画面：在凄清冰冷的雨中，江姐目睹丈夫被悬首示众，心如刀绞，悲痛难抑。江姐竭力控制住自己悲痛欲绝的情绪，掩饰住内心极度的悲伤，她最后回头看了烟雨凄迷的城楼，毅然转身离去。影片这一个经典叙事场景至今仍然让人刻骨铭心。几个极具视觉冲击力的面部特写镜头的运用，将江姐面临残酷情感考验时痛苦的内心状态毫不掩饰地呈现在观众面前，让人无不为之动容。这是特意构置的一个情节而不是事实本身。彭咏梧是1948年2月初在奉节县牺牲的，而江姐得知噩耗是在2月底的云阳县回龙坝镇，是吴子见（电影中华为的原型）告诉她的。据吴子见的回忆："我沉痛地向她陈述了不幸事件的经过。江姐没有放声大哭，她极力镇定着自己的情绪，悄悄地用手帕擦去满眶的热泪。她沉默了一会，然后说：'让我一个人待一会。'"[5]电影浓墨重彩地书写江姐目睹丈夫被头悬城门的虚构情节，将这个残酷的、足以让人痛不欲生的事实，突兀地摆在江姐的面前，有助于在特定的冲突中表现江姐作为一个女革命者在经受着心灵痛苦煎熬时那种非凡的自制力，从而更充分地展示江姐作为一个坚强、刚毅的革命者的光辉形象。

歌剧《江姐》中的经典唱段《绣红旗》，展现的是江姐和战友在囹圄中迎接解放的深刻意义。绣红旗确有其事，但并不是被关押在渣滓洞女牢的江姐等人所做，而是被关押在白公馆的罗广斌等人用被面和草纸按照想象制作的。1949年10月7日，共和国成立的消息悄悄传进罗广斌所在的男狱中，大家非常兴奋，在罗广斌的提议下，大家一起动手做五星红旗。他们拆下红被面，用草纸做五角星，再用饭粒粘在被面上。小说《红岩》和歌剧《江姐》把这个故事移到女牢中，"粘"变成了"绣"，既符合女性的身份特征，也使江姐的人物形象更加生动，表现了江姐视死如归的革命英雄气概和憧憬美好未来的坚定信念。这段唱词以虚构的情节，隐喻江姐等人用生命绘制永远飘扬在人们心中的五星红旗，舞台上美丽的江姐深情地绣红旗，她像一尊柔美与坚强的雕塑，成为人们脑海中挥之不去的记忆。

艺术的"真"并非绝对的现实真实，艺术不可能机械地复制现实，而是指作品真实地表现时代和社会面貌，符合人物情感和行动的必然性，反映社会的本质特征，这是艺术价值的基点。我们从江姐在渣滓洞监狱被施酷刑仍坚贞不屈的历史事实中，可以断定：虽然江姐"目睹丈夫被悬首示众"和"绣红旗"的经典情节是虚构的，但这些虚构的情节完全符合江姐这个坚强的女共产党员的性格和行动的逻辑,因而真实地表达了江姐的情感,使江姐的形象更加丰满传神,达到了"艺术真实"与"历史真实"的统一。艺术红岩不论是写意的还是写实的,都达到了"艺术真实"与"历史真实"的统一。艺术就是一面生活的镜子,我们透过艺术红岩这面"镜子",知道了红岩,记住了那段历史。鲁迅说:"因为真实,所以才有力。"只有真实才能使人信服,只有真实才能使人"进入角色",才能感同身受,并激起人的情感波澜,使人受到感染。

(二)艺术红岩之善

艺术红岩体现了"善"的审美价值取向,包含深邃的思想内涵。它表现了红岩英雄丰富的情感世界、高尚的人格理想和积极的精神追求,给人一种生命的动力。

电视剧《周恩来在重庆》塑造了一个真实的情感丰富的周恩来,一个担当国家和民族大义忘却自我的周恩来,完整全面地显示了周恩来的人格魅力。其中尤其感人的是周恩来与父亲的父子深情。该剧通过深夜卧谈和哭父情节,浓墨重彩地抒写了周恩来与父亲之间的深厚感情,这段情节尊重了历史的真实,富有人情味。父子深夜卧谈的情节真实感人,周恩来回忆自己青年时代东渡日本求学,之后又留学西洋,其间只回家看望父亲一次,只陪伴了父亲一个星期,他因自己没有尽孝而愧疚。镜头打在躺在床上的父亲饱经沧桑的脸上,父亲轻轻地说:"这就足够了。"周恩来和父亲之间虽然只有短短几句对白,但他们的心灵交流让观众真切感受到伟人的父子深情。几天之后,周恩来得知父亲病逝的消息,跪在父亲床头,失声恸哭,痛苦至极。这段情节通过"孝"字诠释了周恩来对亲人的无限深情,面对人间最真挚的感情与最深沉的爱,观众不能不热泪盈眶。

小说《红岩》塑造了一批具有无产阶级硬骨头精神的英雄人物的群体形象,他们饱受人间炼狱之苦,最终以钢铁般的意志战胜了带血的皮鞭。读者在惊叹"人之被残酷地置于极限而竟能谈笑自若地克服极限",惊叹"人之被更残酷地曝晒于无可抵御的诱惑之下竟又能无往不胜地拒绝诱惑"[6]之余,知道了坚决和无畏的含义。舍生取义的壮举使他们的生命不朽。这群牺牲在歌乐山下的英雄,他们不屈不挠的意志和人格的力量,令人荡气回肠,让人无比崇敬。

"'小萝卜头'把被'猫头鹰'捏死的蝴蝶和他做的小白花,双手捧着送出窗外,让白花伴着蝴蝶在阳光下安息。然后突然转身,在'托举'和追光的特写中,伸开他渴求光明、自由的双臂,迎着观众冲去。"[7]这是《小萝卜头》1980年8月在大连参加全国舞蹈比赛时的演出实况。重庆市歌舞团的双人舞《小萝卜头》表现了"小萝卜头"对自由的向往、追求和斗争的主题,获得全国第一次舞蹈比赛大会编导一等奖、表演二等奖。九岁的"小萝卜头"在阴森恐怖的监狱里,不忘追求光明与自由,他想象着自己像蝴蝶那样长上翅膀,飞出牢笼寻找光明和自由,但"猫头鹰"一脚踩在"小萝卜头"的手上,捏死蝴蝶,实际上是踩在观众的心上,撕裂了观众的心灵。"小萝卜头"的手指被"猫头鹰"猛踩狠踏,使"小萝卜头"痛得身体蜷缩、双腿颤动。然而残暴的肉体折磨只能让"小萝卜头"痛苦的身躯变形,却无法扼杀他对理想的追求,"抢蝶"的情节表现了"小萝卜头"天真善良、不畏强暴的性格,使舞蹈进入高潮。在南京人民剧场演出时,美国、西德、日本等国外宾客近三百人观看了节目,虽然他们存在语言障碍,但舞蹈的艺术语言是没有国界的,国际友人通过这个诗化的舞蹈,认识了共和国最年轻的烈士"小萝卜头"。身陷囹圄的九岁

男孩对理想的执著与对生活的热爱,感动了每一位观众。

徜徉于艺术红岩中,让人感触颇深。《周恩来在重庆》与《重庆谈判》的激烈政治斗争,传达了共产党人民族至上的大局观念和深邃的忧患意识;《囚歌》与《我的自白书》的壮怀,树立起了共产党人气节的丰碑;军统重庆集中营里的绝唱,抒写了共产党人不屈的灵魂;歌乐山下的鲜血,传唱了共产党人坚强的战歌。艺术红岩散发出人性的光芒,"红岩风骨"令人震撼。

(三) 艺术红岩之美

美是艺术的基本特征,是创作主体按照美的规律创造出来的。艺术红岩以完美的形式,把真和善生动、形象地表现出来。它在形象塑造中体现了鲜明的艺术个性和独特的艺术风格,使艺术的美显现出千姿百态的形态。

舞剧《红梅赞》采用极具情感宣泄张力的现代舞蹈语汇,运用多种现代的音乐元素和舞美设计,将一段人们早已耳熟能详的故事演绎得新意十足。铁链、铁栏和铁门组成的意象符号把舞剧的时空变化、故事情节衔接得"天衣无缝"。舞剧在红与黑、爱与恨、生与死的尖锐冲突中,表达美和崇高的主题。淡雅深邃的意境令人浮想联翩,飞扬的红色激情使人热血沸腾,《红梅赞》大胆地以一个浪漫主义"化蝶"式的想象作为全剧的结尾,革命者沐浴着刑场上的枪声,羽化为一个个纯净透明的魂灵,人们从流动的肢体艺术中读懂了蕴涵其间的理想和信念。《红梅赞》丰富的艺术美感令人陶醉,美的形式中奔腾不止的浓烈厚重的情感令人震撼。《红梅赞》在香港和朝鲜引起了轰动,美的艺术使人们领略了在冰雪中绽放的"红梅"的风骨。

1962年青岛市话剧团演出的话剧《红岩》曾经轰动一时,它的舞台布景尤其出色,其中女牢一场的场景构思至今看来也是超凡脱俗的。当风华正茂的江姐为革命从容赴义时,她深情地与李青竹、孙明霞等难友们惜别,然后整理头发和衣衫,迎着牢门射入的一道强光,一步步拾级而上。就在此刻,沁人心脾的乐声响起,灰暗的牢壁和投影渐渐消失,继而幻化出满天彩云,霞光万道,绚丽辉煌。观众被震撼了,暴风雨般的掌声经久不息。正是这个场景,奠定了《红岩》整个舞美设计的品位,引起了戏剧界同行的瞩目[8]。新意盎然的舞美设计,具有强烈的视觉冲击力,仿佛让观众透过万丈光芒与江姐的灵魂对话,极具艺术震撼力。

1962年成都市川剧院演出的《红岩》,对川剧舞台上惯用的"一桌二椅"做了一些改变,产生了新的舞台效果。敌人审讯许云峰时,舞台出现了一堵正面的高墙,徐鹏飞举手一指,墙上两扇门猛然掀开,现出了成岗遭受酷刑的场面,随即成岗被推到舞台中心。这一推,似乎直接推在观众的心上。墙,是"实"的,整个舞台仅一堵墙,却又是"虚"的,这堵虚实结合的道具,对表现革命者威武不屈的形象起到了画龙点睛的作用,征服了观众的心[9]。

艺术红岩或用粗犷豪迈、浑厚壮美的艺术语言表现美,或用细腻精致、新颖独特的艺术语言抓住美。这个美的艺术世界以饱含激情的笔墨和色彩,让人们领略了红岩英雄光辉的人格魅力。

真善美是红岩文学艺术作品的审美价值追求。艺术的真善美是统一的,"真"是基础,"美"是手段,"善"是灵魂。1927年,蔡元培在大学院建立期间的一次演讲中谈到真善美,他认为真善美是不可分的,三者之中,以善为主[10]。红岩艺术作品是创作主体对红岩文化蕴藉的人生终极价值的探问,张扬了超越生命的存在观念,使观众在这个充满激情的艺术世界中感受红岩文化的生命意识,感受红岩文化经久不衰的美。

## 三、红岩艺术现象的启示

(一)红岩文化没有过时

在今天这个喧嚣浮躁的社会,面对激烈的市场竞争和各种各样的诱惑,反映革命文化的艺术红岩能否挽留住越来越挑剔的观众,的确令人担忧。但是艺术红岩在新世纪产生的"红岩效应"打消了人们的疑虑。2001年3月,天津京剧院排演的京剧《华子良》演红了天津舞台。2001年6月,中国京剧院排演的京剧《江姐》在北京长安大戏院公演,并于次年6月在德国科隆演出,获得中外戏迷的盛赞。2001年8月,空政文工团创作排演的舞剧《红梅赞》在北京保利剧院公演引起轰动,并创下该年度主旋律作品的最高票房。2007年5月,浙江越剧团排演的越剧《红色浪漫》在杭州连演26场,场场爆满。红岩艺术作品获得的一次次掌声,说明革命题材、英雄题材的艺术创作仍然备受观众青睐,红岩文化并没有过时。1960年代的小说《红岩》、电影《烈火中永生》、歌剧《江姐》,如陈年老酒,历久弥新。但它们也带有那个特殊时代的印记,不可避免地存在着片面突出英雄人物高大全的形象、对于人物丰富的内心情感的刻画略显单薄的问题。新时期以来,根据这些红色经典作品改编的影视、戏剧、戏曲、音乐、舞蹈等艺术作品,并不是以往作品的简单重复,而是红色经典的"再生",它突破了"以阶级斗争为纲"的时代的"红色个性",突出英雄的丰富情感,聚焦人性的光辉,使红岩英雄的形象更加丰满完整。红岩艺术文本强大的历史穿透力,使读者和观众被红岩英雄崇高的理想、信仰和人格魅力震撼,引发人们对生存方式和生命本质的深层思索。红岩文化并没有随着时间的流逝和时代的变迁而失去光彩,它依然具有强烈的吸引力。

(二)艺术红岩使红岩文化得到充分的张扬和展示

文学艺术是生命的表现形式,是人类精神得以永恒延续的一个载体。以红岩为题材改编的各类文学艺术作品构建了一个丰富的艺术世界。艺术红岩通过"有意味的形式",表现红岩文化蕴涵的生命意识和存在价值,在独具魅力的红岩舞台上树起一座英雄群像的"纪念碑"。这座"纪念碑"诠释了生命的终极价值,演绎了人生的信仰、意志的力量,解读了人性、人格的崇高与美,吸引了不同肤色的追随者。艺术红岩谱写了当代红色艺术潮流壮美的篇章,人们徜徉其间,领略大气磅礴的美,受到英雄人格潜移默化的影响。普通的政治宣传,大多直接呈现其政治意图,受众在与它面对面的同时,效果往往会受到影响。从某种意义上说,艺术红岩的传播效果是常规宣传手段所无法比拟的。艺术红岩按照美的规律建构话语场景,解读爱国与崇高的主题,其蕴涵的"革命"色彩并没有因艺术化而被淡化,相反,生动具体的艺术表现和真实感人的细节描绘,使人们在不知不觉中接受它,在潜移默化中得以净化灵魂、提升情操、升华精神。艺术红岩通过独具魅力的艺术语言,使"红岩风骨"自然而然地流露出来,使红岩文化得到充分的张扬和展示,使红岩精神潜移默化地进入人们的心灵。

（三）艺术红岩旺盛的生命力有利于人们理性对待"戏说红色经典现象"

"红色经典"是指"1942年以来，在《在延安文艺座谈会上的讲话》指导下，文学艺术工作者创作的具有民族风格、民族气派、为工农兵喜闻乐见的作品"[11]。"红色经典"对中国人民的精神生活产生过巨大影响，带有明显的"革命"色彩。2000年以来，一批"红色经典"作品被陆续改编为电影、电视或其他艺术形式，从而形成一道"红色风景线"。"红色经典"的改编是新世纪一个非常引人注目的现象。"红色经典"改编热诞生于后现代文化语境。"红色经典"遭遇商业话语的消解，片面追求收视率和娱乐性，导致有些"红色经典"改编发展为不同于常态的"变态"：从改编到"戏说"，再上升为"胡说"，甚至还出现了在网络上"恶搞"红色经典的现象。变异的"红色经典"离开了历史真实和艺术本体，无法让人感受到真善美。这种创作令人费解，与美决裂，失去了艺术的生命力，无法带给人感动。在部分红色经典的改编步入歧途的同时，艺术红岩的创作者们始终坚持真善美的审美价值观，创作出了一批具有较高艺术价值的作品。新世纪创作的根据小说《红岩》改编的京剧《江姐》、京剧《华子良》、话剧《小萝卜头》等戏剧作品，真实地解读原著经典，将艺术真实与历史真实完美结合，丰富了红岩艺术画廊，使经典得以延伸，使红岩文化得到弘扬。艺术红岩旺盛的生命力，有利于人们理性对待当下的"戏说红色经典现象"。亵渎红色经典，就是亵渎中国人的精神家园。当今时代尤其需要"红色经典"，它是矫正当前信仰缺失的需要，是填补人们精神空虚的需要。对红色经典改编的目的并不是颠覆经典，而是要用现代观众更易接受的方式传扬经典，对"红色经典"的改编不能"戏说"，更不能"恶搞"。

**参考文献：**

[1] 篱下的野花.1962年到北京人艺看话剧《红岩》的事[EB/OL]. http://blog.sina.com.cn/s/blog_5d4567b10100gn2v.html,2010-02-06

[2] 黎方.革命的坚定性——舞台上的《红岩》谈[N].云南日报,1962-12-06

[3] 汪瀚.光辉的英雄形象——看扬州专区文工团演出《红岩》[N].新华日报,1962-12-07

[4] 刘敬贤.《江姐》创作和公演的回忆[J].北京党史,2008(3):58—60

[5] 吴子见.忆江姐[N].重庆日报,1996-04-01

[6] 穆阑."陈然纪念馆"纪念册[EB/OL]. http://www.hongyanhun.com/bbs/read.php?tid=182&fpage=0&toread=&page=2,2006-06-09

[7] 叶语.《小萝卜头》的诞生——访舞蹈编导之一毕西园[N].重庆日报,1980-09-14

[8] 任豪.话剧《红岩》轶事及其他——纪念青岛话剧院成立60周年[J].新文化史料,1997(4):29—32

[9] 黄华实.传统与创造——谈成都市川剧院演出的《红岩》[N].四川日报,1962-11-12

[10] 蔡元培.蔡元培选集：上卷[M].杭州：浙江教育出版社,1993:182—183

[11] 孟繁华.众神狂欢——世纪之交的中国文化现象[M].北京：中央编译出版社,2003:55

（作者简介：徐康,职称：文博副研究馆员；职务：重庆红岩革命历史博物馆历史研究部副科长）

# 红岩文化的传播及发展:1949—1976

徐 康

**摘要**:新中国成立至改革开放以前,"革命论"思潮成为这一时期的主导话语。1949~1976年,在"革命论"思潮影响下的红岩文化传播及发展进程可分为奠基期、高潮期和波折期。作为社会主流话语的红岩文化,其传播及发展流露出意识形态的意向和旨归。"革命论"思潮对红岩文化的传播及发展的规范和制约作用,构建了具有时代特征的红岩文化表现形态及其模式。

**关键词**:红岩文化 "革命论"思潮 传播

文化不是一个静态的凝固体,而是一个发展变动的过程,是一个"活"的流体[1]。红岩文化的传播及发展随着社会文化环境的变迁,呈现出不同的发展形态和模式。新中国成立至改革开放以前,"革命论"思潮成为这一时期的主导话语。此时的文化传播动因来自"政治社会",体现国家意识形态的主流文化占有绝对的主导地位。受众"身处社会阶层划分明确、阶级力量对比明显、阶级矛盾突出、思想相对单纯、集体主义至上、步调几乎一致的'革命纯真年代'"[2],怀有朴素的英雄主义情结,对英雄的激情崇拜使他们极易从红岩文本中找到思想感情的共鸣,促使红岩文化的政治宣教功能得到极大发挥,尤其是在1961~1965年产生了较好的传播效果。

## 一、红岩文化传播及发展的奠基期(1949~1960年)

1949年重庆刚刚解放,"一一·二七"大屠杀惨案就传遍整个山城,引起全市人民的关注,在大屠杀现场凭吊殉难者、寻找亲友遗体的人络绎不绝。重庆掀起了一场纪念大屠杀殉难志士的活动,产生了较大的教育意义和政治影响。在这场纪念活动中,脱险同志联络处、"一一·二七"蒙难志士治丧善后委员会、追悼杨虎城将军暨被难烈士筹备委员会等各种纪念烈士的临时组织相继成立,使烈士治丧及善后工作有条不紊地进行。追悼杨虎城将军暨被难烈士筹备委员会举办了隆重的追悼大会、送灵游行和烈士遗物展览会,并发行专刊《如此中美特种技术合作所》。1950年

1月15日,追悼杨虎城将军暨被难烈士大会在重庆青年馆隆重举行,这个具有历史意义的追悼会,将重庆解放初期纪念红岩英烈的活动推向高潮。重庆新闻媒体连续在版面显要位置刊登有关大屠杀惨案的新闻报道,发表烈士遗诗、烈士传略、脱险者回忆录、其他悼念文章及诗歌、漫画等,重庆各广播电台连续播报相关信息,新华社以电讯形式将大屠杀惨案向全世界公布。不仅如此,新闻媒体还积极组织座谈会、举办图片展览,纪念英烈,揭露大屠杀暴行,发挥了重要而突出的舆论导向作用。新闻媒体利用传播速度快、传播范围广的优势,扩大了大屠杀惨案的社会知晓度和纪念大屠杀殉难者活动的社会影响力。

红岩英烈事迹巡回讲演报告是20世纪50年代又一传播红岩文化的重要活动。"在抗美援朝、继承光荣革命传统的群众性宣传活动(以广场演讲为主要形式)中……罗广斌、曾紫霞等几十位先后从集中营脱险的同志,大多参加了这种生动活泼的广场演讲"[3],脱险志士们通过自己的亲身经历,向广大受众传播红岩英烈的革命斗争精神。朗诵红岩英烈遗诗成为这些巡回报告活动必不可少的组成部分。充满革命豪情的烈士遗诗极具感染力,它们"不是寻常的'创作'",而是"烈士们用鲜血和生命写成的"[4]。革命先辈留下的壮美的乐章,是他们思想情感、生存观念和价值观念的表现,正所谓"诗如其人"。1959年4月,《革命烈士诗抄》由中国青年出版社出版①,收录了《囚歌》、《黑牢诗篇》、《就义诗》、《灵魂颂》等红岩英烈遗诗。1960年4月,诗集《囚歌》由重庆出版社出版,收录了26首红岩英烈遗诗。20世纪50年代叶挺在狱中所作的《囚歌》被编入小学课本,产生了广泛而深远的影响。50多年后的今天,《囚歌》作为小学课本的一页,仍深深镌刻在人们心中。

重庆解放初期追悼红岩英烈的系列活动和数百场红岩英烈事迹巡回报告产生了较大社会反响,使红岩英烈在狱中进行革命斗争的历史见证——渣滓洞、白公馆监狱等遗址得到有效保护。1951年在集中营旧址修建了"一一·二七"烈士公墓,1955年对烈士墓园环境进行了重新修葺,供民众凭吊,促进了红岩文化遗址的保护和建设。1958年红岩革命纪念馆正式对外开放,标志着红岩文化宣传阵地开始形成。红岩文化遗址保护工作取得了一定成效,遗址成为人们接受革命传统教育的生动课堂。

在红岩文化传播及发展的奠基期,突出英雄主义和革命乐观主义精神,揭露国民党残害革命志士的暴行,强调红岩文化的阶级性和斗争性,具有明确的政治倾向性。虽然这一时期红岩文化宣传和传播的内容还不十分丰富,但其传达的共产党人和革命志士英勇无畏的革命精神给予人们鼓舞和教育,激起民众强烈的阶级情感,激励他们彻底与旧政权划清界限并积极参与新中国的建设,积极参加抗美援朝战斗。此时红岩文化的传播和发展还处于探索阶段,表现形式比较单一,红岩文化持续影响的人群主要集中在重庆,传播空间还有待进一步拓展。

---

① 1962年增订再版,在1959年版的基础上增录了20首红岩英烈遗诗。

## 二、红岩文化传播及发展的高潮期(1961～1965年)

1956年,罗广斌、刘德彬和杨益言以发生在白公馆、渣滓洞的革命斗争事迹为原型,创作纪实文学作品《锢禁的世界》。1958年发表了根据红岩英烈事迹巡回讲演报告内容整理的革命回忆录《在烈火中得到永生》,印数达三百多万册①。在此基础上,中国青年出版社帮助作者进行主题提炼和艺术加工创作②。1961年12月,罗广斌、杨益言署名出版小说《红岩》。革命历史题材小说《红岩》不胫而走,仅一年时间,《红岩》就再版十二次,发行量达二百多万册[5]。据统计,1963年12月,《红岩》发行量累计400余万册[6]。这部作品塑造的江姐、许云峰、成岗、华子良等革命者的光辉形象及作品讴歌的革命英雄主义使读者们激动得热血沸腾。"在很长一段时间内,全国各地的新华书店都有人起早排长队等候购买《红岩》。"[7]借《红岩》、读《红岩》、谈《红岩》,成为那个年代青年文化生活里的一件大事。

《红岩》不仅在国内家喻户晓,在境外也产生了较大影响,文本展示的红岩英烈高尚的人格魅力、积极的精神追求和执著的理想信念,给人一种生命的动力,引起境外观众的共鸣。1962年小说《红岩》在香港出版。《红岩》被翻译为英、法、德、日、朝、越等十几国语言,有些国家还有几种不同的版本。越文本的出版,是胡志明亲自倡议的。日中友协机关报《日本和中国》发表的《小说〈红岩〉和新中国的人民形象》一文,对小说作如是评价:"我们在这部小说中可以清楚地看到作者塑造的新的'中国人'的革命灵魂——对革命原则的忠诚以及从这里产生的'天塌下来也毫无惧色'的坚定信念和革命乐观主义。"[8]小说描写的中国共产党人的革命英雄主义和乐观主义精神深深吸引和感动了日本读者。《红岩》还被译成日本盲文[9]。印度尼西亚《人民日报》积极向读者推荐《红岩》,高度评价其反映的中国共产党人坚强不屈的品质,认为"这部小说不仅激起了读者内心的共鸣,而且使读者的心同那些英勇战士们的沸腾的热血一齐跳动"[10]。

在20世纪60年代特殊的文化语境下,根据小说《红岩》改编的话剧、评书、相声、大鼓、川剧、越剧、豫剧、京剧、连环画等艺术作品不胜枚举,盛况空前。《红岩》被各种艺术形式广泛而持久地移植、改编,其影响之大较为罕见。1962年8月,青岛话剧团率先将小说《红岩》改编为同名话剧,

---

① 张羽在《我与〈红岩〉》一文中说明:革命回忆录《在烈火中得到永生》载于《红旗飘飘》丛刊,印数数十万册。经补充、增订后,1959年出版了单行本,并更名为《在烈火中永生》,发行量328万册。

② 张羽在《我与〈红岩〉》一文中回忆道:"九月中旬,罗广斌、益言带着渝蓉两地众多同志对书稿的意见,再次来京,住在出版社宿舍,准备做最后一次修改。他们两人被安排在我的宿舍隔壁的一间大空屋里,同我比邻而居。后来,我干脆也搬到了那间大房间里去,三人,三床,三桌,依次摆开,进行流水作业。每天晚上,是最紧张的时刻。三盏台灯,照着三张桌面上铺开的稿纸,三个人悄然无声,埋头'爬格子'。一般情况是杨益言先放出第一遍稿,交给罗广斌修改;罗把两人的改定稿,再交我加工处理;我对稿件作推敲、订正、删削或润饰后,再给他俩传阅。三人都认可后,即作为定稿,等待发稿、付排。"

在青岛影剧院公演。10月青岛话剧团在上海大众剧场演出，引起轰动①。《红岩》在上海演出的盛况，引起上海人民美术出版社的关注，该社抓住时机，与青岛话剧团合作将《红岩》拍摄成连环画书。1964年11月16日，日本东京"艺术座"排演的话剧《红岩》在东京都市中心剧院公演，吸引了众多日本观众。江雪琴（江姐）是小说《红岩》所创作的革命英雄人物的光辉形象，被改编移植到新歌剧舞台中。1962年重庆作家陆棨创作的歌剧《江姐》，是最早把江雪琴的故事搬上歌剧舞台的。1964年空军政治部文工团排演的歌剧《江姐》成为民族歌剧的巅峰之作。1964年9月4日，空军政治部文工团创作的歌剧《江姐》在北京儿童剧场首次公演。《江姐》一问世，就受到了广泛的欢迎，出现了万人空巷看《江姐》的艺术效应。10月13日，毛泽东同志在人民大会堂观看《江姐》后，高兴地评价说："这个戏很成功。"[11]《江姐》在京公演20多场，场场爆满，反响强烈。此后，《江姐》又在南京、上海、武汉、广州、深圳等地巡回演出。1964年11月15日至1965年1月5日，歌剧《江姐》在沪演出40多场，观众达71800多人次。上海电视台五次转播了《江姐》演出实况，上海人民广播电台用录音广播、实况转播和教唱等形式向观众介绍《江姐》达29次[12]。南京空军政治部文工团、上海实验歌剧院、上海人民沪剧团、上海越剧院根据该团剧本演出的《江姐》，也受到上海观众的欢迎。1965年2月28日至3月8日，歌剧《江姐》先后在深圳演出八场，场场满座。在深圳演出期间，近8000名香港观众专程前往观看，香港媒体《文汇报》、《大公报》和《新晚报》等对歌剧《江姐》给予好评[13]。据统计，从1964年9月至1965年10月，《江姐》公演共257场，《江姐》主题歌《红梅赞》和《绣红旗》等唱段，风靡全国，几乎所有中国人都会唱。各地方戏剧种也争相移植歌剧《江姐》。武汉同期上演8台《江姐》，包括歌剧、楚剧、汉剧等，盛况空前。1965年7月，北京电影制片厂拍摄的根据小说《红岩》改编的电影《烈火中永生》公映。在北京，首都影院、北京展览馆电影馆、儿童影院等13家影院同时放映该影片。《烈火中永生》在全国各地坝坝电影院排档上映，产生了广泛影响。上海人民美术出版社、黑龙江美术出版社、四川人民出版社以及安徽人民出版社，先后根据小说《红岩》编绘了《红岩》系列连环画。在红岩的艺术舞台上，诞生了一个又一个艺术精品。红岩题材的艺术作品成为那个时代艺术舞台的主角，点燃了人们的红色激情。

　　红岩文化遗址保护和建设渐趋完善，红岩文化的宣传教育阵地发挥了越来越重要的作用。1961年3月，国家文物局公布红岩革命纪念馆为全国第一批重点文物保护单位。红岩革命纪念馆的社会影响更加广泛。1960年9月，国画家钱松嵒与傅抱石等人随江苏国画工作团参观红岩革命纪念馆，"钱松嵒深深地为毛泽东、周恩来等崇高的革命精神和大无畏的无产阶级革命家气魄所感动，以满腔的激情，当场勾画写生稿，历经三年，经过几十次的修改"，《红岩》终于1963年完稿。钱松嵒的国画《红岩》将主题落在红岩的"红"字上，以朱砂代墨，巍然屹立的红色巨岩，将

---

① 1962年10月17日，《文汇报》发表闻亦步的文章《从〈红岩〉谈到现代剧》，报道了此次演出盛况："最近青岛市话剧团来沪公演《红岩》，从10月1日至10月14日的票子，在国庆前夕就一售而空，上演半个多月以来，场场满座，观众达三万人。"继大众剧场之后，"青话"又在儿童艺术剧场、徐汇剧场以及沪东工人文化宫等处，连续公演近四个月，观众达十余万。

红岩嘴 13 号中共中央南方局和八路军驻重庆办事处旧址高高托起,画面上的芭蕉用白描勾成,使画面富有节奏感和空灵感,画面左上角的诗句"风雨方方黑,红岩一帜红,仰钦奋彤笔,挥洒曙光中",既鲜明地概括了革命堡垒的意义,又抒发了画家的情怀。钱松嵒参观红岩革命纪念馆后创作的国画《红岩》成为 20 世纪 60 年代中国山水画的代表作之一。

小说《红岩》产生的轰动效应,迅速扩大了发生在重庆解放前夕的大屠杀惨案的社会知晓度,全国各地慕名前去小说《红岩》所描述的英雄们革命战斗的历史见证———国民党军统重庆集中营旧址参观的人群络绎不绝。1963 年 3 月,重庆开始筹建"中美合作所"集中营美蒋罪行展览馆①,小说《红岩》掀起的热潮是促使在集中营旧址筹建展览馆的重要原因之一。在筹建期间,"重庆市博物馆举办的重庆'中美合作所'罪证暨殉难烈士遗物展览先后在成都、旅大、武汉、广州、长沙、天津等地巡回展出……在广州展出的一个多月时间,观众即达八十多万。在武汉展出……仅十九天时间,就有五十万人。"[14]1963 年 11 月 27 日,展览馆正式对外开放。据统计,开馆仅 7 个月,观众就达 35 万多人。重庆"中美合作所"美蒋罪行展览馆成为向广大民众进行阶级教育和革命传统教育的生动课堂。

在红岩文化传播及发展的高潮期,"《红岩》热"是一个极为轰动的文化现象,成为高潮期的标志。在那个年代,唱革命歌曲、讲革命故事、看革命电影和戏曲节目是人们文化生活的重要内容。在这种特殊的文化氛围下,反映共产党人革命精神的红岩艺术作品深受广大民众的欢迎,丰富的红岩艺术作品成为艺术舞台引人瞩目的焦点,几乎全国各大省、市文艺院团都排演了根据小说《红岩》改编的各类剧目。小说《红岩》、歌剧《江姐》、电影《烈火中永生》等经典作品使人们领略了大气磅礴的美,受到英雄人格潜移默化的影响。但是在该阶段,它们也带有特殊时代的印记,不可避免地存在片面突出英雄人物高大全的形象,对于人物丰富的内心情感的刻画略显单薄的问题。广大受众由于受集体主义、共产主义教育和阶级斗争教育的熏陶,主动接受红岩文本。这一时期,无论从深度、广度还是效度来看,红岩文化的传播都堪称一流,不仅在国内引起轰动,在国外也产生了较大影响。

### 三、红岩文化传播及发展的波折期(1966～1976 年)

这一时期,红岩革命纪念馆较好地发挥了宣传教育作用,该馆所属的革命文化遗址成为革命圣地,吸引了无数青年人。尤其是 1966 年下半年,到红岩革命纪念馆参观的人数达到顶峰。1967 年以后,红岩文化的传播及发展受到较大阻碍。1967 年 2 月,《红岩》及其作者成为斗争的焦点。3 月,川东地下党被强加上"莫须有"的罪名。小说《红岩》及据其改编的各类艺术作品中所描写的正面人物(川东地下党党员)政治身份的"合法性"被否定,遭到批判和封杀。曾经"'最红的小

---

① "中美合作所"集中营美蒋罪行展览馆展示的主要内容,是发生在国民党军统重庆集中营的革命斗争和大屠杀惨案。由于当时对中美合作所与国民党军统重庆集中营的关系尚未弄清楚,仍然将国民党军统重庆集中营认为是中美合作所集中营,故以"中美合作所"集中营美蒋罪行展览馆作为馆名。

说'《红岩》也没有能够经受住'文化大革命'的'考验'……'革命'和'反革命'的所指与《红岩》出版的时候相比发生了巨大的变化"[15]。"中美合作所"美蒋罪行展览馆的宣传工作因此而受到极大影响,革命文物遭到较大破坏。展览馆不得不对宣传展示内容作重大调整,调整后的宣传内容有较大缺失,参观者只能了解和认识事件的部分内容。

在红岩文化传播及发展的波折期,红岩文化的传播形态,由前一时期的多种媒介立体交叉传播,倒退至单一的宣传展示,到纪念地实地参观成为唯一的传播途径,传播效果与前一时期相比,下降幅度较大。虽然红岩革命纪念馆吸引了越来越多的参观者,但由于传播主体存在的某些问题,致使受众接收的信息并不完整。"文化大革命"开始以后,红岩革命纪念馆展出的关于1945年毛泽东赴重庆谈判的史实,以及其在红岩村的生活和工作细节,非常符合当时的政治运动的需要,这部分内容成为该馆展示的重点和亮点,具有极强的吸引力,使该馆一度出现了前所未有的参观盛况。当时红岩革命纪念馆最畅销的纪念品是一面印有毛主席头像,另一面印有标识性建筑"八办"旧址的纪念章。1971年3月,红岩革命纪念馆举办的专题陈列展览"毛主席赴重庆谈判"产生了轰动的社会效应。受社会政治环境的影响,参观者对红岩革命纪念馆展示的某些内容产生了特别强烈的兴趣,而忽略了其他信息。传播主体展示内容的某些缺失和传播客体的选择性解读,导致传播客体在不知不觉中对红岩文化的认识出现某些偏差。这一时期的红岩文化发展受到国家政治环境的影响,传播主体从多元走向一元,传播形式从丰富走向单一,传播内容也出现缺失。红岩文化传播及发展受到较大阻碍。

## 四、结论

1949~1976年,中国社会以"革命论"思潮为主导,文化传播强调政治化和阶级斗争化,无产阶级英雄形象是歌颂革命英雄主义的主题。作为社会主流话语的红岩文化,其传播及发展明显流露出政治意识形态的意向和旨归。用以表征红岩文化的符号系统,突出红岩文化的阶级性和革命性特征,使其政治宣教功能得到极大发挥,产生了相当广泛的社会影响。"只有当符号借助人们有意无意采用的文化惯例和规则得到破译,符号才会呈现出意义。"[16]在共和国的洗礼下,人们被革命激情浸润,天生具有英雄主义情结,对献身的英雄情有独钟。《囚歌》、《把牢底坐穿》、《黑牢诗篇》、《就义诗》、《灵魂颂》等脍炙人口的红岩英烈遗诗被人们广为传颂,成为对广大民众,"特别是对青年一代,进行革命传统教育和共产主义思想品质教育的良好教材"[17]。被称为"红色经典"的小说《红岩》、歌剧《江姐》、电影《烈火中永生》等优秀的红岩文艺作品感动了整整一代人,成为红岩文化传播及发展留下的弥足珍贵的成果。

重庆解放初期掀起的纪念红岩英烈活动,是红岩文化传播的初始形态,宣传导向符合政治意识形态需要,通过对大屠杀事件进行的满纸血腥的控诉,激起民众强烈的阶级仇恨和革命情感,产生了较大的社会反响,为红岩文化的传播及发展奠定了基础。20世纪60年代掀起的"《红岩》热",使红岩文化通过丰富多彩的文艺形式,实现了"革命的生活教科书"[18]的文化使命。"《红岩》不仅吸引了广大的读者,而且深深地激动了他们的革命心弦,激起了他们参与当时国际国内阶级斗争的政治热情,激起了他们在建设社会主义工作岗位上的更大干劲,在精神上给予他们一种战斗的力量。"[19]《红岩》文本塑造的无产阶级英雄群像,将用生命捍卫理想和信仰的革命英雄主义表现得淋漓尽致,充分调动了全体国民的政治热情和革命激情,成为那一代人心中的"精神堡垒"。"红岩"被评为20世纪60年代中国的文化关键词之一[20],创造了高密度的文化流量,实现了丰厚的文化积累,将红岩文化的传播及发展推向高潮。"文化大革命"时期,红岩革命纪念馆所辖红岩嘴13号中共中央南方局和八路军驻重庆办事处旧址一度成为全国红卫兵顶礼膜拜的革命圣地,但这种表面的繁荣并不能掩盖红岩文化的完整内涵被模糊和消解的事实。"革命论"思潮对红岩文化的传播及发展的规范和制约作用显而易见,构建了具有时代特征的红岩文化表现形态和模式。

**参考文献:**

[1]邵汉明:《中国文化研究二十年》,人民出版社,2006年版,第471页

[2]田义贵:《试论〈红岩〉文本的传播效果》,《安徽大学学报(哲学社会科学版)》2006年第1期,第61页

[3]杨益言:《论红岩文化及其发展》,《重庆大学学报(社会科学版)》1998年第3期,第90页

[4]萧三:《革命烈士诗抄》,中国青年出版社,1959年版,第1页

[5]《〈红岩〉已印行二百多万册》,《中国青年报》1962年12月4日

[6]朱寨:《时代革命精神的光辉——读〈红岩〉》,《文学评论》1963年第6期,第64页

[7]李杨:《50~70年代中国文学经典再解读》,教育出版社,2006年版,第177页

[8]《〈红岩〉激励日本人民斗志》,《文汇报》1964年4月19日

[9]《〈红岩〉被译成日本盲文》,《重庆日报》1964年5月30日

[10]《共产党人坚强不屈的性格》,《文汇报》1964年4月19日

[11]刘敬贤:《〈江姐〉创作和公演的回忆》,《北京党史》2008年第3期

[12]《空政歌舞剧一团结束在沪演出》,《文汇报》1965年1月6日

[13]《香港观众盛赞歌剧〈江姐〉》,《光明日报》1965年3月11日

[14]张亦文:《烈士风格万年贞——重庆"中美合作所"集中营美蒋罪行展览馆的内内外外》,《重庆日报》1964年7月2日

[15]钱振文:《"红"与"黑"的辩证法——"文革"时期对〈红岩〉的"协商式阅读"》,《渤海大学学报(哲学社会科学版)》2009年第1期

[16](英)丹尼·卡瓦拉罗:《文化理论关键词》,人民出版社,2006年版,第16页

[17]萧三:《革命烈士诗抄》,中国青年出版社,1959年版,第1页

[18]朱寨:《时代革命精神的光辉——读〈红岩〉》,《文学评论》1963年第6期,第64页

[19]朱寨:《时代革命精神的光辉——读〈红岩〉》,《文学评论》1963年第6期,第64页

[20]陈新峰:《时代流行风》,中国文史出版社,2007年版

(作者简介:徐康,职称:文博副研究馆员;职务:重庆红岩革命历史博物馆历史研究部副科长)

# 红岩文化与媒体传播

徐 康

**摘要**：媒体在红岩文化的传播及其发展中，发挥了不可低估的作用。传统媒体充分利用自身的传播力和影响力，挖掘热点新闻——大屠杀惨案，为红岩艺术作品提供展示平台，记录并参与红岩文化活动，引导广大读者认知红岩文化的意义和价值。网络媒体积极创建传播红岩文化的电子景观，集聚丰富的红岩文化信息资源，构建红岩文化的交流空间，开展互动体验活动，释放其文化传播的巨大能量。红岩文化是媒体关注的一个焦点，媒体传播有力地推动了红岩文化的发展，影响和重塑受众的观念世界，增强了红岩文化发展的活力。

**关键词**：红岩文化；传统媒体；网络媒体

"当代媒介文化是一种'多元共生'的文化形态。"[1]在这种背景下，如何发挥媒体对主流文化的传播作用，是一个值得认真思考的问题。在红岩文化的传播及其发展中，媒体发挥了重要而积极的作用。媒体是红岩文化发展的见证者和参与者，媒体传播扩大了红岩文化的社会影响力，使其话语符号可以在广阔的空间里，以更大的数量、更高的强度和更快的速度运动，增强了社会文化生活中红岩话语符号的密度。红岩文化发展与媒体传播关系密切，一方面，媒体传播对红岩文化的发展具有塑造与推动作用；另一方面，媒体传播红岩文化的行为本身，即是一种文化现象，是红岩文化发展不可分割的一部分。60年来，红岩文化始终是媒体关注的一个焦点，媒体建构的这个"场域"，营造了浓郁的红岩文化氛围，影响和重塑受众的观念世界，有力地推动了红岩文化发展。

## 一、红岩文化与传统媒体

（一）挖掘热点新闻：大屠杀惨案

"1949年11月30日重庆解放后，人们对与胜利几乎同时发生的二百多个革命者被屠杀的惨痛事件进行了大量的讲述活动"[2]。在这次讲述活动中,报纸媒体发挥了重要作用,使大屠杀惨案迅速公之于众。在刚刚解放的重庆,"11·27"大屠杀惨案①成为各大媒体关注的热点。"集中营"、"渣滓洞"、"白公馆"等是1949年12月至1950年1月重庆报纸出现频率最高的词语。为了让广大民众知晓大屠杀惨案的真相,来自国内各大媒体的新闻记者们每天在大屠杀现场收集信息,走访脱险志士、殉难者家属、集中营附近居民及其他知情者,发回一系列揭露大屠杀暴行的新闻信息,全程追踪报道遇难者遗体发掘工作进展,及时公布遇难者名单,关注社会各界举行的纪念大屠杀遇难者活动动态。许多脱险或获释革命志士在报纸上发表回忆录式的文章,详细讲述了发生在集中营的革命斗争及大屠杀惨案,他们试图把真相告诉读者。这些信息中的许多细节描写,成为日后人们了解重庆大屠杀惨案的第一手资料。从某种意义上说,这些在重庆刚刚解放时见诸报纸媒体的有关大屠杀的书写材料具有文献价值。

1949年12月1日,《国民公报》和《新民报晚刊》第一版分别发表题为《蒋军溃退前夕大肆惨杀"政治犯"》和《国特屠杀爱国份子》的新闻。虽然这两则简短的新闻对于大屠杀惨案的报道并不完整,但这是记者11月30日从大屠杀现场采集的信息,此时距最后一次大屠杀(11月29日)仅仅相隔一天,是新闻界对发生在重庆解放前夕的系列大屠杀惨案最早的公开报道。这两则新闻就像两枚重磅"炸弹",立刻在山城重庆引起了轰动。随后,《新华日报》、《大公报》、《新民报日刊》、《新蜀报》、《商务日报》等报纸连续不断地在重要版面,从不同角度追踪报道这个灼人眼球的新闻。

报纸成为当时广大民众获知大屠杀信息的主要渠道,报纸媒体关于大屠杀惨案的深度报道对社会情绪具有重要的引导作用。《国特屠杀"政治犯"惨景》[3]、《国民党匪帮大屠场尸横遍野令人发指》[4]、《吊"政治犯"屠场》[5]、《蒋匪灭绝人性屠杀革命志士》[6]、《"一一·二七"大屠杀数百志士死在匪帮毒手》[7]等新闻信息,以及《血的实录——记一一·二七磁器口大屠杀》[8]、《逃出白公馆》[9]、《我从渣滓洞逃了出来》[10]等脱险者的回忆录式的文章,在读者眼前展开了1949年11月27日发生在重庆集中营的惨不忍睹的一幕。大屠杀暴行激发了民众强烈的阶级情感和阶级仇恨,共产党人和革命志士面对死亡所表现出的崇高革命气节,震撼了每一位读者的心灵。报纸不仅详尽地报道了惨案真相,还纷纷发表《敬悼死难的爱国"政治犯"》[11]、《磁器口大血

---

① 1949年11月27日,国民党军统重庆集中营对"政治犯"进行集体大屠杀,白公馆、渣滓洞监狱共有207人遇难。学界对"一一·二七"大屠杀惨案的界定,并不仅仅局限于11月27日这一天,而是泛指国民党军统局在抗战后期至重庆解放前夕所进行的系列大屠杀,遇难者主要集中于1949年9月6日至11月29日的集体大屠杀中。被评定为"一一·二七"烈士的,包括被关押于军统重庆集中营最终遇害的,以及在重庆解放前夕为保护兵工厂、电力厂而殉难的共产党人和革命志士,共28人。厉华的文章《重庆中美合作所暨军统集中营历年死难人数考》载于《红岩春秋》1989年增刊,文章对"一一·二七"大屠杀惨案殉难者人数进行了统计:"经核实和统计,目前有案可查的死难者总数是321人,其中经审查已定为烈士者共计28人,加上5个随父母牺牲的小孩,共是290人;叛徒及未定性者共计31人。在总计321人中,死于1949年'11·27'大屠杀者共计207人,其中烈士18人。"

案》[12]、《血债要用血还》[13]、《化悲痛为力量》[14]等社论,引导和影响读者的思想和行为①。今天看来这些社论的口号式语言也许显得过多,缺乏对时局和事件的深刻分析和客观评价,声讨有余而感召力不足,但是如果我们回到历史的现场,就不难理解它们营造的"意见环境"在当时所产生的强大效果。在刚刚解放的重庆,特别需要有一股力量能将广大民众团结在一起,在各报上反复出现的集中营大屠杀信息,披露了国民党政府惨绝人寰的暴行,为新政权建立了道德制高点,从道德上否定了旧政权的法统。与此同时,社论喊出的"化悲痛为力量"、"血债必须偿还"、"肃清国民党特务"等口号,也就具有绝对的号召力,引导民众迅速作出符合政治社会需要的反应,激起民众强烈的阶级情感,激励他们彻底与旧政权划清界限并积极参与新中国的建设。

(二)为红岩艺术作品提供展示平台

媒体为红岩艺术作品提供了广阔的展示平台。报纸媒体在简单的平面模板上,呈现内容丰富、形式多样的红岩艺术作品;广播媒体充分发挥听觉形象的魅力,以丰富生动的语言感染听众;电视媒体凭借生动鲜活的画面,吸引观众的注意力。情感真挚丰富,富有艺术表现力的作品,唤起了读者及观众对红岩文化的思考。

以红岩历史为题材的各类文学艺术作品,始终是报纸副刊极具吸引力和感染力的内容。1962年,小说《红岩》在各大报纸副刊栏目连载,不仅充分满足了买不到小说的读者群体的阅读需求,也为这一年的报纸副刊集聚了相当不错的人气。20世纪60年代的"《红岩》热"时期和新时期以来,发表在报纸副刊上的红岩艺术作品,既有复制性作品,也有原创性作品,它们得到广泛流传,对读者产生了深远影响。一提到红岩艺术作品,大多数人认为始于小说《红岩》,往往忽略了在重庆解放之初见诸报端的,对重庆市民产生了较大影响的红岩艺术作品。

早在1949年12月,红岩艺术作品就与报纸副刊结下了不解之缘。当时,人们刚从黑暗中走来,忽闻国民党在黎明前夜制造的大屠杀惨案,悲痛和愤怒写在每一个人的脸上。历史的参与者和见证者们将满腔的悲愤凝聚在笔尖,抒写对这群为新中国献出生命的革命者的深切怀念。在重庆的诗人和作家们纷纷撰写诗歌和散文纪念倒在黎明前的革命战士,山莓《那歌声还在燃烧》、杨禾《供奉》、艾芜《悼死难的烈士》、邵子南《会师——为纪念李青林同志而作》、邓均吾《献给磁器口死难烈士》、顾工《安息吧!被难的战友》等相继出现在报纸副刊上的诗歌和散文意味深长、耐人咀嚼。"在血污和乱草的上面,在断垣和灰烬的中间,有钢铁的声音火焰般的上升,……轰响啊!轰响啊!驰过祖国十一月的天空。然后枪声将歌声埋葬了。不!那歌声还在燃烧……"[15]从集中营的断垣残壁中传来的钢铁般的声音,具有极强的震撼力,使诗人感受到燃烧的革命激情和生命热力。"在死难烈士的中间经过,这束野杜鹃向哪个的棺木边安插?从一个至善的心愿里上升到庄严的死亡,历史的天幕添上他们辉煌的星座。"[16]诗人庄严地"捧着崇高的纪念","在千

---

① 1950年1月15日《大公报》副刊《新文艺》第五期,以"编者"的名义发表文章《我们的悼念》:"一一·二七的暴行……震惊了整个城市……悲痛和仇恨都像那万顷波涛,汹涌而没有止息。我们再一次告诫自己,在这条光荣的战线上,我们的笔应该指向哪里,我们应该诚心诚意地作些什么工作,我们的努力是不是很够。只有这样,对于死去的和活着的,才有意义!"

万人自由的欢呼声里"[17],仿佛看见烈士们的身影化作了最美的血色杜鹃。"我脱下军帽,哀痛地站在,被难战友的灵前。那时候,从魔窟(中美合作所)中,伸出的魔手,在各处晃动。母亲忽然不见了孩子,学生忽然不见了先生,读者忽然不见了编辑,爱生存的孩子,爱光明的先生,爱真理的编辑,爱祖国的军人,爱人类的共产党员,被魔鬼们,从老虎凳上拉下来,填进泥坑。"[18]"魔窟"与"光明"、"真理"、"祖国"等意象形成鲜明对照,倾诉了诗人对大屠杀施暴者的愤慨之情,浸透着诗人对牺牲战友深沉浓烈的情感。1950年1月15日,刊登在《新华日报》副刊上的长诗《会师——为纪念李青林同志而作》,引起了许多读者的注意。长诗作者邵子南是名闻解放区的军旅作家,牺牲在渣滓洞的烈士李青林是他的未婚妻。重庆解放,邵子南随解放军部队抵重庆,却得到李青林牺牲的消息,他在悲愤交加中写下这首长诗。《会师》发表后,在重庆引起了强烈反响,烈士与诗人真挚的情感打动了人们。1949年12月26日《国民公报》副刊《星期画刊》第一期,刊登了漫画家汪子美的作品《招魂曲》。这是最早公开发表的红岩美术作品。这组漫画共有六幅图,前三幅以踏入"地狱"、在黑暗中歌唱、在烈火中永生为主题,描绘了革命者的狱中斗争及为捍卫理想信念而献身的悲壮场面,传神地展示了身陷囹圄的革命者超越死亡的生命意识,具有强烈的视觉震撼力。遗憾的是,这幅曾产生过轰动影响的漫画,今天的人们却只能在布满灰尘的旧报纸中找到它的踪迹。这些作品,既有今天的读者耳熟能详的,也有鲜为今人所知的。它们给予了当时的重庆读者无穷的精神力量,它们在红岩文化传播活动中所发挥的重要作用是不容忽视的。

　　报纸的发行量是有限的,红岩艺术作品的传播范围因之受到影响。广播和电视媒体扩大了红岩艺术作品的覆盖面,为受众展示了更加生动逼真的艺术作品。20世纪60年代,各省级广播电台纷纷连播小说《红岩》的精彩内容,积极参与到小说《红岩》掀起的阅读热潮中。根据小说《红岩》改编的广播评书《红岩》(李鑫荃)、《劫刑车》(李润杰)、《双枪老太婆》(刘兰芳)、《烈火中永生》(袁阔成)、《红岩魂》(袁阔成)等作品塑造了鲜明的艺术形象,具有很强的艺术感染力。1963年1月,中央人民广播电台播出了我国第一部连续性广播剧《红岩》,这部具有里程碑意义的作品,产生了极大反响。1998年,中央人民广播电台重新录制了袁阔成播讲的评书《红岩魂》,这个为中国听众所熟悉的英雄故事魅力依旧。1980年以后,电视机在中国得到普及,电视媒体成为主流媒体。电视台播放的《烈火中永生》、《红岩》、《重庆谈判》、《周恩来在重庆》、《江姐》等红岩影视作品及其他讲述红岩文化的电视专题节目获得了较高收视率。中央电视台、香港凤凰卫视等境内外电视媒体制作的《俗说红岩》①、《红岩魂》②、《黎明前的报告》③、《红岩档案解密:罗广斌的报告》④、《红岩八条"碑记"》⑤、《故事中国:厉华说红岩》⑥、《歌乐山下的暗战:渣滓洞与白公馆

---

① 1996年北京电视台摄制。
② 1999年中央电视台《文化视点》栏目与红岩联线联合摄制。
③ 1999年重庆电视台摄制。
④ 2006年中央电视台《360度》栏目组摄制。
⑤ 2008年山东电视台与重庆红岩联线文化发展管理中心联合摄制。
⑥ 2009年重庆卫视播出由重庆红岩联线文化发展管理中心摄制的电视专题节目。

纪事》①等专题节目播出后,产生了较大影响。电视专题片既重史实性,又不失艺术魅力,一幅幅黑白历史照片重现红岩英雄们的风采,一件件珍贵的文物散发出红岩英雄们的革命气息,一段段具有史料价值的采访声像资料叙述了红岩英雄们精彩而短暂的人生历程,生动的画面填满了观众的记忆空间。观众们徜徉于电视媒体建构的红岩艺术长廊,聆听历史的声音,领略美丽的生命绝唱,折服于英雄们的豁达、不屈和忧天下的情怀。

(三)记录并参与红岩文化活动

红岩文化发展经历了60年的历程,掀起的红岩文化活动深受新闻媒体的关注。这种关注固然是媒体对红岩文化所代表的主流话语的政治敏感使然,同时,我们也不能否认红岩文化独特的魅力是吸引媒体的另一个重要原因。新闻媒体不仅完整地记录了红岩文化活动的轨迹,还积极参与其中,为弘扬红岩文化营造了良好的氛围。

新闻媒体记录了红岩文化活动的发展动态,让受众感受到浓厚的红岩文化氛围,使红岩文化得到更加广泛的传播。从解放初期的纪念大屠杀殉难者的追悼会、送灵游行、展览会、座谈会、报告会等系列活动,到20世纪60年代的"《红岩》热",20世纪90年代巡展"红岩魂"引发的"红岩魂现象",2000年形象报告展演《红岩魂》震撼人心的艺术效应,每一次红岩文化活动,都在新闻媒体的板块上留下了生动的话语符号,吸引公众的关注与参与。1962年,全国几乎所有省市级党报、广播电台都以专版、专栏等重点报道的形式,连篇累牍地记录了小说《红岩》掀起的阅读热潮,为"《红岩》热"营造了良好的舆论环境。1996年金秋,展览"红岩魂"在中国革命博物馆开展,产生轰动效应。《人民日报》、《光明日报》、《中国青年报》、《北京青年报》等全国各大报纸相继在头版报道了此次展览的盛况。中央电视台的《新闻联播》、《焦点访谈》等黄金栏目也以大篇幅进行重点报道。"红岩魂"进入了主流媒体和强势媒体,在传媒的黄金时段和重要版位唱起了主角。媒体使广大民众知晓了这场在京城掀起的"红岩风",媒体频繁出现的"轰动"、"火爆"、"震撼"等关键词所营造的"意见环境",在影响公众意见方面产生了强大的效果:风闻而来的26张邀请函把"红岩魂"请到了26座城市,吸引了越来越多的观众和媒体的关注。媒体完整地记录了具有时代特征的红岩文化活动,这种以记录的形式进行的传播,为红岩文化活动插上了翅膀,使其迅速传遍城市与乡村。

媒体充分利用自身的传播力和影响力,积极参与红岩文化传播活动,展示红岩文化的丰富内涵,引导广大读者认知红岩文化的意义和价值。1950年1月15日,重庆各界举行追悼杨虎城将军暨被难烈士大会,将重庆解放初期掀起的纪念大屠杀殉难者的活动推向高潮。15日、16日两天,重庆各大报纸纷纷发表纪念特刊,登载烈士传略、回忆录文章和纪念文章等,参与这场声势浩大的悼念活动,让读者了解历史,认识这群为共和国献身的英雄。20世纪60年代,全国掀起"读《红岩》"、"学《红岩》"、"演《红岩》"的活动热潮,报纸和广播媒体利用传播速度快、范围广的优势,发起评《红岩》活动,成为"《红岩》热"活动的重要组成部分。1962年3月2日《人民日报》发

---

① 2009年凤凰卫视《走读大中华》栏目组摄制。

表阎纲的评论文章《共产党人的"正气歌"——〈红岩〉的思想力量和艺术特色》。1962年第3期《文艺报》以《〈红岩〉五人谈》作总题发表王朝闻、罗荪、王子野、李希凡、侯金镜的评论文章。文学界权威专家对《红岩》是"正气歌"和"教科书"[19]的评价,"从不同的角度确立了《红岩》的'意义'和'思想高度',使得《红岩》的出版成为1962年初引人关注的事情,对于其他新闻媒体的及时跟进也起到了示范作用"[20]。随后《中国青年报》的"红岩精神赞"、《新华日报》的"我读《红岩》"、《浙江日报》的"红岩风格赞"、《云南日报》的"《红岩》人物专栏"、《重庆日报》的"笔谈《红岩》"等专栏,及其他报纸和文学评论刊物发表的一系列有关《红岩》的评论文章,普遍认为"《红岩》是一部革命的生活教科书"[21]。1962年7月,上海人民广播电台举办暑期青年修养专题讲演,专题"向《红岩》的英雄们学习什么"[22]在青年听众中产生强烈反响。1963年11月,中央、四川及重庆人民广播电台相继播出红岩英烈"小萝卜头"的二姐宋振苏的讲话录音《读〈红岩〉忆亲人》,受到广大听众欢迎,多次重播[23]。报纸媒体关于小说《红岩》的解读,以及广播媒体组织的相关专题讨论和讲话录音,明确地表达了媒体参与这场席卷全国的"《红岩》热"活动的态度,媒体的"文化参与"引导读者对《红岩》文本进行"倾向性阅读"。

## 二、红岩文化与网络媒体

### (一)集聚丰富的红岩文化信息资源

网络媒体可以汇聚所有媒介的信息,展示各种文化产品和文化信息,为受众提供一个不断"膨胀"的信息空间。"时间上可即时、随时播报,可长期使用,一经上网可随时查阅;空间上,容量无限大,可以覆盖全球"[24]。这是一个能够快捷获取信息的电子通道。受众可以不受时空限制,在网上查阅有关红岩文化的电子书籍、电子报刊等资料,观看各类红岩影视戏曲节目,获取有关红岩文化活动的新闻信息等。2010年5月26日,新浪、搜狐、网易、百度等全国42家网络媒体共同签署了《红岩宣言》,主题是弘扬和传承红色文化,标志着互联网日益成为红岩文化传播及其发展的重要载体。当然,网络传播的负面效应也不可忽视,一些传统的伦理道德原则和评价标准受到挑战。因此,对网络传播要合理引导,使其在文化传播中释放更大能量。

主题网站、论坛和博客是进行红岩文化传播的主要网络形态。互联网上不仅有红岩联线、红色春秋等官方建立的传播和弘扬红岩文化的主题网站,还有红岩英烈网上纪念馆、烈火红岩主题论坛、烈火红岩播客、红岩吧、江姐吧等民间网站。它们利用网络的技术优势,通过多媒体技术和超文本链接功能大量复制红岩文化信息,普及红岩文化历史知识,开展丰富的网上文化活动,吸引了许多青年网民,获得了较高的点击率,成为引人关注的网络平台。红岩联线网站的前身是不朽的红岩网站,始建于2002年,2007年完成整体改版。该网站是红岩革命历史博物馆开设的红岩主题网站,其中的"红岩精神"、"历史研究"、"红岩掌故"、"红色之旅"、"红岩丛书"、"影音在线"等精品栏目,积累了丰富的信息资源,在红岩历史研究、红岩革命文物展示、红岩艺术作品展播等方面具有得天独厚的优势,成为传播红岩文化的网络主阵地。红色春秋网站建于2009年,开设的"红岩之光"、"南方局纪事"、"红岩春秋"等专栏,解读红岩文化历史,引导受众认识和理解

红岩文化。民间红岩主题网站和其他综合性网站也发布了大量红岩文化信息,与官方的红岩主题网站相得益彰,共同构成了传播红岩文化的电子景观。据笔者统计,2010年5月12日,在百度搜索引擎上输入关键词"红岩",数据支持953万条;2010年8月12日,在百度搜索引擎上出现有关"红岩"的数据支持1220万条。仅三个月,百度搜索引擎就增加了267万条关于"红岩"的信息,网络空间"红岩"信息的快速膨胀,足以说明这样一个事实,即"红岩"是网络媒体传播的一个热点。网络所承载的红岩文化信息量,是传统媒体无可比拟的。网络媒体为红岩文化提供了巨大的传播展示空间。

(二)构建红岩文化的交流空间

网络媒体改变了传统的媒体传播方式,实现了由单向传播向双向传播的转变,解构了以往横亘在传播者和受传者之间的泾渭分明的界限。在沟通、对话和交流中实现文化传播,是网络媒体不可替代的特点,对于文化传播具有重要意义。网络为人们提供了一个自由交流的空间和平台。人们坐在电脑桌前,敲下自己的踪迹,与公众进行对话和交流。红岩联线网站的网友互动平台、网上红岩英烈纪念馆的网友讨论区、博客们设置的红岩专题留言板,以及烈火红岩主题论坛为网友提供的对话、交流空间,使网友们可以在这里"喊出"自己的声音,探讨对红岩文化的认识和理解。网络建构的红岩文化交流空间,拉近了传播者与受传者的距离,使红岩英烈家属、红岩文化研究学者以及对红岩文化有特殊感情的受众群体之间,可以突破时空限制,平等自由地对话和交流,不仅增强了红岩文化传播的亲和力和感染力,也促使对某些问题的探讨更深入。

烈火红岩主题论坛成立于2006年4月,开设了"《红岩》往事"、"《红岩》感怀"、"《红岩》书写"和"《红岩》改编"等栏目。红岩情结使烈火红岩主题论坛的网友们聚在这个穿越时空界限的空间,写下或质朴真挚,或激情飞扬的文字,抒发对红岩英雄们的崇敬和怀念之情。该论坛对红岩历史、红岩艺术作品、红岩文化的意义和价值等进行了讨论,其中的许多话题显示了网友们较深的红岩历史积淀和较强的文化思辨能力。比如该论坛曾针对小说《红岩》塑造英雄的独特叙事视角,通过意志考验来表现英雄们对信仰的执著追求,探讨过这样一个话题:"组织要求成员在任何酷刑之下都保守秘密,是否违背了人道主义原则?"[25]这是一个有意思的话题,烈火红岩主题论坛引导网友们从人道主义的视角探讨英雄与叛徒的区别,点击率极高。人道主义的特点是以人为本,而酷刑则意味着对人的身体的摧残和伤害。虽然网友们的讨论层面深浅不一,但他们对这个问题的看法却是惊人的一致。他们认为如果为了保全个人而出卖同志,致使更多的人被捕牺牲,这种超出道德底线、违背组织原则的行为才是不人道的;红岩英烈们面对酷刑坚贞不屈,面对死亡从容不迫,他们战胜和超越了世俗社会和平凡人生无法战胜和超越的挑战,体现了人性的崇高感,他们是真正的英雄。无独有偶,在2002年海南师范学院中文系举办的"探索者之夜"之重读《红岩》的教学实践活动中,虽然大多数学生认同小说塑造的英雄群像,但也有部分学生对小说文本展示的英雄主义不以为然。有的学生认为《红岩》中的英雄是一群欲望被压抑的英雄",是"一群无用的英雄","《红岩》的英雄的完美却没有体现出美来"[26]。有的学生甚至认为《红岩》是一个反人性、反现代性的乌托邦,塑造的是一群被阉割了爱与生的所有欲望和能力的英雄。

一位学生在读后感中这样评价《红岩》英雄人物:"当他们满怀'对革命的热情'时,我发现,英雄生命被扭曲和单一化的悲哀:他们缺少'对生命的热情'！……而没有了对生命的热情,也就没有了欢乐和痛苦,更没有了人之所以为'人'的全部理由和意义!"[27] 其实《红岩》的难能可贵,恰恰在于它将审美视点投向了英雄群雕的人性光辉,体现了人性的壮美和崇高。部分"80后"之所以对《红岩》产生不恰当的误读,究其原因,是出现了文化断层。他们缺乏历史记忆,先天不足而后天失调。在他们的文化认知中,崇高被粗暴地否定,游移于人性之外。这种文化认知的盲点,在当今的消费时代青年人中不乏少数。因此,网友们(其中不乏"80、90后",以及在海外的中国留学生)在这个非官方的论坛交流中,对红岩英雄们生存价值观的一致认同就显得尤其难得。当然,这个论坛交流中的"意见领袖"的观点对其他参与讨论者的认知的影响力也是不可忽略的,促使网友们在相互讨论中对红岩英雄们的生命意义和生存价值有了更加深刻的认识和理解,他们在红岩论坛上敲下的肺腑之言影响了相当数量的网民,甚至使部分对红岩文化存在偏见的网民,改变了过去的肤浅认识。"网络媒体由于能够激发很多针锋相对的讨论和探讨,在共时的、直接的交流交锋中间,使得人们对于文化的看法得以深化,使得人们的文化意识在沟通和交流中获得一种相互探讨,是非常有意义的。"[28]

(三) 在虚拟空间"重现"现实环境

互联网虚拟现实技术的发展,适应了受众日益增长的参与性、互动性体验要求。网络祭奠和网络展览模拟现实场景,为受众提供"实地"参观和祭奠的场所,让人有如身临其境。在网上构建"重现"现实环境的虚拟空间的技术被逐渐运用到红色革命文化的传播中,扩大了"参观"群体。随着网络技术的发展,3D、4D等高新技术将会在革命历史文化的传播中发挥越来越重要的作用。

红岩联线网站设置了网上祭扫平台,在网络纪念系统"网同"上注册的红岩英烈纪念馆、江姐及彭咏梧烈士纪念馆、陈然纪念馆等12个民间网上纪念馆也纷纷开设网上祭奠活动,设置模拟现实场景的虚拟空间,营造肃穆的气氛,为网友们提供纪念红岩英烈的网络平台。在这里,人们可以随时随地对红岩英烈表示敬意和怀念,可以在红岩英烈的生日、忌日等重要日子上网追思。每年清明节和"11·27"纪念日,由于各种原因无法亲自赶到现场凭吊的烈士战友、亲属,以及景仰烈士精神的追随者,可以在网络提供的虚拟空间抒发对红岩英烈的深切怀念之情。网络祭奠虚拟空间突破了时空的阻隔,实现了全天候、全球化的缅怀和祭扫,为人们抒发怀念之情提供了一个便捷的通道。

网络展览可以满足无法到现场实地参观展览的受众需求,扩大了展览的传播范围。红岩联线网站利用资源优势和技术优势,举办"红岩情"、"记忆重庆"等网络展览,使受众足不出户,即可感受这些展览的文化魅力。"红岩情"网络展览模拟现实展览空间,呈现了大量珍贵的实物和文献资料,网上解说区延伸了展览信息,优美的《红梅赞》旋律为虚拟的展览空间营造了氛围。随着鼠标的点击,受众可以自由进入"红岩情"展览区域,获取历史知识,在互动平台进行历史交流。

## 三、媒体传播在红岩文化发展中的作用

### (一)为红岩文化发展推波助澜

媒体不仅仅是社会文化的记录者和传播者,而且是社会文化的催化剂。在红岩文化发展走过的60年历程中,媒体传播构成了红岩文化发展的文化环境和文化氛围,促进了红岩文化的传承和发展。尤其是在几次重要的红岩文化活动时期,媒体的文化参与,对红岩文化发展起到了推波助澜的作用。

在重庆解放初期发起的纪念大屠杀殉难者的活动中,报纸媒体发挥了重要而突出的作用。重庆报纸对大屠杀惨案的新闻价值和政治意义反应迅速,在最后一次大屠杀发生后的次日从集中营现场发回新闻报道,让这个令人震惊的消息迅速传遍山城,并引起海内外的关注。在随后的两个月中,媒体持续不断地对大屠杀惨案作追踪报道,组织脱险者和其他知情人"讲述"屠杀事件,发表新闻评论。广大民众通过报纸这个畅通的信息渠道,知晓了大屠杀惨案,认识了为新中国而牺牲的这群英雄。他们不仅自发前去大屠杀现场悼念英雄们,还积极参加追悼会、游行、展览会、座谈会等纪念活动。重庆解放初期的纪念大屠杀殉难者的活动,之所以开展得轰轰烈烈,媒体的传播力和影响力不可小觑。在20世纪60年代的"《红岩》热"活动中,全国各大报纸媒体配合阅读热潮,发起评《红岩》活动,组织了一系列专家的解读文章和"普通读者(其实是次一级别的专家)的'读后感'"[20]。这些文章从当时的社会需要出发,"读出"文本与社会主流话语一致的思想意义。"在对《红岩》的各种评价中,'教材'、'教科书'是一种普遍的说法。"[20] 媒体的评论活动,使《红岩》的"精神堡垒"的意义"植入"了读者大脑,引导读者认识和理解《红岩》,促进了《红岩》文本宣教功能的发挥,为红岩文化的传播及其发展推波助澜。1996年,"红岩魂"展览在京引起轰动,全国各主流媒体竞相报道展览盛况。媒体抓住展览的时代意义大做文章,深度剖析红岩英雄们的生存价值观,英雄们用生命写下的"狱中八条意见",成为媒体解读"红岩魂"展览时引用最多的核心内容。媒体传播使"红岩魂"展览获得极高的知名度,为该展览积累了美誉度和人气指数,为"红岩魂现象"的形成奠定了基础。

### (二)影响受众的观念世界

媒体传播具有巨大的影响力和渗透力。它受政治环境和社会环境的影响,在不同时代表现出不同的价值取向,对人们的价值观念、人生态度和生活方式产生影响。

在以阶级斗争为纲的年代,媒体配合政治社会的需要,突出红岩文化的革命性和阶级性特征,引导公众树立共产主义的世界观。媒体对小说《红岩》塑造的光彩照人的无产阶级的英雄人物尤其关注,这一点从媒体组织的大量相关信息报道和专题解读中可见一斑。媒体希望读者按照其表述的看法和观点阅读《红岩》文本,使这部小说获得更加理想的传播效果。1963年第6期《文学评论》发表了一篇带有总结性的文章,指出"《红岩》不仅吸引了广大的读者,而且深深地激动了他们的革命心弦,激起了他们参与当时国际国内阶级斗争的政治热情,激起了他们在建设社会主义工作岗位上的更大干劲,在精神上给予他们一种战斗的力量"[21]。按照惯例,这篇文章是经过媒体"把关人"的过滤和筛选的,文章对《红岩》阅读效应的评述,反映了当时的文化传播和阶级斗争的关系,与媒体的宣传意图是吻合的。就产生这种阅读效应来说,媒体之前所进行的大量阐释起到了很好的铺垫,发挥了较强的宣传册的作用。

在以经济建设为中心的时代,社会的主题由"革命"转向"改革"。经济多元和文化多元时代取代了当年单纯的"政治时代",人们的世界观和价值观发生了很大改变。人们对于是否还需要崇高信仰,怎样实现人生价值等问题感到迷惘,此时的媒体所试图通过传播红岩文化反馈给读者的也正是这类信息。对于1996年"红岩魂"展览引发的火暴全国的"红岩魂现象",媒体关注得更多的是红岩文化蕴涵的光辉人性和生存观念对当代中国人的启示意义。媒体对报道方向的定位符合社会需求,满足了读者在市场经济条件下,对"做什么"和"怎么做"的精神需求。媒体的舆论影响和重塑受众的观念世界,引导读者理性分析新时期掀起的"红岩热"的意义和价值。

(三)增强红岩文化发展的活力

传统媒体的传播路径是传播者向受传者的单向传播,网络媒体实现了传受的双向互动交流,这是区别于传统媒体的最大优势之一。网络传播是对"以传播者为中心"的传播模式的解构,传播者和受众处于平等的地位,互为信息传播的主体。受众不仅可以"聆听"传播者的讲述,还可以将自己的经验、体会、思想、观点和认识通过网络特有的方式表现出来并加以传播。

网络的开放式结构和海量存储能力为各种讯息意见的进入与碰撞提供了包容空间。比如在博客空间中,每个人都可以自由地编辑和发布自己的信息和作品,与网友"面对面"地交谈。在新浪博客上搜索"红岩",数据支持510余万条。影响几代中国人的"红岩"成为博客空间的热点话题。红岩英雄的气质和风骨像一股暖流,激荡着博客们的心灵,他们在这个"属于自己的"园地记录对红岩英雄们的特殊情感,解读红岩英雄们的生存观念,表达对生命本质和存在意义的深层思考。在博客空间,访问者与传播主体之间可以"面对面地"交流,诚实、直率地表达对红岩的情感,当然,"这并不意味着他们客观公正、不偏不倚,而是意味着他们忠于自己的观点和假设"[28]。这种新的传播范式避开了官方的话语磁场,摆脱了"把关人"的话语控制,传达的是个人视角下的"红岩",使到访者消除了距离感,给他们带来了亲切感和真实感,更容易获得信任和认同。①

在网络空间,每一个人既是传播者,又是受传者。网络媒体消解了红岩文化传播的官方话语霸权性质,红岩文化传播不再只是官方话语的单向输入式传播,网络为普通大众提供了话语平台,他们可以如实地表达自己对红岩文化的认识和理解,在不断的互动交流中,探讨红岩文化的内涵和价值。网络媒体使文化传播发生了质的飞跃,"打破了传播者和受传者之间的界线,是典型的平行传播的模式"[1]。文化传播开始带有"平民化"色彩,使传播更具感召力和生命力。网络传播提供了一个开放、互动的场域,为红岩文化传播提供了新的视野,使其文化阐释和传播形式有新的发展和突破,有利于增强红岩文化发展活力。

---

① 2010年8月12日搜索结果。

**参考文献：**

[1] 庄晓东. 文化传播：历史、理论与现实[M]. 北京：人民出版社,2003：134,155

[2] 钱振文. "深描"一件被人忽略的往事——细说《红岩》作者们解放初期的第一次"文学"活动[J]. 渤海大学学报,2008(4)：35

[3] 国特屠杀"政治犯"惨景[N]. 国民公报,1949-12-2

[4] 国民党匪帮大屠场尸横遍野令人发指[N]. 新蜀报,1949-12-2

[5] 吊"政治犯"屠场[N]. 新民报日刊,1949-12-3

[6] 蒋匪灭绝人性屠杀革命志士[N]. 大公报,1949-12-3

[7] "一一·二七"大屠杀数百志士死在匪帮毒手[N]. 新华日报,1949-12-12

[8] 任可风. 血的实录——记一一·二七磁器口大屠杀[N]. 大公报,1949-12-6

[9] 王国源. 逃出白公馆[N]. 新民报日刊(重庆版),1950-1-21至1950-1-30

[10] 钟林. 我从渣滓洞逃了出来[N]. 国民公报,1949-12-29、1950-1-1

[11] 敬悼死难的爱国"政治犯"[N]. 新蜀报,1949-12-2

[12] 磁器口大血案[N]. 大公报,1949-12-3

[13] 血债要用血还[N]. 国民公报,1949-12-4

[14] 化悲痛为力量[N]. 新华日报,1949-12-15

[15] 山莓. 那歌声还在燃烧[N]. 国民公报,1949-12-26

[16][17] 杨禾. 供奉[N]. 国民公报,1949-12-26

[18] 顾工. 安息吧！被难的战友[N]. 新华日报,1950-1-15

[19] 罗荪. 最生动的共产主义教科书[N]. 文艺报,1962(3)

[20] 钱振文.《红岩》的"阅读生产"和"《红岩》热"生成[J]. 文艺争鸣,2007(12)：142、143

[21] 朱寨. 时代革命精神的光辉——读《红岩》[J]. 文学评论,1963(6)：64

[22] 上海人民电台编排新节目[N]. 文汇报,1962-7-27

[23] 播讲"读《红岩》忆亲人"[N]. 四川日报,1963-11-9

[24] 赖浩锋. 互联网背景下的受众分化与个人传播[EB/OL]. http://media.people.com.cn/GB/40628/3241404.html

[25] 关于叛徒的话题[EB/OL]. http://www.hongyanhun.com/bbs/read.php?tid=1163&page=1

[26] 廖述务. "探索者之夜"：本科生读《红岩》[J]. 海南师范学院学报(社会科学版),2002(6)：32—35

[27] 张颐武. 网络媒体如何传播"文化"[EB/OL]. http://www.cctv.com/tvguide/tvcomment/wtjj/xzlz/8718_5.shtml

[28] 刘津. 博客传播[M]. 北京：清华大学出版社,2008：104

（作者简介：徐康，职称：文博副研究馆员；职务：重庆红岩革命历史博物馆历史研究部副科长）

# 中国红色旅游文化产业案例
## ——红岩联线文化旅游产业

古 风

在文化产业中旅游是最具有成长性的。

红岩,不仅是重庆旅游文化中的一个重要内容,也是在全国乃至世界享有盛名!从地名到人名,从文艺作品到企业的名称,从产品的命名到现在网站的注册,红岩,作为一个品牌发挥着巨大的"明星"效应。

红岩蕴藏着丰富的革命历史文化资源,饱含着民族振兴所需要的精神营养。在今天的社会中,要使这种革命传统教育为主、政治规定性极强的革命文化营造吸引力以争取更多的旅游者,保持强劲的发展态势,就必须突破传统的思维方式和方法手段,大胆创新扩展革命文化的外延,寻找新角度、新视点来发展文化旅游产业。在旅游资源丰富的今天,红岩文化面对的旅游者不再是靠发一张红头文件就能引来的"文件观众",而是有选择参观的权利的"市场观众",所以要使红岩文化在旅游资源中张扬其特性形成产业,就必须坚持改革。

国家关于发展红色旅游的工程,为红色文化旅游产业创造了前所未有的机遇和发展的空间。重庆作为全国文化体制改革的试点城市,在公益性的文化事业改革方面,从发展红色文化旅游产业方面进行了重大的改革。

## 一、整合资源、联点成线

按照国家对公益性文化事业单位改革"加大投入、转变机制、提高服务、增强活力"的原则,为改变文物资源利用不充分、研究力量分散、管理不善等问题,2004年重庆红岩革命纪念馆、重庆歌乐山革命纪念馆、重庆对外文化交流中心、重庆歌乐山文化实业发展公司联合组建了重庆红岩联线文化研究发展中心,后改名为重庆红岩联线文化发展管理中心(重庆红岩革命历史博物馆)并于2007年1月9日正式挂牌成立。

红岩联线充分运用社会主义市场经济的运行机制和管理体制,整合人力、物力资源,使以红岩文化为龙头的重庆近现代文化资源能形成合力,以充分发挥爱国主义教育功能和红色旅游的功能,满足人民群众不断增长的文化需求。

整合资源,即以红岩革命纪念馆、歌乐山革命纪念馆为基础而组建的红岩革命历史博物馆,采取所有权不变,接受经营管理的方法,将分散在重庆各区县的抗战教育博物馆、郭沫若纪念馆、冯玉祥纪念馆、陈独秀旧居纪念馆、城口红军纪念馆、陶行知纪念馆以及重庆的文化宫、沙坪坝两个剧场的经营权等全部整合于红岩联线,形成了红岩联线发展文化产业的基本格局。

1. 整合资源、提高利用率扩大红岩联线"资本",为红岩联线运作市场奠定了基础。资本,红岩联线的解释有两个方面的内容:一是有形的资本。包括遗址、文物资料以及技术队伍。二是无形资本。包括红岩品牌及衍生的系列产品。对红岩联线来说整合资源是扩大资本,使遗址、文物资料以及技术队伍这种有形资本增值,提高含金量;使红岩品牌及衍生的系列产品得到效益的最大化,增强吸引力。同时,以资本为纽带展开优势产业扩张,尽快形成大的产业规模,改变文化产业资源配置过于分散、行业集中度不高、市场份额不大的现行状况,努力把自己做大做强。

红岩联线扩大"资本"主要是基于:整合人才与智力资源,引进竞争机制;整合文物资源,打造精品展览;整合管理资源,优化接待服务功能;整合技术资源,提高组织效率;整合市场资源,形成核心竞争力。目标是以红岩两馆为中心馆,辐射带动区县红色文化旅游资源的开发利用,做强有形资本、做大无形资本,形成红色文化产业管理集团。

2. 运用"红岩联线游客接待中心",开辟重庆市红色旅游精品线路——红岩文化大全程。针对和利用重庆市红岩革命遗址在全市星罗棋布的特点,围绕红岩文化,各参观点联系和整合起来,打造红色旅游核心线路。在整合资源的基础上,红岩联线实施了联点成线的红色旅游文化产业的新战略。根据各景点线路按照市场的需求推出了三条"红岩文化全程游"的新线路和完全按照个人需求的"红岩文化专题游",同时建立"公务接待中心",把服务延伸到各个单位。这种联点成线的旅游方便了参观者,提高了红色旅游资源的利用率。三年来,红岩联线接待参观者700多万人次,实现门票收入3800多万元。

3. 发挥红岩联线外联作用,联线红色旅游景区,打造多条重庆红色旅游线路。"红岩联线"不仅仅单纯地对外输出先进管理经验、专业技术水平和研究成果,同时非常重视外联室对外整合、串联的作用,每当对外制作一个展览、策划一项活动、或者参与红色旅游规划方案的打造等等,每走出一步,外联室就将红色旅游联线带到那里,推出红色旅游线路、管理红色旅游景区,目前已与江津陈独秀旧居、沙坪坝区抗战教育博物馆、冯玉祥旧居、郭沫若旧居、磁器口韩子栋陈列室签定了产权不变,红岩联线负责管理运行的合作协议,初步形成了以红岩为主的多条红色旅游线路。

4. 建立红岩文化旅游车队,增强人性化服务,提升红色旅游服务质量。"红岩联线"从成立之日起在红岩革命纪念馆和歌乐山革命纪念馆的行政用车和接待车辆基础上,组建了红岩文化旅游车队,每年固定投入一定的经费用于全程旅游车辆的购买,现已拥有30辆大中小旅游车,用于红岩景区小全程,大全程以及与各区县串联的红色旅游线路。同时在各景区增设了红色旅游接待服务中心并安装免费饮水机、免费充电器、书刊音像制品体验区和休息室,尽量想到、做到观众之所想,使得观众每到一景区,都能有宾至如归之感,不断增强的人性化服务,极大地提升了重庆红色旅游服务质量。

"红岩联线"联点成线的旅游新格局,是"红岩联线"运作市场的重要举措。"红岩联线"打破过去重庆市文博行业条块分割、各自为战的局面,用"红岩"这条主线,将两馆景区串联起来,并将红岩文化的品牌效应辐射到区县市以及重庆周边地区,将全市范围内的红色文化资源整合起来。初步形成重庆市红色文化旅游产业的整体合力。

## 二、培育市场、保持影响

发展红色文化旅游产业,就要使自己的产品保持在社会上的知名度,就要能够形成源源不断的市场资源。从发展红色旅游文化产业的高度出发,红岩联线采取了以下几个措施:

市场调查:认识市场、看重市场、了解市场是红岩联线研究开发项目的出发点。进行市场调查是红岩联线十分重要的一项工作。为了找到与市场的结合点,红岩联线在各参观景区坚持长期进行观众问卷调查,从收回的问卷中找到观众对革命文物展示、服务手段、观众感兴趣的走向等各方面的要求,以及时调整我们的陈列方式和服务手段,不断提升自身硬件和软件,让观众参观有耳目一新的感觉。精神文化产品与其他社会产品一样,其成为精品不是一蹴而就的,而是在实践中根据"市场"的反馈信息,不断"改型换代"、"产品升级",经受了"市场"各种风险的检验并得到"消费者"的认可后方能成就的。《红岩魂》展览就是歌乐山革命纪念馆在分析了大量观众留言的基础上,通过对改革开放条件下革命纪念馆在精神文明建设中的地位作用的认真评判后向社会推出的。重视市场的调查、分析观众的留言是红岩联线面向市场策划项目的全部依据。目前在市场调查的基础上,红岩联线已经做到了每年有新的项目推出,同时也储备了一些项目,比如:大型音乐史诗《红岩诗颂》、《走进红岩》十本图书、历史资料片《重庆抗战遗址》、人物传记《罗广斌》等等。

市场培育:红岩联线运用红岩文化史料积极推进先进文化建设,在重庆市内大、中、小学校建立红岩班(队)的成功基础上,开始着手在重庆市40个区县建立"红岩文化室",免费提供《不朽红岩》展览、红岩书刊音像资料和各种设备,让更多的区县市的青少年早日走进"红岩"、感受"红岩精神"熏陶。两年来,已在长寿、璧山、涪陵、江津、城口、铜梁、石柱、武隆、万盛等十个区县建起了"红岩文化室",目前各文化室接待观众已突破12万人次。同时红岩联线充分利用黄金周、特殊节假日等等,策划各种主题参观活动,如"巧克力、苹果行动"、"清明祭英烈"、"新兵、新学生入伍入学宣誓"……今年还专门为广大青少年量身定做系列活动:如"首届重庆市'周恩来班队'"、"18岁成人宣誓"、"红岩诗歌朗诵"等等;红岩联线还与学校、部队建立共建关系,培养义务解说员,特别是在与解放军驻地77133部队开展的红岩精神进军营的活动中,红岩联线帮助部队建立红岩文化室、培养解说员、承担革命传统教育工作;部队利用休息日到两馆开展义务解说,承担节假日的卫生突击任务,负责军民共建林的护养。这一个又一个社会活动极大地扩大了"一线两

馆"在社会的知名度和影响力,红岩走进了社会、贴近了生活,也为"一线两馆"培养了源源不断的观众群体。

市场开拓:红岩联线一直想寻找一个平台扩大自身业务外延,目前红岩联线有重庆市文化宫影剧院、沙坪坝剧院十年经营管理权。依托它深入开展"红色舞台"和"红色音符"两个项目的建设,充分运用红岩文化为背景,以革命历史,革命事迹,革命精神为内涵,以生动活泼的文艺演出为形式,建立长效的红色演出机制。为发展红色旅游文化产业拓宽了新的路子。把红色旅游文化产业延伸到演艺一直是我们的梦想。因为《红岩魂形象报告展演》剧在全国产生的巨大影响使我们看到红色经典的影响力。目前我们已经有了常年可以结合学校教育和社会主题活动的三个剧目《红岩魂形象报告展演》、《血铸红岩》、《生命作证》。同时我们也正在策划创作《重庆历史文化展演剧》、《罗广斌》等剧目。在《红岩展演团》、《红岩合唱团》、《红岩报告团》的基础上,我们还把具有品牌资源效应的京剧厉家班,办成演艺公司,加强文物资源与艺术形式的结合,使红岩文化旅游产业更加的多元化和多角度地满足市场的需求。

## 三、研究开发、树立品牌

红岩联线非常看重在发展红色旅游文化产业中强化研究开发和树立品牌。这是发展红色旅游文化产业的核心所在。

1. 加强文物资料深度挖掘研发,注重研究成果转化为两个效益

不加大挖掘、研发革命资源的力度,文物史料的思想价值和精神内容就不能外化出来,从而导致纪念馆的功能萎缩;没有好的项目和产品,就没有观众和市场,纪念馆也就失去了生存和发展的基础。增强研发意识、加快研究成果转化两个效益,成为"红岩联线"整合两馆文物资源,研发新产品所追求的目标。

首先加强文物资料的收集、研究和整理工作。没有丰富的文物资料,就不能制作出吸引观众的展览。每年我们要花费几十万元文物征集费到各地收集文物资料。两年来新征入库的重要文物252件、人头档案220件、资料书刊334份,新征集科技照片200余幅等。为创作《血铸红岩历史人物展演》,"红岩联线"组织两馆专业人员赴广东、湖南、上海等地征集文物就达162件,古旧图书、报刊74册,资料、字画64件,人头档案72份,DV带26盒等。再者明确专题研究,注重成果的应用性。先后确立《中共中央南方局》、《抗日民族统一战线》、《国共两党》、《红岩书记》、《新华日报》、《陈独秀》、《三峡文化》、《风雨白公馆》、《厉家班》、《抗战文化遗址》等课题。现已完成《历史文化名城中的红岩旅游》、《红岩魂与革命纪念馆的管理与创新》等课题研究,出版著作《红岩诗抄》、《风雨白公馆》、《抗战市井生活》、《走近南方局》、《千秋红岩》等图书,这些研究成果为红色旅游新项目的推出打下了坚实的基础。

2. 人性化的展示、服务与产品内涵深度挖掘、开发相结合

所挖掘研发的内容与现实生活不交集,就无法打动和吸引观众眼球并占领市场。观众有选择参观的权利。要使红岩文化在旅游资源中张扬其特性,就必须研究、挖掘出红岩文化的时代内

涵,坚持人性化的原则才能让更多的观众接受。比如当观众看到周恩来的自我批评和《我的修养要则》的时候,会立即从平凡中体会到不平凡的东西。将革命者人性化,就能让更多的观众走进他们,从中去体会革命者那份精神,那种品格。再如重庆地下党工运书记许建业(红岩小说中许云峰的原型之一),被捕以后面对敌人酷刑坚不吐实,然而内心却非常焦急,因为在他家中还藏着十几份党员的入党申请书,如果被特务搜出后果不堪设想,情急之下,他请求看守传纸条出去,结果看守报告上级,导致部分同志被捕入狱,懊悔得他撞墙自杀……事实证明:我们将这些真实的东西展示出来,非但没有贬低伟人、烈士在旅游者心目中的光辉形象,反而使久远的历史更具人性化,更真实地存在,观众更能以人性的视角去审视他们,去理解他们,从中受到启发。

3. 重视产品多元化、多样性、多角度的新尝试,不断进行产品的升级换代

首先从呆板的展出到现在艺术化、人性化的展示和服务。纪念馆展示的是历史,要让现实中的人从历史中找到结合点,缩短历史和现实的距离感,就必须有新颖的展示方式和强大的技术手段作支撑。红岩革命纪念馆近年在发展创新上不断地探索,2004年1月向社会推出了一个全国首创的大型历史艺术景观《红岩启示录》。它以一种全新的构思,将革命文物与艺术形式有机结合、外化凝结于革命文物中的思想价值和精神力量,采用纪实手法,用历史文物证明历史事件,用历史照片反映历史情节,用声像资料表现历史场面,用雕塑展示历史人物,运用现代科技手段,在声、光、电的辅助下,使景观具有强烈的启示性、震撼力和穿透力。该景观是纪念馆在陈列展览方面的全新创作,突破了传统的形式,从形式到内容各方面都提供了全新的模式和经验,受到了参观者和各级领导的一致好评。

其次从单一的展览到现在的展演、报告会、夜游、书刊、电视剧等多种形式。在红岩魂品牌的研究开发过程中,从展览到报告、从报告到夜游、从夜游到展演、从展演到情景剧,不断地创新变化形式和增加新的内容,不断地使产品"升级、换代",使爱国主义教育基地每年都有新项目,每年都有新变化,每年都有新的吸引力。如应新时期观众需要开发的"夜游渣滓洞、白公馆"项目,使一个传统参观点具有了新的参观价值。2004年,红岩联线邀请国家话剧院导演吴晓江对"夜游渣滓洞、白公馆"进行品牌升级,在重新排演后将其拍摄为电视篇《生命作证》。这是一部两馆工作人员自编、自演的电视剧,形式鲜活,感染力强。出版的VCD/DVD光碟,与同期开发的光碟《走进红岩》、《红岩魂》报告会,成为重庆市党员先进性教育的生动教材之一。观众评价说:意想不到、震撼人心! 之后在大量收集征集历史文物资料的基础上,经过市场的研究,策划出红岩历史人物展演剧《血铸红岩》。红岩联线不是艺术生产单位,但是为了增强革命历史文物的感染力,我们也需要利用舞台,作为参观内容,观众在红岩村也可以通过艺术的形式加深对红岩历史的了解和学习。目前我们在红色旅游中已经形成了以红岩魂展览、红岩魂报告、红岩魂展演、红岩魂夜游、红岩魂书刊、红岩大全程六大产品系列。红岩联线在红色旅游中发展,红色旅游壮大发展了红岩联线。

红岩蕴藏着丰富的革命历史文化资源,饱含着民族振兴所需要的精神营养。在市场经济的挑战下,要使这种革命传统教育为主、政治规定性极强的革命文化营造吸引力以争取更多的观

众,保持强劲的发展态势,突破传统的思维方式和方法手段,大胆创新扩展革命文化的外延,寻找新角度、新视点来发展革命文化是必需的。只有这样做才能不断地增强革命文化的活力,保持对观众的吸引力。事实证明,在市场经济条件下的今天,红色圣地、革命遗址通过改革增强自身造血功能,坚持文化事业和文化产业发展之路,将极大地拓展其发展空间,创造出它应有的社会价值和经济价值,实现可持续发展。

(作者简介:古风,厉华的笔名,职称:文博研究馆员;职务:重庆红岩联线文化发展管理中心主任、重庆红岩革命历史博物馆馆长)

# 红岩魂
## ——革命纪念馆的管理与创新（二）

厉 华

## 序

  重庆西北郊，有一座歌乐山，这座山地貌平平不具特色，它没有华山之险、泰山之雄、黄山之奇，更没有峨嵋之秀。在空间范畴它不足挂齿，但是在时间意义上，它却是中华人民共和国历史无法绕开的山。因为它属于时间，它属于历史。1949年11月27日，新中国解放58天后，重庆解放的前三天，国民党顽固派对关押在白公馆、渣滓洞看守所里的280多人进行了惨绝人寰的大屠杀！革命烈士的奉献精神是我们伟大民族精神的重要内容，烈士的崇高思想境界、坚定的理想信念、巨大的人格力量和浩然的革命正气，展示了中国人民的奋斗历程。新中国成立五十多年来，围绕白公馆、渣滓洞革命烈士斗争事迹的文艺、文学创作层出不穷，小说《红岩》、电影《烈火中永生》、歌剧《江姐》等形成了具有十分明显成长性的红岩文化。围绕红岩这一文化资源，作为全国爱国主义教育示范基地的重庆歌乐山革命纪念馆，坚持保护文物、利用文物，传播革命烈士的精神，不断地向社会提供精神产品，形成了"红岩魂"——展览、报告、形象报告展演、"生命作证"夜游、系列图书音像制品、文化旅游车队、工艺旅游纪念品为品牌的七大系列产品。从1990年到2003年，基地共接待中外参观者2654.5万人次（其中青少年718.5万人次）；在全国297个城市举办《红岩魂》展览，接待观众达3300多万人次；在全国34个城市进行《红岩魂》巡演720场；在全国各地作《红岩魂》报告570多场；发行销售《红岩魂》书刊光碟资料4249万册（盒）。事业总收入14022.16万元，其中，上级财政拨款占总收入的29%，自身事业收入71%；馆内文物藏品由80年代的456件，增加到现有的1389件；固定资产从80年代的30多万元增加到现在的1200多万元；职工人数从80年代的80多人发展为346人，为社会提供了200多个就业岗位。我们基本完成了从主要依靠财政拨款和上级补助到主要依靠自身发展的转变，走出了一条社会主义市场经

济条件下经营管理和发展建设爱国主义教育基地的新路子。

**上篇:《红岩魂》是如何发展走向全国的?**

红岩蕴藏着丰富的革命历史文化资源,在市场经济的条件下要使这种革命传统教育为主、政治规定性极强的革命文化增强吸引力以争取更多的旅游者,就必须要进入市场。革命纪念馆只有转变"等靠要"的计划观念、树立经营的市场观念,才能对手中的文化资源进行经营,否则就会被"适者生存"的法则所淘汰!革命纪念馆如果不能盘活手中的文化资源,就会出现"功能萎缩"的退化情况!因此,革命纪念馆要走向市场。

第一,"红岩魂"的市场开拓

1988年,歌乐山革命纪念馆向社会推出《歌乐忠魂世代英华——中美合作所集中营史实展览》,新华社新闻稿第7966期记者刘亢1991年12月6日对此作了记录:

《这历史,我们不能忘却——"歌乐忠魂、世代英华"全国巡展记》称:1988年5月,正值广交会举行之际,重庆歌乐山烈士陵园在广东革命历史博物馆拉开了"歌乐忠魂,世代英华——中美合作所集中营史实"全国巡展的帷幕。第一站选在广州就是想看看最富时代气息的广州人是否依然需要历史教育。……出乎组织者意料,开展后,一群群工人、学生、干部、武警战士、待业青年源源不断涌来。……这所博物馆负责人都感叹:"在广州只有新潮家具、时装、电器的展览才吃香,没想到这个展览竟有这么大的吸引力。"……短短4年中,这个展览行程8万多公里,观众达数千万之多。从1990年起,为满足观众需求,歌乐山烈士陵园又制作了3套模具,变1个巡展队为4个,同时在全国东南西北展出。

1991年6月10日的文汇报报道:"从三月中旬开展以来,吸引了来自本市各区县及邻近省份的工、农、兵、学、商、党、政各界人士,短短一月间,参观人数已逾四十万人次,产生了多年未见的轰动效应,超过了时下一些热门的商品展销会,可谓盛况空前,被人誉为是一次革命传统教育的成功实践。面对商品经济的大潮,还要不要开展革命传统教育、中国近现代史和国情教育……如果各级党组织和政府都能因地制宜开展这类教育,就一定能把社会主义精神文明建设真正落到实处。"

参观者的留言强烈地反映了社会市场对精神文明方面的需求:

"今天,人们总在讲五星红旗是烈士用鲜血染红的,但实际上越来越多的人渐渐忽略了其丰富的内蕴。参观了'歌乐忠魂、世代英华'展览后,许多人表示由此深切地明白了今天的祥和宁静与昨天的艰苦卓绝紧密关联。"

"中华民族的英雄以鲜血创造了新的中国,我们每个活着的人应如何去做这是必须回答的。历史让我懂得了今天。"

"有人说烈士们生得伟大,死得并不划算。因为死并不是他们唯一的选择。可是在光明与黑暗的搏斗中,需要有战士流血,需要有英雄献身。"

坐在纪念馆里看不到的情况、认识不到的社会需求,每天都在强烈地刺激我们。在今天的市场经济社会中我们并不缺少在市场中运作的资源,我们手中的资源与市场之间的供求关系相当的大,关键是我们要积极作为。在连续九年的时间里,我们不间断地开拓市场,无论大小城市,都做到有求必应,无论收入多少,一分钱利也行。在全国50个大中城市的巡展中我们没有被场面火暴的情况所陶醉,为了保持展览的持续发展生命力,在不断的观众调查、不停的观众留言的分析中,我们对展览的内容和形式开始了新一轮的研究开发。

第二,"红岩魂"的市场形成

在展览开拓市场成功的基础上,我们发现许多观众对小说《红岩》中的人物十分地感兴趣,于是我们确定了在展览内容中把文学形象还原到历史真实的情节中去,将新挖掘整理的内容增加到展览中去的原则,确定了从色彩上加强展出形式的视觉冲击力,用雕塑、电视增强展览内容可看性的措施。在文化部的指导策划下,将展览的名称更改为《红岩魂——白公馆渣滓洞革命先烈斗争史展览》以更加突出吸引力。1996年当调整修改后的巡展第四次进北京展出时,出现了前所未有的展览盛况!

经济日报1996年9月4日《红岩魂浩气震京城》报道:"在名目繁多的各类展览竞相登场而观众寥寥无几的今天,中国革命历史博物馆里,一个来自四川重庆的全国巡展却震动了京城。近日来,四面八方的参观者络绎不绝,人们怀着崇敬的心情匆匆赶来,含着热泪依依不舍地离去。8月25日这天,参观人数达到高峰,有一万多人。近300页的留言簿写得满满当当。这就是《红岩魂——白公馆、渣滓洞革命烈士斗争史展览》。"

光明日报1996年9月5日《抹不去的红岩魂》报道:"8月20日,虽然未经事先的渲染,重庆歌乐山革命纪念馆在北京开始的全国巡展——《红岩魂——白公馆、渣滓洞革命烈士斗争史展览》,出人意料地吸引了数不尽的观众,红岩魂掀起的热潮一浪高过一浪。开展当天,观众达到4800人,创造了巡回展览中开幕第一天的最高纪录……而且,这种火暴的局面一直持续到现在,也是从未有过;更何况,这还是自1988年巡展以来唯一一次没有通过有关部门下文件组织参观的展览。"

当在北京的展览盛况空前时,书刊资料的供不应求又使我们对市场有了新的认识。在北京展出的时候,馆内库房和出版社积压的红岩方面的书全部售完。观众需求书刊资料的呼声使我们与兵器出版社进行合作,有力推动了我们走进市场的速度。新闻出版社1996年11月2日《魅力来自不朽的精神——兵器工业出版社〈红岩魂〉出版侧记》报道写道:

……一本以"红岩魂"命名的图书——《红岩魂——白公馆、渣滓洞革命烈士事迹》……头版5万册几天内销售一空,截至发稿,再版印数已达到45万册。……展览催生的选题,……从17日出版社派人与歌乐山烈士陵园纪念馆的同志商谈到30日上午将第一批1万册书送到展览现场,其间仅用了不到半个月的时间。……10月7日近3万册书分别被发往成都、上海等地……至11月26日,印数已达45万册……

书刊资料销售使我们看到了"红岩魂"在市场中的潜在附加值和可开发的新项目,为了坚挺初步形成的市场,我们及时研究策划制定出一系列的市场营销策略:一是用五万元低价位将展览承包给上海展出一个半月,要求每天必须对展览有报道,以期扩大"红岩魂"的声势;二是全馆总动员,迅速制作展览,满足每一个地方的需求。全国22个巡展同时进行促成了市场的形成,被新闻界评为"独特的红岩魂现象";三是组织研究人员迅速创作、编写《红岩魂》系列图书资料;四是研究开发出"红岩魂"的新产品;五是扩大文物资料的收集,采用数字技术制作采访声像资料,加强应用性的市场课题研究。这五条措施为我们连续不断的市场运作和开发新产品提供了坚实的基础,也为我们向红色文化旅游产业的实践创造了物资条件,形成了红岩魂展览、红岩魂报告、红岩魂形象报告展演、红岩魂生命作证夜游、红岩魂系列图书音像制品、红岩魂文化旅游车队、红岩魂工艺旅游纪念品为品牌的七大系列产品,为我们今天在市场中开展爱国主义教育工作,走可持续性的发展开拓了新的道路。

第三,"红岩魂"的市场运作

在"红岩魂"市场中运作我们按照市场的需求,调整纪念馆内部的组织结构,在市场探索的过程中创新革命纪念馆的内部运行机制。

一是按照结构决定功能的原理调整组织机构,以适应面向市场发展的需求。歌乐山革命纪念馆作为保护开发型的露天文物遗址,必须要使自己的组织结构符合市场的需求。我们在单位内部将参观接待服务等工作划分为一线,按照景点的区域建立片区,实行目标责任承包制;将业务、行政、后勤划分为二线,按照工作项目的性质,实行目标责任课题制。为了加强与市场接轨,原馆里的陈列部改为设计室实行公司化的管理运作;接待中心采取二次分配制;旅游车队实行效益工资公里化;服务公司建立利润分配制。这些改革有效地保证了在"红岩魂"市场运作中的快节奏、讲效率,为单位内部调动职工积极性建立新的分配机制提供了可靠的基础。调整组织机构,实行目标责任管理制,是歌乐山革命纪念馆不断深化改革的追求目标。从80年代烈士墓、白公馆、渣滓洞等参观片区实行区域中心责任制,到90年代实行目标责任承包管理,加强工作绩效和各种考核对个人收入的影响力度,再到2000年的全员聘用合同制的管理,我们确定了按劳分配、效绩优先的分配原则,营造了一个竞争取胜的运行环境,为单位事业的健康发展提供了一个新的运行机制。

二是在"红岩魂"的市场运作中探索各种管理方式总结经验,形成了共事合作双赢的发展模式。为了摸索"红岩魂"在市场运作中的管理经验,我们从部门承包营销到个人承包经营总结出了"风险利益共担"的合作模式、"保底承包"的直销方式、"突出社会效益"的资助方式三种方法,并且将合作文本规范制作。由于充分考虑了合作者的利益,在开拓发展市场上取得了明显的效果,连续10多年来《红岩魂展览》在全国299个大中城市展出,观众达3400多万人次。在展览的基础上当我们开发出新产品《红岩魂形象报告展演》剧后,为了满足市场的需求,我们充分地利用各地的社会资源,组建宝鸡话剧团为演出第二团、重庆话剧团为演出三团采取保底付费的方法,连续五年,在全国各地演出了770多场。

三是在"红岩魂"的市场运作中不断提升职工的技术能力。无论是展览的设计制作,还是演出的演员、灯光、音响的操作,无论是项目的策划和创作,还是电视采访、拍摄和后期制作,我们非常重视培养职工在业务研究开发中的技术力量。有计划、有目的的送职工到学校参加技能培训,发挥职工在研究开发过程中的自主能力。比如,"红岩魂"90%的创作、设计、制作都是职工亲自参加的,低成本的运行加强了"红岩魂"扩展市场、发展市场的能力。由于职工技术队伍的形成,我们还利用陈列展示方面的技术力量,承接了《张自忠将军展览》、《迈向新世纪展览》、《人民公仆孔繁森展览》等项目的设计制作,为纪念馆的收入扩大了来源。

四是在"红岩魂"的市场运作中加强研究开发不断推出新产品形成可持续性发展。要不断变化、创新方法。如何吸引更多的观众?这是我们永远都不能放弃思考的问题,可以说是我们的事业不断发展的动力之一。歌乐山革命纪念馆在管理和经营爱国主义教育基地发挥现实作用方面,始终坚持面向市场突出"四个第一",即:在把握社会定位上坚持"使命第一"、在发挥作用的手段上坚持"创新第一"、在市场策划和运作上坚持"观众第一"、在经营管理的策略上坚持"效益第一"。坚持"四个第一"的管理经营策略,不断扩大红岩魂的外延,面向市场追求创新。从1988年开始的《歌乐忠魂》到"红岩魂"巡展、从"红岩魂"的报告到"红岩魂"的形象报告展演、从"红岩魂"的夜游到《生命作证》的电视篇、从"红岩魂"的书刊音像制品到"红岩魂"的文化旅游车队,连续10多年来我们不停地研究开发新产品,使红色文化旅游产业保持了强劲发展的动态趋势。

五是在"红岩魂"的市场运作中不断地增加固定资产以形成规模效应。我们非常强调在文化产业的经营过程中提高对资产的利用率和增加固定资产。在"红岩魂"的市场运作中我们通过收入投资购置了1560平方米的展览厅,新建立了"重庆对外文化交流中心",极大地延伸了革命纪念馆的外延;我们投资400多万元,组建了"红岩文化旅游车队",提高了纪念馆服务观众的能力;我们投资150多万元添置各种技术设备,加强了我们在市场中的竞争活力;我们不间断地投资对职工进行各种技术培训,加强了职工在研究开发新产品中的技术能力;我们投资1300多万元修建职工宿舍解决职工住房问题,有效地调动了职工走进市场的积极性。我们每年对固定资产的投入都占总收入的15%以上,我们利用自己的技术能力承接市内外各类带有教育性的展览工程,为单位红色文化产业工作的发展提供了物质基础。

**中篇:面向市场策划,重视研究开发,创新革命纪念馆的管理机制**

歌乐山革命纪念馆担负着征集、保护、研究、宣传、利用红岩文物资源的重任,长期以来我们始终坚持以强化爱国主义教育基地教育作用为目的,以传播红岩精神和民族精神为宗旨,紧紧围绕红岩文化资源的保护和研究,不断创新革命纪念馆的管理机制,围绕时代特征,注重研究在新的历史条件下人民群众文化消费需求的变化,大胆开拓,锐意改革,勇于创新,采取多种形式,开发出了以"红岩魂"为代表的爱国主义教育系列产品,成功地实施了红岩文化品牌战略,创造了良好的社会效益和经济效益,形成了独具特色的发展道路,使红岩魂成为重庆文化事业和文化产业发展中最具潜力、最富特色、最具有成长性的重要品牌之一。

长期靠红头文件和财政拨款供养的革命纪念馆,要在市场经济的惊涛骇浪中立稳脚跟,经受住适者生存这一自然法则的考验,就必须要面向市场策划,重视研究开发,创新革命纪念馆的管

理机制。树立文化经营管理的理念,在创新革命纪念馆的管理机制上我们坚持做到五个结合:

第一:保护与开发相结合

革命文物的保护研究与文物的开发利用相结合是对国家文物保护"有效保护、科学管理、合理利用"12字方针的本质反映。文物保护的目的是为了要发挥现实的作用,如果不是这样则是在消耗、浪费资源!保护的最大目的是为今所用。纪念馆是人类精神家园,有着巨大的无形资产,如何经营?如何发挥作用?

文物保护是我们革命纪念馆赖以生存的基础条件,这是我们开发市场和占领市场的前提。每年根据文物保护法,纪念馆总收入的60%都用于事业的发展建设。一是对文物及遗址进行有效保护;二是对文物资料的征集。在有关省市领导的直接关怀和支持下,近年来红岩联线收回七处红岩文物遗址,包括中美合作所气象台、中美合作所梅园、政训处等;馆藏的文物资料在图片、实物、资料的基础上增加了大量的数字声像素材,近几年来新增加上千件文物资料。这对我们深度开发研究以及向社会推出新的参观旅游景点奠定了基础。开展爱国主义教育,必须要依靠物质载体。除不可移动的文物遗址外,文物资料的收集整理就决定和影响着革命纪念馆功能作用发挥,对文物资料的研究开发又是革命纪念馆生存发展的关键。为了使征集的文物资料最大程度发挥使用价值,我们始终坚持这样一个观点:文物资料蕴涵的思想价值和精神内容不能够外化出来,就会导致纪念馆的功能萎缩。因此,在研究开发方面,我们十分地强调应用性的、结合市场的、有针对性的研究开发。

1990年,通过市场信息反馈,确定了开发用声光画手段来反映大屠杀这一悲壮情景的项目,但为经费来源问题困扰了一年多。谁都承认用半景画的形式来反映这一主题确实很好,可苦于上百万元投资,这种认可只能停留在感情和道义上的支持。后来,在充分的市场调查和效益分析的基础上,歌乐山革命纪念馆决定采取负债经营的方式,承担风险和压力,拿出馆内存款30多万元,向职工和上级单位职工借款68万多元,先做了起来。1992年7月1日,经过半年多时间的突击,终于使《"11·27"大屠杀》半景画馆向社会公开展出。其主体是一幅长25米、高5米的巨型油画,采用现代化高科技手段,融声、光、景、物为一体,再现当年大屠杀悲壮惨烈的情景,给人一种身临其境的感受。这是歌乐山文化产业的第一个项目,其研发过程体现了快节奏、讲效益的工作方针。由于论证方案的操作性强、制作精良、宣传销售到位,当年底就收入90多万元,仅半年多的时间就偿还了借款。在以后的经营中为馆里创造了400多万的纯收入。新的内容、新的精神产品造成新的优势,进一步扩大了烈士陵园的社会效益和经济效益。

第二:研发与市场相结合

1.加强文物资料收集研究,注重研究成果转化为两个效益。文物资料的收集整理研究决定和影响着革命纪念馆功能作用的发挥,而将文物资料的研究成果转化为面向市场的产品又是革命纪念馆生存发展的关键。在加强文物的收集整理方面,我们除传统的征集方法外,还采取跟进声像采访同步进行。为了使征集的文物资料最大发挥使用价值,我们还专门建立了技术部,加强对文物资料的后期编辑开发。我们还始终坚持这样一个观点:文物资料蕴涵的思想价值和精神内容不能够外化出来,就会导致纪念馆的功能萎缩。因此,把文物研究的成果尽量转化为社会产品就成为我们追求的目标。如在研究部分烈士资料整理出"论气节"、"小萝卜头"、"狱中八条建议"等内容后,我们选择不同的角度在展览、报告、展演、书刊中使用,从而形成新的吸引力。在研究成果转化的管理中,我们推行的是"课题制"。即对每一项工作都采取定人、定时、定量、定标的四定工作方法,每个部门和人员都在一项工作进行中明确自己的任务,甚至最后的待遇情况。在实行课题制管理的过程中,人、财、办三个部门从人力组织、成本核算、组织管理三个方面进行控制和监督,具体的操作部门则按照批准的方案进行,在规定的时间内完成并且取得效益。所有的课题项目都是从市场的需求出发进行策划的,所有的课题项目必须要有明显的效益。目前我们形成的以"红岩魂"为品牌标志的系列文化产业的产品,都是紧密结合市场的需求研发出来的,并且在市场的运作过程中都是产生了良好的社会效益和经济效益。在旅游资源丰富的今天,红岩文化面对的旅游者不再是靠发一张红头文件就能引来的"文件观众",而是"市场观众",旅游者有选择参观的权利,要使红岩文化在旅游资源中张扬其特性,就必须要研究、挖掘出红岩文化的时代内涵,坚持人性化的原则,采用多元化的技术手段把研究成果尽快转化为社会产品,才能让更多的旅游者走进红岩、感受红岩。

2. 加强对市场的策划培育。作为爱国主义教育基地的革命纪念馆,看重市场、认识市场、了解市场;操作市场、培育市场、占有市场是非常必要的。虽然作为有强烈意识形态政治性的革命纪念馆不可绝对地崇拜市场,但是我们必须有强烈的市场意识。精神产品进入市场,发挥作用产生吸引力,这是革命纪念馆所追求的目的。建立市场意识,了解观众需求,掌握社会动态是发挥爱国主义教育作用的根本出发点。看重市场、认识市场、了解市场表现在我们每年对观众市场的调查,对观众留言的分析以及针对社会对思想道德教育的需求点、社会对爱国主义教育的关注点的把握。从观众需求、社会的现实中找到我们工作的突破点和创新的新视野。如我们从市场、观众中了解到参观者希望在爱国主义教育基地参观结束后有能够带走有特色的纪念品,于是我们就把所有的开发定位在书刊资料上。经过几年的努力我们形成了"红岩魂"书刊、音像系列产品40余种,每年有几十万的经营收入。

市场作为我们生存发展的基础平台,各项工作都要从市场出发。在操作市场、培育市场、占有市场方面,我们每年都拨出专款举行各种有较大影响的教育性活动。结合重要节日、纪念日,组织参观、瞻仰、祭扫活动,结合特定的教育主题形式在"五一"黄金周向未成年人推出"我要像小萝卜头那样去努力的巧克力参观行动",在清明节、纪念日举办"清明祭英烈"、"我在11·27这一天"、"红旗下思考"的征文、演讲等有较大影响的社会活动;在革命老前辈的支持下在重庆各大中小学组建红岩班,引导学生读红岩书籍、写红岩日记、走红岩道路、做红岩接班人,以提高红岩魂品牌的影响力;为了培育市场,从2003年开始在重庆市四十多个区县投资开始建立"红岩文化室",让区县的学生接受红岩精神的熏陶,同时也为我们培育潜在的观众群。红岩文化室包括投入《不朽的红岩》展览,《走进红岩》系列图书、声像光盘及电器、阅览设备。第一个红岩文化室在长寿区建成后的短短四个月,学生参观已达上万人次。这既培养了青少年的爱国主义热情,又提

高了纪念馆的知名度。目前红岩文化室已经在四个区县建成,今年还要建立五个,计划五年建完。

3. 注重展示手段创新增强红岩魂品牌的吸引力。革命纪念馆展示的是历史,要让现实中的人从历史中找到结合点,缩短历史和现实的距离感,就必须有新颖的展示方式和强大的技术手段作支撑。展示手段是革命纪念馆开拓市场的关键环节。展示技术水平的高低,将会直接影响到革命纪念馆的宣传教育质量。内容陈旧、单调,陈列形式呆板落后,缺乏现代化的表现手段的展示只会使观众乘兴而来,败兴而归。当我们在文物资料的研究利用方面有了成果后,在形式上去突破创新就成为我们研发的重要环节。在宣传红岩精神发挥爱国主义教育基地作用的过程中,只要是能够为我们强化效果、增强吸引力的任何形式,我们都是尽量地去尝试。在红岩魂品牌的研究开发过程中,我们不断地使产品由展览向展演"升级",由流动的演出"换代"为固定的参观演出。为了保证我们策划的项目达到宣传的技术要求,我们先后投入数百万的资金添置设备和更新技术条件,这为我们占有市场的展览、报告、展演、夜游、艺术景观等系列产品提供了坚实的物质保证。讲求内容形式的新颖,达到意料之外、情理之中的效果是我们在研究开发工作中的根本要求,革命文物的宣传展示与艺术形式和技术手段的有效结合是形成新的吸引力的关键所在。在"红岩魂"的市场运作中,我们充分利用舞台、影视、数字电视、绘画艺术等手段,使走向社会的每一个产品具有鲜明的时代特征和吸引力。

4. 充分利用新闻媒体的宣传效应,扩大红岩品牌的辐射力。文化单位所提供的产品现在是进入市场,而不再是进入文件。精神文明的产品要成功地走进市场,一个重要的方面就是要注重自身社会形象的定位,同时要充分注重新闻媒体的宣传效应。虽然红岩的宣传报道全国的新闻媒体给予了极大的关注,但是我们在具体的活动中还是通过媒体扩大持续的宣传效果。如:《生命作证》夜游的演出、《红岩文化全程游》等项目,我们都在报纸、电视、电台里做广告,强化宣传。同时,我们还利用黄金周的日子,印刷宣传品,免费赠送参观者。2003年,歌乐山革命纪念馆投入上百万的资金,对原夜游白公馆、渣滓洞项目进行全新改造,使其更贴近实际、贴近生活、贴近群众,成功地把原来的夜游提升为全国首部现场情景剧《生命作证——风雨歌乐山》。我们进行了持续一个月的广告宣传,使该剧成为重庆夜间参观活动的一个新品牌。该项目不仅拓展了爱国主义教育基地的教育手段,还扩大了纪念馆的开放时间,增强了纪念馆对社会的吸引力。

革命纪念馆的宣传展示如果不能对市民产生吸引,不能对城市历史进行展示,就难以发挥它在城市文明进程中所应该发挥的作用。"红岩魂"的研究开发一直是紧紧地与市场结合在一起的,在"红岩魂"的研究开发与市场相结合的过程中,我们始终利用多种艺术手段的技术去强化革命文物的宣传展示效果。红岩蕴藏着丰富的革命历史文化资源,饱含着民族振兴所需要的精神营养。在市场经济的挑战下,要使这种革命传统教育为主、政治规定性极强的革命文化营造吸引力以争取更多的旅游者,保持强劲的发展态势,突破传统的思维方式和方法手段,大胆创新扩展革命文化的外延,寻找新角度、新视点来发展革命文化是必需的。只有这样做才能不断地增强革命文化的活力,保持对观众的吸引力。

第三:投入与产出相结合

作为爱国主义教育基地的革命纪念馆,社会效益和经济效益是衡量事业发展水平的依据。社会效益的实现为经济效益提供了前提,经济效益又为实现更大的社会效益创造了坚实的基础。没有社会效益,我们生产的精神文化产品就没有市场价值,而如果这个产品不能产生相应的经济效益,其社会效益就没有持久性,社会效益和经济效益又高度统一于市场的观众效益中。《红岩魂》能够取得较大的社会效益,一个重要的原因,就是坚持在对消费市场认真的测算下,制订了大多数群众都能接受的低价位原则,既保证了演出开支的基本需要,又最大范围地吸引了观众。歌乐山革命纪念馆是政治教育性极强的文博单位,在改革开放中如不能发挥其应有的社会教育职能作用,就失去了存在的价值。走内涵式的发展道路,充分扩大外延发展,在全力实现社会效益目标的基础上,努力挖掘经济效益,这是歌乐山革命纪念馆的主要做法。

歌乐山革命纪念馆每年都在投资搞业务建设,每年都有新的参观活动内容,既丰富了人民群众的参观活动,充分发挥了歌乐山革命纪念馆爱国主义教育职能作用,也吸引了更多的参观者,为获取相应的经济效益创造了条件。从1990年到2003年,歌乐山革命纪念馆投入到各种展览制作费用达547.57万元,如《中国革命之路》的展览、《赵世炎生平事迹展》等。

在歌乐山革命纪念馆社会效益和经济效益是并存的。衡量社会效益指标要有定性、定量的分析,这包括参观人数、基本陈列、对观众的服务等等。在追求这些社会效益指标的同时,经济效益的指标也必然被反映出来。比如:参观人数、参观留言、观众解说场次、文物值班、纪念品销售等各种指标。社会效益指标,必须通过各项经济效益指标来体现;经济效益指标,又必须通过社会效益指标的实现去达到,两个效益的指标充分统一于市场和观众效益之中。从2000年到2003年,基地门票收入2511万元,接待中外参观者554万人次(其中青少年150万人次)。

讲求投入,注重产出,歌乐山革命纪念馆在工作上重视"投入和产出"的比较,强调精神产品的产出,强调文化生产力素质的提高,讲求效益分析,从人员素质角度保证社会效益和经济效益指标的实现。从1990年到2003年,我们投入职工培训费109.62万元,而通过全国巡展、展演、夜游的收入有1153.12万元。

注重基地建设的投入,每年开发新项目,维修整治参观景点和园区环境。如,1997年自筹资金200多万元,在渣滓洞参观区修建停车场,改善了渣滓洞的参观环境;1999年政府补助1100多万元,我们投入300多万元修建了"红岩魂"广场;2003年,政府补助150万元,我们投入100多万元解决保护区供水工程;为了强化爱国主义教育基地的社会辐射作用,我们在全国巡展的创收中投资450万元购房产,建立"重庆对外文化交流中心"。歌乐山革命纪念馆每年收入的68%以上都用于基地的发展建设,这为事业的前进发展创造了坚实的物质基础。

第四:改革和建制相结合

把歌乐山革命纪念馆发展建设为最具有参观价值的爱国主义教育基地、形成最具有吸引力红色旅游景区,是领导班子锐意改革积极作为的致力点。树立文化经营管理的理念,创造经营管理新机制,以高度的事业心和责任感去追求事业的发展,去实现两个效益的高度统一,表现在领

导班子有强烈的市场意识。烈士陵园领导班子在改革实践中特别注重从思想观念上深刻理解改革的根本问题是解决发展、调动积极性，使爱国主义教育基地作用能够充分发挥。在推进改革实施的过程中，我们坚持积极作为、持之以恒。从80年代在烈士墓、白公馆、渣滓洞等参观片区实行区域中心责任制，到90年代实行目标责任管理，加强工作效绩和各种考核对个人收入的影响力度，再到2000年的全员聘用合同制的管理，我们确定了按劳分配、效绩优先的分配原则，营造了一个竞争取胜的运行环境，为单位事业的健康发展提供了一个新的运行机制。各部门、各岗位的职工按各自的专业特点每年通过自我鉴定、测评，评出等级存入个人业务档案，作为提级、使用的主要依据。尊重人的物质利益，不断提高职工的生活福利，职工在事业的发展中从个人的收入、福利等方面能够有充分的感受。每年职工的收入增加都保证在8%。同时，在所有权关系不变的前提下我们探索出开展文化产业工作，实行目标责任经营承包的管理方法。在不断深化改革创新管理机制的过程中，我们始终从不断提高职工的思想文化素质高度来加强职工队伍建设。在不断改革建立新机制的同时坚持不断完善制度的建设，以求管理的规范化。人事部门制定的《内部管理条例》使职工的工作、待遇、纪律等问题都有章可循；在分配问题上通过考核，确定等次，把技术要素作为收入分配的关键因素；在解说员队伍的建设上，在全国率先对讲解员进行级别考核，每年一次的级别考核，从解说语言、笔试、答辩、职业道德四个方面进行，其结果同使用、工资结合起来，形成了优胜劣汰的竞争机制；在用工制度上采取多元化的渠道，将事业、企业、招聘、合同四种用人方式统一于岗位上；在年度工作管理中以目标责任效益承包责任制为基础实行工效挂钩。在职工的管理教育问题上，我们实行物质奖励、精神奖励同时并重，比如为了动员全体职工投入到创建国家四A景区的工作，为了使职工对星级服务有直接的感受，我们"花钱买感受"组织全体职工到香港参加旅游；为了提高职工参加文化体制改革的认识，我们与南开大学历史学院联合举办《纪念馆管理》的三个月培训班；为了让职工在事业发展过程中有成就感，我们第一批为138个职工进行了购房补助。在职工队伍的建设中，除了抓住面上的教育和培养外，我们重点是抓好20%职工技术骨干队伍的建设，用技术骨干去带动整体，充分加大技术因素在管理、分配以及福利等各种问题上的比重，从而引导职工重知识学习、重技术参与，以形成良性的竞争机制，为单位的文化产业工作的发展创建了面向市场的新机制。

**下篇：提升为社会服务的能力，突出特色强化效益，发展红色文化旅游产业**

革命文物凝结着中华民族优秀的思想和光荣的传统，作为拥有大量革命文物的纪念馆有着为社会共同理想的形成，共同目标实现的过程中提供强大的精神动力的社会功能作用。如何在人民中形成吸引力？如何在思想道德建设中发挥作用？如何在经济建设中产生影响？革命纪念馆必须要创新管理机制，以期达到提升为社会服务的能力，突出特色强化效益，发展红色文化旅游产业的目的。革命纪念馆在今天不可忽视的有两个问题：一是市场，二是服务。结合到公益性文化事业单位的改革，为了更好地适应市场、提升服务能力，歌乐山革命纪念馆进行了深化改革。

第一，整合资源，建立红岩联线文化发展管理开发中心。"重庆红岩联线文化发展管理中心"

是新建的公益型事业单位，主要是从体制上建立全市红岩文化的研究、开发和红岩精神传播网络，整合开发重庆革命文化资源，从事对重庆近现代历史文化、抗战文化、特别是红岩文化的研究和深度开发，创作革命文化题材的书籍、戏剧和影视作品，改变革命文化资源分散、隔离和各自为战不能充分发挥作用的状况，实现革命文化资源的合理配置和有效使用，以促使重庆的红色文化旅游产业健康协调地发展。"红岩联线"对歌乐山革命纪念馆进一步深化改革、转换机制、提高服务水平，做大做强红岩魂品牌，加强爱国主义教育基地的建设和开展革命传统教育，弘扬民族精神必将起到极大的推动作用。"红岩联线"坚持"保护为主、抢救第一、合理利用、加强管理"的原则；坚持"贴近实际、贴近群众、贴近生活"的原则；坚持经济效益、社会效益、生态效益相统一的原则；坚持自愿参与、优势互补，互利互惠，共同发展的原则。目前已经开始编辑《走进红岩》的中小学生读本，已经拍摄完成《红岩魂系列——生命作证电视篇》，开设了《不朽红岩网站》，并且在市政府的支持下接收了江津陈独秀旧居的建设工作，完成了开县刘伯承纪念馆的陈列改造工作，《巴山星火》的红军文化展览在城口建立，区县红岩文化室的建立已经完成六个。《风雨白公馆》、《震撼人心》、《千秋红岩》的创作，《抗战千幅图片回顾展》、《南方局与抗日民族统一战线》的大型展览正在积极地准备。

　　红岩联线在整合资源方面是通过市场，特别是采取项目合作的方式进行，因此在特色方面就更加能够贴近社会、贴近生活、贴近群众，在效益方面就更加强调的操作性和作用发挥。在创新革命纪念馆的管理，扩大外延，走可持续性发展的道路上，做强红色文化旅游产业上提供了新的平台和机遇。红岩蕴藏着丰富的革命历史文化资源，饱含着民族振兴所需要的精神营养。在市场经济的挑战下，要使这种革命传统教育为主、政治规定性极强的革命文化营造吸引力以争取更多的旅游者，保持强劲的发展态势，突破传统的思维方式和手段，大胆创新扩展革命文化的外延，寻找新角度、新视点来发展革命文化是必需的。只有这样做才能不断地增强革命文化的活力，保持对观众的吸引力。

　　"红岩联线"作为文化产业的研发机构，它所坚持的是为社会服务的能力和水平，即要坚持不断地向社会提供精神产品。革命纪念馆面向市场的研发能力是在社会上发挥影响、产生作用的根本条件，也是红色文化旅游产业可持续性发展和形成规模的根本支撑点。在运作发展的方式上实行多元化的投资主体，采取股份制的合作方式是"红岩联线"发挥品牌资源优势、运作市场发展之路。

　　第二，抓效益求生存，搞创新求发展。我们一直坚持认为社会效益和经济效益是一致的，决不能把它们孤立、排斥开来。因为，在市场经济中我们面临一个变革：文化单位所提供的产品现在是进入市场，而不再是进入文件。精神产品进入市场就出现了以前我们不曾接受过的压力和风险，面临必须接受的市场检验和挑战！因此，发展红岩联线的事业我们就要继续坚持抓效益、求生存，搞创新、求发展的经营策略。

　　我们现在必须改变一些游戏规则和习惯做法。举个例子：在抓效益求生存的问题上，我们从1990年开始，在所有的业务工作当中，包括对外宣传、对外的一些展览、对外的一些作品中一律杜绝对历史问题夸大形容，也就是不要使历史性的史料过分地强调政治化。在我们以前的一些宣传中，总是怕老百姓看不懂，总是担心群众认识不到位，在揭露帝国主义时，要加上个"穷凶极恶"，在揭露国民党顽固派时，也要加上"狼心狗肺"来形容。其实，反映历史越真实、越准确，越能达到教育的目的，人民接受实事求是的东西。再如，以前宣传烈士的事迹上，总把烈士宣传得高、大、全，总把烈士宣传得很完美，甚至没有一点失误、没有一点私心杂念、没有一点瑕疵。事实上是造出了一个可敬、难学的"神"。没有一点人性化的东西，使人感觉到烈士是一个"神"而不是人。所导致的恶果就是学习的形式化，说假话、说空话！我们现在强调树立科学的发展观，科学就是发现！要把凝结于烈士人性中的坚强、勇敢，非常准确地历史化地表现出来，让人们能够接受，让群众感到可亲、可敬、可得到启示。许云峰这个人物在《红岩》小说里是坚强勇敢的，但是我们在介绍他的原型之一许建业伟大事迹的时候，也把他在狱中的失误讲了出来。由于他没有执行党的纪律，及时销毁党的文件和工人的入党申请书，在狱中轻信特务的谗言，要特务去带口信，请人帮助销毁文件，结果被特务告密造成党组织再次被破坏。介绍这个情况对我们宣传整党整风、执行党的纪律是有深刻的现实意义，人们容易得到更深层次的理解。观众了解这段历史并没有降低或损坏烈士的形象，相反会使人们对历史的曲折性、复杂性有更加深刻的认识，对党性修养锻炼能够产生许多的启示。《红岩魂》系列文化产品为什么会感人？因为都是真实的故事、真实的情节。这就是我们讲的抓效益求生存，这种生存实际上是要增加我们的造血功能。

"搞创新、求发展"，可以说歌乐山革命纪念馆十多年以来总是死死地盯住"创新"这个点。在80年代我们向自己提出了这样一个问题：红岩小说影响了几代人，红岩小说实际为我们做了十多年的免费广告，任何一个文学艺术形式都涉及过这个题材，所以它是一笔巨大的财富。但是，怎样使这笔财富在今天继续发挥它的作用？如何用新的角度、新的视野，去研究人民群众物质文化需求方面的变化？我们采取了三种作法：第一，我们绝不把文物束之高阁，让它神秘、让它伟大，谁也接近不了它，而应该强调应用性，让平民百姓能够走近它。在学术研究上我们坚持一个理念：博物馆、纪念馆不在于你有多少件一级文物，而在于你能吸引多少观众。另外一个理念就是，任何思想价值、历史价值高的东西必须外化出来，我们的红岩魂形象报告展演采取边说边演的方式，直截了当、生动形象，就能打动人。

经过十几年来的运作单位基本形成了良性发展的态势。从1990年到去年，烈士陵园的收入是1.2亿元，其中国家的各种拨款只有2800万。我们利用这些资金发展了我们的队伍，发展了我们的事业，固定资产增加了1400多万。所产生的效果还可以用五个数字来说明：由于发展了事业，烈士陵园由十几年前的78个人发展到今天在岗职工279人，加上临时工有100号人，其中国家只负担125个人的工资，其他人都是我们馆里自己解决，那么也就是说我们为国家增加了250多个就业机会。第二，我们通过自身的发展，有效地保护了文物，增加了硬件设施，提高了管理手段。我们投入了上千万的资金用于文物保护和设施建设。渣滓洞的停车场投资几百万；红岩魂广场政府投了一部分，我们投了几百万；渣滓洞、白公馆等地的文物维修；包括文物、资料的征集。在文物征集方面我们每年都投入固定的经费。第三，职工的收入每年随着效益的增加，保持8%

的增加。第四,我们以陈列展览的技术力量承接展览工程,每年为馆里创收50多万。第五,为了开发"红岩魂"品牌的附加值,我们投资百万建立了开发红岩文化工艺旅游品展销厅。

作为爱国主义教育基地的重庆歌乐山革命纪念馆在实施"红岩魂"品牌战略的过程中,加大红色旅游产业的研究开发的力度,创新纪念馆的管理机制,不断地推出更多、更好的精神文化"名牌精品",突出爱国主义教育基地的红岩特色,运用多样化的技术手段对"红岩精神"加以外化,增强对社会、对人民群众特别是未成年人的吸引力,努力把歌乐山革命纪念馆建设成为最具有参观价值的爱国主义教育基地、形成最具有吸引力红色旅游景区。

正如一位青年观众分析的那样:"现在一些同龄人为什么对革命先烈在当时那种恶劣的环境中始终如一坚定共产主义信念感到不理解?我认为关键是革命传统教育不得力。青年人需要引导、激励。通过系列教育,使他们认识到革命先辈创业的艰辛,从而自觉地接过优良传统,前赴后继……"

一位观众说得好:"社会主义市场经济大潮中,人们的价值观念、思想意识、道德标准也面临着新形势下的碰撞和重新定位,《红岩魂》为人们的追求和思索提供了一个很好的坐标参照系。"

我们的社会和群众永远需要一种高尚的积极向上的精神!

保护文物、利用文物、发展业务,面向市场、积极作为、持之以恒,突出爱国主义教育基地作用,传播革命文化是我神圣的职责。我们坚持公益性的文化事业和经营性的文化产业同步发展;我们建立红岩联线不断丰富和延伸红岩品牌的内涵和外延;我们与时俱进强化内功、不拘定规创新机制,突出特色强化效益,在探索发展以《红岩魂》为核心内涵的红色文化旅游产业道路上永不停步!

红岩作为旅游文化的品牌资源具有永恒的魅力。

(作者简介:厉华,职称:文博研究馆员;职务:重庆红岩联线文化发展管理中心主任、重庆红岩革命历史博物馆馆长)

# 重庆大轰炸的见证物——棉花街壁报

张正霞

**【关键词】** 重庆　大轰炸　棉花街　壁报　南方局　李荣模

**【摘要】** 重庆红岩历史博物馆珍藏着许多珍贵的革命文物，本文介绍了抗战时期重庆大轰炸的历史见证物，国家一级革命文物棉花街壁报。

## （一）

1980年元旦节，寒风料峭，重庆街头噼啪的鞭炮声热闹了寒冷的街头，人们纷纷走出家门，互庆节日快乐。在熙熙攘攘的人群中，走来三个急匆匆的人，他们避开拥挤的人流，疾步奔向节约街。这是一条重庆常见的老街道，青石板铺陈的道路坑坑洼洼。三人走到一扇虚掩着的门前，其中一位年长的先生轻轻敲着门扇，轻声问道："请问是焦景秀家吗？""是的，你们是谁？"随着一声应答，大门"吱"的一声打开，露出一位中年妇女的脸。"我们是红岩村纪念馆的……"来人正说着，突听里间屋里传来一个苍老的声音，"让他们进来。"三人跟着中年妇女走进了屋。这是一套两进的土墙房屋，狭窄而拥挤，摆设简单整洁，靠墙放着一张有帷幔的双人床，床上躺着一位老妇，见他们进来，急忙欠身想起来，中年妇女急忙扶起她，嘴里还心疼地埋怨着："妈，慢点儿，我来帮你！"刚才叫门的先生认识床上的老妇，他急忙上前握住她枯干的手，关切地说："焦大姐，身体好些了吗？""唉，怕是好不了，所以急忙请曹老师来一趟。"二人说了些问候的话，焦景秀的女儿招呼三人坐下，被焦景秀称做曹老师的人叫曹开，在重庆广播电台工作，他认识焦景秀，在一次闲聊中，得知焦家保存着一批解放前的东西，尤其是其丈夫李荣模是抗战时期的地下党员，收藏着抗日战争时期的一些宣传品，丈夫还未来得及将收藏品妥善保藏，在1978年就生病去世。如今，自己也病入膏肓，希望丈夫的藏品能有一个好的归宿。曹开是个热心人，他将这一情况广播出去，不久，红岩革命纪念馆（今红岩历史博物馆）来人询问有关情况，曹开了解到纪念馆是一家专门收集、展览、宣传周恩来领导下的南方局的革命事迹的文化单位，他将纪念馆的情况告诉了焦景秀，焦家经过讨论,决定将李荣模收藏的抗战时期的入党自传,与爱人焦景秀、姨姐的信件,棉花街的壁报等文物无偿捐赠给红岩革命纪念馆。焦景秀让女儿搬出一个陈旧的皮箱,打开箱子,里面全是整齐的文物,更多的是色彩鲜艳的手工报,壁报共有6张,分别是晓壁报1号,棉花街壁报第2、4、5、6、8期。唯棉花街壁报第5、6期纸张发黄,保存较好,其他则有些破损。壁报采用胶版绘图纸制作,每期排版形式不拘,栏目不固定,标题用彩色字体,正文用黑色墨汁,书写格式皆从右到左,自上而下。壁报出版时间不定期,大多集中在1939年5月至7月。晓壁报一号为二页四版,开本为纵27厘米,横40厘米,1938年10月19日出刊;棉花街第二期为一页二版,开本为纵76厘米,横107厘米,1939年2月18日出刊;棉花街壁报第四期为空袭特刊,出刊时间为1939年5月13日,一页二版,开本为纵77厘米,横74.4厘米;棉花街壁报第五期为乡村号,一页二版,开本为纵61厘米,横112厘米;棉花街壁报第六期出刊时间为1939年5月27日,一页二版,开本为纵55厘米,横116厘米;棉花街壁报第八期出刊时间为1939年7月4日,一页二版,开本为纵53厘米,横76厘米。壁报内容主要是宣传时事和抗日救亡的思想,揭露日本侵略者的罪行。特别是第5期乡村号,翔实介绍了惨绝人寰的重庆大轰炸。

## (二)

捐赠者焦景秀是重庆大轰炸的幸存者,她亲历了那场惨绝人寰的恐怖战争,她家住在市区繁华的棉花街。那是一条位于小什字附近的几百米的青石板铺陈的街道,狭窄的街道两旁是一家挨一家的铺面,是重庆"上下两条江,左右十三帮"之一的棉花、棉纱帮的集散地,故名叫棉花街。棉花街的市民不算很富裕,但是,邻里和睦亲爱,木板隔成的房间穿透性好,东家吃肉,西家闻香,张家的客,李家款待。可是,到了1938年2月,日本侵略者的炸弹轰毁了棉花街市民宁静的生活。1938年10月19日的凌晨,棉花街的市民发现街上出现了壁报,市民们十分吃惊,纷纷阅读。这是棉花街的第一期壁报,壁报的第一版《目前抗战形势》(一);第二版、第三版主要是抗战消息报道,第四版为《火炬》。第一版下部为彩色《武汉大会战形势略图》。壁报中特别提醒大家要将白色墙刷成灰色或灰黑色,白色墙很危险,空袭目标大。街坊邻居都在纳闷,谁贴的壁报,焦景秀家也在猜测。焦景秀的丈夫李荣模是个经营茶叶的商人,自从抗战爆发以来,他就常不在家,有时夜间醒来不见丈夫的踪影,被炸弹吓得魂不守舍的焦景秀为此经常与丈夫争吵。其实,李荣模真实的身份是地下党员,早在1936年就加入了共产党员漆鲁鱼领导下的职业青年互助会,秘密从事抗日救亡活动。1938年7月加入共产党,为党做经济工作。南方局和八路军办事处搬迁到红岩村后,他在晚间到"山上"即红岩村汇报工作,但迫于组织纪律,不能告诉任何人,包括自己的妻子焦景秀。面对妻子的责难,李荣模无言以对,妻子生气回到娘家,无奈,李荣模才写信给姐姐李荣淑,道出自己正在做对民族有利的事情,决不会做对不起她的事情,请妻子原谅。经过姐姐的斡旋,妻子焦景秀才回来。关于壁报的事情,李荣模仍然对妻子守口如瓶。李荣模白天做生意,晚上就编辑壁报,书写标语,第二天凌晨,借买菜之机,见四周无人,迅速张贴,然后,佯装不知,与其他市民一起阅读、议论壁报、标语的内容。几天后,又张贴新的壁报,并将上期壁报偷偷地藏起来。日历翻到1939年,日本被国民政府的抵抗激怒了,对战时首都重庆实施惨无人道的无区别轰炸,尤以1939年5月3日、4日的轰炸最为惨烈,史称"五三"、"五四"大轰炸。1939年5月3日下午1时后,日军45架轰炸机连续对重庆人口密集、商业繁荣的市中区轮番轰炸,投掷爆炸弹98枚、燃烧弹68枚,炸毁和烧掉了以中央公园为中心,从东北到西南方向的陕西街、苍坪街、左营街、太平门、储奇门等,市中区27条主要街道有19条街被毁。5月4日下午6时,27架日机再次袭渝,投掷爆炸弹78枚、燃烧弹48枚,全市10余处街道建筑物起火,大火持续燃烧了2天,都邮街等10余条中心街道被烧毁。国泰电影院被炸,当场炸死观众200余名;全市37家银行有14家被毁;古老的罗汉寺、长安寺也被大火吞噬。据不完全统计,在"五三"、"五四"大轰炸中,日机共炸死3991人,伤2323人,损毁建筑物4889栋,约20万人无家可归,给人民带来深深的伤害。家住朝天门小什字的包连成,一家5口,大轰炸夺走了包家3口人的性命。1939年5月3日那天,防空警报接连不断地响,包连成的母亲叫三个孩子到神仙洞躲避,她晾好衣服就来,当她干完活,朝神仙洞走去时,有人拦住她不让进,说是人员已经太多,她只好到附近的防空洞,还没有走到洞口,日军的炸弹就扔下来了,只听见有人喊:"糟了,神仙洞被炸了。"人们蜂拥着跑向神仙洞,抢救自己的亲人。包妈妈也随着人流往神仙洞跑去,她牵挂着自己的三个孩子啊。远远地就看到神仙洞口的树枝上挂着肉、肠子,地上血肉模糊。包妈妈哭喊着孩子们的名字,没有人应答,突然,包妈妈看见大女儿的衣服,那是她亲手缝制的衣服,再熟悉不过了。她急忙到尸堆里去扒拉,结果只找到一只胳膊,其他两个孩子不见踪影。神仙洞附近的居民有18家人被炸死,家家只闻哭声。[1]像包家这样的遭遇在重庆比比皆是,不胜枚举。在大轰炸中,地处市区繁华商业区的棉花街也未能幸免。1939年5月25日,日机又来袭,炸弹丢在观阳巷、蔡家湾,棉花街65号昌露宾院被炸塌一处,崇兴庵背殿也被炸塌,42号和益商号门前有一颗未爆炸弹。棉花街家家人心惶惶,说是棉花街吃炸弹了。面对敌人的野蛮轰炸,李荣模鼓励棉花街人民起来反抗。在他主编的壁报中,出现了励志诗。"腊月里来腊肉香,家家户户算账忙;只我今年赚得好,那知祸从天上降。东洋飞机丢炸弹,我国人民大遭殃,与其坐着来等死,不如大家去救国。今天就把算盘放,提起刀枪上战场,不管鬼子来多少,包他个个见阎王。"英雄的重庆城愈炸愈强,在重庆城的大街小巷都出现抗战的标语。"是谁炸毁我房屋,杀死我同胞,我们要为死难同胞复仇,要去当兵打日本,要坚持抗战,把日本野兽赶出中国,我们才有安逸日子过。"1938年2月到1943年8月日本对中国陪都重庆实行的无区别的城市大轰炸,这持续不断的轰炸,给重庆人民带来极大的生命财产的损失,据统计,在重庆大轰炸中,日机空袭重庆共达218次,出动飞机9513架次,投弹21593枚,炸死市民11889人、伤14100人,炸毁房屋17608幢,有30所学校曾被轰炸。国民政府为了凝聚中国人民抗战的力量,在1939年5月,国民政府发起了一场国民精神总动员运动,由国民精神总动员会等四单位共同发起,联合在被炸成废墟后辟为简易广场的都邮街广场建筑一座"精神堡垒"。随着1942年新年的到来,一座"代表着中华民族抗战必胜的精神"的标志性建筑——"精神堡垒"

---

[1] 周勇,重庆大轰炸档案文献史料丛书证人证言[M],渝内字(2007)88号。

矗立在重庆城的中心。这座木结构水泥的黑色（考虑到防空因素）碑式建筑全高七丈七尺，象征"七·七"抗战。整个建筑共分五层，其中基底三层系同一形式，象征"三民主义"；第四层为六角形，分别书有"国家至上、民族至上、军事第一、胜利第一、意志集中、力量集中"等标语；第五层为四方形，分别书有礼、义、廉、耻四字。这座黑色的建筑与四周日机轰炸后留下的满目疮痍形成鲜明的对比，激励着人民抗战的斗志。在世界各国的支援下，英雄的中国人民终于打败了来势汹汹的日本侵略者，为了纪念八年抗战中，重庆陪都人民的贡献，国民政府在抗战胜利后的1947年10月10日在原"精神堡垒"的旧址上拨地修建了全国第一座"抗战胜利纪功碑"，近10万重庆市民再次聚集在已恢复昔日繁华景象的都邮街广场。人们狂欢苦难的结束，新生活的开始。美国总统富兰克林·罗斯福发来贺信，高度赞扬饱尝战争痛苦的重庆人民。"余谨代表蔽国之人民向重庆市敬赠斯卷，以表达吾人敬佩该市之英勇男女市民。当该市遭遇空前未有之空袭时，人民坚定镇静，不被征服，足证恐怖主义对于争取自由之民族，不能毁灭其精神，此种为争取自由表现之忠实，将鼓舞来世而不朽！"

隆隆的轰炸声已经渐行渐远，可这方寸的手工报却见证了这段血腥的历史。据专家鉴定，该系列壁报被评为国家一级文物，现收藏于红岩革命历史博物馆。

（作者简介：张正霞，职称：文博副研究馆员；职务：重庆红岩革命历史博物馆统一战线史研究部科长）

# 重庆统战文化建设路径探究

刘 英

重庆是抗日民族统一战线的前哨地,是中国民主党派的主要发祥地,是中国政治协商制度的得名地,也是唯一全国性统战教育基地所在地。重庆有着特殊的统战文化历史地位,丰富的统战文化资源和深厚的统战文化积淀,为重庆建设统战文化给予有力的支撑。统战文化凝聚了统一战线的理论精华和实践智慧,彰显了统一战线的价值趋向和精神内核。重庆文化要大繁荣大发展、重庆统战工作要走在全国前列,加强重庆统战文化建设具有非常重要的意义。如何打造建设重庆特色统战文化,其战略性思路和可行性方法路径的探索和研究尤其显得重要和必要。本文力图以文化的视野从不同层面去探究重庆统战文化建设的有效途径。

## 一、重庆统战文化的特殊地位和建设目标

重庆统战文化系先进文化的一部分。重庆的先进文化建设与民主政治建设、和谐社会建设及"五个重庆"建设有着极为重要的关系。要探究重庆统战文化建设的新路径,首先应弄清重庆统战文化所赋含的内涵和特性及统战文化建设的目标。

重庆统战文化,是由重庆特定的统战历史文化传统和深厚背景以及新时期的创新发展形成的统战文化组成。它来源于重庆长期统一战线的工作实践,是毛泽东、周恩来、邓小平等老一辈革命家在重庆倡导的、老一辈民主党派领导人和无党派代表人士参与的、在重庆长期统战实践中逐步形成和发展起来的具有独特内涵和特征的文化形态,是党在革命和建设时期开展统战工作的理论与实践结晶。

重庆统战文化的核心是"和为贵",并以"求同存异、体谅包容"为精髓,以"团结合作、民主协商、互助关爱、和谐共进"为基本准则,以多党合作文化、民主协商文化等为基本内容。重庆统战文化建设其目的是为争取人心,凝聚力量,构筑和谐共融的环境,助推重庆经济社会科学发展,把重庆建设成为名副其实的全国统战文化高地,让统战历史文化名城放射出时代光辉。

重庆确立的统战文化建设根本任务和目标是培育重庆统战文化精神,打造重庆统战文化品牌,做到"以文化人"达到建设一个核心价值体系;"以文育人"达到引领一种和谐文明风尚;"以文聚人"达到建设一座重庆精神家园;"以文塑人"达到造就优秀统战文化人才。要实现这一目标,充分发挥新时期重庆统战文化的作用,就必须摸索和创新重庆统战工作的新思路,寻找和建立重庆统战文化建设的新路径。

如何创建统战文化研究基地、如何依托重庆统战文化支撑体系,打造一流统战文化品牌、如何实施重庆统战文化精品文艺创作战略等,本文从这几个方面对重庆统战文化建设新路径作尝试性的研究和思考。

## 二、创建统战文化研究基地,深化统战文化理论研究

重庆丰富的统战文化实践,亟须理论研究和总结。将统战实践上升为统战理论,创建统战文化研究基地,是加强重庆的统战文化建设的有效途径。

统一战线具有极为丰富的文化内涵,但从文化的视角对统一战线进行研究还刚刚起步,需要不断地深入进行研究。加强重庆统战文化理论研究,既要动员全市统战干部及统战人士积极投入,发挥统战文化研究的主力军作用,又要探索开放式、社会化研究的新路径,邀请专家学者及社会各界共同参与;更要在理论上对统战文化的内涵、特点、功能、作用及与统战工作与社会主义和谐社会的关系等进行深入的研究,使统战文化理论不断深化和发展。

近年来重庆成立了统战理论研究会,并尝试进行了统战理论研究培训工作,以提高统战干部的理论研究能力和水平,取得了初步成效。

重庆在统战文化建设上还应进一步作大胆的探索和尝试。如设立专门的统战文化研究中心,研究基地,对研究人员的编制、经费给以足够的保证,积极建立和培养一支高水准的统战文化研究队伍。以基地建设为主线,努力营造统战文化理论研究氛围,打造统战文化研究、发展、培训、讲习、交流的主阵地,定期或不定期召开重庆统战文化研讨会,在全市范围掀起更大规模的统战文化研究、发展、宣传的热潮。

同时还应充分发挥统战文化建设阵地重庆社会主义学院的重要作用,定期或不定期对统战干部、各民主党派人士进行培训提高,如参照和学习中共党校所设定的局干班、处干班,对统战和民主党派各级干部进行培训学习,提高他们参政议政的履职能力,强化同心思想、汇聚同心力量,更好地实现胡锦涛总书记对民主党派提出的思想上同心、目标上同向、行动上同行的目标。这也是加强统战文化建设的有效路径之一。

统战文化源于统战工作实践,是统战工作在长期的实践中形成的结晶。任何事业的最终成功都离不开文化的支撑,统一战线的巩固和发展也不例外。要团结人、争取人、凝聚人,需要各级党委及统战部门扎实的工作,需要各种统战工作载体,但更需要发挥统战文化独特的凝聚功能和"黏合剂"作用。要充分发挥统战文化建设的作用,又必须要有统战理论的支撑。因而应在对新世纪新阶段统战工作深入研究的基础上,提出统战文化建设的新思路,从研究与发掘、提炼与倡

导、实践与探索中加强和深入统战文化理论研究。

统战思想理论政策的得失,关系着革命和建设事业的成败。历史已证明,某一时期统战政策符合客观发展规律,某一时期就能调动绝大多数人的积极性,化消极因素为积极因素,甚至化敌为友,使社会在稳定中持久发展。但统战理论政策,也必须经历时间和实践的检验,因而必须随着时代和情况的变化不断完善、不断发展,在发展中把统战政策和统战文化推向新的阶段。因而加强统战文化理论研究,是加强统战文化建设的一个极重要的方面。

有一位哲人曾说过:政治好比是人的骨骼,经济是人的血肉,文化是人的灵魂。文化是魂,是一个民族、一个群体的价值取向及精神特质的集中体现。统一战线自创建以来,积累了丰富而宝贵的经验,统一战线之所以能在中国得到不断发展,从文化视角看,与中华民族的传统文化有着密切的关系。中华文化,博大精深,它是中华民族生生不息的力量源泉。"和"的思想是中华民族传统文化中的核心价值之一,体现中华民族重要的民族精神。重庆的统战文化与大后方抗战文化、红岩文化有着密切的关系,并独具特色,深入重庆统战文化的理论研究就是对重庆多年来的统战实践的成果加以总结、提炼、深化。

在重庆统战实践中"和"的思想有着深厚的渊源,抗日战争时期以周恩来为代表中共党人在重庆,高举抗日民族统一战线的旗帜,创造性地运用统战法宝,凭借国共合作的桥梁和纽带,以相忍为国、和衷共济的胸怀,团结了广大爱国民主人士,坚持抗战,维系国共合作局面,从而最终赢得了抗战的胜利。

重庆谈判期间,毛泽东"和为贵"的思想深入人心。他在重庆广泛会见国民党左中右派和各民主人士,以其深入的统战活动和高超统战策略,将中共在重庆的统战工作推向高潮,并取得了巨大的成效。

这从一个侧面说明中国共产党在长期的革命实践中,既坚持以马克思主义作为指导思想,又传承了中华传统文化的精华,在不断弘扬、不断完善的基础上,形成了一个时期、一个阶段的统战文化。重庆统战文化这一重要历史源头和经验是开展统战文化建设并赢得人民群众拥护和支持的一块重要基石,今天新的历史时期,重庆统战文化建设更需要传承和创新统战文化,将丰富的统战经验加以提炼总结,提升统战理论研究深度和广度。

## 三、依托统战文化支撑体系,打造一流统战文化品牌

以特园及红岩文化为支撑,精心打造统战文化品牌,是加强重庆统战文化建设的重要路径和方法。

重庆是一座具有光荣的革命传统和丰富的统战资源的城市。中国共产党领导的统一战线在这里谱写了辉煌的历史篇章。毛泽东、周恩来等老一辈无产阶级革命家,曾在这里为发展壮大统一战线、为多党合作政治、为夺取新民主主义革命胜利,作出过重大贡献;中国民主同盟、中国民主建国会、九三学社和三民主义同志联合会(民革前身之一)等民主党派也是在这里相继诞生。重庆不愧是民主党派的发祥地。2004年中共中央统战部决定在重庆建立"全国统一战线传统教

育基地"。

重庆还蕴藏着丰富的统战文化资源,大力保护和利用现有统战文化资源是当务之急。重庆是抗战之都,遗存着大量的抗战遗址、统战遗址。如现存的渝中区国民参政会旧址、中苏文协旧址、周公馆、桂园、市委大院重庆谈判旧址、特园旧址、重庆大韩民国临时政府旧址、南岸区南山抗战使馆群和黄山抗战遗址博物馆等抗战文物遗址。重庆系国家级历史文化名城,但重庆的抗战和统战文物遗址保护利用工作仍然面临着难题,城市的迅速扩大,发展与保护的矛盾日益突出,因而必须要有战略的思维,清晰的认识,坚定不移地保持重庆抗战文物遗址独具的特色,正确处理好城市建设和文物保护的关系。加强统战文化建设,就应大力保护这些珍贵的统战文化资源。

重庆的统战文化建设正是以依托纪念馆、博物馆,特别是通过红岩联线文化发展管理中心,对重庆保存丰富的抗战统战文化遗址如特园、桂园、红岩村、周公馆等纪念地以及宋庆龄、郭沫若、冯玉祥、张治中等一系列具有重要统战意义名人故居进行修复、展示和开放,对统战文化资源进行有效的整合扩建,创建了全国一流的统战文化品牌——特园中国民主党派历史陈列馆。

重庆统战文化的一个重要历史内核就是中共中央南方局在抗战首都重庆与各民主党派和爱国民主人士为争取民族独立和民主,共同奋斗,大多数民主党派就是从那时在这里与中共结下肝胆相照、风雨同舟的情谊,谱写下许多感人的篇章。中国民主党派历史陈列馆也正是依托那时的"民主之家"特园遗址而建立起来的。

抗日战争时期位于重庆上清寺的特园,系爱国民主人士鲜特生的公馆,是民主人士会聚之所,民主同盟的大本营。周恩来、董必武、王若飞等南方局领导同志经常在此与各民主爱国人士张澜、黄炎培、沈钧儒、左舜生、罗隆基、鲜英、李公朴、冯玉祥、李济琛等共商时局问题,宣传中共的抗日主张。特园成为南方局对各党派进行统战工作的重要场所,冯玉祥将军还专门为特园题写了"民主之家"匾额。1945年9月,毛泽东在重庆谈判期间曾三次到"民主之家"特园,与张澜及各民主人士就时局问题进行会谈。特园成为中共与民主人士坚持抗战、争取民主的历史见证。

目前特园正式被确立为中央社会主义学院教学基地。中共中央政治局常委、全国政协主席贾庆林参观特园中国民主党派历史陈列馆后指出:"特园作为统一战线和多党合作的历史见证,已经成为中国统一战线光荣传统的教育基地。它不仅给我们留下了中国共产党与民主党派团结合作、同舟共济的光辉历史,而且留下了统一战线和多党合作事业薪火相传的宝贵财富。"

要加强重庆的统战文化建设,重庆更应进一步倾力打造统战文化品牌。特园及红岩文化是重庆统战文化的重要支撑体系,中共中央统战部批准成立的这个全国性统战传统教育基地,就是要以统战教育为主,集宣传、教育、培训、研究为一体,统战基地的建立标志着重庆统一战线历史文化资源的挖掘、整理、宣传、研究工作迈向新的里程碑。

重庆的中国民主党派历史陈列馆是迄今为止唯一一个反映我国各民主党派在中国共产党领导下,与中国共产党"肝胆相照、荣辱与共",开创中华民族伟大复兴事业,实现自身发展壮大历史的综合性展馆。开馆几年以来,特别是今年在市委市府的大力支持下,新扩建开馆的中国民主党派历史陈列馆在全国影响巨大。复原的特园及历史陈列馆作为中国统一战线传统教育基地重要

载体,接待了来自全国各地的各民主党派成员、统一战线干部及各界人士近数十万人,发挥了宣传、教育、培训和研究的重大作用,昔日的"民主之家"特园焕发出了新的光彩。今年3月新陈列馆的开馆,在国内国际影响巨大,统战文化中的同心同行思想得以生动的体现。这从侧面证明建立民主党派博物馆打造一流统战文化品牌,是重庆统战文化建设探索的成功路径。

重庆的统战文化建设初见成效,目前虽初步形成了在全国有影响的重庆的统战文化品牌,但还需要着力打造,尤其是在其独特性、影响力、内涵的延伸等方面下工夫。

红岩文化是重庆统战文化的重要内核。要加强重庆的统战文化建设,必须进一步挖掘红岩文化红岩精神中所蕴涵的统战文化、统战精神。重庆的红岩村中共中央南方局所在地,是重庆市统战教育基地。

中共中央南方局是中国共产党在抗日战争时期和解放战争初期派驻在国民党统治区的代表机关,其肩负的首要工作是高举抗日民族统一战线的旗帜,坚持团结抗战。以周恩来为代表的南方局处在抗日民族统一战线工作第一线,从国统区的实际出发,创造性地贯彻执行中央的统战政策,在重庆以抗日民族统一战线为旗帜,以相忍为国、民族利益至上的政治理念团结各种民主政治力量,同国民党反共顽固势力既团结又斗争,维护抗战大局,直至最后胜利。抗战胜利以后,又及时地建立了人民民主统一战线,在国统区凝聚了人心,争取了多数,为新中国确立的中国共产党领导下的多党合作和政治协商制度奠定了重要基础。红岩这些丰富厚重的统战文化资源,有力地支撑起重庆独特的统战文化。作为战时首都,重庆是中华民族这段悲壮而辉煌的历史的不可替代的载体;作为中共中央南方局所在地和抗日民族统一战线的主要政治舞台,重庆是国共合作、共赴国难、奋力拯救中华的历史见证;中华民族之所以能赢得抗战的最后胜利,抗日民族统一线工作发挥了极为重要的作用。因而进一步挖掘、强力打造全国有知名度的特园及红岩统战文化品牌,是加强统战文化建设切实可行的重要途径。

打造统战文化之旅是重庆打造统战文化品牌有效路径。重庆在抗战期间是战时首都,是大后方政治、经济、文化的中心,也是中共中央南方局的所在地。第二次国共合作、重庆和平谈判以及政治协商会议等关系中国全局的事件相继发生于重庆。重庆遗存着大量的统战文化遗址,这是开发重庆统战文化之旅的重要资源基础。

重庆的抗战文化包含着重庆的统战文化,这些生动的历史的见证,在重庆历史文化名城中最富有价值和代表性,是重庆文化旅游开发的核心内容。设计可操作的统战之旅路线,如以特园中国民主党派历史陈列馆为中心,以中共南方局和八路军驻渝办事处旧址、周公馆、桂园、宋庆龄旧居、冯玉祥旧居、《新华日报》营业部旧址、中苏文化协会遗址、黄山及林园陪都遗址等为主要参观点,形成统战参观网络,寓统战传统教育于瞻仰、参观、旅游之中,并将统战基地的参观点纳入重庆市的红色旅游规划。打造统战文化之旅不失为建立重庆统战文化品牌的又一路径。

统战文化的魅力和统战精神的力量是无穷的。历史人文与社会旅游资源是文化传承的结果。在新时期,以新视角、新手段和创新的思维方式来打造重庆的统战文化品牌,特别是在统战文化资源的运用、开发中创立统战文化品牌,是重庆统战文化建设的关键所在。

## 四、充分搭建统战文化平台,打造统战文艺精品战略

运用和借助重庆的统战传统优势,搭建有效的统战工作平台,着力进行重庆统战文化阵地建设,不断创新形式多样的统战传统教育,实施打造重庆统战文艺精品战略。

要使重庆光荣的统战传统在新时代得以发扬光大,必须开展生动活泼、形式多样、富有时代感的教育活动。在这方面重庆市统战部、市政协与重庆红岩联线作了成功的探索。为迎接新中国成立60周年、中国共产党领导的多党合作和政治协商制度确立60周年、中国人民政治协商会议成立60周年,推出了大型历史文献展演剧《我们共同走过的路》。整部剧通过运用大量珍贵的统战史料,借以表演、故事等多种形式,生动地诠释了中国共产党人与爱国民主人士在民族危亡关头,风雨同舟、共同奋斗,历经曲折艰辛,一步步走向通往民主政治道路的伟大历程。该剧在保留历史故事主线与人物关系的基础上,将现代文艺的各种元素(音乐、舞蹈、表演、朗诵)和视觉冲击力极强的多媒体,巧妙地糅合在一起,通过故事员浅显易懂的叙述,真实地还原一个个传奇的统战历史事件。让观众在一个个精彩的故事片段中感受经典的魅力。这种将严肃的统战题材通过多媒体和多种艺术形式演示,受到人们的欢迎,使人有耳目一新的感觉,收到了寓教于乐的特殊效果。《路》剧在重庆初演获得一片好评。2009年10月应邀进京汇报演出。中共中央政治局常委、全国政协主席贾庆林和中共中央宣传部、统战部领导,各民主党派中央主席和著名无党派民主人士等观看了展演,一致称赞,取得了空前的成功。《路》剧将重庆抗战文化所蕴涵的统战资源运用得淋漓尽致,为新形势下如何开展统战传统教育,进一步深化多党合作提供了生动而形象的教材。贾庆林主席观看后高度评价该剧说:"两个小时讲述了20世纪最伟大的事件。"

《我们共同走过的路》剧演出的成功给了我们一个重要启示:重庆应该借鉴上述做法以重庆统战文化为背景,打造更多的为大众喜闻乐见、具有新鲜时代感和强大感召力的统战文化品牌,创作更多的重庆统一战线文艺精品。

此后通过2年多的努力,2011年3月新扩建中国民主党派历史陈列馆开馆仪式在重庆隆重举行,以响应中央"同心同行"主题活动。重庆中国民主党派历史陈列馆矗立市中心,具有新地标意义。展馆中其丰富深厚的统战文化吸引了全国各地及各界人士,同时重庆统战部倾力打造的《同心同行》大型文艺主题汇演及《统一战线在重庆》电视文献片的播放,是重庆探索统战文化建设、强化统战文化品牌的成功举措和有效途径。

由此可见,统战文化建设既是统战工作的有效手段,也是统战工作的重要载体和平台。在长期的实践中,统战工作创造了很多载体,如学习研讨、会议培训、交流考察、联络联谊等。这些工作平台,为统一战线的巩固和壮大起到了非常重要的作用。但也不可否认,这些平台有它的局限性,特别是在基层统战工作地位越来越突出的今天,统一战线队伍不断壮大,结构日趋复杂,层次参差明显,思想日渐多元,且统战人士文化学历普遍提高,再加上信息传播渠道多、传递迅速,长期运用这些常规的工作平台,效果不甚理想。而从文化的视角可以运用更多、更新的载体和平台。可以通过像《我们共同走过的路》、《同心同行》大型文艺演出、《民主之澜》等剧目的表演手

法、丰富多彩的形式、生动的形象、夸张的艺术来展现统战文化的内涵,增强吸引力和感染力,达到常规统战工作所难以达到的效果。这些尝试都是重庆探索统战文化建设的良好途径。

总之重庆统战文化建设是一项系统性战略工程,应与构建大统战格局相结合,把统战工作放到党和国家的战略高度上去认识,放到全市工作大局中去思考和谋划,在工作路径和方法上,必须由传统的思维方式和单一严肃的工作手段向综合性并富有吸引力、感染力的手段和方法转变,将统战精神、统战理念、统战方法有意识地运用于统战工作中,形成重庆独特的统战文化,这样就能充分发挥重庆统战文化的融合和凝心聚力的作用,就能更好地营造心齐气顺的大团结、大联合局面,从而为重庆经济、社会发展发挥巨大的助推作用。

(作者简介:刘英,职称:文博研究馆员;职务:重庆红岩革命历史博物馆党史研究部科长)

# 周恩来抗议国民党制造平江惨案暴行

孙志慧

## 平江惨案的由来

国民革命军新编第四军第一支队第一团,系湘鄂赣边红军游击队于1937年9月改编而成。一团在平江嘉义集结,整训期间,设有一团办事处,在浏阳、修水等地设有通讯处。1938年1月,一团开赴江南前线,办事处、通讯处随即撤销。这时,中共湘鄂赣省委改编为中共湘鄂赣特委,涂正坤为书记。为掩护特委工作,便在嘉义设立新四军一团平江留守处,继续推进湘鄂赣边区国共合作,处理部队开拔后的遗留问题,安置伤病员和红军家属等等。涂正坤以新四军参议身份任留守处主任(亦称处长)。留守处起初有工作人员(包括家属在内)一百余人,1939年春,精减至三十余人。

1939年初,日寇步步向平江县境逼近。国民党平江的地方政府随时准备捞上一把再逃之夭夭。他们四处抓丁派款,各种冠以抗日救国名义的捐款数不胜数。更为不幸的是,国民党第二十七集团军是杨森的部队,此时正从四川到达平江,不久,便开到了嘉义镇上。国民党平江地方政府的搜刮本领,与杨森的部队相比,只能是小巫见大巫。杨森的部队驻扎后,除原有各项捐款一律照旧外,又增加了抗日劳军等税费。军粮和马粮完全按人口摊派,每户三到五斗不等,而且要的是晒干去皮的上等谷子。同时,还常以抗捐不缴,贻误抗日军饷为名,恣意敲诈勒索。

杨森部队和平江地方政府相互勾结,为所欲为,像两座大山压得当地的百姓喘不过气来。乡亲们常常感叹:要是我们的部队在这里就好了,我们不会遭这种难,为什么要开走啦!乡亲们说的"我们的部队",指的就是新四军。新四军一团平江留守处门口,进出的乡亲总是川流不息。因为百姓把希望全都寄托在共产党身上,他们纷纷派代表来反映国民党军队对老百姓的蹂躏,述说自己的担忧,表示抗日的决心。

为了团结抗日,也为了舒缓百姓的怒气,涂正坤总是耐心地向大家分析国民党制造借口,破坏团结,实行分裂,为卖国投降大开门路的阴谋。他要大家不要冲动,以免被敌人钻空子。他说:"打鬼子是目前的头等大事。杨森部队虽坏,只要他们不公开投敌,我们还是要耐心争取他,万一日本鬼子占领了平江,共产党决不离开平江县的人民,一定和大家同生死,共患难,组织起来打游击,抗日保家。"涂正坤还鼓励大家积极深入到群众中去,进行抗日救国的宣传教育工作。正因为做了这些细致的工作,平江虽然谣言四起,但群众的抗日热情和信心,却愈加高涨起来。也正是如此,新四军平江一团留守处成了国民党的眼中钉,肉中刺,总想拔去而后快。国民党为了实现蓄谋已久的镇压群众抗日活动,屠杀领导抗日的共产党人的阴谋,使尽了卑鄙无耻的手段:先是派遣特务暗探对留守处进行监视,还偷偷地张贴许多污蔑、谩骂和恫吓留守处的匿名标语。随即又以便于经常联系为名,再三要求一团留守处搬进县城去,企图隔绝新四军平江留守处与人民群众的联系。伪县长公然对留守处的负责人说:"据报告,你们的工作人员很不守法令,到处大肆活动!地方人士已经有所表示了,这样下去,你们对后果要负责啦!"[1]对于这种荒谬言论,一团留守处官兵当即予以严词驳斥。

1939年6月12日,国民党二十七集团军奉蒋介石的密令,派兵包围袭击新四军平江一团留守处,主任涂正坤,秘书长吴渊当场被枪杀。晚上留守处工作人员罗梓铭、曾金声、吴贺泉、赵禄莹(女)等人亦被枪杀和活埋。造成骇人听闻,震惊全国的平江惨案,新四军一团留守处遂遭破坏。

平江惨案的发生并非是偶然和孤立的事件。

1938年10月下旬,武汉和广州相继失守后,中国的抗战形势便由抗战初期的战略防御进入了战略相持的新阶段。日本侵略者三个月内灭亡中国的企图已经破产,由于日军战线延长,兵力分散,在对华战争中已经显得财力、物力和人力不足。于是调整其侵华战争的方针,基本停止了对国民党军队正面战场的军事进攻,而将其侵华军主要力量用于打击坚持敌后抗战的八路军和新四军;对国民党政府采取政治诱降为主,军事打击为辅的方针。而此时的国民党,以汉奸汪精卫为代表的亲日派,已经叛国投敌;而以蒋介石为代表的亲英美集团,则实行消极抗日积极反共的政策,并在1939年初召开的国民党五届五中全会前后制定了"溶共"、"限共"、"防共"、"反共"的方针和一系列防共反共的政策和办法。从此以后,国民党蒋介石集团便在各地连续不断制造反共反人民的军事摩擦和流血惨案。而平江惨案就是一起较早的反共事件。

## 周恩来无情揭露和抗议国民党制造平江惨案的阴谋

平江惨案的消息二十天后才传到延安。周恩来是6月18日离开重庆返回延安的,他这次回延安正是由于国民党在各地制造的反共军事摩擦和政治反共事件愈来愈频繁且愈演愈烈,而寻求解决的办法。在国民党严密封锁消息的情况下,周恩来离渝前和返延途中对平江惨案的发生一无所知。

7月2日,周恩来在延安得知事件的经过后,立即致电陈诚提出严重抗议。他在电文中说:"弟此次回肤(延安),原冀与敝党中央商讨巩固团结大计,并求平服摩擦事态。乃北事未平南变又起,推波助澜者大有人在。此种阴谋,弟敢断言决非止于反共,其目的必在造成国共裂痕,以便其破坏抗战,走入不得不对日妥协之途,其处心之深,用意之毒,显系破坏分子所为。吾辈矢志团结,坚持抗战,对兹惨案,必须有以善其后,方能得事理之平。否则激荡愈多,愤懑难抑,弟虽努力亦难收效矣。"电报还说:"请转呈委座,严令查明此案真相,对死难者请给以抚恤,对肇事者务请严予惩治,并责令保证以后再不发生此类事件,使中共党员得有生存之保障。"[2]

7月19日,陈诚电复周恩来,反诬涂正坤勾结土匪"扰乱后方"。陈诚的电文称:"嘉义旧土匪潜在谋乱,在地方四出抢劫,枪杀国军来往官兵,灭尸缴械。二十七集团军派队前往剿办,该匪主力当即猛烈抵抗,双方激战,互有伤亡。涂正坤等召集土匪,扰乱后方,枪杀国军,灭尸缴械,危害地方,实属目无国法,该集团军派兵前往剿办,维持后方治安,系适当处置。"[3]

双方各执一词。

7月22日,周恩来再电陈诚,电文近千字,历数新四军通讯处功绩,并从陈诚电中找出8处漏洞加以反驳。他指出:平江通讯处"向属合法机关,且与当地政府驻军久有联络,决不能诬为土匪机关"。自湘鄂赣红军游击队开往江南编入新四军后,"其通讯处在平江一带协助政府肃清土匪,迭有成绩,文白(即张治中)知之最清,今竟诬其为与匪相通,宁是有理?""当武汉撤退,日军向南转进之际,当地土匪团队均曾劫夺散兵枪弹,独该通讯处招待散兵负责送还,当时驻军政府均有好评,一转瞬间,竟诬其灭尸缴械,其何能信?""当弟由江南转往南岳之时,深知平江通讯处与地方关系素睦","而兄两至长沙,亦言湖南无摩擦,何相距月余兄造此借口,怎能令人置信?"周恩来在电文最后指出:"倘兄愿弄清事实真相,以便公平处理,则请中央或九战区特派专员同剑英兄前往查明,定可使此沉冤大白于天下。"[4]同日,周恩来、叶剑英又写近两千言檄文,电告军令部部长徐永昌和军委各部长官,要求主持公道。

六天过去了,国民党方仍未见答复。7月28日,周恩来、叶剑英再电军政部长何应钦和军委各部长,恳请派公正大员前往详查。

电文又是石沉大海。

7月31日,周恩来答《新中华报》记者问,再次指出:"肇事者为我抗战之国军,遇害者亦为我抗战之将士,此等反共阴谋竟涉及抗战前线,不能不承认其计之毒,心之狠。盖武装惨杀,最易引起内讧,内讧一起,必致破坏抗战,此正中投降派制造内部分裂逼我中途妥协之阴谋。"他要求最高当局:"本大公无私之怀,必能平反此案,为死者伸冤,为生者保证其最低合法权利也。"[5]

至7月底,毛泽东、周恩来都发表了谈话,报纸也刊登了文章,电报打了5封,此事仍无结果。中共领导人再也忍无可忍,8月1日,中共中央召集各界人士及群众数千人,在延安举行集会,追悼平江惨案死难烈士。毛泽东等参加大会。周恩来送了挽联,上书:

长夜辄深思,团结精诚仍是当今急务;
同胞须猛省,猜疑摩擦皆蒙日寇阴谋。

这副挽联,表达了周恩来的满腔悲愤和他以民族利益为重,维护团结抗日的精神。

毛泽东在会上作了《用国法制裁反动分子》的报告。毛泽东首先对国民党顽固派屠杀革命同

志、抗日战士提出抗议,他指出,现在应该杀死什么人?应该杀死汉奸,杀死日本帝国主义者。但是,中国和日本帝国主义者打了两年仗,还没有分胜负。汉奸还是很活跃,杀死的也很少。革命的同志、抗日的战士却被杀死了。什么人杀死的?军队杀死的。军队为什么杀死了抗日战士?军队是执行命令,有人指使军队去杀的。什么人指使军队去杀?反动派在那里指使。这些反动派,他们是准备投降的,所以恭恭敬敬地执行了日本人和汪精卫的命令,先把最坚决的抗日分子杀死。这件事非同小可,我们一定要反对,我们一定要抗议!接着毛泽东驳斥了国民党顽固派的统一观,提出自己的统一观。他说:中国应该统一,不统一就不能胜利。但是什么叫统一呢?统一就是要大家抗日,要大家团结,要大家进步,要有赏有罚。现在统一了没有呢?没有。平江惨案就是证据。我们早就要求全国统一。第一个,统一于抗战;第二个,统一于团结;第三个,统一于进步。然而近来日本帝国主义的捣乱更加厉害了,国际帝国主义帮助日本也更加积极了,中国内部的汉奸,公开的汪精卫和暗藏的汪精卫,他们破坏抗战、破坏团结,向后倒退,也更加积极了。他们想使中国大部投降,内部分裂,国内打仗。现在国内流行一种秘密办法,叫做什么《限制异党活动办法》,其内容全部是反动的,是帮助日本帝国主义的,是不利于抗战、不利于团结、不利于进步的。这种办法就是破坏团结的种种罪恶行为的根源。毛泽东最后指出,我们今天开这个大会,就是为了继续抗战,继续团结,继续进步。为了这个,就要取消《限制异党活动办法》,就要制裁那些投降派、反动派,就要保护一切革命的同志、抗日的同志、抗日的人民。

**风嘶雨号悼英烈**

在重庆,原计划7月20日举行追悼会。但当时重庆《新华日报》还处于同其他各报共同办"联合版"期间而尚未单独复刊,若这时举行追悼会,没有《新华日报》刊登消息,便不能更好起到揭露国民党的作用,于是就把追悼会延期在8月13日《新华日报》复刊这一天举行。这天下午三时,重庆红岩嘴第十八集团军办事处,在暴风雨中追悼新四军平江嘉义留守处被害烈士。由于制造平江惨案的罪行遭到社会各方面人士的谴责,社会各界人士对平江惨案死难烈士表示广泛的同情,所以到会的人很多,连国民党官方人士也来了。这一天到会的有重庆卫戍总司令部代表田霖、重庆警备司令部代表董其昌、各机关团体及各报社代表多人。追悼会由第八路军参谋长叶剑英主持。因诸烈士壮志未酬,身先惨死,来宾皆哀痛而泣下。叶剑英首先讲话,说平江惨案为中外所关切,"而尤其以八路军新四军前线将士忧虑悲愤莫可言喻。故必须了解,此系在日寇政治别动队托派汪派汉奸破坏团结活动的影响下所进行的事件。"他还说:"使各方明了平江事件并非中央及国民党同志之意见。而团结将更加紧,以打击日寇之政治阴谋活动。"接着,中共中央代表董必武致辞,他指出我们今天的任务,是请求政府以国法惩凶顽,揭破汉奸、托匪和汪派在破坏团结中的阴谋活动,并加强统一战线工作。《新华日报》总编辑吴克坚,也提出本报读者对平江事件的询问和讨论。新四军代表肖正岗,则在最后致答词,他除对平江事件觉极痛心外,并要求全国人民和国际人士主持正义公道,为死者洗耻雪冤。追悼会场上布满了挽联,奠帐。

《新华日报》与国民党新闻检察机关、宪兵、特务相周旋,采取不同寻常的斗争策略,对这次事件作了及时报道。先是在"七七"特刊上连续三天登载"第十八集团军驻渝办事处同人哀告"。这个哀告措辞比较温和,只说涂正坤等在平江遇害,没有述说惨遭杀害的经过,因此没有受到新闻检查的阻挠。8月13日《新华日报》复刊这天,又重新出了讣告,是叶剑英等南方局军事组几位大手笔起草的,名曰《追悼新四军平江留守通讯处遇害烈士启事》,全文长达两千多字。遣词比前次的哀告强烈,历数国民党二十七集团军派特务连杀害涂正坤等的残暴经过,对反共暴行和投降阴谋进行了谴责;启事写道:"燕云之北,岭南以南,锦绣河山,繁华城市,都为犬羊窟宅,敌挟其雷霆万钧之势,正欲亡我国,灭我种,我国人同心合力,御侮救亡,犹恐不济。今竟置外盗于不顾,手足无情,自相鱼肉,天下为亲者痛仇者快之事,孰有过于此者乎?每读宋明历史,至其君臣播迁之际,未尝不太息痛恨于小朝廷上犹互相残害不已也。我国今值艰屯之会,有复兴之机,只有团结才能救国,分裂立召灭亡。宋明覆辙,可为殷鉴。""半载以还,反共之声,与日渐长,传单小册,耳语口传,敌探肆其诡谋,奸人从而构扇,欲使统一之基,复归分裂,战胜之兆,消于无形,以达日寇速和速结之目的,顽固分子反用之以增加国内摩擦。"[6]

这则启事是没有送检的,这天报纸的四版下半版是《追悼新四军平江遇害烈士专刊》,也都没有送检。专刊的头条是三副挽联,用四号字排印,周围加黑框。

第一副是中共中央委员会的挽联:

　　在困难中惹起内讧江河不说古今憾
　　于身危处犹明大义天地能知忠烈心

其次是毛泽东的挽联:

　　日寇凭陵国难方殷枪口应当向外
　　吾人主战民气可用意志必须集中

第三副是叶挺和项英的挽联:

　　殉国死犹生祸起萧墙忍痛吞声悼忠烈
　　杀人奸且盗狠如鹰犬推波助浪快仇雠

专刊还刊登昨天在化龙桥红岩嘴八路军办事处举行追悼会的消息。追悼会开会时正值狂风暴雨大作,编辑应景作题,在消息的引题上标出"风嘶雨号",以示反动派屠杀新四军的暴行引起天怒人怨。另有董必武和戈矛的挽诗,石西民的文章《血战大江南北的新四军》,以及涂正坤等烈士生平简介。

纵观由周恩来和南方局针对国民党顽固派制造平江惨案罪行所进行的揭露和抗议活动,实际上是一场凌厉的政治攻势,其结果是中共争得了政治和道义上的主动,而国民党方面则处于被动境地。在强大的舆论压力下,国民党当局尽管始终采取文过饰非的态度,仍然还是被迫表示对平江惨案要进行"严查",将第二十七集团军一个姓余的连长关押收审,还答应对烈士家属予以抚恤,对新四军平江留守处进行赔偿。虽然所有这些承诺并没有一一兑现,然而这一切均表明国民党当局在政治上遭到一次失败,在社会上丧失了人心,而新四军在国内外的影响却日益增长,获得了国内外进步舆论的同情和支持。

平江惨案的发生和中共与之进行针锋相对斗争的过程均证明了周恩来对国民党蒋介石集团的分析和采取的对策是完全正确的。周恩来曾经这样分析蒋介石集团："蒋的思想基本上是反共的,不承认统一战线,实际政策在那里限共防共,破坏统一战线,存在着妥协投降的危险;但目前的方针及形式上还讲团结,还讲抗战,还不愿造成全国破裂的局面,这是蒋之思想与政策的最矛盾处,也就是他的政治特点。"因此,对国民党蒋介石集团的一切反共阴谋活动,"应该据实揭发,适时抗议,有可能和必要时并给以打击。"[7]周恩来和南方局正是这样做的。

**参考文献：**

[1]徐敏《忆平江惨案》,《红旗飘飘》第九期,中国青年出版社出版。

[2]周恩来致陈诚电,1939年7月2日。载《平江革命历史文献资料集》第323—324页。中共湖南平江县委党史资料征集小组办公室编,1983年9月出版。

[3]陈诚复周恩来电文,1939年7月19日。载《平江革命历史文献资料集》第327页。中共湖南平江县委党史资料征集小组办公室编,1983年9月出版。

[4]周恩来复政治部陈诚电文,1939年7月。

[5]周恩来谈"平江惨案"经过——已电请最高当局雪冤并向肇事者严重抗议。1939年7月31日。载《平江革命历史文献资料集》第355—357页。中共湖南平江县委党史资料征集小组办公室编,1983年9月出版。

[6]《追悼新四军平江嘉义留守通讯处遇害烈士启事》,1939年7月7日重庆《新华日报》第四版。

[7]《周恩来在中央政治局会议上的报告提纲(摘录)》,《南方局党史资料·统一战线》,重庆出版社1990年6月第1版第25页和33页。

（作者简介：孙志慧,职称：文博研究馆员；职务：重庆红岩革命历史博物馆文物保管部副处级调研员）

# 红岩精神的时代特征
## ——兼析红岩精神与井冈山、长征、延安精神的异同

刘立群

**内容摘要**：红岩精神与井冈山精神、长征精神、延安精神一样，都有中国共产党人所应具有的共性。但是，它也有最能体现自己本质特征的独有个性。从红岩精神与井冈山、长征、延安精神的比较研究来看；从红岩精神发轫和形成的具体历史背景与环境来看；从以周恩来为首的中共中央南方局在国民党统治区的主要工作任务和性质来看；从红岩精神产生的地域环境和客观主体来看，爱国、团结的民族主义应该是红岩精神的灵魂和最显著的时代特征。

**关键词**：爱国 团结 民族主义 红岩精神 时代特征

前任中共中央总书记和国家主席江泽民同志 2002 年 5 月在重庆视察工作时指出："风雨如磐的斗争岁月，培育和形成了伟大的红岩精神。……红岩精神同井冈山精神、长征精神、延安精神一样，都是中国共产党人和中华民族的宝贵精神财富。在新的历史条件下，全党全社会要大力弘扬红岩精神，使之成为我们在新世纪继续推进建设有中国特色社会主义事业的强大精神力量。"

江泽民同志在时隔 1991 年参观红岩题写"发扬红岩精神，沿着老一辈革命家开创的道路奋勇前进"题词 11 年后，又一次专门论述红岩精神，他对红岩精神作出的精辟总结和界定，是我们学习、研究和宣传红岩精神的指导思想及行为准则。党的总书记在改革开放新形势下两次向全国人民发出弘扬红岩精神的响亮号召，足见红岩精神在今天新世纪中巨大的现实意义。作为在党的十一届三中全会之后、在我们党和国家拨乱反正逐渐进入改革开放和市场经济的新形势下、在我们党的历史上提出时间最晚的一种虽是局部但却具有全党意义的崭新精神，自有提出它的历史背景和条件。时代在呼唤红岩精神，人民需要红岩精神，全党全社会需要红岩精神。尽管红岩精神提出的时间最短，但笔者认为，它在我们党的四大精神中内涵最为丰富、特征最为凸出、意义最为现实。红岩精神的内容博大精深，关于它方方面面的研讨很多，其特征及现实意义也不乏

有人述及,而笔者则想把红岩精神放在与井冈山精神、长征精神和延安精神的对比研究中,得出红岩精神区别于它们的、最能体现红岩精神本质的时代特征。限于学识,不揣浅陋,尚望各位专家学者指正。

## 一、红岩精神与井冈山精神、长征精神、延安精神特征比较

红岩精神与井冈山精神、长征精神和延安精神都是中国共产党人和中华民族的宝贵精神财富,它们都是中国共产党人在长期的艰苦奋斗历程中逐步培育、凝练和创造的,因此,它们在很多方面都有相同或相近之处。但由于它们各自产生的时间、地域、背景、条件、环境、主体不同,当时国内外的主要矛盾、党的主要工作任务、斗争性质、目标和要求亦不尽相同,因此,它们各自的特征也迥然不同而各具特色。

井冈山精神是中国共产党在建党初期经历过多次城市工人武装起义和军事暴动失败后,熟谙国情的毛泽东从中国革命的实际情况出发,将马克思列宁主义的普遍真理与中国革命的具体实践相结合,纠正各种"左"右倾机会主义错误,走出一条以农村包围城市、创建武装割据根据地的道路,在井冈山地区建立了为时长达六七年之久的中央革命根据地。在这六七年时间里,由于国民党反动派的不断围剿,红色苏维埃政权经常疲于反围剿。军事斗争随时随地都处于第一位,只有用坚决的武装斗争来保卫、巩固和发展政权。胜则存、败则亡。由此种历史背景、环境和条件而产生的井冈山精神,无疑是一种以"枪杆子里面出政权"为主导思想和显著特征的革命精神。井冈山精神就是要让革命的星星之火燃遍全国,开创中国革命的道路,用枪杆子打出一个红彤彤的新世界。它是中国共产党在走向成熟的道路上培育和形成的第一个精神宝库;第五次反围剿失败后,为了生存,为了国家民族的根本利益,红军被迫长征。而长征精神则充分体现了中国共产党人在极端艰难困苦的条件下,不惧敌人围追堵截,不畏任何艰难险阻,百折不挠,勇往直前,"万水千山只等闲"的那样一种克服一切困难,撼山易,撼红军难,惊天地,泣鬼神,排山倒海式的革命英雄主义和豪迈气概,它是在中国共产党历史上具有宣言书和播种机性质的标志,是中国共产党能够战胜和克服任何困难的有力证明。难怪我们在前进的道路上或工作中遇到困难时,就会想到二万五千里长征,就会说:"苦不苦,想想红军二万五";延安时期是中国共产党相对稳定和完全成熟的时期,这时的国内主要矛盾已经发生相当大的变化,阶级斗争矛盾下降,沦为从属和次要的地位,民族斗争矛盾上升,变为国内的主要矛盾。此时,我们党的工作任务和方式、斗争策略和技巧等等,都发生了巨大的变化。反映这一时期中国共产党风貌的延安精神,内容十分丰富:党的建设、政权建设、文化建设、武装斗争、统一战线、艰苦奋斗、自力更生等等,内涵博大精深;红岩精神与延安精神产生的历史大背景和时间完全相同,但它们各自产生的地理区域、环境条件和具体背景、主体等等又不尽一样。延安精神是产生在中国共产党完全领导下的抗日民主根据地——陕甘宁边区,而且它是抗日战争时期中国共产党领导下的全部抗日民主根据地精神的总括。而红岩精神则是孕育自抗日民族统一战线旗帜下的国民党统治区,它是国统区中全体中国共产党人人生观、价值观、世界观、理想、信念和追求等精神世界的真实写照。延安精神产生

# 红岩精神的时代特征——兼析红岩精神与井冈山、长征、延安精神的异同

于和平民主、团结抗日的和谐气氛之中,红岩精神则肇始于国民党法西斯白色恐怖的高压政策之下。延安精神的主体是广大的工农革命群众,而红岩精神的主体则是一大批有知识、有文化的知识分子革命群体。在延安和重庆,中国共产党的主要工作任务和斗争形式、方法手段也各不相同。因此,这两种虽然同出于一个时代的精神,它们的特征亦各有侧重,表现不同。

四种精神中,一提起井冈山精神,人们自然就会想到"黄洋界上炮声隆"、五次反围剿、星星之火和"枪杆子里面出政权";一提起长征精神,人们自然就会想到雪山草地与树皮草根,想到金沙水拍与大渡桥横;一提起延安精神,人们自然就会想到南泥湾的开荒种地、纺线织布与"三三制"的民主政权建设和文艺整风运动,想到张思德、白求恩和《为人民服务》;而一提起红岩精神,人们自然就会想到中国共产党的"三坚持、三反对"与无孔不入的统战工作、周恩来的"千古奇冤,江南一叶"、董必武在国民参政会上的拂袖而去、叶剑英的单刀赴会舌战群顽、《新华日报》在国统区的振聋发聩、吴玉章的"坚持党命"和毛泽东的"一身系天下安危"与《沁园春·雪》。这就是四种精神给人们的第一强烈印象,也即是这四种精神不同的特质所在。因此,在这四种精神中,除了它们所共有的中国共产党人所具备的基本特征外,凸现各自精神特征的核心实质也理所当然地应该有所不同。

## 二、红岩精神发轫和形成的具体历史背景与环境

红岩精神产生于中华民族空前团结、万众一心、共赴国难、救亡图存的"中华民族是最危险的时候"——抗日战争时期。此时期的中国共产党在民族矛盾大于国内阶级矛盾之时,坚决代表国家民族和最广大人民群众的根本利益,抛弃十年内战时期与蒋介石国民党的血海深仇,先后有《抗日救国十大纲领》、《中国共产党为公布国共合作宣言》和《致国民党中央委员会蒋总裁》等一系列有利于团结抗日的宣言和文件,周恩来等人为寻求国共合作团结抗日而辛勤奔走。中国共产党不计前嫌,力倡以国共合作为基础的全国抗日民族统一战线,并始终高举这面旗帜。从最初的"反蒋抗日"、"逼蒋抗日",到后来的"联蒋抗日"、"拥蒋抗日",走的是一条代表全国人民和国家民族根本利益的团结抗日路线。这亦正是中国共产党在抗日战争时期走向成熟的标志之一。正是由于中国共产党的这种"国家至上"、"民族至上"和全国人民根本利益至上的精神,才有了国共两党的第二次携手合作,团结抗日;也才有了由中国共产党倡导的、以国共两党合作为基础的、全国范围内各党各派各界各民族各阶层人民空前团结的抗日民族统一战线;也才有了以周恩来为首的中共中央南方局结庐红岩,八路军办事处、《新华日报》和《群众》周刊等中共机关战斗在重庆,八年工作生活在国民党统治区中心;也才有了在国统区里展现中国共产党人风貌的红岩精神的肇端和滥觞。红岩,是抗日民族统一战线的前哨阵地,红岩精神正是中国共产党抗日民族统一战线实践最完整最准确和最忠实的体现与记载。尽管八年抗战期间国共关系诡谲多变,几次濒临破裂边缘,但以周恩来为首的中共中央南方局老一辈无产阶级革命家们深知国共合作团结抗日于国家民族的重要性。他们深知合则胜,分则亡的道理。因此,"纵令风云多变幻,赖有南针路未歧",他们"坚持党命驻渝州",挽狂澜于既倒。在"皖南事变"后国共关系濒于破裂边缘的危难

时刻,他们临难不苟、相忍为国、坚守阵地、力撑危局。最终弥合了国共裂痕,使国家民族免去了一场因内哄分裂而可能导致亡国灭种的危机。这是一种何等崇高恢弘的爱国团结胸襟与民族主义大节。红岩精神中国家民族利益至上的爱国主义、民族主义情愫是中华民族优秀传统美德在中国共产党人身上的具体再现。

### 三、周恩来为首的中共中央南方局在国民党统治区的主要工作任务和性质

抗战期间的中共中央南方局虽然是秘密的,但是周恩来、董必武、叶剑英、邓颖超等在国统区工作的南方局领导者的身份却是公开的。南方局在重庆领导八路军驻渝办事处和中共喉舌《新华日报》、《群众》周刊两处公开机关以及大后方广大国统区各级党组织的工作和斗争,其首要任务就是高举团结抗战的旗帜,发展壮大和巩固抗日民族统一战线,团结蒋介石国民党集团及各地方实力派和抗日民主党派、各界爱国民主人士、各阶层人民群众。发展进步势力、争取中间势力、孤立和打击顽固势力。团结一切可以团结的力量,坚持抗战、反对投降;坚持团结、反对分裂;坚持进步、反对倒退。其工作策略亦为团结、斗争、团结,以斗争求团结。斗争以不至破裂为限,维系团结合作局面,抗战到底,争取最后胜利,是为最终目的。南方局老同志、原中共中央政治局常委宋平曾说:抗日战争时期,我们党"有两个战场,一个解放区,在前线进行武装斗争,是主战场;另一个战场在大后方,在国民党统治地区,也是一个重要战场。在后一个战场,我们党进行了多方面的工作……,可以说,没有这一条战线,没有大后方这个战场的大量工作和取得的成就,也很难取得前方军事的胜利"。为了更好地开辟这个战场,达到全民族团结抗战的目的,周恩来还专门指示《新华日报》开设了"团结"专栏,并亲自为该专栏写了发刊词《团结的旨趣》。在纪念"七·七"抗战两周年时,周恩来专门题词:"坚持全民抗战,反对中途妥协;坚持统一战线,反对挑动内哄;发动全面战争,反对包办压制",明确提出了南方局工作的主要任务和性质。在南方局的组织机构里,也专门设有统一战线工作委员会,由德高望重的董必武担任统委书记,具体负责该项工作。从南方局所开展的大量工作来看,我们不难看出,统战工作在南方局的所有工作中,是占第一位的。

### 四、红岩精神产生的地域环境和客观主体

红岩精神产生在抗日战争时期的国民政府陪都,国民党统治区中心,战时中国政治、军事、经济、文化中心的重庆以及中国南方广大国民党统治区,红岩精神是抗日战争时期全体中国共产党人在国民党统治区里精神世界的代言词。在抗战时期的国民党统治区,中国共产党自中共中央南方局及其以下各级地方党组织,均是秘密的。中共在这个区域内,尤其是在重庆,应该说更注重和强调的是与当时执政的国民党之间的团结合作,与国统区各民主党派、各阶层人民群众、各界爱国民主人士之间的团结合作,并尽力维系这种团结合作局面不致破裂,直到抗战胜利。在这个区域里,国共之间虽有斗争,甚至险至关系破裂,但斗争明显不是最主要的,而只是为了达到团结目的的一种手段和策略。周恩来"千古奇冤"的名句即是实例。中国共产党在重庆地区没有武

装,有的仅是一报一刊(《新华日报》、《群众》周刊)、八路军重庆办事处和二三百号公开工作人员。因此,南方局要做的工作,是艰苦细致的说服教育和团结人的工作,以此争取民心,从而赢得国统区广大人民群众对共产党的了解和拥戴。周恩来、董必武、叶剑英、邓颖超等南方局领导人,他们不仅是红岩精神的孕育者,更是红岩精神的模范实践者。在他们的言传身教和亲自带领下,数以万计的南方局下属各级党组织中有知识、有文化的一大批中国共产党人,便成为培育和实践红岩精神的主体。这与井冈山精神和长征精神是有一定区别的。

综上所述,笔者认为红岩精神的主要时代特征,或者说是其核心实质内容,应该表述为:在国家民族存亡续绝的紧要关头,中国共产党人所表现出来的那样一种兄弟阋墙,外御其侮,以国家民族利益为重,代表全中国最广大人民根本利益的、高度的爱国团结情怀和伟大的民族主义情节。这是中华民族几千年来的优秀传统美德——牢固的民族凝聚力——在中国共产党身上的具体体现。这就是红岩精神的灵魂和精髓,是红岩精神中最明显的本质特征和最彰显的个性。如果没有了这个本质特征和个性,红岩精神也就不复存在。应该说,爱国团结,民族主义是红岩精神的灵魂和最显著的时代特征。

红岩精神作为中国共产党的宝贵精神财富,今天虽然离产生它的那个时代已远去半个多世纪,但它在我们建设中国特色社会主义的今天,仍然具有很强的现实意义。作为党的一种精神风范,红岩精神是我们今天进行两个"务必"和共产党员"先进性"教育的绝好教材,是我们党反腐倡廉、廉洁奉公和艰苦奋斗的重要历史教科书。就我们中华民族范围来说,它最大的现实意义就是促进台湾回归祖国,实现祖国领土的完整统一,民族的合欢团圆。和为贵,合则兴,历史是一面最好的镜子。振兴中华,反对台独,统一祖国,就需要我们高扬红岩精神中爱国团结的主旋律。让红岩精神与时俱进,永葆青春,永放光芒,为现实服务,真正成为我们在新世纪继续推进建设中国特色社会主义事业的强大精神力量。

(作者简介:刘立群,职称:文博研究馆员;职务:重庆红岩革命历史博物馆党史研究部调研员)

# 南方局统一战线工作管窥

刘 艺

中共中央南方局,从某种意义上讲,是抗日民族统一战线在中国共产党内的产物。南方局因抗日民族统一战线的存在而存在,因抗日民族统一战线的发展壮大而发展壮大。同样,中国共产党的统一战线工作亦因南方局的统战工作而达到巅峰和取得了辉煌的成绩。南方局的统一战线工作与抗日民族统一战线相互依存、互相辉映。抗日战争时期和解放战争初期,南方局在重庆做了大量纷繁复杂和细致入微的统一战线工作。南方局在国统区最主要的任务就是高举抗日民族统一战线的旗帜,团结一切可以团结的力量,团结全社会各阶层、各民族、各党派和各群众团体,"坚持抗战,反对投降;坚持团结,反对分裂;坚持进步,反对倒退","发展进步势力,争取中间势力,孤立顽固势力",坚持国共合作,坚持抗战到底。南方局的统一战线工作,体现我们党统一战线工作的政策、策略和水平走向了成熟;南方局的统一战线工作,奠定了重庆在中国统一战线历史上不可替代的重要地位。我们今天学习和弘扬统战文化,探索统一战线工作的可持续发展,研究如何提高新时期统战工作的科学化水平,就不可不对当年南方局的统一战线工作做一些可供今天借鉴的回顾和总结,就不可不从关照现实的角度出发,以新的视觉去认识和评价南方局的统战工作。基于此,笔者就南方局的统一战线工作提出以下几点肤浅的认识。囿于学识,抛砖引玉,就教于各位学者专家。

**一、南方局的统一战线工作,为我国近百年历史上反抗外敌入侵的第一次伟大胜利和新中国的政治格局奠定了坚实的基础。**

南方局的统一战线工作,基本上就是中国共产党抗日民族统一战线工作的集中展示和缩影。抗日战争时期和解放战争初期,南方局在重庆坚定不移地贯彻和不折不扣地执行党的抗日民族统一战线政策,坚持国家和民族利益第一,全力维护国共合作团结抗战局面,积极修复和弥合国共之间出现的摩擦和矛盾,随时指出和抨击国民党上层各种妥协投降危险,紧密团结和依靠国统区广大爱国民主力量,积极争取国际舆论对我国抗战的同情和支持,团结蒋介石国民党集团坚持抗战到底,为我国历史上近百年来反抗外敌入侵的第一次伟大胜利奠定了坚实的政治基础。抗战胜利后,根据形势的发展,南方局迅速、适时地将抗日民族统一战线转变为人民民主统一战线,为国统区第二条战线的形成创造了有利的条件。中共著名党史专家胡乔木同志1988年12月9日在与中共重庆市委党史工作委员会负责同志的谈话时就曾经明确指出:"没有南方局在大后方进行的广泛的统一战线工作,就很难把当时在国民党区域的各民主党派和各方面人士团结在我们共产党的周围,后来我们建立新中国的情况就会不一样,就没有今天这样的局面。因此,可以说,南方局的统战工作从一个方面的意义上讲,为新中国奠定了重要的政治基础。"

**二、团结争取蒋介石国民党集团坚持抗战到底,是南方局统一战线工作最主要的任务;坚持国共合作未破裂并最后迎来抗战胜利,是南方局统一战线工作最大的成绩。**

中国共产党抗日民族统一战线工作最大的团结争取对象是蒋介石国民党集团。抗日战争时期,蒋介石国民党集团所掌握的国民政府迁都重庆,使重庆成为全国政治、军事、经济、文化的中心,后来又成为远东反法西斯同盟的指挥中心,重庆在世界反法西斯战线的地位和作用举足轻重。同时,毋庸置疑,在抗战中,就军事力量而言,蒋介石国民党集团远远大于中国共产党;同样也毋庸置疑,在整个抗日战争时期,蒋介石集团一直有密使在与日本帝国主义暗通款曲。可以说,妥协投降的阴霾一直笼罩在重庆的上空。当各种政治矛盾和冲突解决不了的时候,蒋介石不是没有做汪精卫第二的可能。在以国共两党合作为基础的抗日民族统一战线中,蒋介石国民党集团占有绝对的比重。而以周恩来为首的中共中央南方局,在重庆的最大任务就是"拖"住蒋介石国民党集团不妥协,不投降,坚持抗战,而且一直到底。倘若统一战线破裂了,蒋介石集团妥协投降了,那中国的抗战局面不知道又将会是如何一种情形。这种可能也不是没有的,最突出的例子就是"皖南事变"后。这时,在延安的党中央认为"皖南事变"就是新的"马日事变",是国共破裂的前兆,再三要求周恩来等南方局重要干部必须尽快返回延安。我们设想如果周恩来听命回了延安,这在他来说虽然并没有什么错误,只是执行中央的命令而已。可是,如果周恩来等人一旦回了延安,这就不仅仅是中共统一战线的前哨阵地面临丧失的危险,更严重的危机是如果周恩来等人一旦离开重庆,就有可能导致以国共两党合作为基础的抗日民族统一战线和国共合作共同抗战局面的彻底破裂。这样一来,中国抗战的力量分散了,给日本帝国主义进一步打击我国各抗日力量和侵吞我国领土造成了可乘之机,这是我们每一个炎黄子孙都不愿意看到的"亲痛仇快"的局面。睿智、清醒,且身在国统区的周恩来十分清楚地预见到了这一点。因此,他再三给延安党中央回电陈述他不能回去的道理,最后毛泽东也同意了周恩来的意见。中共抗日民族统一战线的前哨阵地保住了,以国共两党合作为基础的抗日民族统一战线和国共合作共同抗战的局面虽然产生了巨大的裂痕,濒临破裂的边缘,但最终没有因周恩来的离渝而破裂,而是继续艰难的维系着。尽管也"时张时弛",时好时坏,但蒋介石国民党集团最终没有妥协投降,国共关系最终没有破裂,最后还是迎来了近百年来中华民族反抗外敌入侵的第一次伟大胜利,这不能不说是

周恩来最初的坚持和后来的"弥合"以及南方局对蒋介石国民党集团上层统一战线工作最大的成绩。

**三、引导和推动国统区的进步抗战文化运动、"宣传出去，争取过来"的国际统战和外事工作方针，是南方局统战工作的最大靓点。**

南方局的工作千头万绪、方方面面、纷繁复杂，但南方局的任何一件工作都离不开统战，都与统战工作有关，因为南方局处在国统区，就犹如处在一个被统战工作所包围和笼罩的环境里。南方局的绝大部分统战工作都在南方局成立之后就渐次开展，只有对地方实力派和工商实业界的统战工作稍后一些。1941年"皖南事变"后，国统区上空政治空气十分沉闷，为了打破这种政治阴霾，南方局选择了我党最有统战基础、人民群众最喜闻乐见、国民党统治最为薄弱的话剧运动作为突破口，团结国统区进步话剧工作者，连续数年在国民政府陪都重庆和广西桂林文化城开展"雾季公演"和"西南剧展"的抗战进步文化运动，彻底打破了国统区上空的政治阴霾。周恩来曾十分欣慰地说："文化艺术界的朋友，在皖南事变后就靠向了我们。"南方局的国际统战工作卓有成效，最突出的事例就是促成了美军观察组的进驻延安、促成了中外记者参观团的访问延安和1945年董必武代表中国共产党出席美国旧金山的联合国制宪会议。南方局的国际统战工作，彻底打破了国民党垄断中国外交、一党独大的霸权局面，开创了我党独立外交的先河，并成为新中国人民外交事业的预演。

**四、支持和帮助民主党派的建立，使重庆成为我国民主政治进程的里程碑和民主党派的主要发祥地。南方局统一战线工作对于今天最大的借鉴就是如何继续保持和弘扬南方局统战工作的作风和传统，开创新时期我党统战工作的新局面。**

1940年10月，南方局专门成立了统一战线工作委员会，全面负责南方局所辖区域内党的统一战线工作。根据工作需要，统委下设了军事、党派、社团、妇女、青年、文化、经济等10个组。南方局统一战线工作委员会的成立，拓宽了中国共产党在重庆开展统一战线工作的视野，延伸了党在重庆统一战线工作的广度和深度。从而使中国共产党进一步加强了与国统区各民主党派、各阶层社会政治势力和广大中间力量的团结与合作。

从统一建国同志会到民主政团同盟，从中国民主革命同盟（小民革）到三民主义同志联合会，从民主建国会到九三学社，中国共产党对在重庆成立的各民主党派都曾给予过极大的支持和帮助。在民族大敌当前和共同向蒋介石国民党政府要求民主政治的前提下，南方局的统一战线工作在很多事情上都是与各民主党派风雨同舟，肝胆相照和荣辱与共。最典型的例子就是张澜与毛泽东在对重庆谈判许多问题的看法上、中共与民盟在旧政协出席代表名额的处理上和中共与民盟在对待伪国民大会的问题上。那个时候，周恩来、董必武、叶剑英、邓颖超、吴玉章、王若飞等中共领袖是用对国家民族的忠诚，对抗敌事业的坚贞，对民主党派人士的真挚和友爱，对友党的诚信，对民主政治的执著，以及个人的人格魅力，真心与各民主党派人士交往并逐渐潜移默化地影响他们。诚如一位著名民主人士说的那样:"与周公(周恩来)交,如饮醇醪",抗战时期重庆的工商实业界领袖胡子昂在与周恩来的交往中,就有"与君一席话,胜读十年书"的感觉。那时的民主党派人士,的确是真心实意和心悦诚服的与共产党交往,并发自内心地服膺和接受中国共产党的领导。

南方局的统战工作,无论哪一方面都有许多值得我们今天认真加以研究总结并借鉴的地方。历史是为现实服务的,南方局的统战工作实践,就是我们今天探索统一战线工作的可持续发展、提高新时期统战工作水平的强大智力宝库和精神源泉。

(作者简介:刘艺,职称:文博馆员;职务:重庆红岩革命历史博物馆技术设备部职员)

# 周恩来与《新华日报》[①]

刘立群

周恩来的一生,与革命的报刊事业有着十分密切的联系。他不仅是伟大的政治家、军事家和外交家,而且是我党无产阶级新闻工作的杰出领导者。从他早年在天津主持创办的《天津学生联合会报》,到旅欧时期的《少年》、《赤光》杂志;从大革命时期的《岭东民国日报》,到抗战时期的《新华日报》,无不凝聚着周恩来的心血和智慧。其中,尤以抗日战争时期和解放战争初期,周恩来在国民党统治区的中心重庆长期亲自领导我党第一张全国性的大型党报——《新华日报》[②]的斗争历史最为精彩卓绝。这一时期,周恩来领导无产阶级新闻事业的理论和实践活动,以及在特殊环境下具体运用《新华日报》为党的斗争服务的各种技巧,均已达到炉火纯青的地步,为我党的新闻事业留下了丰富而宝贵的遗产。

《新华日报》是中国共产党在国民党统治区唯一公开出版发行的党中央机关报,它是我党民主革命时期在国民党统治区创办时间最长的一份党报。在它存在的整个时期(9年1个月又18天)里,《新华日报》在党中央、南方局和周恩来的正确领导下,在极其险恶而复杂的条件下,战胜了国民党反动派的种种压制、封锁和迫害,高举"坚持抗战,反对投降;坚持团结,反对分裂;坚持进步,反对倒退"和"和平民主,团结建国"的旗帜,向全国和全世界人民宣传了中国共产党的纲领、方针和政策,宣传了马列主义和毛泽东思想,揭露和打击了国民党顽固派消极抗日、积极反共反人民的罪恶活动,发展和壮大了抗日民族统一战线和人民民主统一阵线,胜利地完成了党所赋予它的光荣使命,为争取中国人民抗日战争和解放战争的胜利,立下了不朽的功勋。周恩来领导《新华日报》的历史,"在我党的报刊史上写下了光辉的一页"。[③]同时,也是周恩来一生革命斗争历史的重要组成部分。

一

抗日战争爆发后,毛泽东同志向党内提出要抓两件大事,其中一件就是"办报纸宣传党的主张"，扩大党的政治影响。1937年7月10日，周恩来在与夏衍谈话时说："在国民党统治区，我们要做的事情很多，办一张党报，昨天已经决定了。由潘梓年和章汉夫负责"。周恩来根据毛泽东的战略远见和英明决策，在与国民党的谈判中，不失时机地向国民党提出这一合理要求，进行了反复多次的交涉，终于迫使蒋介石国民党同意了我党的这一要求。周恩来在我党为争取创办第一张全国性的党报——《新华日报》而同国民党当局的谈判斗争中，起了十分重要的作用，付出了艰苦的努力和辛劳。就连《新华日报》报头的"新华日报"四个大字，也是周恩来经过思考和研究，基于国共合作、统一战线的时代背景，于1937年8月在南京同八路军总司令朱德一起亲自登门拜访，请国民党元老、我国新闻界前辈和国民政府监察院院长于右任老先生亲笔题写的。后来的事实证明，在与国民党顽固派的斗争中周恩来此举的英明。

1938年1月11日，中国共产党第一张全国性的大型政治机关报——《新华日报》在武汉诞生了。还在这之前两天，周恩来就为它题写了"坚持长期抗战，争取最后胜利"[④]的纪念题词。对这张党报未来的前途和命运、以及它在抗战中应起的重大作用，周恩来寄予了无比深情的关注和巨大的希望。同时，也鲜明而深刻地揭示了它的历史任务和使命。

迫于当时的国际国内形势，蒋介石国民党虽然在表面上承认了国共合作，共同抗日，答应了我党在其统治区出版发行党报。但是，始终把共产党作为自己心腹之患的蒋介石国民党，对中共党报的态度是可想而知的。在《新华日报》长达九年多的艰难历程中，国民党当局"想尽一切办法，使用了一切可以使用的手段来压迫《新华日报》，对它实行最严厉的新闻检查，任意涂改和检扣它的新闻和言论的内容，毒打和逮捕它的报丁报童，阻挠和破坏它的发行；调查和迫害它的读者、投稿者，严密监视它的工作人员和干扰破坏它的正常新闻采访报导工作；制造暴力事件，纠集流氓特务捣毁报馆，破坏它的正常营业。国民党当局对《新华日报》的压迫摧残，其动员之广、检扣之厉、迫害之暴、手段之毒、花样之多、时间之长，可以说是前无古人了"。[⑤]国民党当局之所以这样做，就是企图使《新华日报》名存实亡，有名无实。但是，作为中国共产党驻国民党统治区的全权代表、中共中央南方局书记和《新华日报》董事会董事长的周恩来，在那极端困难险恶、曲折复杂的环境中，就像一棵擎天的大树，以他那伟岸的身躯和超人的睿智，时时处处保卫着《新华日报》的生存、发展和壮大。

1939年，《新华日报》迁渝之初，5月3、4两日，日机肆虐重庆，整个山城一片火海，重庆各大报馆均遭到轰炸，一时无力量和条件立即恢复出版。此刻，国民党五届五中全会刚开过，并在会后秘密制定了《限制异党活动办法》，国民党官方即趁机于次日用"最高当局手谕"的形式，由国民党中央宣传部出面召集《新华日报》等重庆十大报社负责人开会，要求各报立即停刊，共同出版《重庆各报联合版》。此时，周恩来刚从江南回渝，《新华日报》社社长潘梓年立即向周恩来作了汇报。《新华日报》停不停刊？要不要参加《重庆各报联合版》？周恩来与南方局和《新华日报》的负责同志认真而客观地分析了当时的具体形势：一、《新华日报》在城内西三街和苍坪街的房屋被严重炸毁，工作受到影响，5月5日，报纸由原来的对开一大张被迫改出半张，报纸尚能继续出版；二、国民党要求各报停刊共同出联合版的用意即企图趁此机会统一新闻舆论，但它绝不能使各报

不再复刊;三、其他各大报馆在这次日机空袭中损失惨重,一时难以立即恢复出版,且表示愿意参加《联合版》;四、为了避免日机轰炸,《新华日报》正在市郊化龙桥虎头岩下营建新址,人力、物力、财力均十分紧张和困难;五、《联合版》是国民党中宣部出面组织的,假如唯独我们不参加,势必影响与同业的关系,这对开展统一战线工作是不利的。[6]在此种情况下,《新华日报》停刊加入《重庆各报联合版》,更能体现我党维护团结抗战的真诚心愿和精神,有利于更广泛地开展抗日民族统一战线工作。周恩来决定采取以退为进的方针,暂时停刊《新华日报》,参加《重庆各报联合版》。但是,我党有先决条件,那就是国民党当局必须确定《联合版》的期限。否则,《新华日报》就绝不加入。研究讨论完后,周恩来遂以正式公文形式向国民党中宣部部长叶楚伧表明了我党的鲜明态度:"一、《新华日报》为尊重紧急时期最高当局之紧急处置及友报迁移筹备之困难,特牺牲自己继续出版之便利,同意参加重庆各报暂时联合版以利团结;二、《新华日报》同人郑重声明,一俟各报迁移有定所,筹备有头绪,《新华日报》即将宣布复刊。"[7]周恩来的话软中带硬,十分得体,既照顾了国民党最高当局的"尊严",又未失我党的立场。

5月17日,延安中共中央书记处致电南方局,对《新华日报》决定停刊和加入《重庆各报联合版》一事表示了巨大的关注,意谓南方局在这次事件中放弃了抗日民族统一战线中的独立自主原则,要求《新华日报》尽快恢复单独出版。在关心和维护《新华日报》的生存权利上,周恩来、南方局和党中央是完全一致的。周恩来的这一决定,正是以暂时的让步来求得《新华日报》日后更大的发展和壮大,更好地生存和斗争。这正是周恩来根据当时国统区重庆的具体情况,因地制宜的一种权宜之计。这种暂时的妥协是完全可以和应该的,也符合我党抗日战争时期的革命斗争策略。况且,此时我党还有《群众》周刊在重庆继续出版和发行,在《新华日报》暂时停刊期间,"所有时论、专论均改载《群众》周刊。新华日报订户暂行改送《群众》周刊"。[8]而且,《新华日报》在停刊期间,还每日编印油印小报在市内各主要街道张贴,以此作为一种"弥补"方式。七月七日抗战两周年纪念日当天和后来的九日及十二日,《新华日报》还出版了《"七七"纪念特刊》共14版,刊登了《中共中央为抗战两周年对时局的宣言》,提出了著名的"坚持抗战到底,反对中途妥协;巩固国内团结,反对内部分裂;力求全国进步,反对向后倒退"的"三坚持,三反对"的政治口号。嗣后,虽然国民党当局一再拖延各报复刊的日期,但是,《新华日报》团结其他各中间报纸一道,同国民党当局展开了有理有节的斗争,在8月13日淞沪抗战纪念日当天,《新华日报》恢复了单独出版,其他中间报纸也相继复刊。历史事实证明,周恩来决定《新华日报》暂时停刊参加《重庆各报联合版》是完全正确的。

## 二

"皖南事变"前后,即1940年下半年至1941年上半年,是周恩来领导《新华日报》最具体、最精心的一段时间,最能体现周恩来领导《新华日报》的精神和风格。

1940年5月底,周恩来从延安回到了重庆。六月初,周恩来就在他主持召开的一系列南方局会议中,专门听取了有关《新华日报》的情况汇报。七月七日,他又趁同邓颖超一起到报馆参加

"七·七"抗战三周年纪念和欢迎他俩回渝的庆祝会之机,向报社全体同志传达了国际国内形势和党的方针政策,指出"当前的抗战正处在一个生死存亡的严重关头"[9]。他勉励报社同仁与全国人民一道,为坚持抗战团结与进步而继续奋斗。

抗战的第四个年头,是最困难的一年。由于日寇的大举进逼和狂轰滥炸,由于国民党政府的消极抗战政策,在大后方的政治空气中弥漫着一种对抗战前途悲观失望的论调。此刻,周恩来及时指导《新华日报》发表了《在困难面前站立起来》和《消灭悲观失望情绪》等一系列社论和文章,对抗战中的困难局面作了具体而详尽的分析,告诫大后方人民在困难面前不要畏缩,而要团结起来,振作起来,战胜困难,坚持抗战到底。

为了进一步发挥党报舆论工具的战斗作用,九月中旬,周恩来在红岩村召集了南方局和《新华日报》负责同志秦邦宪、何凯丰、叶剑英、邓颖超、潘梓年、熊瑾玎、吴克坚以及章汉夫、许涤新、石西民和戈宝权等同志开会,讨论和研究《新华日报》的工作。[10]周恩来在听了大家的发言后总结指出:报社的编辑方针和政策要"稳——不失立场,活——不呆板,要巧妙","要使材料丰富、新鲜、迅速、客观"。对报社内部的研究工作,周恩来提出:"将研究室成立起来,使它有材料有出产有活动,不仅供给重庆,且要供给延安,不仅便利自己,且可交换材料起组织团结作用"。为了增加材料的来源,针对报社采访科人少事多的情况,周恩来决定采访科"要扩充人",并在此基础上"建立外省采访工作,从多方面取材。重要的地方要派人去突击(如云南),并派人潜伏(西北、东南),要使我们的记者是政治的采访员,这在时局危机时更有意义"。对于报社的政治宣传方向,周恩来除了要求严格按照党的决议去做以外,另外着重强调了两点:一、坚持团结第一,"补充进步第一……,我们要强调进步,揭露倒退的现象,我们的报纸要求进步与团结并重";二、"要把握时机反悲观、拿办法。我们要超过武汉时期的努力,要以反对悲观为中心",不论在军事或政治方面,都要用解放区的例子来证明"我们是有办法的,能够坚持抗战"。会后,《新华日报》积极按照周恩来的部署,整顿内部,扩大采访,重申团结,强调进步。此时正值华北八路军百团大战期间,周恩来指示《新华日报》对百团大战的胜利消息作了连续的报导,并发表社论《华北百团大战的历史意义》。所有这些,都极大地鼓舞了大后方人民的抗战士气,增强了人们抗战到底的信心和决心。

1940年下半年,日寇向国民党政府频频发起诱降攻势,国内形势急剧转坏,中国的抗战面临着夭折、投降和内战的险境。为了坚决回击投降内战的逆流,10月6日,周恩来在南方局会议上明确指出:"我们要即刻准备这一政治斗争,《新华日报》要研究(时局),多用些文章来说明,我们要采取政治进攻"[11]的方针,"以反对投降,反对内战为中心口号"[12],并要求"(南方局)党报委员会讨论一次"。[13]《新华日报》从这年11月1日起,便展开了"强调倭寇诱降及国内投降危机"[14]的强大政治宣传攻势,提醒全国人民严密注视蒋介石集团的投降内战阴谋。

日寇的诱降活动,加快了蒋介石集团的反共步伐。"《新华日报》在国民党的严密检查和压迫下,处境日渐困难。不仅文章被扣很多,且国民党中宣部还准备以所谓'群众'力量将《新华日报》打掉。[15]"为了适应新的形势,使报纸能够在时局逆转的情况下继续合法存在,周恩来决定《新华日

报》"从新年(1941年)起大加改革,不一定天天有社论,刊登多方面的材料,而且不要每篇都是政治化的面孔,实行烘托宣传"。[16]《新华日报》在新形势下采取的"烘托式"宣传方式,很快就得到了党中央和毛泽东的好评,并且在以后同国民党顽固派的斗争实践中,既发挥了极大的战斗作用,又有效地保存了自己。

"皖南事变"后,国民党更加剧了对《新华日报》的迫害和压制。从1940年12月到1941年5月,《新华日报》原稿受检查免登达260件,被删节150次,[17]1941年1月8日,送检稿子15件,被扣竟达11件,[18]仅2月4日至16日的12天中,被国民党军警宪特拘捕殴打的报丁报童就有35人次,被无理扣压没收的报纸达数千份。[19]在此极端危难的境况下,周恩来领导《新华日报》及时采取了多方面的应变措施和斗争方式。首先,他根据党中央的指示,决定报社立即疏散干部和家属,缩减报纸篇幅,由原来的对开大报改出四开,并且暂时停发社论,以防备新的突然事变;其次,在报纸版面上采取更加巧妙曲折的方式"暴检"、"开天窗"和在标题上做文章,发挥编辑工作的创造性,皮里阳秋,充分实行"烘托式"宣传;第三,根据"有理有利有节"的原则,对国民党顽固派的反共行为进行坚决的斗争。最后竟迫使上至蒋介石和国民党中宣部,下至重庆卫戍总司令部和战时新闻检查局,均下令"保护"《新华日报》;第四,采取"抗审"和"拒检"的方法出版增刊,揭露国民党顽固派的反共罪行。3月10日,周恩来指示《新华日报》"违检"出版增刊,将《中共七参政员不出席参政会之全部文献》共七件用大字全文发表,历数了国民党顽固派的反共罪行,公布了中共参政员不出席参政会的全部事实经过,有力地回击了蒋介石集团的政治阴谋。在周恩来的直接领导下,《新华日报》在第二次反共高潮的斗争中,出色地完成了各项战斗任务,有力地配合了党的"政治进攻",真正起到了一个方面军的作用。

根据国际国内形势的发展变化,《新华日报》要重新打开局面,扩大报纸的影响。1941年5月7日,周恩来又专门召集了南方局和报社的负责同志开会,总结和研究工作。周恩来在讲话中首先表扬了《新华日报》在"三个月反共高潮中……,不论在言论、内容、发行斗争和坚持党的立场上,都取得了很大的成绩,又经过了一次考验"。接着,周恩来指出:"在目前表面松实际紧的环境下,我们要利用这个间隙来实行新的任务。""新的任务"是什么呢?周恩来指出了三点。"一、开展思想斗争。目前国方正在有计划的有组织的进行武断欺骗宣传,我们必须应战并要采取攻势,这是非常重要的中心问题;二、改善内容与形式;三、冲破发行的封锁。"随即,周恩来从发行增刊、改善内容、编辑、人员和策略教育、行政事务等方面详尽而具体地谈了如何在新的形势下去完成新的任务。[20]

周恩来对《新华日报》的领导,不仅在大政方针上指明方向,制定政策,部署策略,安排任务,而且还身体力行,亲自动手。为了实行新的任务,开展思想斗争,在政治舆论宣传上采取攻势,针对当时国民党的武断欺骗宣传,从5月25日起,周恩来亲自主持《新华日报》笔阵,每周给《新华日报》增刊写一篇代论。剖析时局,纠正舛谬,廓清认识。至7月20日,在不到两个月的时间里,周恩来共计写了《论目前战局》、《论时局中的暗流》等八篇精彩的代论和《致大公报张季鸾王芸生两先生书》等两篇反击驳斥文章,大大增强了《新华日报》的战斗力。这是周恩来一生中为党的报纸写文章数量最多最集中的一段时间,周恩来用他那支无产阶级革命家的犀利无比的笔,为《新华日报》打开了新的局面。在报社全体同志的共同努力下,《新华日报》于翌年2月1日又恢复出版了一大张。

## 三

1938年9月,党的六届六中全会决定撤销以王明为书记的中共中央长江局,成立以周恩来为书记的中共中央南方局,[21]负责领导整个中国南方中共党组织的工作,从此确立了周恩来在国民党统治区我党工作中的领导地位。1938年10月初,刚从延安赶回武汉的周恩来,就为《新华日报》写了第一篇社论《论目前抗战形势》,在10月7、8、9三日的《新华日报》上连续发表,产生了极大的影响。10月24日深夜,日寇已兵临武汉城下,周恩来还带领身边的工作人员,赶往汉口《新华日报》馆所在地,在日寇兵临城下的枪炮声中坚持口授完报纸第二天的社论,并亲自看到报纸排版付印后,方才率身边工作人员撤离武汉。

周恩来领导《新华日报》坚决贯彻执行党中央的方针政策,宣传党在各个不同历史时期的斗争口号,向国统区广大人民传播党的声音,使《新华日报》真正起到了"抗战号角"和"党的喉舌"的巨大作用。周恩来经常指示《新华日报》:要坚决执行党中央的口号,敢于说出真理,善于说出真理,敢于进行斗争,善于进行斗争,使《新华日报》同坚持敌后抗战的八路军新四军一样,在特殊的战场上起到党的一个方面军的作用。[22]1939年"七·七"抗战两周年纪念日前夕,党中央根据当时国际国内的抗战形势,提出了著名的"坚持抗战到底,反对中途妥协;巩固国内团结,反对内部分裂;力求全国进步,反对向后倒退"的"三坚持,三反对"的政治口号。周恩来及时指示正在停刊中的《新华日报》,务必予七月七日出版抗战两周年纪念特刊,刊登《中共中央为抗战两周年纪念对时局宣言》和毛泽东同志为《新华日报》写的代论《当前时局的最大危机》。及时向国民党统治区中共党组织和广大人民传播了中共中央"三坚持、三反对"的斗争口号,揭露了抗战中的妥协投降危机和远东慕尼黑阴谋。同时,周恩来还为该纪念特刊撰写了精彩的文章《抗战两年》。

周恩来要求《新华日报》采用各种不同的方式,突破国民党的新闻封锁,传播党的方针政策。1940年7月,《新华日报》将《中共中央关于抗战三周年对时局的宣言》和毛泽东同志为纪念抗战三周年而写的论文《团结到底》送国民党新闻检察机关,结果被扣压不准刊载。周恩来即指示《新华日报》将其印成单页,采取秘密渠道广为散发和随报发送,同样起到了极大的宣传作用。

周恩来领导《新华日报》坚持党报党性和人民性的统一,注意充分发挥无产阶级党报是"人民喉舌"的巨大作用。《新华日报》既是一张党报,同时,它也是一张"人民的报纸"。对《新华日报》的人民性、群众性问题,周恩来十分关心和重视,并作过许多重要指示。他对报社的同志们说:我们在国民党统治区办报,国民党反动派想尽种种办法,要我们不能和广大群众接近,但我们却要想方设法冲破阻挠,争取更多的人关心我们的报纸,不仅要使工农群众爱看我们的报纸,也要使广大知识分子(包括高级知识分子)爱看我们的报纸。[23]为此,他要求《新华日报》的采访工作要深入群众,了解读者的愿望和要求,要时时处处着眼于群众,注意报纸的大众化。同时,要向人民群众学习语言,多写生动活泼、反映实际、替人民说话的文章。他还要求《新华日报》的副刊要办得更活泼一些,以吸引更多的国统区各界人士来关心《新华日报》。在周恩来的具体指导下,《新华日报》曾作过一次广泛的社会调查,结果发现读者百分之七十是工人群众,这就更加坚定了《新华日报》全体同志为人民办报的思想。为了满足大后方人民在精神生活和实际生活中多方面、多层次的需求,《新华日报》曾先后开设了"大众信箱"、"新华信箱"、"青年生活"、"妇女之路"、"工人园地"、"文艺之页",以及"团结"和"友声"等副刊或专栏。在长达九年多的时间里,报社始终遵照周恩来的指示,坚持"群众办报",坚持实事求是,以理服人,不板起面孔说话,把报纸办得十分生动活泼,丰富多彩,为大后方人民群众喜闻乐见。

## 四

周恩来是我党开展统一战线工作以来的第一个模范。抗日战争时期,周恩来在重庆充分利用《新华日报》这个合法的舆论阵地,广泛开展大量的统一战线工作,为维系国共合作,推动抗战局面,巩固和发展抗日民族统一战线作出了卓越贡献。

周恩来多次向《新华日报》的同志指出:只有团结一切可能团结的力量,结成最广泛的统一战线,最大限度地孤立顽固派,才能有效地冲破新闻封锁和种种压制,做好党报工作。他还提出既要通过党的统一战线来开展报纸工作,又要通过报纸工作来宣传和加强党的统一战线[29]。周恩来的这些指示,明确指出了《新华日报》必须成为党在国民党统治区开展统一战线工作的有力武器,同时,也为实现这项任务制定了正确的斗争策略。

对于利用《新华日报》这个阵地来开展统一战线工作,周恩来是身体力行、细致入微的。还在报纸筹备期间,周恩来就亲自请我国新闻界老前辈、国民党元老、监察院院长于右任老先生为《新华日报》题写了报头。这既是统一战线的杰作,也是对《新华日报》的一种保护措施。对于国民党内的抗战进步人士,周恩来总是借用《新华日报》的篇幅对他们进行宣传和表彰。每年"七·七"、"八·一三"和"九·一八"等抗战纪念日,周恩来总是指示《新华日报》派出记者,采访国民党中的抗战爱国人士,请他们或发表言论,或题词纪念,然后在《新华日报》上发表。这些人中有冯玉祥、邵力子、张治中、李宗仁等。1941年9月,国民党负责与我党联络的代表张冲先生因病去世,周恩来在《新华日报》上发表代论《悼张淮南先生》,追溯两人之间的友谊和抗战以来国共两党关系的发展。冯玉祥先生六十寿辰,周恩来又在《新华日报》上撰文为其祝寿。在国民党抗日爱国将领张自忠牺牲三周年的纪念日时,周恩来著代论《追念张荩忱上将》在《新华日报》上刊登。

周恩来还十分注意利用《新华日报》来做团结国统区各民主党派和各界爱国人士的工作。为此,周恩来专门指示《新华日报》开设了"友声"专栏,广泛发表党外各界人士的抗日进步言论和呼声,为他们提供一个说话的场所。如著名经济学家、重庆大学商学院院长马寅初先生因反对国民党蒋介石的战时经济政策,被国民党逮捕入狱。释放后,重庆各报不敢发表他的文章,马老生活十分困难。周恩来得知后,立即指示《新华日报》接受马寅初的全部文章,并指派专人看稿,不论发表与否,都给予极高的稿酬。周恩来还亲自在化龙桥《新华日报》馆设便宴为著名自然科学家梁希老先生祝寿。"皖南事变"后,《新华日报》在城内民生路的营业部二楼会客室,曾一度成为周恩来进行统一战线工作的重要场所,周恩来在这里会见了很多各界爱国民主人士以及外国朋友。周恩来通过《新华日报》,具体地、灵活地和创造性地贯彻执行了党的抗日民族统一战线政策,出色地完成了"发展进步势力,争取中间势力,孤立和打击顽固势力"的任务。

## 五

为《新华日报》撰写社论、代论、专论和其他文章,是周恩来抗战时期在重庆的重要工作之一。据统计,周恩来在《新华日报》上发表的全部文字共约24万余字,各类文章、讲话、声明和题词等,共108篇,其中署名文章37篇,社论(代论)17篇。在《周恩来选集》(上卷)中的60篇文章里,其中原载于《新华日报》的就有7篇之多,约占全书的九分之一。仅从以上数字,我们就可以窥见周恩来与《新华日报》深厚的文字之缘。除写政论性文章以外,周恩来还为《新华日报》写过一些剧评。周恩来还经常亲自为《新华日报》审阅修改社论和重要新闻,有时一篇经周恩来修改过的文章,圈圈点点、密密麻麻,几乎就等于是周恩来重新所写,周恩来不愧是《新华日报》笔阵的主帅。

周恩来十分关心《新华日报》这支队伍各方面的建设和成长,他对报社的领导,首先是在政治思想上的领导。他经常召集报社负责同志开会,及时传达党中央、毛主席的指示和精神,传达党在各个不同历史时期的方针政策,使报社的同志能够及时了解和掌握党中央的宣传方针。1939年初,周恩来直接领导《新华日报》工作不久,就在重庆磁器口高峰寺召集《新华日报》的同志们作了一次关于当时国际国内时局的报告,使《新华日报》同志们思想认识中的一些混乱状态得到了及时的纠正,认清了时局的全貌和发展趋势,明确了今后的工作任务和重心。这是报社的同志们第一次听到这样好的报告。

周恩来十分重视《新华日报》的编辑、采访工作,关心这支队伍的业务建设。他经常出席报社的编委会,就如何办好报纸和有关同志交换意见,共同商量,并作过许多重要和细致的指示。他要求《新华日报》的编辑和记者要培养多面手的能力,既能写社论、专论,又能编新闻;既能采访,又能编副刊;既能做编辑工作,又要学会排字、印刷等各项本领。对于报社的工人同志,周恩来则要求他们努力学习文化知识,不断提高政治文化水平。同时,对报社学有专长的同志,又要求他们按自己的专长,继续向专业方面努力学习和发展,做这一方面的专家。1939年6月,周恩来亲自约见《新华日报》总编辑吴克坚和采访科主任陆诒,和他们仔细商量报社的采访编辑工作,27日,周恩来致函吴克坚和陆诒,明确制定了报社采访和编辑等工作的许多具体条例,为以后报社的采访编辑工作打下了良好的基础。同时,从这封信中我们也可以清楚地看到周恩来对《新华日报》工作关心的细致和领导的具体。

1942年,周恩来亲自主持了《新华日报》的整风改版工作。在他的倡议下,《新华日报》为配合这次运动增出了"团结"副刊,周恩来亲自写了发刊词《"团结"的旨趣》。指出:"我们的报——新华,是经过五年奋斗的报……,报是在党的方针下,尽了它为团结抗战的号角为人民大众的喉舌的任务的。但毋庸讳言……,报也曾在这五年中,存在许多缺点"。因此,我们要"认真的做反

省功夫"。[25]在此期间,周恩来连续召开检查报纸工作的会议,亲自作动员报告,辅导报社的同志们深入学习和领会整风文件。经过整风改版后的《新华日报》,副刊增多了,增设了许多对读者针对性很强,紧密联系实际的栏目。报社各方面工作都有了明显的进步。在周恩来的直接领导下,通过报社全体同志的共同努力,终于把《新华日报》办成了一张既不同于共产党处于执政地位的《真理报》,又不同于处在资本主义制度下的英美共产党的《工人日报》和法国共产党的《人道报》,而是一张带有中国特定历史时期鲜明色彩的、密切联系群众的党报。

周恩来关心《新华日报》的一切,他经常到化龙桥《新华日报》总馆看望报社的同志们。1945年9月,周恩来陪同毛泽东视察了《新华日报》民生路营业部,给报社全体同志以巨大的鼓舞。1947年2月28日,国民党包围封锁了重庆《新华日报》馆。此刻,在延安的周恩来还致电董老、吴老,部署报社的撤退事宜。最后,《新华日报》在重庆、成都、昆明、北京和上海等地的同志全部安全返回延安。

## 六

周恩来领导《新华日报》取得了如此巨大的成功,归纳起来,有如下一些经验和方法值得我们今天学习和借鉴。周恩来在对《新华日报》办报的指导思想上:一、坚持《新华日报》党性和人民性的统一。用周恩来自己的话说,即《新华日报》既是"党的喉舌",又是"人民的前锋";二、坚持《新华日报》必须成为党开展各种思想斗争的有力武器;三、坚持《新华日报》是我党在国民党统治区进行抗日民族统一战线和和平民主统一战线的强大工具;四、坚持《新华日报》必须成为我党同国民党顽固派进行针锋相对斗争的一个"方面军";五、坚持《新华日报》必须面向广大人民群众,成为党和国统区人民联系的桥梁和纽带,在群众中起宣传者和组织者的作用。在对《新华日报》工作的领导特点上:一、紧紧抓住政治思想工作这个中心环节,坚决按照党性原则办事;二、注重学习马列主义毛泽东思想,在正确地分析和估量形势的基础上,始终掌握准确的政治方向;三、注意把马列主义毛泽东思想和党的方针政策,与国民党统治区的具体斗争实际结合起来,既有坚定不移的革命原则性,又有灵活巧妙的斗争艺术性,两者达到高度统一;四、把公开工作和秘密工作,合法斗争与非法斗争有机地结合起来,敢于斗争,善于斗争,有所为亦有所不为;五、注意充分调动报社全体人员工作上的积极性和主动性,鼓励他们勤学勤业勤交友;六、身教重于言教,对《新华日报》各方面工作无微不至的关心过问,时时处处以自己崇高的人格和榜样来影响和带动《新华日报》的全体同志。由于有周恩来的直接领导,当年《新华日报》的全体同志都有这样一个共同的感觉——就像是在党中央身边工作一样。"有恩来同志在",[26]成为《新华日报》全体同志强有力的精神支柱。周恩来不啻是《新华日报》的缔造者、组织者和领导者,而且还是《新华日报》的核心和灵魂。周恩来的英名和《新华日报》在中国革命斗争历史上的卓越贡献,将永远浇铸在一起,成为一体,密不可分。

**注释：**

①本文《新华日报》，指的是抗日战争时期和解放战争初期（1938年1月11日——1947年2月28日）中国共产党在国民党统治区武汉和重庆创办的党报，不包括其他时间和地方的《新华日报》。

②见中国社会科学院新闻研究所编《中国共产党新闻工作文件汇编》（上），第86页。1938年4月2日，中共中央在《关于党报问题给地方党的指示》中指出："过去由于党处在长期秘密工作之下，不能发行全国性党报"，"在今天新的条件下，党已建立全国性的党报和杂志"。指示中还具体说明，党的全国性党报和杂志即是《新华日报》、《解放》周刊和《群众》周刊。

③吴玉章《回忆〈新华日报〉》。载《新华日报的回忆》，四川人民出版社1979年版，第48页。

④见1938年1月12日《新华日报》。

⑤石西民《白色恐怖下的新华日报·序》，重庆出版版社1987年版，第1,3页.

⑥周恩来语，见韩辛茹《新华日报史》上，中国展望出版社1987年版，第94页。

⑦周恩来致叶楚伦函，见《周恩来书信选集》，中央文献出版社1988年版，第172页。

⑧同上。

⑨见1940年7月8日重庆《新华日报》。

⑩这次会议的具体时间为9月14、15两日，会议先由吴克坚汇报报社的各方面情况和大家发言。9月15日，周恩来作了总结，详尽地谈了《新华日报》的各项工作，并作了许多重要的指示。关于这项会议的详细情况，请见重庆红岩革命纪念馆抄自中央档案馆的《南方局会议记录》，下列引文均出自此记录。

⑪见重庆红岩革命纪念馆抄自中央档案馆的《南方局会议记录》。

⑫周恩来1940年11月给毛泽东的报告，见《南方局党史资料·大事记》，重庆出版社1986年版，第122页。

⑬同⑪。

⑭同⑫，第123页。

⑮南方局1940年12月24日致中共中央书记处和党报委员会电。见《南方局党史资科·大事记》第126页。

⑯同上。

⑰据国民党政府战时新闻检查局1941年6月统计，转引自韩辛茹《新华日报史》（上）第193页。

⑱见重庆红岩革命纪念馆藏《新华日报》传单：《反对非法窒死新华日报》。

⑲见《南方局党史资料·大事记》第142页。

⑳关于这次会议的详细情况，请见红岩革命纪念馆抄自中央档案馆的《南方局会议记录》。

㉑黄启均《抗日战争时期中共中央南方局是何时成立的?》，载《党史研究》1986年第3期。

㉒杨润时《党报实践的光辉结晶——论〈新华日报〉的办报思想》，载《新华日报的回忆·续集》，四川人民出版社1983年版，第442页。

㉓郑之东《回忆〈新华副刊〉》，载《新华日报的回忆》，四川人民出版社1979年版，第215页。

㉔同㉒。

㉕见1942年9月18日重庆《新华日报》。

㉖潘梓年《新华日报回忆片断》,载《新华日报的回忆》,重庆人民出版社1959年版,第1页。

本文原载《新华之光——新华日报群众周刊史学术研讨论文集》,重庆出版社1993年出版

(作者简介:刘立群,职称:文博研究馆员;职务:重庆红岩革命历史博物馆党史研究部调研员)

# 周恩来抵制蒋介石"溶共"的斗争

刘立群

抗战开始后,蒋介石骨子里最怕的不是日本人,而是中国共产党。自西安事变后,蒋介石虽然确定了联共抗日的政策,在以后的国共合作谈判和抗战初期的国共合作抗战中,也作了一些重要让步,在实行开明政治方面作了不少努力,国内"一时出现了生气蓬勃的新气象"。[1]但历史证明,蒋介石的仇共、惧共心理是根深蒂固的。抗战后,他限制八路军的抗战区域,不许中共在敌后建立政权,要"削弱共产党力量的五分之二"。[2]他害怕共产党借抗战之机发展,这可以说是蒋介石最大的心腹之患。

然而,这个心腹之患在抗战开始不久便迅速地发展蔓延起来了。在武汉失守前夕,中共即在敌后建立了晋察冀、晋冀豫、冀鲁豫、晋绥、山东和华中等抗日根据地。到1938年底,八路军由组建时的3万余人,发展到15.6万余人,新四军由组时建的1.2万余人,发展到2.5万余人。[3]蒋介石最担心的事在日益迅猛地发展着。

为了从根本上改变这种局面,彻底消除自己的心腹之患,蒋介石想到了"溶共"的主张。因此,自1937年底到1939年初,国共两党关于"一个大党"问题的谈判历程,无疑是第二次国共合作历史上最耐人寻味的篇章。而周恩来在这次谈判斗争中对于挫败蒋介石的"溶共"阴谋,力保中国共产党的独立自主起了十分重要的作用。

1938年初,国民党的中央宣传机构开始了"一个政党、一个领袖、一个主义、一个军队"的大肆宣传。其中,"一个政党"是这次宣传鼓噪的重点。从其宣传的动机和利益来分析,都可以看出蒋介石国民党的这次宣传带有明显的全面吞并党外各种政治势力的倾向,宣传的主要对象直指中国共产党。其实,司马昭之心路人皆知。蒋介石就是要利用这场民族灾难的机会,来达到他在全国"一个政党、一个领袖、一个主义、一个军队"的一统天下。一场温情脉脉的"溶共"计划拉开了序幕。

1938年2月10日,素以反共著称的国民党《扫荡报》发表社论,极力宣扬"一个党、一个领袖、

一个主义",鼓吹在国民党外存在其他党派影响了中国的政治统一。言下之意就是中国只能有一个政党。这个党就是国民党,其他的政治党派都该取消。

同日,中共代表周恩来在武汉会见了蒋介石。蒋介石假惺惺地表示:"对主义的信仰我并不准备加以限制,先总理已经说了共产主义与三民主义并不矛盾,我们任何人都不能修改或反对。我对各党派也无意取消或不允许它们存在。我的愿望只是希望各党派能够熔成一体。共产党可以整个加入国民党,在党内成为一个派别。两党存在,总不免冲突和竞争。你们共产党最讲策略,隐蔽在国民党内来求自己的发展,这不是一种很好的策略吗?将来的国民党内部,最革命、最能干的也就成了最基础的。当然,国民党也可以改变名称,党内可以有不同的派别嘛。"④

蒋介石投石问路,第一次向中共兜售起了他的"溶共"计划。他小心翼翼,出语谦恭,一副礼贤下士、求贤若渴,以抗战大局为重的样子。

谁知,周恩来并没有领他的情:"我看国共两党都不能取消,只有从联合中找出路。"周恩来坚定地回答。

"那么,我们今后还可以再研究研究……"蒋介石见话不投机,便暂时收起了他的设想。

当天晚上,周恩来和王明将这次与蒋介石会见的情况向党中央作了报告,说:"综观蒋的态度,一个党的思想仍然有,但目前并无强制执行的意思……。"⑤

3月1日,中共中央向中国国民党临时全国代表大会提出3项提议:(一)建立包括各党派共同参加的某种形式的民族革命联盟,拟定一个统一战线纲领,各党派保持政治上和组织上的独立性。(二)建立与健全民意机关。(三)成立统一的全国性的民众运动领导机关,以便真正达到全国人力、物力、财力总动员的目的。中共中央在《对国民党临时全国代表大会的提议》中明确表示:要巩固和发展抗日民族统一战线,"只许一党合法存在,同时不承认其他党派合法并存的办法,既为事实所不许,取消现成一切党派而合并为一党组织的办法,亦为事实所不能解决。一切问题的解决办法,应遵照中山先生的精神"。⑥

挨到6月3日,国民党中央通讯社突然发出一则电讯,称:"中国国民党中央监察委员会于6月3日上午召开第一百四十二次常会,决定恢复陈独秀、张国焘、毛泽东、周恩来、吴玉章、林伯渠、董必武、叶剑英、邓颖超等二十六人的国民党党籍。"⑦企图造成"一个大党"的既成事实。

当天晚上,周恩来在武汉和王明、董必武等人深夜开会研讨对策,向国民党交涉不准在报上刊登中监委的决议。并拟出《中共七人紧急声明》,内称:"此事并未事先通知与征求本党中央与本人的意见。"次日,决定派吴玉章前往国民党中央所在地重庆处理此事。

6月4日中午,吴玉章在重庆一下飞机,就向各报社负责人发表谈话表示:"国民党中监委的这一决定我们中共不能接受。理由有三:第一,两党合作关系是否恢复民国十三年之办法并未商定;第二,事前亦未通知与征求中共中央和我们的意见;第三,这恢复党籍的名单中,有张国焘、陈独秀等为我党所开除的人,把他们和我们同类相待,未免滑稽,更不能忍受。"⑧吴玉章拿出我党《中共七人紧急声明》,要求重庆各报第二天刊登。

当晚,八路军驻重庆联络处主任、《新华日报》重庆分馆负责人周怡将声明稿正式分送重庆各家报馆。

6月5日,周恩来在会见国民党人士邵力子时力询此事原委和表示坚决的反对,以至邵力子当即去见蒋介石和国民党中央其他负责人,诉说此事的不妥。蒋介石只好答应去电重庆询问,待回电后再约见周恩来面谈。后来中共中央致电周恩来,称为求国共团结合作的进步,周恩来可以同蒋介石及国民党其他要人先行交换意见,只要国民党不公开提出中共党员不能跨党,就不加以拒绝。周恩来及时将此意见向蒋介石作了转达,蒋故作姿态地表示"可以考虑",事实上却一直将此事搁置不理。

这时,国民党中央监委张继也在重庆,得知之后,惊慌不已,即请重庆各报对中共声明缓登。第二天一早,他就去找吴玉章,苦苦相求说,中共声明万万不可登出,否则将对国共合作影响甚大。吴玉章向张继说明中共坚持要刊登《紧急声明》的种种理由,义正词严。张继不得不承认这是他们的错误,但仍不同意各报刊登中共声明。又说,好在监委会的决议,还要经过中央委员会的批准才能成立,还可以从长计议,想办法补救。企图以此拖延时间,扩大国民党中央社消息的影响,造成中共默认的事实。

吴玉章识破张继的用心,坚定地答道:"既然重庆各报已经登出你们的消息,那我党就不能不表示态度!"[9]

张继无法,只好急电报告蒋介石。

之后,国民党自知理虚,才以中央委员会的名义发表了一个声明,取消了监察委员会的所谓"恢复党籍案"。

国民党中央监察委员会的这个举动,本来是想给蒋介石帮忙,希望造成蒋介石所设想的"一个大党"的部分既成事实。可是蒋介石的这个阴谋被周恩来等人识破,被当事人拒绝了。中共的《紧急声明》使蒋介石和国民党蒙受了巨大的名誉损失。

中共六届六中全会期间,周恩来在延安同毛泽东等人商定了中共党员公开加入国民党的"跨党"办法。10月1日,未等会议结束,周恩来便赶回武汉,并于10月4日将中共的意见告诉了蒋介石。14日,蒋介石表示:"关于中共党员公开加入国民党和三青团的问题,必须由国民党中央常委会讨论。"[10]又将此事暂时搁置了起来。

就在第二天,中共中央总书记张闻天在延安的六届六中全会上宣布了在国统区设立以周恩来为书记的中共中央南方局,代表中共中央负责与国民党和其他民主党派的抗日民族统一战线工作,以及在南部中国和港澳等海外地区的全部工作。中国共产党与蒋介石国民党关于"一个大党"的谈判斗争任务,历史地落在了南方局和周恩来的身上。

因广州和武汉的失守而导致大片国土的沦丧似乎并没有给蒋介石带来多少忧愁,他在度过这短暂的混乱和处理军事撤退的大计之余,孜孜不忘的仍然是他的吞并共产党的计划。12月6日晚,蒋介石在桂林会见周恩来,对中共关于国共组织合作关系的提议表示意见:"一、跨党不赞成,中共既行三民主义,最好合并成一个组织,力量可以加倍发展;二、如果此点可谈,在西安召开华北西北将领会议后,就约毛泽东面谈;三、如果共产党全体加入做不到,可否以一部分中共党员

加入国民党而不跨党?"

周恩来冷静而明确地答道:"第一,中共实行三民主义,不仅因为这是抗战的出路,而且因为这是达到社会主义的必由之路,国民党则不都如此想,所以国共终究是两个党;第二,跨党的办法我们不强求,如认为时机未到,可采用其他办法;第三,加入国民党,退出共产党,这是不可能做到的;第四,少数人退出共产党而加入国民党,不仅失节失信仰,而且于国家有害无益。"

周恩来坚定无误、极有原则的回答,使蒋介石大失所望。他只好怏怏地说:"如果你们考虑合并的事不可能,我也就不必约毛泽东到西安会谈了。"⑪

可是,蒋介石仍然没有死心,事隔6天,1938年12月12日,他又在重庆约见前来参加国民参政会的中共参政员王明、博古、董必武、吴玉章,再次提出关于两党合并的问题。这当中除王明不是南方局成员外,博古、董必武和吴玉章都是南方局委员。这一天周恩来还没有到达重庆。

蒋介石与王明等中共参政员一见面就说:"共产党员退出共产党,加入国民党,或共产党取消名义整个加入国民党,我都欢迎,或共产党仍然保存自己的党我也赞成,但跨党办法是绝对办不到。我的责任是将共产党合并于国民党成为一个组织,国民党名义可以取消。我过去打你们也是为了保存共产党革命分子合于国民党,此事乃我的生死问题,此目的如达不到,我死了心也不安,抗战胜利了也没有什么意义,所以我的这个意见,至死也是不变的。"

蒋介石还特地对吴玉章说:"你是老同盟会,国民党的老前辈,还是回到国民党来吧!"

吴老说:"我相信共产党是相信马列主义社会科学的真理,深知只有共产主义才是社会发展的正确道路,不能动摇,如果我'二三其德',毫无气节,你也会看不起吧!现在世界上固然有只要一个党的强国,如苏联的布尔什维克和德国的纳粹,但也有各党并存的强国,如英、美、法等国。"吴老以世界各国政治体制多元化的发展现实,彻底否定了蒋介石在中国只能有一个党的缪论。

蒋介石慌不择言、蛮横地说:"他党可以并存,就是共产党不能并存,如不取消共产党,我死也不会瞑目。"

最后,蒋介石见说服不了中共参政员,竟然恼羞成怒,亮出底牌:"共产党不在国民党内发展也不行,因为民众也是国民党的,如果共产党在民众中发展,那么,国共之间的冲突肯定是不可避免的。"

气急败坏的蒋介石,终于吐出了杀气腾腾的真言。

这次激烈的谈判,历时五六个小时之久。但蒋介石并未因中共代表的坚决反对而就此罢休。⑫

当天晚上,王明、周恩来、董必武、博古、吴玉章(周恩来只是电报署名,其时尚未到渝)将这次与蒋介石会见的情况电告了党中央。

1939年1月15日,中共中央书记处给在重庆的周恩来、王明、博古发出了关于对蒋介石暂时应取比较静观态度的指示。指出蒋介石对以后国内政治上的具体办法、国共两党的关系及对中共六中全会决议的对策,似乎还在考虑之中,我们方面暂时应采取比较静观的态度,不必求之过急。周恩来读罢电报,对党中央的指示心领神会。

## 周恩来抵制蒋介石"溶共"的斗争

国民党的五届五中全会就要召开了。汪精卫叛变,国民党自然要开个大型会议来统一一下思想认识。同时,蒋介石也准备在大会上向他的同志们就国共合作的组织关系进展状况作一个说明,以证明他所领导的政党的强大。他急切地希望得到中共方面肯定的答复。不然,他一年多来的精心策划和"苦口婆心"就都白忙活了。

1月20日晚,也就是国民党五届五中全会召开的前一天的晚上,蒋介石急不可待地再次约见周恩来,他向周恩来发出了最后通牒:

"恩来呀!明天我们就要召开五届五中全会了,我想我们两党合作的组织形式问题该有一个说法了吧,我提议的两党合并一事你们考虑得怎么样了?"蒋介石装着若无其事地问到。

"不可能。"周恩来干脆地回答。

"怎么不可能呢?你再问问毛泽东嘛,我希望能够在会议期间得到你们的答复。"

周恩来说:"敝党中央对贵党五中全会将会发出正式函电,那就是我党的意见了。"

"现在汪精卫跑了,眼下更是我们两党精诚团结合作的好机会。即使你们暂时不同意合并,我也要有新办法。"蒋介石冷冷地说。

"委员长有何具体办法?"周恩来试着探问。

"我暂时还没有想好。"蒋介石可能是真的别无良策了。

趁此机会,周恩来赶紧问起毛泽东一直催他向蒋介石提出的要求解决自1938年秋以来国民党在河北、山东、陕甘宁等地制造的反共捕人摩擦事件。

蒋介石显得有点幸灾乐祸,暗自得意的样子。他轻轻地呷了一口茶,矜持地说:"两党合作的根本问题不解决,不仅敌人造谣,即令下级也常不安定,影响上级。"言外之意,合并问题不解决,摩擦就无从避免,他个人也将无能为力。

蒋介石显然是在讨价还价,他的话外音即是:你不合并,那就该挨打。

这次会见,蒋介石仍然没能从周恩来嘴里得到什么实质性的回答。当然,毛泽东要周恩来向蒋介石提出的解决国共之间摩擦一事,也就不奢望蒋介石能够静下心来加以解决了。

周恩来毫无结果地回到他和邓颖超在朋友处暂时居住的上清寺曾家岩渔村。

既然蒋介石要周恩来再问问延安,问问毛泽东对他的"合并"妙计还有无转圜考虑的余地。于是第二天,周恩来致电延安中共中央书记处,报告了昨晚与蒋介石会见的情况。并提出两条建议:一、对中国国民党五届五中全会,中央应有表示。二、拍一密电,提出中共的具体意见。"指出我党愿与国民党进一步合作,但目前事实如杀人、捕人、封报、攻击边区、甚至武装冲突,磨擦日益加甚,此必须迅速解决,以增互信;救急办法,提议由两党中央组织共同视察团或委员会,前往各地就地解决纠纷,至少可弄清事实,向两党中央报告,以便寻找进一步具体合作办法"。⑬

1月24日,中共中央根据周恩来的建议发出《中共中央致国民党蒋总裁及五中全会电》,指出:日本帝国主义于军事进攻外,加重了它分化中国内部的阴谋。我们的对策,唯有巩固与扩大抗日民族统一战线,巩固与扩大国共两党长期合作。"抗战虽为一艰难过程,团结则为一无坚不摧无敌不克之利器。"

1月21日至30日,中国国民党五届五中全会在重庆举行。23日,蒋介石在会上作了《唤醒党魂,发扬党德、巩固党基》的秘密报告。全会决定设置国防最高委员会,由蒋介石任委员长,并秘密通过党务报告决议,确定了"溶共、防共、限共、反共"的方针,规定以蒋介石《唤醒党魂,发扬党德、巩固党基》及《整顿党务要点》两报告为今后国民党党务工作的方针。

在国共关系问题上,蒋介石在党务报告中号召"唤醒党魂、发扬党德、巩固党基",既是针对当时国民党内部的"懒惰"、"虚伪"、"散漫"、"迟滞"等不良积习讲的,同时也是针对抗战以来共产党的猛烈发展和马克思主义的广泛宣传讲的,他是要以"三民主义党魂"、"忠孝仁爱信义和平"与"智、仁、勇"的"党德",来对抗生气蓬勃的共产党和共产主义新思潮。蒋介石说:"对中共是要斗争的,不好怕它","我们对中共不好像十五、十六年那样,而应采取不打它,但也不迁就它,现在对它要严正——管束——教训——保育——,现在要溶共,不是容共。它如能取消共产主义我们就容纳它。"⑭

大会所通过的宣言中说:"全国同胞不问其过去政治见解与派别之如何,凡愿实行三民主义而参加本党","无不诚挚欢迎",唯"必保持中国民族真诚纯一之精神","吾人绝不愿见领导革命之本党发生二种党籍之事实","更不忍……因信仰不笃与意志不坚,致生顿挫"。这两段话,是"一个党"、"一个主义"、"一个领袖"法西斯宣传的继续,也是蒋介石多次要求共产党与国民党合并的"溶共"政策的继续和重演。

全会还秘密通过蒋介石提出的《防制异党活动办法》,并决议设立"防共委员会",严密限制共产党和一切进步分子的思想、言论和行动,破坏抗日的群众组织。

会后,国民党又发布了一系列反共文件,如《共党问题处置办法》、《沦陷区防范共党活动办法草案》、《第八路军在华北陕北之自由行动应如何处置》、《异党问题处理办法》、《处理异党实施办法》、《陕甘两省防止异党活动联络办法》、《运用保甲组织防止异党活动办法》等。这次全会确定了国民党的抗战政策重点从对外转向了对内。

国民党五届五中全会标志着国民党自抗战以来在政策上的重大转变。会后,国民党虽然还继续打着"抗日"的旗帜,但抗日消极;虽然还继续打着"联共"的旗帜,却不断制造借口,搞军事磨擦。

1月25日,中共中央发出《为国共两党关系问题致蒋介石电》。电报提出:国共两党应坚持团结抗战。巩固与扩大国共两党长期合作,为全国爱国同胞和世界先进人士所切望,为全民族抗战建国所必需;所谓两党合并为根本原则所不许。共产党绝不能放弃马克思主义信仰,绝不能将共产党的组织合并于其他任何政党;两党合作以来,反共磨擦,时有发生。希望国民党五中全会能致力两党长期合作,以慰全国人民殷切之望。

电报还说:"两党为反对共同敌人与实现共同纲领而进行抗战建国之合作为一事,所谓两党合作,则纯为另一事。前者为现代中国之必然,后者则为根本原则所不许。共产党诚意的愿为实现民族独立、民权自由、民生幸福之三民主义新中华民国而奋斗,但共产党决不放弃马克思主义之信仰,绝不能将共产党的组织合并于其他任何政党。此不论根据抗战建国之根本利益,根据两党长期合作之要求,根据中国社会历史之事实,根据三民主义中民权主义之原则,以及根据孙中山先生之遗训,都非如此不可。"⑮

同日,鉴于各地磨擦日益加剧,周恩来也致信蒋介石,称:目前国共两党关系,如不彻底改善,就既不能减少磨擦,也不能合作到底。信中指出:中共既成为党,当然需要发展,唯因合作既属长期,故中共六中全会特决定不再在国民党及国民党军队中发展党员。中共愿在某些省区减少发展,以示让步,但最基本的保证,还在一方面中共绝无排挤或推翻国民党的意图,另一方面国民党对中共的部分发展不应恐惧。

周恩来在信中历数国民党在各地对共产党员的迫害事实,指出抗战年余,中共党员在各地不仅无抗战自由,甚至生命亦常难保。现在各省狱中属于共产党政治犯者,比比皆是。中共派遣的分往各省的干部,甚至如徐特立、曾山,其所带的中共中央决议及政治经济书籍,经贵阳时也被全部没收。周恩来要求国民党在这次全会中对国共两党关系和合作前途确定一个基本的认识,他表示中共深信两党合作有长期的必要和可能。他在信函中指出:目前为了解决具体纠纷,可先由两党中央各派若干人同往各地视察,能就地解决者解决之;不能解决者,来国民党中央商讨。⑯

《中共中央致国民党总裁及五中全会电》、《中共中央为国共关系问题致蒋介石电》和周恩来给蒋介石的复信,彻底打消了蒋介石做了一年多的单相思的美梦。抗战初期国共两党关于"一个大党"问题的谈判至此收场。以周恩来为首的南方局,成立伊始就坚决执行党中央毛主席的正确路线,不为国民党所威逼利诱,坚持在抗日民族统一战线中的独立自主原则,一改过去王明主持长江局工作时期,在蒋介石、国民党面前唯唯诺诺的右倾思潮,表现了中国共产党人的自信和骨气,赢得了在与蒋介石国民党的统一战线中的第一个胜利。

蒋介石的"溶共"阴谋未能得逞,他便祭起了"防共、限共、反共"的大旗,一个好端端的团结合作抗战局面很快就被蒋介石给扼杀了。国内政治局势急转直下,国共磨擦层出不穷。身处国统区中心、肩负统一战线重任的周恩来、南方局和办事处的艰难使命及辛苦工作,由此便没完没了,进入了一个长期、复杂和艰巨的历程。

**注释:**

①毛泽东:《论联合政府》,《毛泽东选集》合订本第938页。
②毛泽东:《上海太原失陷以后抗日战争的形势和任务》,《毛泽东选集》合订本第362页。
③李良志:《度尽劫波兄弟在——战时国共关系》第230页,广西师范大学出版社1993年2月出版。
④柳建书:《红太阳白太阳——第二次国共合作启示录》第99—100页,解放军文艺出版社1995年6月出版。
⑤黄修荣:《国共关系70年纪实》第493页,重庆出版社1994年10月出版。
⑥同上,第495页。
⑦⑧⑨⑫参见吴玉章:《吴玉章传略》手稿,重庆红岩革命纪念馆馆藏。
⑩同⑤,第516页。

⑪同⑤,第522页。

⑬周恩来:《关于与蒋介石谈判情况及意见向中央的报告》(1939年1月21日),载《中共中央抗日民族统一战线文件选编》(下)第192页。

⑭王功安、毛磊:《国共两党关系史》第444页,武汉出版社1988年出版,原载《国民党五届五中全会会议记录》。

⑮《中共中央文件选集》第11册第5—6页。

⑯《南方局党史资料·统一战线工作》第12页,重庆出版社1990年出版。

(作者简介:刘立群,职称:文博研究馆员;职务:重庆红岩革命历史博物馆党史研究部调研员)